디지털 시대의

광고 리터러시

Advertising Literacy

서울경제경영

이 책은 한국언론진흥재단의 정부광고 수수료로 제작되었습니다. 자세한 내용은 QR코드를 통해 확인해 주세요.

머리말

어릴 적에 '명화극장'이라는 외국의 다양한 우수 영화를 소개하는 TV 프로그램이 있었다. 지금은 고인이 된 영화평론가 정영일씨는 방송 예고에 항상 "이번 영화를 놓치면 후회하실 겁니다!"라는 말을 하곤 했는데 어린 나를 유혹하기에 충분한 멘트였다. 명작이라 할 수 있는 '쿼바디스', '벤허', '카사블랑카', '사운드 오브 뮤직', '로마의 휴일' 등과 같은 영화들은 어린 나에게 세상을 바라보는 창(窓)과 같았다. 그런데 '명화극장'에서 소개되는 영화 중에는 서부개척 시대를 주제로 한 영화들 역시 많았는데 대체적으로 백인들은 항상 좋은 사람으로, 그리고 그들과 맞서 싸우는 인디언들은 악당으로 표현되기 일쑤였다. 영화 미디어의 영향으로 난 오랫동안 미국 네이티브 인디언들에 대한 좋지 않은 편견들을 가지고 살았다.

이 책 [디지털 시대의 광고 리터러시]의 서문에서 갑자기 영화이야기를 꺼내든 이유는 어렸을 적의 편견은 오래간다는 것을 말하고자 함이다. 현재 우리나라 초등학교에서 이루어지고 있는 광고 리터러시 교육도 이와 비슷하다. 우리나라의 리터러시 교육은 대체적으로 미디어 리터러시 교육의 한 부분으로 구성되어 있다. 초등학교 국어 교과서에 나타난 문제점은 광고에 대한 객관성이 부족하다는 것이다. 초등학교 국어 교과서에 광고를 자세히 다루는 것은 어렵겠지만, 교육현장에서 광고를 바라보는 시작부터 '부정적'이라고 할 수 있다. 해외 사례들에서처럼 학생들이 광고를 객관적으로 바라보고 비판할 수 있는 능력을 가르치는 광고 리터러시 교육이 필요하다.

미디어 리터러시 교육의 목표가 시민으로서의 자질과 역량을 강화하는 것이라면, 광고 리터러시 교육의 목표는 좋은 광고와 나쁜 광고를 구분할 수 있는 비판적 사고 능력을 길러 현명한 그리고 합리적인 소비자로서 안내하는 것이 아닐까. 일상 생활 속에서 시민으로서 살아가기 위한 그리고 광고 수용자로서 소비자의 행위를 매개하는 커뮤니케이션인 광고를 정확히 이해하고 비판적으로 판단할 수 있는 능력, 바로 광고 리터러시 능력이 디지털 시대에는 더욱 요구되고 있다. 이 책 [디지털 시대의 광고 리터러시]가 기획된 이유도 우리나라 교육 현장을 되살펴 보고, 올바른 광고 리터러시 교육의 필요성을 널리 알리고자 함이었다.

'광고 리터러시'에 대한 다양한 관점을 책에 담기 위해서 초등학교 현장에서 국어교육을 담당하는 교사, 대학에서 미디어와 광고를 가르치는 교수, 공공기관에서 광고를 연구하는 박사 등이 집필진으로 참여했다. 디지털 플랫폼 기업 또는 광고업계 전문가의 광고 리터러시에 대한 관점을 추가하여, 각 분야별 관점들을 통합하여 책으로 엮기에는 다소 어려움이 있어 다음으로 미뤘다는 것이 못내 아쉽다. 이 책의 각 챕터들을 소개하면 다음과 같다.

1장에서는 국내 및 글로벌 디지털 광고 산업의 지속적인 성장세를 확인하였으며, 인플루언서들의 '뒷광고', 그리고 '앞광고' 이슈와 함께 인간 인플루언서를 위협하는 가상 인플루언서들의 등장과 문제점도 살펴 보았다. 그 외에도, 유명인들의 과대 또는 허위 광고들이 사회에 미치는 영향, 디지털 광고 사기의 문제점과 모바일 광고가 소비자들에게 미치는 문제점들을 다루고 있으며, 디지털 맞춤형 광고와 이와 연관된 개인정보보호에 대한 이슈들을 정리하였다.

2장에서는 국내 광고산업과 다양한 문제점의 기저에는 국내 광고 시장의 구조적 문제가 있겠지만 기업과 정부가 책임져야 할 부분도 분명히 있다는 것을 지적하고 있다. 한국의 (디지털) 광고가 더 나은 단계로 도약하기 위해 갖춰야 할 필수 역량과 관련된 세부 과제를 살펴보았다.

구체적으로 세계 시장의 기준에서 국내 광고산업의 현재를 냉정하게 진단하고 그 문제점의 이유를 제시했으며, 다음으로 국내 광고산업의 발전을 위해 마주해야 할 당면과제를 알아보았다. 마지막으로 국내 광고산업에 대한 시민의 부정적 인식을 불식할 수 있는 광고 리터러시 교육의 중요성과 광고사기로 대표되는 미디어 데이터 범죄에 대응할 수 있는 전담 조직의 필요성을 강조했다.

3장에서는 광고의 정의, 매체 환경, 광고산업의 다양한 이해관계자, 광고의 기능, 광고이용자가 처한 환경을 살펴보며, 광고 리터러시의 필요성을 탐색했다. 광고 어원부터 광고 정의의 변천을 알아봤다. 경제적, 산업적, 사회문화적 순기능과 함께 광고의 가치를 논했다. 미디어 진화와 광고의 일상화 현상을 고찰하며 '광고'와 여러 일상에서 함께 할 수밖에 없는 상황을 제시했다. 더불어 미디어 진화로 광고산업의 가치사슬 속 이해관계자가 다양해졌다는 점을 소개했다. 결국 광고의 일상화 및 광고산업의 다변화로 이용자는 현재 여러 문제에 직면하고 있으며, 이를 해결하기 위해서는 광고 리터러시가 필요하다는 점을 제기했다.

4장에서는 국내 광고 리터러시 교육자료로 초등학교 국어 교과서 및 디지털 교과서와 지도서 등을 살펴 보았다. 해외 광고 리터러시 교육 현황을 분석하기 위해 영국과 미국의 〈미디어 스마트〉 홈페이지를 통해 초등학생 및 청소년 대상으로 개발된 각각의 프로그램 내용을 분석했으며, 미국의 FTC가 개발한 애드몽고(Admongo)에서 나타난 광고 리터러시 교육자료를 분석해 국내 자료와의 차별점을 설명하였다. 국내 및 해외 광고 리터러시 교육 현황 분석을 토대로 국내 광고 리터러시 교육의 문제점 및 교육과정을 위한 방향성을 제시하였다.

5장에서는 광고 리터러시 정의 및 구성요소를 살피며, 미디어 기술과의 결합, 광고산업의 다변화 및 타 변화와의 결합, 소비자의 참여 및 상호작용성 증가 상황에서 광고산업의 이해관계자를 고려한 광고 리터러시 개념 확장 및 광고 리터러시 교육의 필요성을 제시했다. 광고 리터러시 교육으로 얻을 수 있는 효과를 주체적인 소비활동, 영역별 교육효과, 광고신뢰도 향상과 광고산업 발전에 따른 경제효과, 사회문화 형성 및 전승 차원에서 정리했다. 광고 리터러시 교육은 광고활용교육, 광고교육, 광고비평교육으로 나눠 현황을 살피고, 광고 리터러시 교육대상 확장과 교육내용 광고 리터러시가 어떤 개념으로 논의되어 왔는지 살펴 보았다.

6장에서는 모두를 위한 광고 리터러시 교육의 중요성에 대해 살펴보았다. 사회구성원의 다양성에 대한 이해와 존중을 바탕으로 지속 가능한 사회를 실현하는 것, 즉 포용성과 시민성 배양은 미래사회를 대비하는 교육의 핵심가치이다. 그리고 미디어 리터러시는 이 핵심가치 실현에 중요한 역량으로 간주 된다. 디지털 시민을 위한 미디어 리터러시 교육의 국내외 현황을 살펴보며, 미디어 리터러시 교육에 있어 능력주의 관점을 넘어 디지털 문화와 윤리, 시민적 책임과 관련한 접근이 필요함을 설명하고 있다. 향후 다양성 광고 리터러시 교육의 대상이 어린이·청소년을 포함한 일반 소비자를 넘어 업계 종사자 교육으로 확대되어야 함을 논의하고 있다.

7장에서는 미디어 리터러시의 범위와 정의 및 하위 역량과 더불어 광고 리터러시의 기본적인 개념에 대해 살펴보았다. 미디어와 리터러시에 대한 기본적인 정의를 바탕으로 '미디어 리터러시'에 대한 정의를 제공했다. 이와 같은 정의와 함께 다섯 가지의 미디어 리터러시 하위 역량에 대해서 설명하고자 했다. 전통적으로 잘 알려져 왔던 미디어 리터러시의 하위 역량(접근, 활용, 비판적 이해)과 함께 최근 들어 많은 관심을 받고 있는 '사회적 참여'와 '책임과 권리'에 대한 설명을 제공했다. 본 장에서는 이와 같은 주요 내용을 다루며, 이에 더해 광고 리터러시와 미디어 리터러시 간의 관련성과 차별성에 대해서도 함께 설명하였다.

8장에서는 마케팅 커뮤니케이션으로서 광고를 콘텐츠산업의 한 영역으로 살펴보고 그 가치를 새롭게 평가해 보자는 제안을 하였다. 대표적으로 광고를 활용한 교육으로 광고 리터러시에 주목할 것을 주장하였다. 광고에 대한 인식개선을 촉구하면서 광고가 사회에 기여하는 방법으로 광고활용교육의 배경과 활용 현황을 분석하였다. 또한 교육현장의 요구와 접근에 대한 심도 있는 접근을 비롯한 과제를 논의하였다.

9장에서는 국어 교육에서 광고를 바라보는 두 가지 관점을 소개하였다. 국어 교육에서는 광고를 교육의 수단으로 보기도 하고 교육의 대상으로 보기도 한다. 이중 광고를 교육의 대상으로 보는 관점이 광고 리터러시 교육과 밀접한 관련을 맺고 있다. 이에 광고 리터러시 교육을 광고 장르 인식 교육으로 정의하였다. 또한 학습자들이 접하고 있는 새로운 형태와 메커니즘의 광고인 스마트 광고 역시 장르 이론의 관점에서 또 하나의 광고 장르로 인식하고, 이해하고, 평가할 수 있도록, 스마트 광고 리터러시 교육의 방안으로 장르 인식을 위한 전략적 질문 활용을 제안하였다.

10장에서는 호주의 광고 산업 현황과 변화를 살펴보고, 변화하는 산업환경에 따라 호주의 광고 규제는 어떠한 변화를 겪고 있는지 살펴보았다. 코로나 팬데믹 확산으로 인해 강력한 봉쇄조치를 시행해온 지난 2년 호주의 디지털 미디어 시장은 사상 유례없는 성장을 기록하고 있다. 구글과 같은 거대 플랫폼사들이 지배적인 호주의 디지털 광고 환경에 대한 분석과 이들 기업들의 시장 독점을 규제하고자 하는 움직임을 살펴보고 있다. 마지막으로 호주 소비자들의 광고에 대한 인식 변화와 디지털 미디어 환경의 다변화에 따른 미디어 리터러시 교육의 필요성에 대해 설명하고 있다.

11장에서는 현재 전 세계적으로 강조되고 있는 다양성, 평등, 포용의 가치와 광고의 관계에 대해 다뤘다. 다양성과 다양성 광고에 대해 정의하고, 시대적인 요구로서의 다양성 광고의 의미를 탐색하였다. 광고 리터러시 관점에서 인종, 장애, 젠더, 성적지향과 관련된 다양성 광고의 대표 사례들을 살펴보았다. 또한, 광고 리터러시가 현재까지 기능 중심의 현명한 소비자 되기 차원에서 논의되어 온 것의 한계를 지적하며, 기능적 관점을 넘어 참여와 생산, 미디어에 대한 비판적 이해 등을 포괄하는 개념으로 넓혀가야 한다는 것을 설명하였다. 이어서 다양성 광고를 읽는 방법으로 비판적 리터러시를 제시하고, 비판적 리터러시 관점에서 광고 속 소수자 재현의 정치학에 대해 논의하였다.

12장에서는 디지털 광고가 광고산업에서 가장 큰 비중을 차지하고 빠르게 성장하면서 디지털 광고를 악용한 범죄 사례도 역시 늘어가고 있다는 것을 밝히고 있다. 범죄의 심각성과 그 규모에도 불구하고 국내에서는 광고사기와 브랜드 안전을 단순히 대기업이 집행하는 광고비에 누수가 생기는 정도로 이해하면 서 미온적으로 대응하고 있는 현실이다. 광고사기와 브랜드 안전 위해가 초래한 문제는 종국에는 최종 소비자가 부담해야 할 제품과 서비스의 가격 상승과 직결 된다. 본 장에서는 광고사기와 브랜드 안전의 개념과 심각성에 대해 살펴보고 국내외의 관련 대응을 알아보았다.

[디지털 시대의 광고 리터러시], 이 책이 광고와 관련된 많은 사람들

에게 우리나라 광고 교육의 현실을 한번 생각하는 기회를 주었으면 한다. 광고는 문화 콘텐츠로서 우리의 일상생활 속에서 공존하고 있다. 광고 리터러시 교육을 통해 우리 아이들과 청소년들이 편견 없이, 광고를 통해 창의력을 기르고, 비판적 사고능력을 길러 4차 산업혁명 시대가 요구하는 인재로 거듭나길 바라는 마음이다. 광고가 가지는 사회적 가치와 그 중요성을 모든 사람들이 공유하길 기대해 본다. 이 책이 광고 리터러시 교육의 활성화 및 체계적인 교육자료 출판을 위한 마중물이 되길 바란다.

마지막으로, '광고 리터러시'의 중요성을 공감하고 출판을 독려해 주신 한국언론진흥재단 표완수 이사장님께 감사의 인사를 전한다. 또한, 책이 나오기까지 많은 관심과 지원을 아끼지 않으신 한국광고홍보학회 차영란 회장님께도 감사 드린다. 그리고 책 출판을 가능하게 한 집필진들께 진심을 담아 감사의 마음을 전한다.

2022년 9월

저자들을 대신하여 **엄 남 현**

Contents

제 1 장 광고 환경의 변화와 광고 리터러시

광고 환경의 변화와 광고 리터러시

엄남현 교수
홍익대학교 광고홍보학부

요약

제1장에서는 국내 및 글로벌 광고 산업의 현황을 살펴봄으로써 코로나 팬데믹 시대라는 언텍트 환경에도 불구하고 디지털 광고 산업의 지속적인 성장세를 확인하였다. 인플루언서들의 '뒷광고', 그리고 '앞광고' 이슈 뿐만 아니라 소셜 미디어를 통한 허위과장 광고로 인해 소비자들의 피해가 지속적으로 발생하고 있다는 사실도 제시하였다. 소셜 미디어를 통해 인기를 누리는 인간 인플루언서를 위협하는 가상 인플루언서들의 등장과 문제점도 살펴 보았다. 유명인들의 과대 또는 허위 광고들이 사회에 미치는 영향 또한 살펴 보았다. 디지털 광고 산업에서 일어나는 디지털 광고 효과에 부정적인 영향을 미치고 있는 디지털 광고 사기의 문제점과 모바일 광고가 소비자들에게 미치는 문제점 역시 다루고 있다. 소비자 개인의 관심과 취향을 분석해 개인화된 광고를 제공하는 기술을 사용하는 디지털 맞춤형 광고와 이와 연관된 개인정보보호에 대한 이슈들을 정리하였다. 마지막으로 본 챕터에서는 광고 리터러시의 개념과 앞서 살펴본 광고 환경에서 광고 리터러시 교육의 필요성을 설명하고 있다.

국내 및 글로벌 광고산업 현황

코로나 팬데믹은 모든 일상과 연계된 생활방식뿐만 아니라 미디어 산업 전반에 큰 변화를 가져왔다. 그 결과, 국내 및 해외에서는 마이너스 경제 성장으로 인한 광고시장이 위축되었다. 전반적인 광고시장의 위축에도 불구하고 광고산업을 버틸 수 있게 한 것은 바로 디지털 광고 시장이었다. 코로나 팬데믹에 의한 비대면 환경 정착과 산업의 디지털 전환으로 디지털 광고 시장이 고성장을 이어갔으며, 사회적 거리두기로 인한 재택근무 및 온라인 수업이 시행되고 비대면 접촉이 일상화 되면서 디지털 동영상을 비롯한 온라인 서비스 이용이 증가해 디지털 광고 수요가 증가했다. 방송 광고와 비교해 디지털 광고는 코로나 팬데믹의 영향을 상대적으로 받지 않는 것으로 보인다.

2020년 디지털 광고 시장은 코로나 상황에서 온라인 서비스 이용자들이 더 늘어남에 따라 전년 대비 20% 성장하여 전체 온라인 광고시장은 방송과 신문을 합친 오프라인 광고시장을 넘어섰다. 언텍트 생활 패턴이 가속화됨에 따라 소비자들의 디지털 이용시간이 급격히 증가, PC와 모바일 이용 시간이 전년 대비 15% 증가했다. 코로나 19 확산을 막기 위한 조치로 직장인들의 재택 근무와 집콕 생활이 일상화되면서 OTT(Over the Top) 서비스 소비가 증가되었으며, 소비자들의 이러한 디지털 이용 시간이 증가함에 따라 광고 매출 또한 증가하였다. 매년 두 자

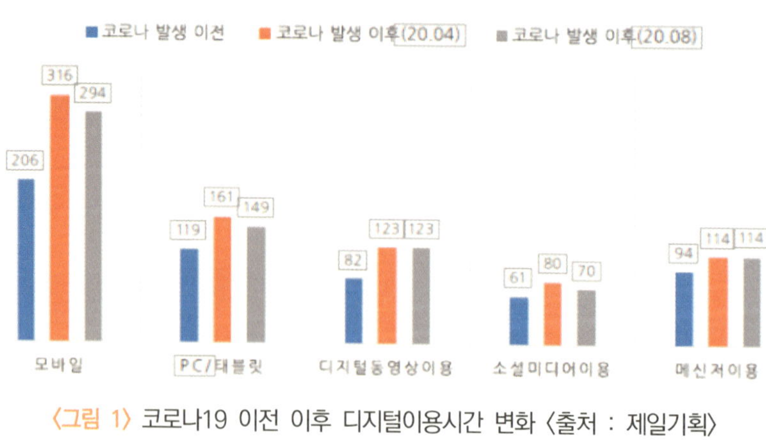

〈그림 1〉 코로나19 이전 이후 디지털이용시간 변화 〈출처 : 제일기획〉

릿수의 나 홀로 성장을 기록하고 있는 디지털 광고 시장은 라이브 커머스를 비롯한 온라인 커머스의 확대 및 엔터테인먼트 동영상의 성장의 포털의 DA 성과형 상품 수요 및 동영상 광고의 지속적인 성장에 힘입어 최초 매체 시장 6조 원 규모를 형성하고 광고 매출 점유율 50%를 달성할 것이라는 전망이다.

미국 광고산업에서도 코로나 팬데믹의 악영향을 피해갈 수 없었다. 소비가 위축되면서 광고주들의 광고 집행 역시 위축되면서 국내 광고시장을 비롯해 미국의 광고시장도 큰 감소세를 보였다. 하지만 코로나 19의 영향을 벗어난 유일한 광고 시장은 국내에서도 물론 미국에서도 온라인 광고였다. 일상적인 대면 커뮤니케이션에서 코로나 19로 인한 비대면 커뮤니케이션이 주류로 떠오르면서 그리고 코로나19의 확산을 예방하는 차원에서 학교는 비대면 수업으로 전환하였으며, 기업들은 재택 근무를 권장하기에 나섰다. 그 결과 넷플릭스를 비롯한 OTT 서비스 사용이 현격하게 증가하였으며, 또한 개인들의 인터넷 사용시간 역시 증가하였다. 이러한 언택트(untact) 시대는 기존 전통광고시장 하락세를 더욱 부추겼으며, 온라인 광고 시장 성장세에 불을 지피는 역할을 했다. 미국 인터넷 광고협회(IAB: Interactive Advertising Bureau)의 '2020년 인터넷 광고비 보고서'[1]에 따르면 전년도 2019년과 비교 2020년 온라인 광고는 12.2% 성장했으며, 그 중심에는 소셜 미디어 광고와 디지털 비디오 광고가 자리잡고 있다. 소셜 미디어 광고는 온라인 광고비 성장에 가장 큰 기여를 한 것으로 나타났다. 2020년 미국 소셜 미디어 광고비는 415억달러, 한화로 약 46조원에 달했으며, 이는 미국 인터넷 광고비의 약 30%를 차지한다. 디지털 비디오 광고는 전년도 대비 20.6% 증가세를 보이며 262억 달러, 한화로 약 29조원에 달했다.

미국 인터넷 광고의 성장에는 프로그래매틱 바잉(programmatic buying)이 자리잡고 있다. 프로그래매틱이란 광고를 구매할 때 사람을 통해서 이뤄지는 것이 아니라 사전에 만든 알고리즘에 따라 디지털을 통해 자동으로 구매를 하는 것을 말하며 이는 실시간으로 이뤄지기도 한다. 미국 프로그래매틱 광고는 2020년 기준, 142억달러 한화로 약 16조8천억원에 달했다. 프로그래매틱 광고의 지속적인

1 IAB (2021). Internet Advertising Revenue Report.

성장은 최근 전세계적 관심인 '개인정보보호법'에 의해 주춤 할 것으로 예상된다. 광고주들은 다양한 포맷의 온라인 광고를 구입하기 위해 프로그래매틱 바잉을 사용해 왔으며, 코로나 19는 이러한 광고주들의 구입 성향을 강화시켰다고 볼 수 있다. 하지만, 개인정보보호법에 의한 제3자(3rd party) 쿠키(이용자가 방문한 웹사이트의 운영자가 아닌, 타사가 설치하는 쿠키를 의미)와 개인식별정보 사용 반대에 부딪혀 매년 두 자리 숫자 성장세는 기대하기 힘들 듯 보인다.

유럽에서도 코로나 팬데믹이라는 광고 산업에서의 악재에도 불구하고 2020년 디지털 광고비는 10% 성장한 570.5억 유로를 나타냈으며, 특히 영국에서 디지털 광고비 비중은 70%를 훌쩍 넘긴 것으로 나타났다. 이와 유사하게 프랑스에서도 2021년 디지털 광고 시장은 21% 성장 할 것이라는 전망이다. 중국에서의 미디어 광고 시장 점유율을 보면 2020년 인터넷 광고 매출은 TV를 비롯해 기타 미디어보다 전반적으로 앞서고 있다. 팬데믹으로 인한 어두운 경제 환경 속에서 기업들은 직관적이고 효과적인 결과를 가져올 수 있는 광고 형식을 선호하게 이르렀으며, 그 결과 중국에서도 디지털 광고 시장 성장세의 견인차 역할을 했다고 볼 수 있다. 일본 광고시장의 경우, 전통매체로 불리는 TV, 라디오, 신문 및 잡지 등은 코로나 팬데믹 이후 역성장을 기록하고 있는 반면, 디지털 광고비는 1996년 이후 지속적으로 성장하면서 2020년도에는 4대 매체 광고비와 필적하는 규모로 성장하였다.

소셜 미디어를 통한 인플루언서 마케팅과 문제점

문화체육관광부의 '2019 광고산업조사(2018년 기준)[2]'에 따르면 간접광고의 산업규모는 2018년 1,270억으로 2017년 1,108억 원에 비해 14.6% 증가했다. 간접광고란 영화, 뮤직 비디오, TV 쇼 등에서 제품의 브랜드 이름, 로고, 마크 등이 포함되어 있는 광고형태를 의미한다. 또한 간접광고는 광고주가 판매 증진이

2 문화체육관광부(2019). 2019 광고산업조사.

나 이미지 개선을 목적으로 일정한 대가를 지불하고 특정 회사의 제품이나 브랜드 등을 매체에 간접적으로 노출시켜 소비자를 설득하는 판촉 전략으로 정의된다. 간접광고의 유형은 화면 속 배치, 대사 속 배치, 구성 속 배치 등으로 나누어 진다. 이러한 전통적인 간접광고 유형 외에도 유튜브라는 1인 미디어의 등장과 급속한 성장으로 인해 새로운 형태의 간접광고가 나타났다. 간접광고를 집행하는 광고주를 명확히 밝히고 있는 지, 또는 그 주체를 고의적으로 숨기고 있는지에 따라 '뒷광고' 또는 '앞광고'로 나누어 볼 수 있다.

'뒷광고'의 논란은 소비자들의 유명인 또는 인플루언서들의 배신감에서 본격적으로 시작되었다. 뒷광고란 "크리에이터가 콘텐츠를 생산할 때 제품을 협찬 받거나 광고료를 받아 제작하고 이를 동영상 플랫폼(유튜브 등)이나, SNS 채널에 업로드할 때 이러한 사항들을 제대로 표기하지 않은 것"[3]을 의미한다. 한마디로, 뒷광고는 '광고나 협찬을 받았으나 이 사실을 드러내지 않은 행위'를 통칭한다. 유명인들 또는 인플루언서들이 '내돈내산'('내 돈 주고 내가 산'을 지칭하는 신조어)을 콘셉트로 잡은 콘텐츠에 특정 브랜드의 협찬을 받은 제품을 노출하는 과정에서 광고 미표기를 한 채 마치 자신이 직접 고르고 산 제품처럼 리뷰를 해서 소비자들을 기만했다는 것이 논란의 핵심이었다. 유명 패션 스타일리스트 한혜연씨를 비롯해 가수이자 배우로 활동하는 강민경씨 역시 뒷광고 논란으로 비난을 받은바 있다.

그 밖에 유튜브를 통해 '먹방' 콘텐츠를 운영하는 많은 인플루언서들이 뒷광고에 대한 사과를 하는 해프닝 들도 생겨났다. 유명인들 및 인플루언서들의 '뒷광고'는 바로 소비자 들의 신뢰에 대한 배신으로 해석될 수 있으며, 또한 콘텐츠에 대한 진정성에 대한 회의감으로 비춰볼 수 있다. 그 동안 일부 마케터들과 유튜버들이 '뒷광고'를 해 온 이유는 광고 메시지의 설득력 및 효과 때문으로 해석된다. 제품관련 메시지가 광고로 인식될 때 광고로 인식되지 않을 때 보다 메시지의 설득 효과가 낮아지고, 소비자들은 일반적으로 광고 메시지를 회피하고자 하는 경향이 있기 때문이다.[4] 유명 인플루언서들이 소비자의 구매 의사결정에 미치는 영향

3 박은경. (2021). 뒷광고 대신 앞광고, 솔직함이 경쟁력이다.

4 Wei, M. L., Fischer, E., & Main, K. J. (2008). An examination of the effects of activating persuasion knowledge on consumer response to brands engaging in

〈그림 2〉 대중에 미치는 영향력에 따른 인플루언서 4가지 유형

이 크고, 그들이 추천하는 제품을 더 신뢰하고 큰 관심을 보이며, 실제 구매에 까지 이르기 때문에 '뒷광고'는 소비자들의 유명인과 브랜드에 대한 신뢰를 깨는 행위로 보여진다. '뒷광고' 이슈는 SNS를 통해 소비자들과 소통을 통해 친밀감과 신뢰를 쌓은 유명인들과 인플루언서들의 책임감의 무게를 일깨우는 계기를 마련했다고 볼 수 있다.

이러한 윤리적인 측면뿐만 아니라 법적으로도 공정거래위원회는 2020년 9월1일자로 뒷광고와 같은 부당 광고를 방지하기 위해 '추천·보증 등에 관한 표시·광고 개정안'[5]을 마련해 발표했다. 유명인들과 인플루언서들은 광고 및 협찬 받은 게시물을 올릴 때 유료 광고 표시와 같이 경제적 이해관계를 시청자가 한눈에 알 수 있도록 명시해야 한다. 만약, 이러한 개정안을 지키지 않는다면 시정조치, 시정명령 및 과징금 부과 등의 형태로 정부의 제재를 받을 수 있다. '뒷광고'는 공정거래를 저해하고, 콘텐츠 시장 환경에 부정적인 영향을 미칠수 있기 때문에 정부의 적극적인 개입이 필요한 이유다. '뒷광고' 논란이 확대 되면서 최근 '앞광고'라

---

covert marketing. *Journal of Public Policy & Marketing*, 27(1), 34-44.

5 공정거재위원회(2020). 추천보증 등에 관한 표시광고 심사지침 개정.

는 새로운 간접광고가 트렌드로 떠오르고 있다.

'앞광고'란 '광고임을 드러내는 콘텐츠'를 의미한다. 즉, '앞광고'는 '뒷광고'와는 달리 소비자들에게 당당하게 간접광고임을 드러내는 것이라고 할 수 있다. 최근 간접광고를 소재로 한 드라마나 예능 프로그램들이 제작되고 있으며, 프로그램에 보여주는 광고 제품을 간접광고임을 직접 밝히며 웃음 요소로 사용해 재미를 더한다. 간접광고를 드러내놓고 하는 '앞광고'가 오히려 MZ 세대들에게는 효과적일 수 있다는 주장이다.[6] 진정성은 특히 MZ 세대들에게 중요한 키워드이며, 당당하게 드러내고 브랜드를 알리는 '앞광고'는 부정적인 효과보다는 오히려 재미있게 받아들여지고 있다. 대표적으로 MBC "놀면뭐하니"의 여름 댄스곡 앨범 제작에 도전한 '싹쓰리'는 그들의 앨범 제작비를 충당하기 위해 적극적인 '앞광고'를 집행했으며, 시청자들에게도 긍정적인 호응을 이끌어 냈다.

인플루언서들의 '뒷광고', 그리고 '앞광고' 이슈 뿐만아니라 소셜 미디어를 통한 허위과장 광고로 인해 소비자들의 피해가 지속적으로 발생하고 있다. 소셜 미디어에서 인플루언서들의 광고와 마케팅에서의 영향력은 확대되고 있는 추세다. 특히 의사, 연예인 등의 인플루언서가 협찬 받은 제품을 사용한 후, 협찬에 대한 고지나 과학적인 검증 없이 허위 또는 과장된 후기를 올려 팔로워들의 소비 심리를 자극하고 직접적인 소비로 이어지게 하는 것은 소비자들의 피해로 이어질 수 있다. 2020년 식품의약품안전처는 팔로워가 10만명 이상되는 인플루언서를 포함해 SNS 상의 허위과장 광고를 점검하여, 다이어트, 디톡스 등에 효과가 있는 제품이라며 가짜 체험기를 게시한 유통전문판매업체 등 8곳과 인플루언서 등 15명을 적발하였다. 또한 소셜 미디어 인플루언서들에게 대가를 주고 제품 후기를 올리게 한 7개 사업자를 적발하여 총 2억6,900만원의 과징금과 시정명령을 부과하기도했다.

소셜 미디어를 통해 인기를 누리는 인간 인플루언서를 위협하는 가상 인플루언서들의 등장이 광고 시장의 새로운 트렌드를 열고 있다. 가상 인플루언서는 인간 인플루언서들과 달리 스캔들을 일으킬 걱정이 없고, 비용적인 측면에서도 인간 인

6 이연주, 이상준, (2020). 뒷광고가 쏘아올린 앞광고 트렌드, 영대신문.

플루언서들 보다 효율적이고, 마케팅적으로 활용도가 높은 것으로 평가 받는다. 현재 가장 유명한 가상 인플루언서는 '릴 미켈라'로 2016년 미국 AI 스타트업 브러드 (Brud)가 선보였으며, 미국 LA에 사는 19세 소녀로 설정, 브라질 출신의 스페인 혼혈인 뮤직 아티스트라는 프로필을 가지고 있다. 미켈라는 음악 페스티벌 인터뷰로 발탁되기도 하고 뮤직 비디오에 출연하기도 했으며, 샤넬과 같은 명품 브랜드들의 모델 활동도 활발히 하고 있다. 미켈라 외에도 해외에서는 영국의 사진작가이자 컴퓨터 그래픽 아티스트가 제작한 남아프리카 출신의 가상 패션모델인 슈두 (Shudu), 그리고 일본 오사카 대학교 지능로봇 연구소에서 제작한 에리카(Erica)가 있으며, 에리카는 구찌의 마케팅 캠페인에 등장해 화제를 불러 일으켰다.

국내 최초의 가상인간으로 하나밖에 없는 존재를 의미하는 '오로지'라는 이름을 가진 가수로 데뷔한 가상 인플루언서 로지(Rozy)는 시각 특수효과 기업 로커

〈그림 3〉 '릴 미켈라' 인스타그램

스의 자회사인 싸이더스 스튜디오엑스에서 만들었다. 젊은 세대가 좋아하는 얼굴을 분석하고 3D 기술로 세상에 없는 얼굴을 만들었으며, 800여 개의 얼굴 표정을 만들어냈다고 한다. 2021년에는 신한카드 광고모델로 나와 큰 화제성을 불러 일으켰다. 2021년 2월에 첫선을 보인 29살의 루시는 롯데홈쇼핑이 자체 전문 인력을 통해 개발한 가상 인간으로 직업은 디자인 연구원이자 패션 모델이며, 현재 7만여 명의 인스타그램 팔로워를 가지고 있다. 루시는 홈쇼핑에 등장해 직접 판매 상품을 소개하면서 본격적인 가상 인간 쇼 호스트로서의 커리어를 시작했다. LG전자에서 개발한 가상 인간 래아는 '미래에서 온 아이'라는 의미를 담고 있으며, 23세 여성으로 서울에 거주하며, 직업은 뮤지션이라는 프로필을 보유하고 있다. 2021년 1월 미국 CES에서 LG의 제품과 신기술을 소개하는 연설을 통해 공식적으로 데뷔했으며, 그 이후 뮤직 비디오의 티저 영상을 공개 하면서 가수 데뷔를 알렸다. 마지막으로, 카카오의 자회사 넵튠도 가상 인간 개발사인 온마인드를 통해 디지털 아이돌 수아(Sua)를 개발했으며, 수아는 현재 인스타그램과 틱톡을 중심으로 활동하고 있으며, 인스타그램 1만3천여 명, 틱톡 1만 8천여 명의 팔로워를 보유하고 있다. 가상 인플루언서 수아는 글로벌 IT 기업의 공식 모델로 활동하기도 했으며, 컬러 렌즈 브랜드 광고 모델로 등장하기도 했다.

〈그림 4〉 '로지'가 모델로 등장한 신한카드 광고

그렇다면 가상 인플루언서의 문제점은 무엇일까? 인간 인플루언서와 비교해 가상 인플루언서는 광고하는 제품을 직접 사용하고 경험할 수 없는, 즉 '실제 경험' 요소가 결여될 수 밖에 없는 상황이다. 이렇듯 가상 인플루언서는 제품에 대한 실제 경험이 없음에도 불구하고 가상 경험을 전제로 소셜 미디어에 게시물을 작성한다. 소비자들이 실제 후기로 오인할 수 있다는 점에서 거짓 또는 기만적인 광고 행위로 해석될 수 있다. 특히, 가상 인플루언서에 대한 이해도가 낮은 중장년층들은 가상 인플루언서를 실존 인물로 오인하여 가상 인플루언서의 광고를 기만적 광고로 받아들일 가능성이 높다고 할 수 있다. 가상 인플루언서 광고에 대한 소비자 분별력을 키우는 것이 중요하다고 볼 수 있다.

유명인의 과대 또는 허위광고

2011년 8월, 배우 차승원씨가 명예 대표로 활동하는 다이어트 업체 '14일동안'은 허위 및 과장광고로 공정거래위원회로부터 제재를 받았다. '14일동안'은 체지방 감량 등의 효과가 가장 큰 것처럼 허위 과장광고를 집행해 시정명령을 받았다. 이 업체는 무료 일간지들을 통해 '2005년 설립이래 동종 업계 체지방 감량 1위'라고 광고했다고 공정거래위원회는 밝혔다. 공정거래위원회는 객관적인 근거 없이 동종업체 중 체지방 감량 효과가 가장 큰 우수업체인 것처럼 오인 할 우려가 있다는 점에서 '14일동안'의 광고를 허위 과장 광고로 판단했다. 하지만, 이러한 사건에도 불구하고 '14일동안'은 표시·광고 관련 법령을 준수하고, 허위·과대광고 메시지를 시정하라는 명령만 받는 것으로 그쳤다. 이와 같은 사례 외에도 국내에서 접수된 허위·과장 광고로는 유명인의 자녀 체험기 형식으로 인터넷 광고 통해 제품을 먹으면 열 달 만에 키가 10cm 키가 큰다거나 성장 호르몬이 6배 촉진된다는 효능이 입증되지 않은 메시지를 전달해 소비자들을 현혹 시킨 사례도 보고되었다. 또한, 보험 상품도 '원인이나 횟수에 상관없이 보장'한다거나 '중복 보장이 가능한 상품'이라는 허위·과장광고 사례도 소비자 보호원에 접수되었다. 소비자 보호원에 따르면, 홈쇼핑 보험 판매 사례는 매년 증가하는 추세다.

방송광고의 내용은 '방송법' 및 '방송광고에 관한 심의규정'에 의해 규제를 받으며, 심의규정은 방송광고로 인하여 피해를 입는 소비자가 발생되지 않도록 방송광고 금지 품목 및 표현의 기준을 매우 구체적으로 제시하고 있다. 특히, 어린이 및 청소년의 경우 신체적, 사회적, 심리적 발달이 모두 이루어지지 않은 미성년자로서 방송광고의 내용에 여향을 받기 쉽기 때문에 방송광고의 표현에 더욱 강력히 규제하고 있는 실정이다. 하지만 최근에 노년층을 타깃으로 한 보험 및 상조 과대·허위광고가 사회적 이슈로 떠오르고 있지만, 이에 대한 규제는 아직 미흡하다. 방송광고는 헌법에 명시된 표현의 자유의 보호를 받으며, 허위·과장되게 표현되어 소비자에게 피해를 끼치면 해당 방송광고에 대한 사후심의를 통해 제재를 받으며, 광고된 제품에 문제가 발생하게 되면 각 제품과 관련된 법의 규제를 받게 된다. 하지만, 방송광고에 출연하는 유명인 모델이 방송광고에 출연 계약 전에 제품 이 자신의 이미지에 부정적인 영향을 미치지 않는 지에 조사하는 것은 자율적인 행위로 간주, 이를 법적으로 규제하는 것은 적절하지 않다는 관점이 우세하다. 현재까지 유명인 광고 모델이 등장하는 허위 또는 과장광고로 문제가 된 제품이 소비자에게 피해를 끼친 사례에서 유명 연예인 모델이 법적으로 제재를 받은 사례는 한 차례도 발생하지 않은 것으로 나타났다. 유명 연예인 모델을 활용한 광고 관련 법적 규제들이 국내에서도 조금씩 생겨나고 있는 추세다. 지난 2015년에는 24세 이하 연예인이나 운동선수가 주류 광고를 하지 못하도록 하는 내용의 '국민건강증진법 개정안'이 국회 보건복지 위원회에서 통과되었다.

그 결과, 방송, 신문, 인터넷 매체, 포스터·전단 제작자들은 주류 광고를 제작할 때 24세 이하 광고 모델을 출연시키지 못하게 되었다. 당시 1993년생이었던 가수 아이유는 출연하고 있는 하이트 진로의 참이슬 소주광고를 할 수 없게 되었다. 방송광고에 대한 법적 규제는 보험광고에서도 나타났다. 방송광고 및 홈쇼핑을 통한 보험 상품 관련 허위·과장광고가 지속적으로 사회의 이슈로 떠오르자 금융당국이 보험 광고모델에도 기준을 세웠다. 금융당국은 2012년6월부터 보험설계사 자격 없는 광고모델의 상품설명을 제한했다. 이후 설계사 자격증을 딴 모델들은 직접 혜택을 설명하고 가입처를 안내하기 시작했다. 예를 들어, 보험광고계의 장수 모델인 이순재를 비롯해 이상벽, 박지윤, 손범수 및 박미선도 보험 설계사 자격증을 획득하여 판매하는 보험 상품의 주계약과 특약 등을 구체적으로 홍보할 수 있게 되었다. 2006년 '장하성 펀드' '고승덕 펀드' 등 유명인 이름을 딴 펀드 이름 광고가 금지 되었다. 금융감독원은 유명인 이름을 붙여 일반인들에게 혼란을 일으킬 소지가 있다는 이유로 펀드의 정식 명칭을 사용하고, 펀드가 아닌 경우 펀드란 용어의 사용을 금지했다.

금융감독원은 유명인이 직접 운용하는 것이 아닌 고문이나 자문 역할만 하는데도 펀드에 유명인 이름을 붙여 일반인들에게 혼란을 일으킬 소지가 있기 때문에 법률적 가이드라인을 제시했다고 밝혔다. 2015년 개정된 공정거래위원회 예규 제 222호는 유명인의 추천 · 보증 등 관련 부당한 표시 · 광고를 규정하고 있다. 첫째, 유명인이 특정 상품을 사용해 본 경험적 사실에 근거해서 해당 상품을 추천·보증 등을 하는 내용이 표시·광고에 포함되는 경우에는 동 유명인이 당해 상품을 사용해 보았어야 하고 표시 · 광고상에 표현된 추천 · 보증 등의 내용이 실제 발생한 경험적 사실에 부합하는 것이어야 한다고 공정거래위원회는 밝히고 있다. 따라서 유명인이 추 천 · 보증 등을 한 사실이 없거나 해당 상품을사용해 본 사실이 없다거나 또는 표시 · 광고 · 상의 추천 · 보증 등의 내용이 사실과 아닌 결과, 일반 소비자를 속이거나 일반 소비자로 하여금 잘못 알게 할 우려가 있는 경우에는 부당한 표시·광고에 해당한다고 규정한다. 예를 들어, 다이어트식품 광고를 하면서 유명인이 동제품을 복용하여 감량에 성공한 것처럼 광고를 하였으나, 광고주가 유명인의 이름을 무단으로 도용하였거나 제품복용에 대한 약정없이 광고 모델 계약만을 한 경우가 이 사례에 속한다.

둘째, 공정거래위원회는 유명인이 자신의 직업 등과 관련된 제품광고에 출연하여 전문가적 입장에서 제품평 등의 추천 · 보증을 하는 경우, 자신과 실제 관련된 제품이어야 한다고 명시하고있다. 따라서 추천 · 보증 등을 한 제품이 유명인의 전문분야가 아닌 결과, 일반 소비자를 속이거나 소비자로 하여금 잘못 알게 할 우려가있는 경우에는 부당한 표시 · 광고에 해당한다.예를 들어, 의사이자 방송인으로 유명한 인사가 소화제 광고에 출연하여 제품의 효능에 대해 전문적인 견해를 언급하였으나, 실제는 내과 의사가 아니라 치과의사였을 경우가 이에 속한다.

셋째, 공정거래위원회는 유명인이 제품을 사용한 사실이 있거나, 제품개발과 관련이 있거나 해당 업체를 소유하는 등 추천・보증을 뒷받침 할 수 있는 사실이 없는 경우, 일반 소비자를 속이거나 일반 소비자로 하여금 잘못 알게 할 우려가 있는 경우에 부당한 표시・광고에 해당한 고 밝힌다. 예를 들어 유명인으로부터 단순히 이름만을 빌려 "OOO의 슬림"이란 다이어트 제품을 판매하면서 이러한 사실을 소비자들에게 충분히 알려주지 않아 해당 연예인이 동 제품과 직접 관련이 있는 것으로 소비를 오인케 하는 경우가 이에 속한다.

디지털 광고 사기 (Ad Fraud)와 모바일 광고의 문제점

우리나라 광고시장은 전세계 7위 규모이며, 이 가운데 디지털 광고는 전체 광고 시장에서 52.9%에 해당하는 7조원 규모에 이른다. 그럼에도 디지털 광고 데이터를 제대로 검증할 수 있는 장치가 없어서 사기의 피해규모가 해마다 커지고 있는 상황이다. 디지털 광고사기(ad fraud)는 디지털 광고의 단가측정방식을 악용해 소비자가 실제로 광고를 보거나 앱을 설치하지 않았는데도 광고효과를 거짓으로 부풀려 광고비를 부당하게 획득하는 행위를 뜻한다. 간단히 설명하자면, 디지털 시장이 성장하고 퍼블리셔, 사이트, 앱 등을 포함한 매체수가 수 만개에 달해 광고주가 광고 인벤토리와 노출시간을 정하는 것이 사실상 불가능하기 때문에 실시간 자동구매 기법인 프로그래매틱 광고 (programmatic advertising) 사용이 급격히 확산되고 있으며, 광고주가 프로그래매틱 광고를 이용하는 과정에서 비윤리적인 업체가 의도적으로 데이터를 속이거나 광고비를 가로챌 목적으로 악의적 프로그램을 실행시켜 디지털 광고 사기가 발생한다.

빈도순으로 살펴보면 대량장치 광고 자동설치, 가짜광고 자동조작, 광고 신호코드 해킹(SDK Spoofing)이 뒤따르고 있다. 이 외에도 가짜 클릭, 클릭 부정삽입, 인센티브 남용, 눈에 안보이는 광고, 위장 도메인 등도 있다. 세계광고주연맹(WFA)은 2020년 9월에 발표한 자료[7]에서 디지털 광고사기가 2025년까지 500억 달러(한화 약 593조원) 규모의 범죄 시장이 될 것이라고 예측했다. 글로벌 시장조사기관인 이마케터(eMarketer)는 디지털광고의 20%가 디지털 광고 사기라고 추정하고 있다. 광고업계에서는 디지털 광고에 대한 불신이 팽배하며, 심지어 국내 디지털 광고사기가 전체 디지털 광고에서 80% 가까이 차지한다고 추정하는 곳도 있다. 모바일 시장은 매년 가장 높은 성장률을 보이고 있는 시장이며 2019년 전 세계 모바일 시장은 379조 규모로 예측되는 시장이기 때문에 광고 사기꾼들에게는 매력적인 시장으로 비춰질 수 있다. 또한, 디지털 광고 시장에 대한 특별한 규제와 감시가 소홀하다는 것이 디지털 광고 사기를 부축이는 요소가 될 수 있다.

모바일 광고는 개인이 소지하고 있는 모바일 기기에서 가장 알맞은 형태로 직접적으로 개인에게 상품정보를 특성화된 맞춤형 정보의 제공이 가능하며 소비자는 실시간으로 상품에 대한 정보를 제공받으며 구매의욕을 고취시킬 수 있다는 특징을 가지고 있다. 모바일 광고는 소비자의 정보취득 경로 등의 프로파일을 분석하여 개인 특성에 맞는 차별화된 광고를 제공함으로써 모바일 광고에 대한 신

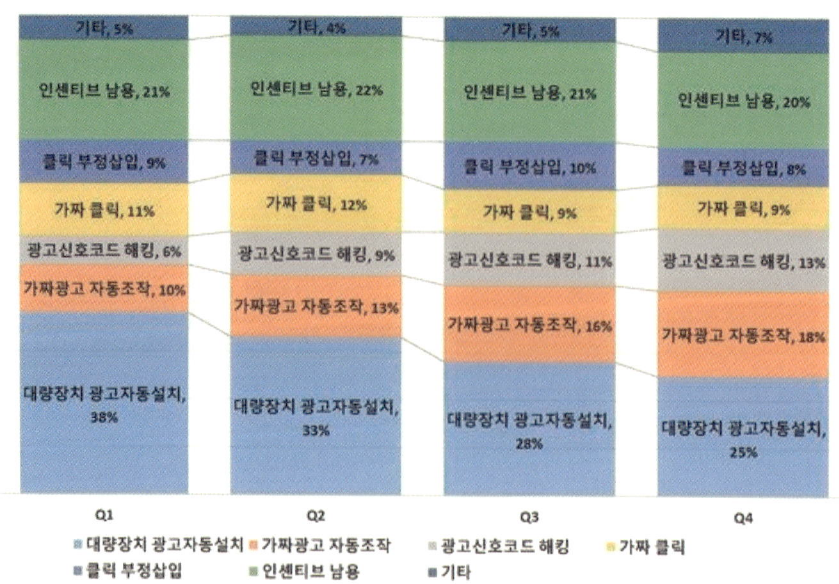

〈그림 5〉 글로벌 디지털 광고사기 유형(출처 2018 Mobile Ad Fraud Report)

7 News1 (2021). 코바코, 디지털광고사기 막는다…시장질서 확립.

뢰도를 높일수 있으며, 소비자의 즉각적인 반응, 즉 구매의욕 고취 후 실질적인 구매단계로 이어질 수 있다는 장점이 있다. 이 외에도, 모바일 광고는 위치기반 시스템인 GPS를 활용해 소비자의 현재 위치를 중심으로 원하는 장소 및 시간에 필요로하는 정보를 제공하는 것으로 광고의 신속성, 실시간형 정보 제공이 가능하다는 특징과 각종 이벤트의 참여 및 상품의 주문 등 다양한 상호작용이 가능하다는 특징이 있다.

한국소비자원이 발표한 '모바일 광고에서의 소비자 문제 연구'8에 따르면 기사성 광고는 선정적이거나 허위 정보, 과장된 말로 이용자들을 유도하거나 같은 상품이나 같은 페이지를 광고하더라도 광고 제목이나 내용들을 다르게 광고하고 있다는 것이 나타났다. 이벤트 페이지의 마지막에는 대부분 개인정보를 요구하는 부분이 있으며, 요구하는 개인정보는 기본적으로 성명, 휴대폰 번호, 나이, 거주지, 성별 등 자세한 정보를 요구하는 것으로 보인다. 모바일 광고 품목 중에는 재테크의 항목이 가장 많으며, 손쉽게 돈을 벌수 있다는 광고 제목처럼 허위 사실을 포함하거나 과장되게 포장되어 있는 경우가 많았다.

모바일 광고에서 가장 큰 이슈는 네이티브 광고(Native Ad)라고 할 수 있다. 네이티브 광고란 일반적으로 광고가 집행되는 사이트나 서비스 등 플랫폼에 맞춰 기획 및 제작된 콘텐츠 형식의 광고를 의미한다. 한국언론진흥재단은 네이티브 광고를 "플랫폼의 기능, 레이아웃, 디자인, 콘텐츠 세 가지 측면 모두에서 기사와 연속성 및 유사성을 가지면서 후원이나 협찬을 투명하게 명시하는 광고"라고 정의 내리고 있다. 미국 광고 시장에서 네이티브 광고는 2013년 10억 달러에서 2018년 57억 달러로 6배 가까이 성장했으며, 이러한 성장세는 네이티브 광고 효과를 반증해 주는 결과로 해석된다. 하지만 네이티브 광고는 진짜 콘텐츠인지 광고인지 구분하지 못함으로써 발생하는 소비자 기만과 상품 홍보라는 뚜렷한 목적을 가진 콘텐츠임에도 불구하고 공익적 언론보도와 혼동해 발생하는 사회적 신뢰 저하라는 문제를 발생시킬 수 있다. 국내에서 실시한 설문조사 결과, 사용자의 절반 이상이 네이티브 광고와 실제 기사를 혼동한다는 결과가 있었다. 따라서, 국내

8 김인숙(2015). 모바일 광고에서의 소비자문제 연구. 한국소비자원.

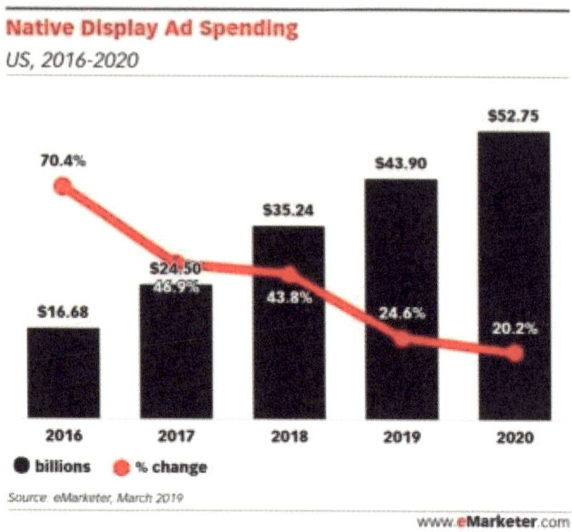

〈그림 6〉 미국 네이티브 광고 년도별 성장률 (출처: eMarketer)

에서도 네이티브 광고의 상업성을 소비자에게 인식시키기 위한 명확한 지침, 또는 가이드라인이 제시되어야 한다.

맞춤형 광고와 개인정보보호 그리고 어린이 타깃 광고

코로나 팬데믹이 본격적으로 시작된 2020년 초반 이후, 전세계적으로 비대면 커뮤니케이션이 중심으로 떠오르면서 언택트 마케팅이 트렌드가 되었다. 소비자들의 외부 활동이 줄어든 반면 집에서 보내는 시간이 증가함에 따라 넷플릭스(Netflix)와 같은 OTT (over-the-top) 서비스의 국내 시장 점유율이 확대되었다. 코로나 19로 인해 전체적인 광고 시장이 위축되었지만 소비자들의 인터넷 사용 시간이 증가함에 따라 디지털 광고비는 지속적인 상승세를 보였다. 디지털 광고의 성장세를 주도하고 있는 것은 모바일이라고 할 수 있다. 국내 스마트폰 보급률은 76.5%로 약 3천9백2십만명이 스마트폰을 사용하고 있는 것으로 나타났다. 모바일 광고 분야를 주도하고 있는 것은 개인 맞춤형 광고와 디지털 동영상 등을 포함하는 모바일 디스플레이 광고라고 할 수 있다.

디지털 맞춤형 광고는 소비자 개인의 관심과 취향을 분석해 개인화된 광고를 제공하는 기술을 사용한다. 이러한 디지털 맞춤형 광고는 정보 과잉의 시대, 소비자들에게 관련 있는 또는 관심있는 광고를 노출시켜 광고 회피를 줄임과 동시에 주목도를 높일 수 있는 대안으로 발전 그리고 진화하고 있다. 개인의 웹사이트 방문 이력, 앱 사용 이력, 구매 및 검색 이력 등 이용자 관심, 흥미, 기호 및 성향 등을 파악하고 분석 할 수 있는 온라인상의 이용자 활동정보가 디지털 맞춤형 광고로 사용되고 있다. 소비자들의 온라인 행태 데이터를 분석, 결합해 맞춤형 광고의 정확성과 효율성을 높일 수 있다는 장점이 있지만, 이러한 소비자들의 행태정보를 수집, 활용을 통한 디지털 맞춤형 광고는 개인정보 침해 우려와 함께 개인정보 수집 및 보호에 대한 부정적인 여론이 거세지고 있는 추세다.

국내에서는 디지털 맞춤형 광고의 무분별한 행태정보 수집을 금지하기 위해 2017년 방송통신위원회는 '맞춤형 광고 가이드라인'을 처음으로 제시했다. 하지만, 가이드라인이 법적 구속력이 없으며, 직접적인 제재나 처벌을 받지 않기 때문에 큰 실효성은 없다는 평가다.[9] 2020년 8월 5일부터 개인정보 범위를 확대해 빅데이터 관련 산업을 활성화하는 내용의 '데이터 3법(개인정보보호법, 정보통신망보호법, 신용정보법)이 통과되어 시행 중에 있다. 하지만 여전히 디지털 맞춤형 광고의 비식별개인정보의 활용이라는 측면에서 개인정보 침해의 가능성이 존재한다. 방송통신위원회는 온라인 맞춤형 광고란 "행태정보를 처리하여 이용자의 관심, 흥미, 기호 및 성향 등을 분석, 추정한 후 이용자에게 맞춤형으로 제공되는 광고"라고 정의한다. 이와 유사하게 미국의 연방거래위원회(FTC: Federal Trade Commission)는 "소비자의 관심 분야에 맞춤화된 광고를 전달하기 위해 소비자의 온라인 행태를 추적하는 것"으로 정의한다. 이러한 맞춤형 광고는 맥락형 맞춤형 광고, 프로파일 맞춤형 광고, 그리고 행동기반 맞춤형 광고로 구분된다.

첫째, 맥락적 맞춤형 광고는 이용자가 웹사이트나 애플리케이션과의 상호작용을 통해 얻게 된 정보에 근거해서 이용자가 사용한 검색어와 관련된 정보를 소비

9 최민지 (2017). 온라인 속 빅브라더 '맞춤형 광고', 가이드라인만으로 사라질까? 디지털데일리.

자에게 보여주는 형식으로 집행된다.[10] 둘째, 프로파일 광고는 일정 기간에 걸쳐 사용자의 등록 정보와 행태정보를 결합하여 광고를 전송하는 형태다. 셋째, 행동기반 맞춤형 광고는 사용자의 온라인 행동 양태에 대한 정보를 저장, 분석하여 이에 적합한 광고를 노출시키는 형태다. 이용자의 정보구축 되고, 이러한 개인의 행동 데이터가 광고분석 자료로 사용될 수 있기 때문에 개인정보 침해 우려가 높다는 점에서 부정적인 측면이 존재한다. 행동기반 맞춤형 광고는 다시 행동 타겟팅 광고, 검색 리타겟팅 광고, 리타겟팅 광고로 세분화 된다. 행동 타겟팅 광고는 이용자가 방문한 페이지, 검색, 클릭한 링크, 구매한 상품 등 웹 브라우징 행동에 기반해 고객을 세분화하며, 위치, 오프매장 구매 이력 등 모바일 디바이스와 물리적 매장에서의 행동까지 고려 대상에 포함 시킨다. 검색 리타겟팅 광고는 사용자가 웹을 둘러볼 때 그 키워드 검색 행동에 기반해 디스플레이 광고를 표시하는 형태다. 마지막으로, 리타겟팅 광고는 개인들이 방문한 웹사이트의 정보를 토대로 관련성이 높은 광고를 선별해 노출하는 광고 방식을 의미하며, 즉, 사용자가 방문한 사이트 접속기록이나 관심 분야, 구매내역 등과 같은 정보를 활용해 사용자가 다른 사이트를 접속할 경우 관심 분야에 적합한 광고를 보여줌으로써 구매 가능성을 높이는 것이다.

리타겟팅 광고에 대한 소비자들의 반응은 긍정적 그리고 부정적 측면이 동시에 존재한다. 우선 광고주의 관점에서 리타겟팅 광고는 임의의 사용자에게 광고가 보여지던 것과 달리 관련 상품에 관심이 있는 사용자에게 광고가 노출되므로 구매 확률이 높다는 특징이 있어 매출 증대에 직접적인 도움을 줄 수 있다.[11] 하지만 소비자들은 맞춤형 광고에 노출 되었을 때 본인도 모르는 사이에 개인정보의 수집과 활용이 이루어졌다고 생각하며 불쾌감과 거부감 같은 부정적인 태도가 형성됨은 물론 프라이버시가 침해되었다고 인식하며, 광고 피로도로 인해 광고를 회피

---

10 이영주, 채정화. (2020). 글로벌 디지털 플랫폼의 맞춤형 광고를 위한 이용자 정보 수집 및 활용 범위에 관한 연구: 구글, 페이스북, 아마존의 데이터 활용 원칙을 중심으로. *정보사회와 미디어, 21*(3), 89-119.

11 최세정 (2021). 고객의 생각 훔치려고 하면 부작용만, 신뢰-공감으로 최적의 메시지 전달해야. 동아비즈니스리뷰.

하는 경향을 보일 수 있다.[12] 무작위적인 디지털 맞춤형 광고 실태를 규제하기 위해 방송통신 위원회와 한국인터넷진흥원은 '온라인 맞춤형 광고 개인정보보호 가이드라인'을 발표했다. 가이드라인을 통해 행태정보 수집과 이용의 투명성, 이용자의 통제권 보장, 행태정보의 안전성 확보, 인식확산 및 피해구제 강화 총 4가지의 온라인 맞춤형 광고 개인정보보호 원칙을 제시했다.[13] 온라인 맞춤형 광고 개인정보보호 가이드라인에 따르면, 사용자의 행태정보를 이용한 맞춤형 광고는 이를 의미하는 표지를 나타내야 하며, 이러한 표지를 통해 안내 사항을 보여주며, 맞춤형 광고에 대해서 사용자가 수신 및 차단할 수 있는 통제권을 제공해야 한다. 더 나아가, 가이드라인은 광고 사업자는 수집한 개인의 행태정보를 보호하는 기술을 갖춰 관리하고, 목적을 달성하거나 일정 기간이 지나면 파기하거나 안전하게 저장해야 한다는 것을 제시하고 있다. 광고로 인한 피해 발생 시의 개인정보 침해 문제를 처리하기 위해 피해구제 기능을 운영해야 한다는 것도 가이드라인을 통해 직시하고 있다.

급변하는 디지털 환경 변화에 맞게 개인정보보호에 대한 정책도 변화해야 한다. 2020년 8월 5일부터 시행된 '데이터 3법'(개인정보보호법, 정보통신망법, 신용정보법)은 기업과 개인이 활용할 수 있는 개인정보 범위를 확대해 빅데이터 관련 산업을 활성화하는 내용을 담아냈다. 데이터 3법은 세가지 법안이 따로 따로 시행되는 듯 보이지만, 개인정보보호법, 정보통신망법, 신용정보호법에 흩어져 있던 개인정보보호 관련 부문을 떼어내 개인정보보호법 아래 통합하는 것이며, 이를 통해 분산돼 있던 개인정보보호 거버넌스 체계를 일원화하겠다는 취지다.[14] 특히 개인정보보호법에 따르면, "개인정보"란 살아 있는 개인에 관한 정보로서 성명, 주민등록번호 및 영상 등을 통하여 개인을 알아볼 수 있는 정보를 의미하며, 해당 정보만으로는 특정 개인을 알아볼 수 없더라도 다른 정보와 쉽게 결합하여 알아볼 수 있는 정보를 의미한다.[15] 데이터 3법은 개인정보 외에도 가명정보와 익명정

12 이해수, 곽은아, & 한동섭. (2019). 빅데이터 기반 AI 리타겟팅 광고(Retargeting Advertising) 회피에 영향을 미치는 요인에 관한 연구. 광고연구, (120), 80-111.

13 선연수 (2019). 맞춤형 광고, 내 정보는 안전한걸까? 테크월드.

14 황치규 (2020). '가명정보가 다는 아니다' 데이터 3법의 모든 것. 디지털투데이.

보를 도입했다. 가명정보란 개인 정보의 일부를 삭제하거나 일부 또는 전체를 대체하는 방법으로 추가정보를 사용하지 않고서는 특정 개인을 식별할 수 없는 정보를 의미하며, 익명정보는 성명, 생년월일 등 개인을 특정할 수 있는 핵심 식별 정보를 철저히 제거하여 추가 정보를 사용, 결합해도 특정 개인을 식별할 수 없는 정보를 일컫는다. 특히 익명 정보는 개인정보가 아니므로 개인정보보호법의 적용을 받지 않는다.

개인정보보호법 개정안은 개인정보의 개념을 명확히 해서 혼선을 줄이고, 안전하게 데이터를 활용하기 위한 방법과 기준 등을 새롭게 정리했다는 것에 의미가 있다. 데이터를 기반으로 한 새로운 기술·제품·서비스의 개발, 산업 목적을 포함하는 과학연구, 시장조사, 상업 목적의 통계작성, 공익 기록보존 등을 위해서 가명정보를 이용할 수 있도록 했으며, 개인정보처리자의 책임성을 강화하기 위해 각종 의무를 부과하고, 법 위반 시 과징금 도입 등 처벌도 강화해서 개인정보를 안전하게 보호할 수 있도록 제도적 장치를 마련했다. 또한, 개인정보의 오·남용과 유출 등을 감독할 감독기구는 개인정보보호위원회로 일원화 했다는 것도 눈 여겨 볼 만 하다.[16] 가명처리된 개인정보를 여러 기업·기관에서 결합해 사용할 수도 있으며, 이 때 반드시 별도의 결합 전문기관을 통해야 하며, 한 기관의 서로 다른 조직에서 수집한 정보를 가명처리한 후 결합할 때 별도의 외부 결합 전문기관을 거치지 않아도 된다. 가명처리된 개인정보를 여러 기업·기관에서 결합해 사용할 수도 있으며, 반드시 별도의 결합 전문기관을 통해야 하며, 한 기관의 서로 다른 조직에서 수집한 정보를 가명처리한 후 결 합할 때 별도의 외부 결합 전문기관을 거치지 않아도 된다.

데이터 3법이 제정된 2020년 8월 이후에도 개인정보보호에 대한 우려는 지속적으로 제기되고 있다. 기업들이 비식별개인정보를 마케팅에 적극적으로 활용하는 계획을 세우고 있기 때문에 개인정보 유출로 인한 인격권 침해 가능성 역시 높아질 수 있다. 또한, 정부가 주도하는 빅데이터 활성화 방안으로 개인정보가 주

---

15 개인정보보호위원회 (2020). 개인정보보호법.

16 최민욱. (2021). 디지털 맞춤형 광고에서 비식별개인정보의 활용과 개인정보 보호와의 갈등에 관한 연구: 국내외 현황과 제도를 중심으로. 융합정보논문지, 11(1), 71-79.

체 동의 없이 상업적인 목적으로 사용될 수 있다는 우려도 존재한다. 정부가 비식별화 처리된 개인정보에 대해 개인정보 보호의 예외 조항을 두면서 기업은 개인정보를 개인의 동의 없이 수집하도록 허용하고 있기 때문에 국민의 기본권이 침해 될 수 있다. 무엇보다도 가명정보와 익명정보가 결합되면 개인을 명확하게 식별할 수 있는 개인정보로 사용될 수 있어 소비자들의 우려는 더욱 커지고 있는 추세다. 맞춤형 광고의 문제점, 특히 어린이들을 타깃으로 한 디지털 광고의 문제는 미국에서도 크게 이슈가 되었다. 2022년 미국 대통령인 바이든은 첫 국정연설에서 소셜 미디어 플랫폼의 어린이 대상 타깃 광고를 금지해야 한다고 강조했다. 미국 의회에서도 청소년 대상 타깃 광고를 제한하는 규제 법안이 쏟아지고 있으며, 미국 사회에서도 빅테크(Big Tech)가 청소년에게 음주, 약물, 다이어트, 도박 광고를 허용한다는 비판이 제기되었다.

2021년 12월 유럽의회는 디지털 시장법을 승인했으며, 빅테크 플랫폼 기업을 '게이트 키퍼'로 지정해 강도 높은 규제를 적용했다. 해당 법안에 따르면 동의 여부와 상관없이 미성년자의 개인정보는 타깃 광고에 활용할 수 없으며, 타깃 광고 사업을 하기 위해 이용자의 개인정보를 받으려면 명시적이고 분명한 동의를 받아야 한다는 내용을 포함하고 있다. 이러한 추세에 맞게 애플과 구글은 '앱 추적 투명성', '프라이버시 샌드박스'를 도입해 타깃 광고를 제한하는 방향으로 정책을 변경하고 있다. 구글은 18세 미만의 연령, 성별 또는 관심사를 기반으로 한 맞춤형 광고 타겟팅을 중단하겠다고 밝혔다. 미국과 유럽에서는 어린이 타깃으로 한 맞춤형 광고의 금지와 미성년자의 개인정보 활용에 대한 강력한 규제 장치들을 마련한 반면 여전히 국내에서는 미성년자 대상 타깃 광고에 대한 논의조차 시작되지 않았다.

광고 리터러시 교육의 필요성

국내 및 해외에서 마케팅과 미디어 환경이 빠르게 변화하고 진화하고 있기 때문에 소비자들이 광고를 제대로 이해하고 대처하기가 힘들어 졌다. 이러한 상황적 요인들로 인해 '광고 리터러시'라는 개념의 중요성과 교육에 대한 필요성이 대두되었다. '광고 리터러시'란 광고를 통한 설득적 메시지를 분석 및 평가, 활용할 수 있는 능력으로 정의될 수 있다.[17] 특히 다른 세대들에 비해 설득지식 수준이 낮은 어린이들에게는 필수적으로 필요한 능력이지만, 미디어 리터러시 교육 비중에 비교하면 여전히 교육 내용 및 시간이 부족하다고 볼 수 있다. 국내에서 광고 리터러시 교육은 일반적으로 미디어 리터러시 교육의 한 단위로 수업이 진행되고 있어 깊이 있는 내용이 전달되기 힘든 상황이다.

광고 리터러시 교육은 '교육수단으로서의 광고'와 '교육대상으로서의 광고', 이렇게 크게 두 가지로 구분될 수 있다. 우선 교육수단으로서의 광고는 '광고활용교육'(AIE: Advertising in Education)이라는 개념으로 알려져 있으며, 광고를 교육적 도구로 이용하여 창의력, 표현능력, 비판능력, 커뮤니케이션 능력 등의 다양한 역량을 개발하는 것을 목적으로 하며 이는 기존 신문활용교육(NIE: News in Education)을 광고 교육 환경에 맞게 변형된 것으로 볼 수 있다.[18] 광고활용교육은 초등학교, 중학교, 그리고 고등학교에 이르기까지 교육 현장에서 학습도구로 사용되어 왔으며, 실증연구를 통해 광고활용 교육이 창의성 개발과 비판적 사고력 증진에 도움이 된다는 것이 밝혀졌다.[19] '교육대상으로서의 광고'를 말할 때 광고 리터러시의 개념은 보다 구체적으로 '광고를 통한 설득적 메시지를 분석, 평가 및 활용할 수 있는 능력 더 나아가 크리에이티브를 직접 제작할 수 있는 능력'을 의미한다. 광고에 대한 회의적인 태도를 가지고 도덕적으로 평가할 수 있는 능력과 분별력을 갖춰, 허위 또는 과장 광고를 분별할 수 있는 현명한 소비자로 거듭나게 해줄 수 있는 교육이 바로 광고 리터러시 교육이라 할 수 있다.

한국방송광고진흥공사에서 발표한 '지속가능한 발전을 위한 광고 이용자 권익

---

17 Young, B. (2003). Does Food Advertising Influence Children's Food Choices? A Critical Review of Some of the Recent Literature, *International Journal of Advertising*, 22 (4), 441-59.

18 이희복. (2012). 광고활용교육 (AIE) 이란 무엇인가?: 탐색적인 접근을 중심으로. 한국광고홍보학보, 14(1), 160-181.

19 김지은, 한규훈. (2014). 광고활용교육이 초등학생의 창의성 개발에 미치는 영향에 관한 실증연구. 광고연구, (101), 186-216.

향상 방안'[20] 연구 보고서에 따르면, 10대와 20대에서 광고 리터러시 수준이 높았으며, 40대와 50대에서 낮은 것으로 나타났다. 세부항목으로 살펴보면 10대들의 '비판적 이해' 수준은 3.74(5점 기준)점으로 3.55점을 기록한 50대 보다 높은 수준을 보였다. '광고 창출' 항목에 있어서도 10대들은 3.5점을 보인 반면 50대들의 광고 창출은 2.91점을 기록해 낮은 수준을 보였다. 향후 연구에서는 10대를 좀 더 세부 구간으로 나누어 분석 할 필요가 있다. 예를 들어 초등학생, 중학생 그리고 고등학생의 광고 리터러시 수준을 조사하고, 그 수준에 맞는 맞춤형 광고 리터러시 교육 방안 마련이 필요하다. 연구결과에서도 보여지듯이 50대들의 광고 리터러시 수준이 상대적으로 다른 세대들에 비해 낮은 것으로 나타났다. 만약 60대들의 광고 리터러시 수준을 함께 조사했다면 그 결과는 가장 낮은 광고 리터러시 수준이었을 거라 짐작해 본다. 따라서, 청소년들만 대상으로 하는 현재의 광고 리터러시 교육 정책에서 벗어나 각 연령대별로 필요한 광고 교육이 필요하다. 특히, 허위 및 과장광고의 피해 사례가 빈번히 발생하는 시니어들을 대상으로 한 광고 리터러시 교육 역시 시급하다.

마지막으로, 광고 리터러시 교육은 학교에서만 이루어지는 교육이 되어서는 안된다. 가정에서도 부모가 아이들과 자연스럽게 광고라는 주제를 가지고 이야기 할 수 있어야 한다. 유튜브를 통해 콘텐츠를 소비하는 어린이들은 유튜브 광고에 빈번히 노출된다. 때로는 성인 타깃으로 하는 광고에 노출되기도 하기 때문에 성적 호기심을 자극하거나 정보를 제대로 판단하지 못하여 광고 메시지를 오해 할 수 있다. 어린이와 청소년의 휴대폰 보급률은 지속적으로 증가해 초등학교 저학년을 제외하고는 90% 이상으로 집계됐으며, 어린이와 청소년의 하루 평균 스마트폰 시간이 3년새 27% 급증해 2시간에 육박했다. 어린이와 청소년들의 스마트폰 사용 시간이 증가함에 따라 모바일 광고 노출 기회도 많아졌다. 개인정보를 활용한 맞춤형 광고에 노출되는 어린이와 청소년들에게 광고 리터러시 교육의 시작은 가정이 되어야 하고, 학교라는 교육 시스템을 통해 광고 리터러시 능력을 더욱 정교화 시켜야 할 것이다. 미디어 리터러시 교육의 목표가 민주화 시민으로서의 자질

---

20 권예지 (2021). 지속가능한 발전을 위한 광고 이용자 권익향상 방안. 한국광고방송진흥공사.

과 역량을 강화하는 것이라면, 광고 리터러시 교육의 목표는 좋은 광고와 나쁜 광고를 구분할 수 있는 비판적 사고 능력을 길러 현명한 그리고 합리적인 소비자로서 길을 안내하는 것이 아닐까.

저/자/소/개

엄 남 현(Nam-Hyun Um: PH.D. in Advertising, The University of Texas-Austin)
위스콘신 대학교 커뮤니케이션학과 조교수를 거쳐, 현재 홍익대학교 광고홍보학부에 재직 중이다. 유명인 광고, LGBT광고, 펨버타이징, 정치광고 및 광고 리터러시 관련 연구 활동을 하고 있다. 제일기획에서 광고 AE로 삼성그룹, 삼성전자홍보, 풀무원, 월드건설, 성균관 대학교, KTF 브랜드 광고 등을 담당했다.

제 2 장

국내 광고산업의 문제점과 진흥의 당위성 그리고 광고 리터러시의 중요성

국내 광고산업의 문제점과 진흥의 당위성 그리고 광고 리터러시의 중요성

유승철 교수
이화여자대학교 커뮤니케이션 · 미디어학부

요약

제2장에서는 국내 광고산업과 다양한 문제점의 기저에는 국내 광고 시장의 구조적 문제도 있겠지만 기업과 정부가 책임져야할 부분도 분명히 있다는 것을 지적하고 있다. 본 장에서는 한국의 (디지털) 광고가 더 나은 단계로 도약하기 위해 갖춰야 할 필수 역량과 관련된 세부 과제를 살펴보았다. 구체적으로 세계 시장의 기준에서 국내 광고산업의 현재를 냉정하게 진단하고 그 문제점의 이유를 제시했다. 다음으로 국내 광고산업의 발전을 위해 마주해야 할 당면과제를 알아보았다. 마지막으로 국내 광고산업에 대한 시민의 부정적 인식을 불식할 수 있는 광고 리터러시 교육의 중요성과 광고사기로 대표되는 미디어 데이터 범죄에 대응할 수 있는 전담 조직의 필요성을 강조했다. '좋은 광고가 있는 국가가 바로 문화경제강국'이다. 본 장을 통해서 독자들이 국내 광고산업의 취약한 현실을 냉정하게 마주하고 그 소중함과 발전의 필요성을 공감해주길 고대한다.

광고산업 - 문화 콘텐츠로 인정받지 못한 비운의 문화산업

이제 "광고산업은 곧 디지털 광고산업이다"라고 말해도 과언이 아니다. 디지털이 국내 광고비의 반을 넘게 점유할 뿐 아니라 이제 4대 매체로 불리던 주류 대중매체가 디지털 매체의 보조매체로 기능하고 있는 것이 현실이다. 주요 지상파 매체 및 종편 채널이 유튜브 영상 조회수에 일희일비 하는 것이 단면적인 사례다. (사)한국디지털광고협회 신원수 부회장의 말을 빌면 "요즘의 4대 매체는 TV, 라디오, 신문과 잡지가 아니라 바로 디지털 플랫폼인 '구글, 페이스북, 네이버와 카카오'다". 하지만 이 새로운 4대 매체를 움직이는 자본의 동력은 과거 대중매체와 다르지 않다. 바로 '(디지털)광고'다. 따라서 디지털 광고산업의 발전을 논하기 위해서는 '광고산업의 발전'이라는 큰 틀에서 고심할 필요가 있다.

콘텐츠 산업의 경제파급효과

구분	생산유발효과	부가가치유발효과	취업유발효과
출판	42,548,435	16,396,714	373,596
광고	41,361,617	12,310,005	426,747
방송	36,628,498	14,976,184	198,480
지식정보	26,773,639	13,085,992	285,786
캐릭터	25,275,337	8,941,747	107,301
게임	19,450,563	11,828,045	144,565
영화	11,483,860	4,615,523	87,915
음악	11,028,183	5,049,747	81,260
디자인	7,373,296	2,942,229	42,538
콘텐츠솔루션	7,228,826	4,269,374	43,664
만화	2,142,811	898,249	16,233
애니메이션	1,324,269	558,988	7,320
패션	1,184,430	327,996	4,859

출처: 한국콘텐츠진흥원, (2020 콘텐츠산업 경제적 파급효과 보고서)

콘텐츠 산업 종사자 현황

(단위: 명, %)

구분	2014년	2015년	2016년	2017년	2018년	비중	전년 대비 증감률	연평균 증감률
출판	191,033	190,277	185,001	184,794	184,554	27.7	△0.1	△0.9
만화	10,066	10,003	10,127	10,397	10,761	1.6	3.5	1.7
음악	77,637	77,490	78,393	77,005	76,954	11.5	△0.1	△0.2
게임	87,281	80,388	73,993	81,932	85,492	12.8	4.3	△0.5
영화	29,646	30,100	28,974	29,546	30,878	4.6	4.5	1.0
애니메이션	4,505	4,728	5,142	5,161	5,380	0.8	4.2	4.5
방송	41,397	42,378	43,662	45,337	50,286	7.5	10.9	5.0
광고[30]	46,918	52,971	65,118	65,159	70,827	10.6	8.7	10.8
캐릭터	29,039	30,128	33,323	34,778	36,306	5.4	4.4	5.7
지식정보	75,142	77,809	80,396	82,470	86,490	13.0	4.9	3.6
콘텐츠솔루션	23,795	25,656	27,374	28,268	29,509	4.4	4.4	5.5
합계	**616,459**	**621,928**	**631,503**	**644,847**	**667,437**	**100.0**	**3.5**	**2.0**

출처: 문화체육관광부(2020.9)

〈그림 1〉 광고산업의 경제파급효과와 종사자현황

한국콘텐츠진흥원 2020년 통계[1]에 따르면 광고산업은 출판에 이어서 국내 2위 생산유발효과를 지닌 문화 콘텐츠 산업이다. 취업유발 효과가 콘텐츠 산업 가운데서 1위에 이를 정도로 대단한 효자산업이다. 광고 유관 산업인 이벤트와 디자인 그리고 PR까지 광고의 범위로 넣어서 계산한다면 광고가 주는 사회적 경제적 영향력은 엄청날 것이다. 2020년 기준 한국 광고산업의 규모는 세계 7위를 자랑할

1 한국콘텐츠진흥원(2020). 2020년 기준 콘텐츠산업조사
https://www.kocca.kr/kocca/bbs/list/B0158948.do?menuNo=204156

정도로 대단하다. 2021년 11월에 집행된 '광고의 날 기념 캠페인' - '광고는 힘이 있다'편의 메시지 그대로 '광고는 힘이 있고 또 힘이 세다'.

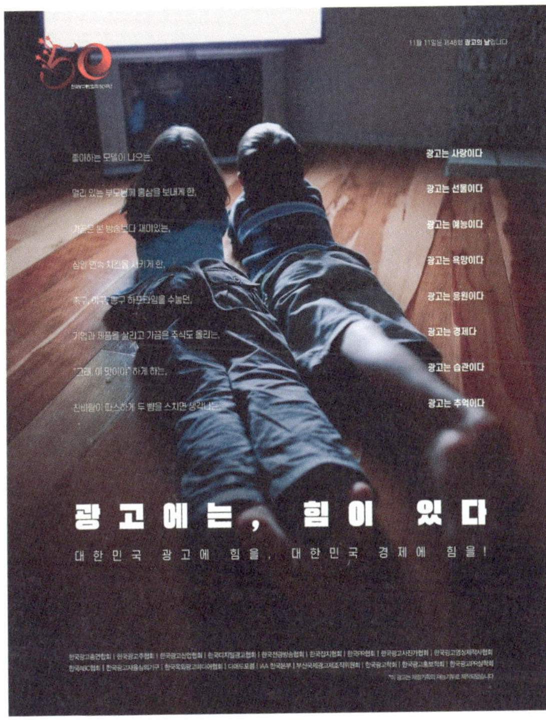

〈그림 2〉 2021년 광고의 날 캠페인

그런데도 국내 광고 관련 법제와 담당 기관은 누더기가 되어 방치된 것이 우리가 마주한 현실이다. 정부 총 4개 부서가 일정 부분을 담당하며 각자의 목소리를 높이고 있는 이유로 광고산업의 조율된 발전이란 기대하기 힘들다. 구체적으로 옥외광고는 행정안전부, 온라인, 디지털은 과학기술정보통신부, 방송광고는 방송통신위원회, 신문과 잡지는 문화체육관광부 등 4개 부처로 나뉘어 있다. 광고산업은 국제 경기와 연동되는 산업이자 인적 자본 집약 산업이다. 그래서 공공성 차원에서 정부의 직·간접적 규제가 불가피하다. 이제라도 광고진흥 체계화 및 통합적 광고산업 진흥을 위한 독립기구 설립이 절실하다.

부유한 산업으로 오해받기도 하는 한국의 광고산업은 실제 매우 영세하다. 2020년 기준 국내 광고관련 기업의 97.4%가 근로자 50인 미만의 중소기업이다. 2016년부터 2019년까지 4년간 전체 광고업계 취급액은 15% 성장하였으나 10~49인 규모의 중소 사업체 취급액 점유비는 지속 하락하고 있어 중소 사업체는 항시 고전하고 있다. 물론 코로나19가 휩쓸고 간 2020년 매출을 집계한다면 더 처참할 것으로 예상된다. 한편 우리가 대기업 계열 인하우스 에이전시(in-house agency)라고 분류하는 상위 매출 종합광고대행사 조차도 세계 순위에서는 미약한 존재감을 드러내고 있다. 세계 7위 광고비를 자랑하는 마케팅 강국이라는 찬란한 대로의 이면은 실제 어둡고 좁은 골목길이다.

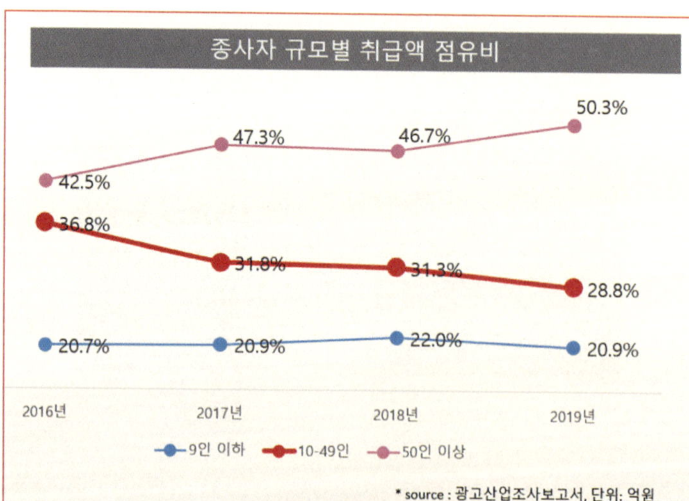

〈그림 3〉 광고산업 종사자 규모별 취급액 점유비

위에서 언급한 영세성은 디지털 광고 부문에서 더욱 심각하다. 소수의 인력이 가내수공업처럼 근무하는 형태가 대다수다. 초국적인 플랫폼 기업들과 애드 네트워크(Ad-Network)가 '광고의 성장판'을 깔아주었지만 광고의 내용과 품질에는 기여한 바가 전무하다. 국내 플랫폼 기업들은 한국이라는 제한적인 상권에서 국가 산업에 일정 부분 기여하고 있지만 글로벌 미디어 시장에서 존재감은 미미하다.

이런 가운데 소비자가 인식하는 디지털 광고는 스팸메일이나 음란 배너광고 정도의 조악한 수준에 그친다. 소비문화에서 광고의 영향력을 명심하고 시민들이 광고의 중요성과 참의미를 알 수 있도록 시민 인식개선 캠페인과 학생들을 대상으로 한 광고 리터러시 교육이 절실하다. 유교 문화 속에서 금전적 이익을 얻는 상업활동을 천시하던 문화적 흐름은 21세기 현재에도 유효하며 그 연장선에서 금융 리터러시 및 광고 리터러시가 제대로 교육되기 힘들었다. 특히, 라이브 커머스(live commerce) 등 신유형 광고의 외연이 확장되고 있는 흐름을 고려할 때, 시민들 특히 청소년이 지닌 광고에 대한 부정적 인식은 조속히 개선될 필요가 있다.

2021년 K컬처 붐을 만들어 낸 한류 킬러 콘텐츠인 '오징어 게임'과 '지옥'이 거둬낸 상업적 성과는 떠들썩한 전세계적 인기에 비하면 의외로 미미한 수준이다. 중국에서 만들어내고 대량 유통한 불법 복제 상품과 불법적인 광고 마케팅만 다량 양산되면서 성과에 대한 약탈만 있었다. 재주는 국내 제작사가 부리고 성과는 글로벌 콘텐츠 플랫폼과 약탈적 기업들이 가져간 셈이다. 만약 한국 광고/마케팅 역량이 세계적이고 그 규모도 상당했더라면, K컬처의 경제적 효과는 배가되었을 것이다. 이렇게 광고산업이 지니는 사회경제적 힘과 문화적 파장까지 고려하고 앞서 언급한 광고산업의 척박한 현실을 참작할 때 광고진흥법 제정을 통한 '광고산업의

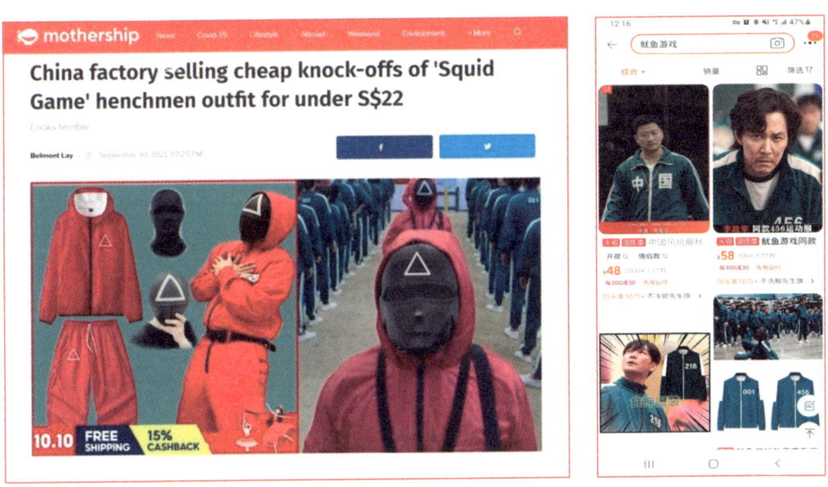

〈그림 4〉 중국 예능에서 표절한 오징어 게임 그리고 관련 상품들

체계적 육성'은 속히 이뤄져야 한다. 또, 이를 통해 광고에 대한 인식개선을 가능하게 할 광고 리터러시 교육이 이뤄져야 한다. 광고산업의 발전과 광고에 대한 시민들의 인식 변화를 위해 선행되어야 할 주요 의제들을 살펴보면 아래와 같다.

광고기술 고도화와 연구 강화가 필요하다

광고 분야는 디지털 광고를 중심으로 비약적으로 발전했다. 인공지능이 광고에 도입되면서 [기획-제작-유통-효과조사]에 이르는 '전 과정 자동화(full process automation)'라는 현실이 점차 다가오고 있다. 이런 자동화 과정에서 블록체인(blockchain) 기술이 활용되면서 투명하고 신속한 거래 처리를 가능하게 하고 있다. 이처럼 어제와 오늘이 다를 정도로 신기술이 광고에 적용되고 있으며 새로운 광고 비즈니스 모델이 출시되고 있다. NTF(Non-Fungible Token: 대체 불가능 토큰)와 비트코인(Bitcoin)과 같은 가상화폐를 활용한 광고 수익화 모델은 이미 실험적 테스트 단계에서 '시장적용 단계'로 이동 중이다. 국내에는 법적 이슈로 접근이 어렵지만 실례로 P2E(Play to Earn: 게임 플레이를 통해 돈을 버는 것)이 적용된 게임들은 이미 해외에 선풍을 일으키고 있다. 팬데믹(범유행)으로 관광산업이 피폐해진 필리핀과 같은 국가는 P2E게임이 국민 수익원으로 자리잡았을 정도다. 이런 게임 속 아이템을 키워 거래하는 과정에서 디지털 광고의 역할은 막대하다. 기술뿐 아니라 광고 크리에이티브의 수준에서도 디지털 광고는 다음 단계로 이동하고 있다. 지난 수년간 돌풍을 일으킨 콘텐츠 마케팅(content marketing)이나 브랜드 저널리즘(brand journalism)등 크리에이티브가 강화된 디지털 광고는 이제는 예술적 수준으로까지 발전하고 있다. 한편으로 국내에서 이와 같은 고품질 디지털 광고가 드문 것은 그만큼 디지털 광고 문화가 성숙하지 못했고 산업의 플레이어로부터 적정한 투자가 이뤄지지 못했기 때문이다.

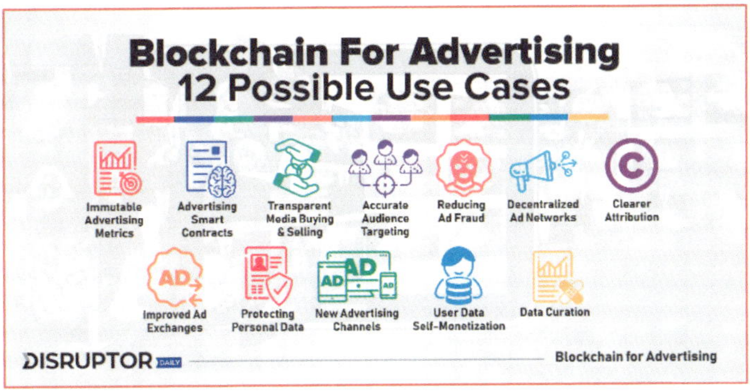

〈그림 5〉 블록체인 기술을 적용한 광고 프로세싱 예제

(출처: https://www.disruptordaily.com)

이렇게 기술적이고 크리에이티브 면에서 디지털 광고의 수준이 전과 다르지만 한국의 광고 연구역량은 제자리를 맴돌고 있다. 이제 광고 관련 연구는 공학과 경영학 미디어학을 포함한 다학문이 융합되지 않으면 진행할 수 없을 정도다. 또, 최근에는 법적인 문제까지도 다수 연계되고 있어서 법학이나 행정학과의 융합까지 필요할 정도다. 그런데도 국내에서 출간되는 논문과 보고서의 내용은 10년 또는 20여년 전의 내용과 비교해도 크게 다르지 않아서 아쉽다. 광고의 틀이 디지털로 전환되면서 요구하는 인력의 전문성도 크게 변했다. 광고산업에서 인재의 중요성은 더 강조할 나위가 없다. 새 시대가 요구하는 적합한 인력이 공급될 수 있도록 광고산업 구성원과 대학의 노력도 중요하겠지만 앞서 언급한 국가적 차원에서의 체계적 진흥을 통해 광고 산업에 뛰어난 연구인력이 보강될 수 있도록 적극 지원해야 한다.

한국형 미디어-광고 데이터 인·검증 기관이 설립되어야 한다

아시아-태평양 국가들은 광고사기에 매우 취약하다. 아시아 최대 광고시장인 중국은 광고 데이터 인·검증 전담 기관(和中国媒体评估委员会: CMAC(China Media Assessment Council))을 전격 설립하고 미국 MRC와 긴밀하게 공조하고 있다. 국내의 경우 전담기관을 논하기에 앞서 미디어 데이터 인·검증에 대한 기초조사 조차도 미비한 상황이다. 디지털 플랫폼 중심으로 재편되는 미디어 광고 산업의 건전성을 회복하고 유지하기 위해서는 전담 기관(이하 가칭 KMRC-Korea Media Rating Council)의 설립이 필수적이다. KMRC의 목적은 기업과 사회에 모두 혜택을 제공하는 건전한 광고 생태계를 만드는 것을 목적으로 하며 미디어 광고산업의 환경을 개선하고 광고주와 소비자로부터 신뢰를 구축해 국내 광고시장이 지속해 건강하게 성장할 수 있는 토대를 만드는 데 중추적 역할을 담당해야 한다. KMRC의 목표와 역할 구체화라는 측면에서 일본의 JICDAQ[2]가 밝힌 조직의 설립 목표와 미국 MRC[3]가 밝힌 주요 기능을 살펴보면 아래와 같다.

일본 JICDAQ의 목표와 기능

일본의 기업과 사회 모두에 이로운 광고를 만들 수 있는 환경을 조성하는 것을 목표로 한다. '광고 사기 등 무효 배포 배제', '광고 대상 품질에 따른 브랜드 안전성 확보'와 관련된 업무 프로세스에 대한 감사 기준을 마련하고, 이 기준에 따라 사업을 적절하게 수행하고 있는 사업자를 인증하고, 등록 및 인증된 회사의 이름을 공시한다.

미국 MRC의 기능과 과업

- 미디어 산업 및 관련 이용자 조사 서비스의 유효성, 신뢰성, 효과성 확립
- 미디어 측정 서비스에 대한 최소한의 공개 및 윤리적 기준의 제정 및 발전
- 미디어 측정 수행 시 정해진 표준 및 절차의 준수 여부를 이용자들에게 고지하기 위해 설계된 미디어 감사(media audit) 시스템의 제공 및 집행

국내 KMRC의 조직 목표와 역할도 해외 기관과 대동소이할 것이라고 본다. 단, 한국 언론의 복잡성과 영세성 그리고 토종 플랫폼사(네이버와 카카오 등)가 활성화된 국내 현실을 고려해 기능 세부 내용의 강약과 인·검증 사업의 실행 시점을 조절할 필요가 있다. 특히, 광고산업의 R&D 수준이 낮고 50인 미만 규모의 영세 소기업이 90% 이상을 이루고 있는 산업의 취약성을 고려할 때 KMRC에 미디어 데이터 기초연구 및 교육 홍보 기능을 강화하는 방안도 검토해야 할 것이다. 세부

2 一般社団法人 デジタル広告品質認証機構. https://www.jicdaq.or.jp/

3 Media Rating Council. http://mediaratingcouncil.org/

적으로, 광고주 뿐 아니라 최종 소비자에게도 광고사기의 위해성과 문제점을 공유하고 불법적 사기광고의 피해자가 되지 않을 수 있도록 교육해야 한다.

〈표 1〉 KMRC에 요구되는 주요 기능 예제

미디어 데이터 표준화	• 미디어 및 광고 관련 데이터의 산업 표준 정립 • 미디어 데이터 최소 기준(minimum standard)을 포함한 광고 거래 지표에 대한 가이드라인 제정 • JIC(Joint Industry Currency) 개발 및 환경 변화에 따른 업데이트
미디어 데이터 신뢰도 인·검증	• 신규 (디지털) 광고 상품에 대한 데이터 신뢰도 인·검증 • 인·검증 결과 미인증 상품에 대한 신뢰도 제고 전략 컨설팅 • 광고사기를 포함한 광고 미디어 데이터 범죄에 대한 법적 대응 • 브랜드 안전 / 콘텐츠 오염 관련한 인·검증 및 법적 대응 • 인·검증 관련 전문 위원회의 조직 및 위원회 운영 • 인·검증 실무 관련한 다양한 행정업무(입찰, 회원관리 등)
해외기관 국내기관 협력작업	• 인·검증 관련한 미국, 중국, 일본, 및 유럽의 다수 국내 기관들과의 협력 (이해관계자 협회들, 기술 관련 기관, 정부 또는 소비자 관련 단체) • 인·검증 관련 해외 유사 기관들과의 정보공유 및 협력 강화 (국제표준 검토 및 글로벌 사업자에 대한 공동대응)
건강한 미디어 데이터 생태계 조성	• 사업의 의미와 가치에 대한 홍보(본 사업 이해관계자 및 대국민) • 인·검증 참여에 대한 이해관계자 대상 홍보 • 인·검증 사업에 대한 기업들의 상황을 반영할 수 있는 창구 기능 • 광고사기에 대한 문제점 관련 대국민 광고 리터러시 교육 및 홍보

미디어-광고 데이터 표준화와 신유형 광고에 대한 연구가 필요하다

국내 미디어 환경을 반영한 미디어-광고 데이터 관련 표준(standard)과 지침(guideline)을 만들기 위한 연구개발 기초연구가 필수적이다. 구체적으로 미국 MRC를 비롯한 해외 기관들의 기준을 포용하되 국내 실정에 적합한 뷰어빌리티(viewability) 등 핵심 지표를 제시할 필요가 있다. 예컨대, 미국의 IAB(Interactive Advertising Bureau) 및 MRC(Media Rating Council)의 표준에 따르면, 디스플레이 형식의 광고 노출은 게재된 광고가 표시된 표면의 50% 이상으로 브라우저 창에서 계속 1초 이상 비디오 형식의 경우 콘텐츠의 50% 이상을 볼 수 있을 때 지속 시간이 2초 이상이어야 한다고 명확히 규정하고 있다. 단순히 시청 지표 개발을 넘어 다양한 이종매체(cross media) 결합 시청지표를 통합할 수 있으며 한국의 미디어 산업에 적합한 한국형 통합지표 개발에 관한 연구를 선도할 수 있어야 한다. 실제로 미국의 컴스코어(Comscore)는 2022년 1월 크로스 플랫폼 측정 플랫폼인 컴스코어에브리웨어(Comscore Everywhere) 출시를 선포한 바 있다. 컴스코어의 오랜 라이벌인 닐슨(Nielsen) 역시 방송과 디지털 미디어 시청자 자료를 통합한 닐슨원(Nielsen One)을 2022년 내 출시를 앞두고 있다. 특히 컴스코어는 미국 광고주 협회(ANA: Association for National Advertisers)와 함께 시청자 프라이버시 관련 문제 및 중복 시청자 제거된 교차 미디어 측정 테스트를 진행하고 있어 그 결과가 기대된다. 국내에서는 토종 플랫폼 기업들의 상품 기준이 달라 이를 표준화된 잣대로 평가할 수 있도록 상호 협조를 얻어내는 노력이 요구된다. 대한민국 통계청은 통계 결과물의 품질차원을 6가지 차원인 [관련성(relevance), 정확성(accuracy), 시의성/정시성(timelines/punctuality)/비교성(comparability)/일관성(coherence)/접근성(accessibility/clarity)]으로 정의하고 있다. 이 기준에 따라 미디어-광고 데이터에 대한 세부 표준화 작업을 진행할 수 있을 것이다. 이를 통해 미디어 산업의 데이터 경제로의 전환을 위한 인프라 역할을 담당할 것이다.

〈그림 6〉 컴스코어에브리웨어와 닐슨원의 홍보자료

다양한 매체를 담당하는 다수의 매체사와 다양한 애드테크(Ad-tech) 관련 기업들이 생산하는 다양한 광고상품(advertising product)에 대한 표준을 제시하려면 상당한 연구 및 인력 투자가 필요하다. 특히 최근 미디어 커머스(media commerce)가 전 판매 영역에서 확대되고 소셜미디어를 통한 구매가 급증하면서 기존 양면시장(two-sided market)적 미디어 산업과는 다르게 자사가 보유한 미디어 노출이 바로 실제 구매로 연결되는 방향이 늘고 있음에 주목해야 한다. 실제로 MZ 세대를 중심으로 전통 이커머스(e-commerce) 대신 소셜미디어를 통한 직구매가 늘고 있음은 좋은 사례다. 이와 같은 리얼타임 소셜 구매 미디어에 관련한 지표도 미디어의 일부로 통합하는 등 변화하는 매체 환경에 대한 연구가 필수적이다. 나아가 메타버스(Metaverse) 기술이 일상생활의 주요 플랫폼으로 확산하면서 2D 기반의 웹(web)을 뛰어넘는 다양한 혁신 미디어 서비스가 광고 기반으로 거래될 것을 고려해 연구 기반을 탄탄하게 만드는 철저한 대비가 필요하다.

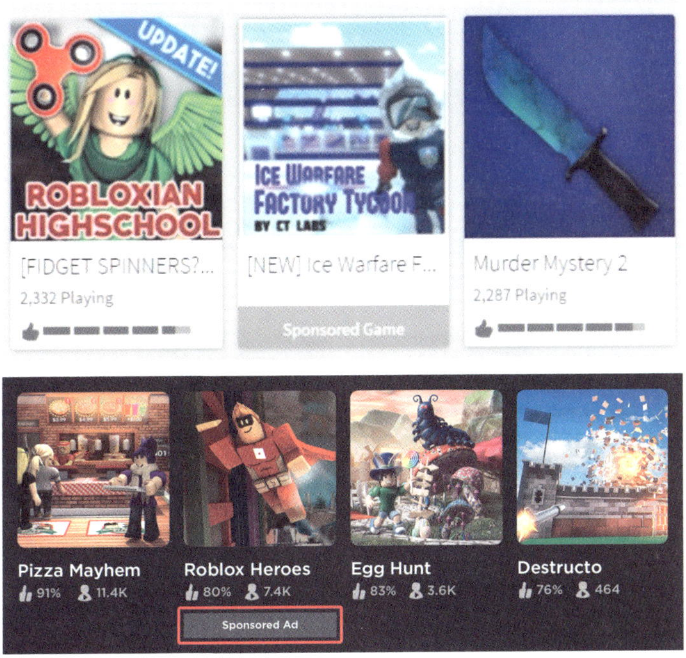

〈그림 7〉 신흥 메타버스인 로블록스(Roblox)와 결합된 광고상품

전통 미디어와 디지털 미디어의 광고 미디어 데이터 척도가 공정하게 평가받아 비대칭 규제(또는 감독)라는 우려 불식을 위해서도 '디지털 매체를 중심'으로 미디어 데이터 인·검증은 속히 이뤄질 필요가 크다. 우수한 신흥 매체가 광고주에게 긍정적으로 평가받기 위해서는 광고 성과의 지표와 척도를 타당하게 관리 감독하는 것이 필수적이며 KMRC는 위 기능을 총괄하는 광고 생태계의 경찰이자 콘트롤타워 역할을 담당해야 한다. 구체적으로, 신규 광고상품에 대한 신뢰도의 인·검증, ·인·검증 결과 미인증 상품에 대한 신뢰도 제고 컨설팅, 광고사기를 포함한 데이터 범죄에 대한 법적 대응, 브랜드 세이프티(brand safety) 및 콘텐츠 오염 관련 인·검증, 인·검증 관련 위원회 조직 및 운영, 인·검증 실무 관련한 다양한 행정업무 등 다양한 관련 과업들이 요구된다. 단순히, 미디어 데이터의 문제를 찾아내는 수동적 영역을 넘어 향후 저품질 미디어 데이터의 보완에 대한 컨설팅을 제공하는 공익적 기능도 추가할 수 있을 것이다.

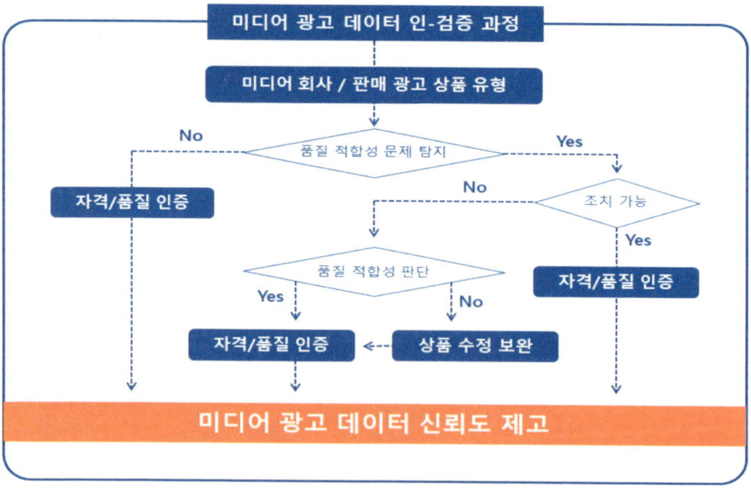

〈그림 8〉 미디어-광고 데이터 다단계 인·검증 과정 예제

건강한 미디어 데이터 생태계와 디지털 광고 리터러시

총 35억 달러에 육박하는 세계 전체 광고사기에 의한 경제손실 규모(Statista, 2020)가 점차 증가하는 가운데 이제 광고주가 직접 피부로 느낄 정도로 그 심각성은 현재 상당하며 더 심각해질 것이 자명하다. 이런 오염된 광고시장은 프로그래매틱(programmatic) 광고 집행이 늘어가는 요즘 광고주에게 큰 위협으로 작용하기도 한다. 매체사에 광고사기로 인한 피해 과실에 대한 책임조차 묻기 힘들게 되었다. 2021년 기준(KT그룹 나스미디어 제공자료)으로 약 12조 6,000억 원에 육박하는 국내 광고비에서 약 절반에 육박하는 디지털 광고의 혈액이 되고 있는 광고-미디어 데이터의 신뢰성에 대해서 제대로 이해하는 광고주가 드물 정도로 현재 국내 광고주의 미디어-광고 데이터 리터러시는 취약하다. 이와 같은 무지(無知)와 플랫폼이 제공하는 1차 데이터(platform first party data)에 대한 맹신이 광고주가 광고사기에 속절없이 당하는 주요 이유다. 건강한 미디어 데이터 생태계를 만들기 위해서 광고시장의 주축인 광고주와 광고회사 먼저 광고 리터러시(advertiser advertising literacy)를 제대로 갖춰야 한다.

만연한 광고사기는 종국에는 제품과/서비스 가격상승을 유도하고 소비자 구매부담을 높일 뿐 아니라 기업의 연구개발 및 재투자를 저해한다. 간접적으로는 '광고의 순기능'에 대한 시민들의 인식을 저해하고 "광고는 사회의 문제다"라는 부정적 인식을 심어주는 역할을 한다. 최근 발생 빈도가 높아지고 있는 UI/UX를 교묘하게 변경해 발생하는 '다크패턴(dark pattern)'도 큰 의미에서 광고/마케팅 사기의 일부로 간주할 수 있다. 구체적으로, 다크패턴이란 앱에서 정기결제 서비스를 중단하려고 할 때 혜택을 포기하겠냐고 되묻는 것, 무료·할인 서비스 이후 사전고지 없이 이뤄지는 자동화된 결제, 장바구니에 상품을 몰래 넣거나 마지막 단계에서 배송료 등 예상치 못한 비용을 추가하는 행위 등을 포함한다. 팝업 광고의 '닫기' 버튼을 아주 작게 만들어 누르기 어렵게 하거나, 광고 사이트로 연결되도록 하는 것도 역시 광고를 연계한 다크패턴의 일종이다. 2022년 7월 기준 애플 앱스토어에 80개가 넘는 사기성 앱이 퇴출되지 않고 버젓이 서비스 중이라고 한다.[4] 유료 결제를 유도해 과도한 수수료를 빼내가는 방식으로 이용자의 지갑을 위협하고 있다.

〈그림 9〉 디지털 광고를 활용한 다크패턴 예제

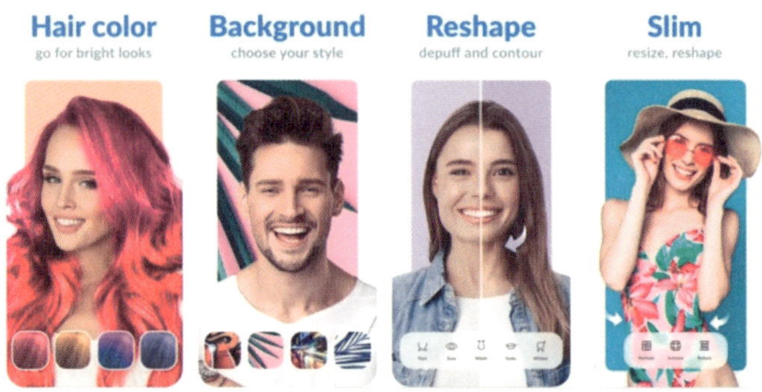

〈그림 10〉 애플 앱스토어에 등장한 다크패턴 활용 사기앱

다크패턴을 포함한 광고사기로 인한 최종 피해자가 결국 시청자(소비자)임을 시민들에게 알리고 디지털 광고를 중심으로 '소비자의 광고 문해도를 높이는 교육이 함께 이뤄져야 한다. '소비자의 시청 데이터가 곧 돈'이 되어가는 데이터 경제의 본질을 이해하고 광고/마케팅에 대한 동의(permission) 제공에 있어서 더욱 꼼꼼해야 하며 신뢰할 수 없는 기업에 대한 동의 제공을 거부할 수 있는 똑똑한 소비자가 될 수 있도록 교육해야 한다. 미디어 광고 생태계(media ad ecosystem)의 파수꾼 역할을 할 공공기관으로 KMRC가 국내 미디어 산업에 행사할 순기능을 기대할 수 있다. 공공기관이지만 민간 기관들과 협업체계를 갖추고 민간의 협업을 도모할 수 있는 미디어 데이터 이해관계자의 '창구 기능'이 요구된다. 금융

4 김현일(2022). "이 앱 본 적 있죠?" 사진 꾸미려고 깔았다간 무서운 일이 https://n.news.naver.com/article/016/0002017261

사기 이슈가 2022년 초 공론화되면서 관련 대응책 논의에 분주하다. 큰 범위에서 다양한 광고사기를 조사하고 이에 적극적으로 대응할 방안을 마련하는 것도 KMRC의 주요 과제일 것이다.

메타버스 시대 - K광고의 찬란한 미래를 그리며

광고산업은 디지털 환경에서 커뮤니티(community), 콘텐츠(content), 커머스(commerce)를 엮어내는 융합적인 크리에이티브 테크놀로지(Creative Technology)다. 그래서 앞서 강조한 것처럼 광고는 '문화이며 과학'이라야 한다. 광고가 잘 작동하려면 소비자와 광고주의 깊은 신뢰가 바탕이 되어야 한다. 요즘 세간에서 미래 경제와 문화의 핵심일 것이라고 언급되고 있는 '메타버스(metaverse)'를 움직이는 주요 동인이 광고라는 것을 생각해볼 때 국내 광고산업의 체질개선과 고도화는 필수적이다.

비대면 환경에서 소셜 동영상 소비가 급증하면서 광고의 축은 자연스럽게 소셜 디지털 동영상 플랫폼으로 이동하고 있다. e커머스의 성장과 함께 '소비자 DB 기반 퍼포먼스 광고'의 전 세계적인 폭증 그리고 '광고의 기획-제작-유통-효과조사'의 광고 전 과정에 꼼꼼히 개입하고 있는 빅데이터와 인공지능의 힘은 더 막강해질 것이다. 21세기의 원유라 불리는 데이터를 활용하여 댐을 짓는 데이터 댐(Data Dam)은 한국판 디지털 뉴딜 정책의 핵심이다. '데이터 수집-개방·결합-거래-활용'의 과정에서, 광고 분야의 '데이터 댐'을 구축하는 기초 단계인 데이터 수집 과정에서부터 최소 기준 및 가이드라인을 마련하고 이를 통해 양질의 데이터 확보를 위한 기반을 마련하는 것은 수질 관리에 비유할 수 있다. 나아가 양질의 미디어-광고 데이터의 활용도를 높이는 것은 2022년 4월 20일부터 시행 중인 '데이터 산업진흥 및 이용촉진에 관한 기본법' [시행 2022. 4. 20.] [법률 제18475호, 2021. 10. 19 제정][5]의 취지에 부합하며 데이터의 공개를 통해 데이터

5 데이터 산업진흥 및 이용촉진에 관한 기본법 (약칭: 데이터산업법). https://www.law.go.kr/

기술을 통해 혁신하고 있는 미디어 콘텐츠 산업 전체에 효용이 상당하다. 단순히 광고사기에 대응하는 것을 넘어서 방대한 광고 및 미디어 데이터를 기반으로 산업 전체에 새로운 부가가치를 창출하는 글로벌 애드테크 비즈니스의 장을 만들 수 있는 큰 그림을 그려야 한다. 조속히 '한국형 미디어 데이터 인·검증 전담기관' 설립되어 정직한 데이터를 기반으로 효과적인 광고를 만들고 콘텐츠 산업의 '힘'이 되는 국내 광고산업 인프라가 마련되길 고대한다.

5G에서 6G를 향하는 초고속 통신망과 실시간으로 다국어를 번역하고 가상인간을 통해 소통하는 인공지능 기술, 화폐의 기준을 바꾼 가상화폐 그리고 시공간을 넘어서면서 실감 정보를 전달하는 메타버스기술까지 융합하면서 세계는 거대한 디지털 단일시장으로 변화하고 있다. 이런 메타버스 시대 광고의 주도권을 놓친다는 것은 '시대의 주도권'을 포기하는 것과 같다. 광고산업을 체계적으로 진흥하고 광고시장의 플레이어들뿐 아니라 일반 시청자인 시민들에 대한 지속적 광고 리터러시 교육을 통해 건강한 디지털 광고 그리고 한층 발전된 광고산업에 힘입어 한국의 브랜드가 세계를 주도하는 희망찬 미래를 만들어가자.

저/자/소/개

유 승 철(Seungchul Yoo: PH.D.)

현재 이화여자대학교 '커뮤니케이션·미디어학부' 교수로 '융합 미디어 트랙'과 '미디어 공학 & 창업 트랙' 주임교수다. 미국 텍사스대학교(The Univ. of Texas at Austin)에서 광고학(advertising) 전공으로 석사 및 박사학위를 취득했다. 유학 전에는 (주)제일기획에서 다년간 미디어/광고 실무를 담당했으며 학위 취득 후 로욜라 대학교(Loyola University Chicago)에서 디지털/인터랙티브 미디어(Digital/Interactive Media) 주임 교수로 재직했다. 한국광고홍보학회, 한국광고학회, 한국PR학회, 한국광고PR실학회, 한국헬스커뮤니케이션학회에서 총무이사 및 일반이사로 봉사하고 있다. 소비자 행동 및 심리학, 브랜딩과 콘텐츠 마케팅, 디지털 사이니지 등 뉴미디어 기술을 활용한 브랜드 커뮤니케이션이 주요 연구 및 교육 분야다.

제 3 장 광고는 무엇인가?

광고는 무엇인가?

권예지 연구위원

한국방송광고진흥공사 미디어광고연구소

요약

제3장에서는 광고의 정의, 매체 환경, 광고산업의 다양한 이해관계자, 광고의 기능, 광고이용자가 처한 환경을 살펴보며, 광고 리터러시의 필요성을 탐색했다. 광고 어원부터 광고 정의의 변천을 알아봤다. 경제적, 산업적, 사회문화적 순기능을 살피며 광고의 가치를 논했다. 미디어 진화와 광고의 일상화 현상을 고찰하며 '광고'와 여러 일상에서 함께 할 수 밖에 없는 상황을 제시했다. 더불어 미디어 진화로 광고산업의 가치사슬 속 이해관계자가 다양해졌다는 점을 소개했다. 결국 광고의 일상화 및 광고산업의 다변화로 광고이용자는 현재 여러 문제에 직면하고 있으며, 이를 해결하기 위해서는 광고 리터러시가 필요하다는 점을 제기했다.

우리는 매일 광고를 만난다. 길을 걸을 때, 스마트폰을 이용할 때, 영상을 보고 음성을 들을 때, 식당에서 음식을 먹을 때, 대중교통을 타고 이동할 때, 병원을 방문했을 때 등등 일상 곳곳에 광고가 스며들어 있다. 도대체 광고가 뭐길래 우리와 이렇게 밀접하게 붙어 있는 걸까? 광고와 우리는 어떻게 함께 살아나가야 할까? '광고' 리터러시를 왜 주목해야할까?

이 질문의 답을 찾는 여정을 시작해보고자 한다. 이를 위해 이번 챕터에서는 기존에 논의됐던 광고 정의, 매체 다양성, 광고산업의 다양한 이해관계자, 광고의 기능, 오늘날 광고이용자가 처한 환경 등을 살펴보며, 이 책에서 다루는 광고 리터러시의 필요성을 가늠해본다.

광고 정의

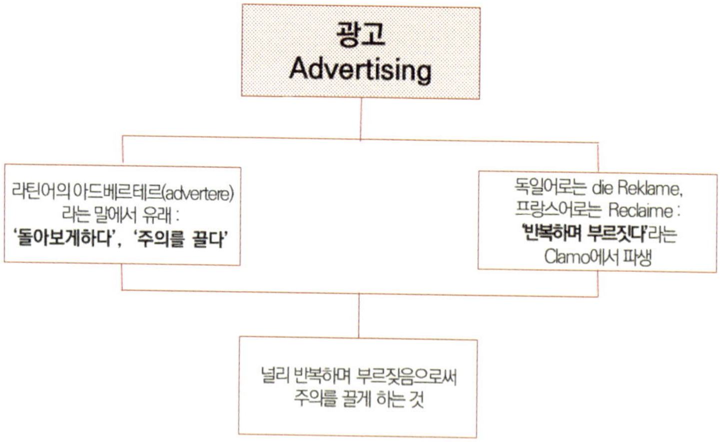

〈그림 1〉 광고의 어원

광고 어원부터 살펴보자. 한자어로 광고는 넓을 광(廣), 알릴 고(告)를 의미한다. 표준국어대사전에 따르면, 광고는 "1. 세상에 널리 알림 또는 그런 일, 2. 매체 상품이나 서비스에 대한 정보를 여러 가지 매체를 통하여 소비자에게 널리 알리는 의도적인 활동"을 의미한다.[1] 영어로 광고는 돌아보게 한다(turn towards)라는 의미의 라틴어 아드베테레(advertere)에서 유래했다. 프랑스어 avertire, 영어 adverse를 거쳐 후기 중세 영어에서는 advert로 진화했다. '주의를 기울이다'는 의미에서 '누군가의 주의를 끌다'로 변했다.[2] 독일어 die Reklame과 프랑스어 Reclaime도 반복하며 부르짖다라는 Clamo에서 파생했다.[3] 광고 어원에서 살펴보면, 광고는 널리 알리고 누군가의 주의를 끄는 것을 기본으로 한다.

보편적으로 채택된 광고 개념은 없었으나 전통적으로 광고나 마케팅에서 '광고(advertising)'를 정의할 때 ① 비대인성(nonpersonal), ② 대중매체(mass media), ③ 명시된 광고주(identified sponsor), ④ 비용의 유료성(paid), ⑤ 설득이나 영향(persuade or influence) 요소가 공통적으로 들어갔다.[4] 이 요소들을 모두 포함하여 리차드와 커란(Richards & Curran)은 전통적인 광고 정의를 "대중매체를 활용해 공중을 설득하거나 영향을 주기 위해 확인된 후원자가 제공하는 유료 비대인적 커뮤니케이션(Advertising is a paid non personal communication from an identified sponsor, using mass media to persuade or influence an audience)"으로 정리했다.[5]

그러나 리차드와 커란(Richards & Curran)[6]은 2000년 초반까지 진행됐던 광고산업의 변화, 기술 발전에 따른 타깃팅 및 타깃팅 비용감소 등으로 기존의 광고 정의가 21세기 광고를 모두 포괄하지 못한다고 지적했다. 광고를 재정의하기 위

---

1 네이버 (2022. 4. 28). 표준국어대사전. URL: https://ko.dict.naver.com/#/entry/koko/4f2a3cf7ea724f6eba129e2d3a5d9052

2 Oxford Languages (2022. 4. 28). Advert. URL: https://www.google.com/search?q=Advert&oq=Advert&aqs=chrome..69i57j0i433i512j0i131i433i512l2j0i512l3j69i61.352j0j4&sourceid=chrome&ie=UTF-8

3 윤태일 (2017). 〈방송 광고의 미학 원리〉. 서울: 커뮤니케이션북스.

4 Richards, J. I., & Curran, C. M. (2002). Oracles on "advertising": Searching for a definition. Journal of Advertising, 31(2), 64.

5 Richards, J. I., & Curran, C. M. (2002). Oracles on "advertising": Searching for a definition. Journal of Advertising, 31(2), 64.

6 Richards, J. I., & Curran, C. M. (2002). Oracles on "advertising": Searching for a definition. Journal of Advertising, 31(2), 63-77.

해 델파이방법을 시행하여 ① 비용의 유료성(paid), ② 매개된 커뮤니케이션(mediated), ③ 식별가능한 정보원(identifiable source), ④ 설득(persuasion), ⑤ 행동(action) 요소를 제안했다. 델파이 응답결과, 비용의 유료성을 포함하는 것에 응답자 대부분이 편안함을 느낀 반면, 비대인성은 불필요하다는 의견이 다수였다. 인터넷을 통한 일대일 마케팅을 하는 경향이 강해지고, 매우 개인적이어야 광고가 효과적이라는 이유 때문이었다. 티저(teaser) 광고나 빌보드 광고에 광고주가 명시적이진 않지만 결국 광고주가 드러나므로 티저 광고 등의 사례를 포함하기 위해 광고주 대신 정보원(source)이라는 용어를 썼다. 종합하여 리차드와 커란은 광고를 "식별가능한 정보원이 수신자가 현재 또는 미래에 행동을 하도록 설득하기 위해 설계된 유료 - 매개 형식의 커뮤니케이션"(Advertising is a paid, mediated form of communication from an identifiable source, designed to persuade the receiver to take some action, now or in the future.)으로 정의했다.

이후 약 20년의 시간 동안 광고가 변했다. 커와 리차드(Kerr & Richards)는 최소한 9가지의 이유만으로도 광고를 재정의하는데 충분하다고 밝혔다.[7] 9가지 이유는 다음과 같다: ① 광고는 기술적 롤러코스터를 타며 10년 전 산업혁명과는 다른 4차 산업혁명으로 새로운 국면에 접어들었다. ② 기술 변화로 마케팅 커뮤니케이션 분야의 경계가 흐려졌다. ③ 컨설팅 모델과 에이전시의 구조가 변했다. 미국 내 상위 10대 광고대행사가 빅4 컨설팅 회사에 속한다. ④ 독특한 과학 분야이자 연구영역으로서의 광고에 대한 정당성(legitimacy) 확보를 위해 주기적인 재정의가 필요하다. ⑤ 규제 및 법적 요구사항은 정확한 광고의 정의를 필요로 한다. ⑥ 연구와 이론 구축 관점에서 어떤 요소가 광고를 독특하게 구분 짓는 요소인지 알아야 요소를 지식체계에 포함시키는 작업이 가능하다. ⑦ 마찬가지로 커리큘럼에 포함되거나 포함되지 않은 것, 미래에 광고를 수행하기 위해 학생들이 수련할 수 있는 지식과 기술을 정의하는 것이 중요하다. ⑧ 현재의 광고 정의는 너무 광범위하거나 너무 좁게 정의되어 있어 광고를 고유하게 구분 짓는 고유인자를 놓

7 Kerr, G & Richards, J. (2021). Redefining advertising in research and practice. *International Journal of Advertising, 40*(2), p. 180.

치고 있다. ⑨ 수정은 시간이 흐름에 따라 수행되어야 하는 반복적인 과정이다.

이 같은 이유로 커와 리차드는 연구와 실무에서 광고 정의를 다시금 살펴보는 작업을 실시했다.[8] 2002년에 소개했던 광고의 5가지 요소가 유효한지 델파이 조사로 살폈다. 연구결과, 비용의 유료성은 전통 매체에서 광고 콘텐츠를 '유통(distribution)'을 의미하며, 오늘날 전통적이지 않은 매체, 이벤트나 이메일, 콘텐츠 마케팅 등을 포함하지 않는다. 비용보다 오히려 브랜드/광고주가 행동이나 태도를 바꾸려는 '의도(intent)'가 포함되었는지가 중요하다고 보았다.

매개된 커뮤니케이션 또한 리차드와 커란이 설명했던 "인쇄물, 전자제품 또는 직접적인 대인 연락 이외의 모든 방법을 통해 공중에게 전달되는 방법"보다 더욱 광범위하게 해석했다.[9] 면대면 연락, 구전 마케팅, 대인 연락을 포함한 소셜미디어를 통한 메시지를 매개된 커뮤니케이션으로 보았다. 포럼의 댓글 또한 매개된 커뮤니케이션에 속한다고 보았다.

식별가능한 정보원 요소는 티저 광고를 제외하고는 확인되지 않은 광고에 투자하는 브랜드는 없다고 지적하며, 대부분의 응답자들이 '식별가능한 정보원' 요소는 필요하다고 보았다. 이는 광고를 어디에서 하는지 소비자가 알 수 있다는 것과 연결된다.

또한 광고는 '설득'한다는 점에서 구분된다. 모든 단계나 여정에 항상 설득이 있지는 않지만, 누적효과로 설득력이 있다는 점을 제시했다. 누적효과는 2000년 초반 정리했던 광고의 '설득이나 영향' 부분에서 영향에 해당하는 부분이다. 정보성 광고 또한 설득을 이끌 수 있다.

행동은 행동뿐만 아니라 감정, 인지, 태도변화를 모두 포함한다. 광고를 통한 설득은 단기적인 영향뿐만 아니라 장기간에 걸친 행동에 영향을 줄 수 있다고 보았다. 이외에 수신자와 정보원 용어 변경, 비개인성(non-personal)과 개인화된

8 Kerr, G & Richards, J. (2021). Redefining advertising in research and practice. *International Journal of Advertising, 40*(2), 175-198.

9 Richards, J. I., & Curran, C. M. (2002). Oracles on "advertising": Searching for a definition. *Journal of Advertising, 31*(2), p. 74.

광고 용어의 중복성, 페이드 미디어(paid media) 뿐만 아니라 외에 언드(earnd) 및 온드(owned) 미디어 포함 필요성, 의도의 포함 등을 언급했다. 이런 결과들을 종합해 커와 리차드는 광고의 새로운 정의로 "광고는 현재 또는 미래의 인지적, 정서적, 또는 행동적 변화를 일으키도록 소비자를 설득하기 위한 의도와 식별가능한 브랜드에 의해 활성화되는 페이드, 온드, 언드 매개 커뮤니케이션이다(Advertising is paid, owned, and earned mediated communication, activated by an identifiable brand and intent on persuading the consumer to make some cognitive, affective or behavioural change, now or in the future.)"를 제안했다.[10]

지금까지 리차드와 커란, 커와 리차드가 제안한 광고 정의 연구를 살펴봤다. 지속적으로 진화하는 온라인 광고를 명확하게 이해하기 위해서는 광고 정의가 아닌 유형체계분류(typology)가 진화하는 온라인 광고를 명확히 이해하는데 도움을 준

시기	~ 2002	2002 ~ 2020	2021
정의	대중매체를 활용해 공중을 설득하거나 영향을 주기 위해 확인된 후원자가 제공하는 유료 비대인적 커뮤니케이션	식별가능한 정보원이 수신자가 현재 또는 미래에 행동을 하도록 설득하기 위해 설계된 유료 - 매개 형식의 커뮤니케이션	현재 또는 미래의 인지적, 정서적, 또는 행동적 변화를 일으키도록 소비자를 설득하기 위한 의도와 식별가능한 브랜드에 의해 활성화되는 페이드, 온드, 언드 매개 커뮤니케이션
요소	비용의 유료성 대중매체 명시된 광고주 비대인성 설득이나 영향	비용의 유료성 매개된 커뮤니케이션 식별가능한 정보원 설득 행동	- 매개된 커뮤니케이션 식별가능한 정보원 설득 행동

〈그림 2〉 광고 정의의 변천

(인용: Richards & Curran, 2002; Kerr & Richards, 2021 재구성)

10 Kerr, G., & Richards, J. (2021). Redefining advertising in research and practice. *International Journal of Advertising, 40*(2), p. 190.

다는 의견도 제시됐다.[11] 유형체계분류가 광고 유형을 분류하는데 큰 도움을 주지만, '광고'라는 용어를 지속적으로 쓴다면 '광고'가 갖는 정의를 주기적으로 점검하는 작업이 병행될 필요가 있다.

이처럼 광고 정의가 수정되더라도 '매개된 커뮤니케이션', '정보원', 효과로서의 '설득' 및 '행동' 요소는 지속되고 있다. 결국 광고라는 것은 크게 보면 '커뮤니케이션'의 하나로 지속된다. 메시지는 어떤 미디어를 '매개'로 메시지가 전달되며, 메시지를 보내는 '정보원'과 커뮤니케이션 효과로 인지, 정서, 태도, 행동 차원의 변화를 이끄는 설득성을 중심으로 광고를 지속적으로 살펴볼 필요가 있다.

광고의 기능

그렇다면 도대체 광고가 어떤 기능을 갖고 있기에 지속적으로 살펴봐야 하는 걸까? 광고가 사회에 미치는 경제적, 산업적, 사회문화적 순기능을 먼저 살펴보자. 경제적 순기능은 "인간의 생활에 필요한 재화나 용역을 생산·분배·소비하는 모든 활동에 관해" 광고가 긍정적인 영향력을 발휘하는 것을 말한다.[12] 광고는 소비자의 수요와 선택에 영향을 주고, 이는 경제성장에도 영향을 미친다. 기업은 광고의 마케팅적 성격을 활용해 용역과 서비스 정보를 알리고, 인지도 향상, 공정한 경쟁 유도, 브랜드 가치 향상 등을 추구하며 기업의 이익과 소비자의 이익을 이끌고자 한다.[13]

산업적 관점에서 광고는 광고산업, 창조산업, 문화콘텐츠산업으로서의 특징을 지닌다. 산업은 "인간의 생활을 경제적으로 풍요롭게 하기 위하여 재화나 서비스

---

11 Campbell, C., Cohen, J., & Ma, J. (2014). Advertisements just aren't advertisements anymore: A new typology for evolving forms of online "advertising". *Journal of Advertising Research, 54*(1), 7-10.

12 네이버 사전 (2022. 6. 9). 경제.
URL: https://ko.dict.naver.com/#/entry/koko/280c028fe781435192ffb506b26cf423

13 이명천, 김요한 (2016) 〈광고학 개론〉. 커뮤니케이션북스.

를 생산하는 사업"[14]으로 "유사한 성질을 갖는 산업 활동에 주로 종사하는 생산단위의 집합"[15]이라 정의하기도 한다. 광고산업은 11개 콘텐츠 산업 중 매출액 기준 2019년 3위로 콘텐츠산업으로서 큰 비중을 차지하고 있다. 광고는 창조산업 목록 중 하나로[16] 창조서비스로 분류된다.[17] 더불어 미디어·콘텐츠 분야의 10개 산업 대비 높은 생산유발효과도 가지며 경제적 파급효과를 가진다. 특히 광고산업은 광고 수익을 미디어산업의 핵심재원으로 환류시키는 선순환 역할을 한다.[18]

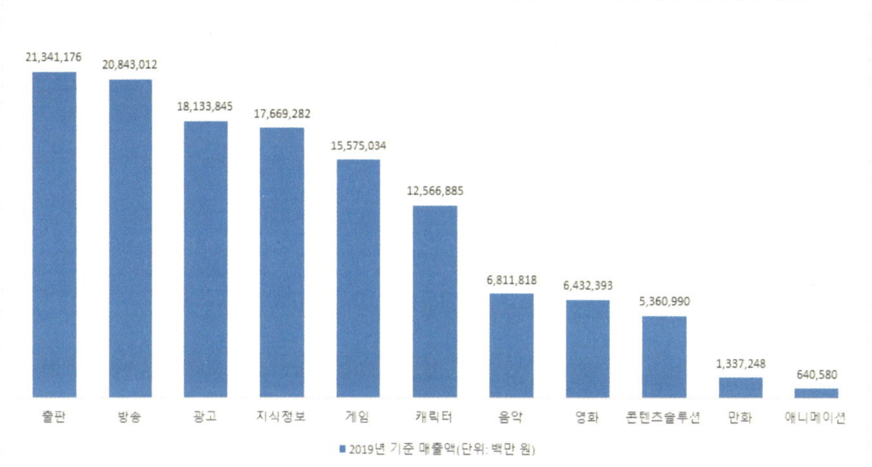

〈그림 3〉 콘텐츠산업 조사 매출액(2019년 기준)

(인용: 문화체육관광부 (2021). 2019년 기준 콘텐츠산업조사. 재구성)

14 네이버 사전 (2022. 6. 9). 광고.
URL: https://ko.dict.naver.com/#/entry/koko/4f2a3cf7ea724f6eba129e2d3a5d9052

15 한국표준산업분류 (2022. 6. 9). 한국표준산업분류 개요.
URL: http://kssc.kostat.go.kr/ksscNew_web/summary001.pdf

16 GOV.UK (2011). *Creative industries economic estimates.* Retrieved from https://www.gov.uk/government/collections/creative-industries-economic-estimates

17 UNCTAD (2022. 6. 9). *Creative Economy Programme.* Retrieved from https://unctad.org/topic/trade-analysis/creative-economy-programme

18 박종구, 이시훈, 변상규, 이해수 (2022). 광고산업을 왜 육성해야 하는가?: 광고산업과 KOBACO 방송통신광고진흥사업의 경제파급효과를 중심으로. 〈광고학연구〉, 33권 3호, 35-56.

사회문화적 관점에서 광고는 현 시대상을 반영하고 문화를 창출한다. 광고는 "사회구성원에게 상품, 서비스, 아이디어 등에 대한 정보와 설득을 통해 풍요로운 사회를 만들기 위한 것"[19]으로 제도로서 사회의 행동패턴이나 라이프스타일에 영향을 준다.[20] 공익광고, 각종 사회이슈를 광고를 통해 전달하며 사회발전에 기여한다. 최근 대표적인 사례로 '펨버타이징(Famvertising: Feminist Advertising)'을 꼽을 수 있다. 펨버타이징은 여성과 소녀에게 힘을 실어주기 위해 여성친화적인 재능, 메시지 및 이미지를 적용한 광고로[21] 사회정의 행동주의(social justice activism) 메시지에 속한다. 사회정의 행동주의는 "사람들의 일상이 억압·지배·차별·인종차별·갈등의 영향을 받는 상황에서 긍정적 차이를 만들어내려는 시도 및 인종·민족·계급·종교·성적 지향, 및 기타 정체성 표시 차이에서 비롯된 기타 문화적 투쟁형태"[22]로 한국에서도 펨버타이징이 증가하고 있다. 펨버타이징의 수용과 광고효과는 개인정체성 및 진정성 인식 등에 따라 다르지만,[23] 고착화된 성역할 등에 대한 문제제기가 이뤄지고 있는 사회문화적인 부분을 만들어가고, 반영되고 있다는 점은 유효하다.

물론 광고의 역기능도 존재한다. 광고가 소비자의 불필요한 소비욕구를 자극시킬 수 있다. 광고비 상승으로 제품·서비스 가격이 상승하기도 한다. 대중문화의 다

---

19 Sandage, C. H. (1972). Some institutional aspects of advertising. *Journal of Advertising, 1*(1), 6-9.

20 장낙인 (1990). 광고의 사회·문화적 기능. 〈광고연구〉, 가을호, 163-184.

21 Adobe Express (2017. 3. 9). Famvertising: What is it and how to do it well. Retrieved 2017/3/9 from https://www.adobe.com/express/learn/blog/femvertising-what-is-it-and-how-to-do-it-well

22 Broome, B. J., Carey, C., de la Garza, S. A., Martin, J., & Morris, R. (2005). In the thick of things. In W. J. Starosta & G. M. Chen (Eds.), Taking stock in intercultural communication (pp. 145-175). Washington, DC: National Communication Association. 차유리, 최선영 (2021). 자기정체성 기반 동기 접근에서의 인터넷 펨버타이징 커뮤니케이션 활성 및 유력 집단의 특성 탐색. 〈한국언론학보〉, 65권 1호, 190-235. 146쪽 재인용

23 차유리, 최선영 (2021). 자기정체성 기반 동기 접근에서의 인터넷 펨버타이징 커뮤니케이션 활성 및 유력 집단의 특성 탐색. 〈한국언론학보〉, 65권 1호, 190-235. 김지은, 한규훈 (2020). 펨버타이징에 대한 탐색적 고찰: 소비자 인식요인 및 광고효과 분석을 토대로. 〈아시아여성연구〉, 59권 1호, 7-41.

양성 보다 획일성에 기여할 수 있으며, 잘못된 사회인식 및 문화를 광고에 담아 사람들에게 영향을 미칠 수 있다. 순기능이건 역기능이건 결국 광고는 기업의 영리추구나 개인 소비자의 소비활동에만 영향을 주고 마는 것이 아닌 경제, 산업, 사회문화에 이르기까지 광범위한 영향력을 발휘하고 있기에 광고의 속성, 광고를 둘러싼 여러 요소들을 집중해 살필 필요가 있다.

미디어 진화와 광고의 일상화

오늘날 광고는 미디어의 진화로 과거에 비해 더욱 깊숙이 일상에 스며들었다. 앞서 광고는 '매개 커뮤니케이션' 특징을 지닌다고 했다. 광고 메시지는 '미디어'를 통해 전달된다. 과거에는 광고의 4대 미디어로 TV, 라디오, 신문, 잡지가 꼽혔다. 온라인 미디어가 증가하며 과거에 비해 광고 미디어 및 서비스가 다양해졌다. 온라인 광고비, 특히 모바일 광고비가 증가하는 추세를 계속 보이고 있다. 휴대성, 개인성, 이동성이 가능한 모바일 자체의 특징과 함께 광고 역시 언제 어디서나 모바일 이용자에게 닿을 수 있는 환경이다. 모바일 이용이 일상화된 만큼 광고 역시 일상화됐다.

온라인 광고는 참여, 공유, 개방이 가능한 웹 2.0의 특성[24]을 기반으로 이뤄진다. 이용자(user)간 상호작용도 가능하다. 사회연결망을 기반으로 하는 소셜미디어도 보편화됐다. 그러다 보니 대중매체를 통해 불특정 다수를 대상으로 광고를 전달하던 것에 머물지 않고, 개인의 관심사를 중심으로 타깃팅한 개인 맞춤형 광고가 가능해졌다. 사회연결망을 기반으로 광고주와 이용자, 이용자 간 등 여러 주체들이 관계를 맺고, 상호작용할 수 있는 환경이 됐다.

웹 2.0은 이용자가 인터넷에서 발생하는 데이터를 직접 소유하고 관리할 수 있는 웹 3.0 시대로 진화했다. 웹 3.0은 이미 약 10여년 전부터 언급이 됐으나,[25]

24 O'Reilly, T. (2005. 9. 30). What is web 2.0.
URL: https://www.oreilly.com/pub/a/web2/archive/what-is-web-20.html

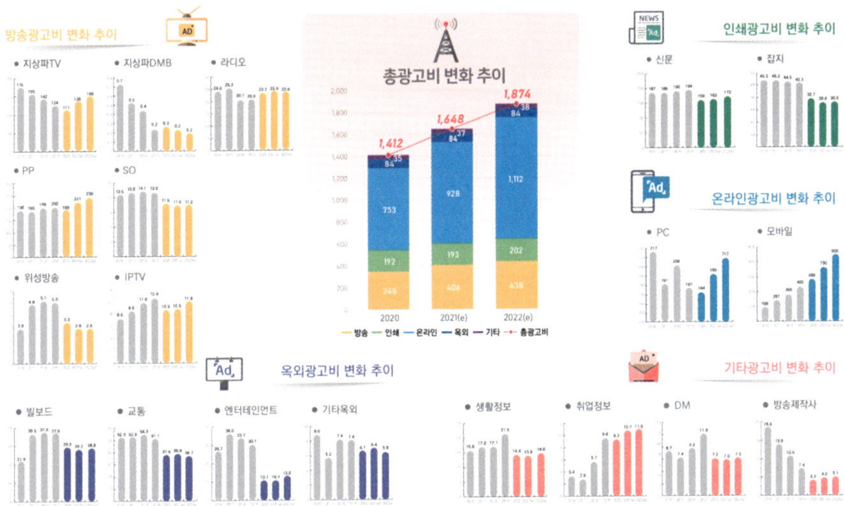

〈그림 4〉 국내 광고시장 변화추이

(인용: 과학기술정보통신부, 한국방송광고진흥공사 (2021). 〈2021 방송통신광고비 조사 보고서〉)

최근 들어 대체불가능토큰(non-Fungible Token, NFT), 인공지능(AI), 메타버스(metaverse) 등에 주목하며 웹 3.0에 대한 논의가 급증했다. 웹 3.0은 이용자가 데이터 주권을 가지고 있다고 보며, 블록체인 기술로 탈중앙화 특징을 가진다. 가상 경제(virtual economy)가 작동하며 NFT를 소유한 소비자를 중심으로 NFT 창작자, 광고주 간 상호작용이 활발하게 이뤄질 것으로 전망하기도 한다.[26] 이처럼 미디어의 진화와 함께 미디어 이용자로서의 소비자는 과거의 일방향적인 광고 노출은 물론이거니와·온오프라인에 걸쳐 광고와 밀접한 관계를 맺을 수밖에 없는 환경에 있다.

---

25 Garrigos-Simon, F. J., Alcamí, R. L., & Ribera, T. B. (2012). Social networks and Web 3.0: their impact on the management and marketing of organizations. *Management Decision, 50*(10), 1880–1890.

26 플레이디 (2021. 12). 2022 디지털 마케팅 전망 보고서: 웹 3.0 시대 메타버스와 디지털 광고. URL: https://www.playd.com/contents/business/AD_column.html?type=view&no=32308

	웹 1.0	웹 2.0	웹 3.0
소통 방식	읽기만 가능	읽기·쓰기	읽기·쓰기·소유
운영 주체	회사 · 개인	거대 플랫폼	네트워크
인프라	개인 컴퓨터	클라우드·모바일	블록체인·메타버스
운영·소유권	탈중앙화	중앙화	탈중앙화

〈그림 5〉 세대별 웹 생태계 변화

(인용: 황순민 (2022. 3. 16). [단독] '집행검; 개인소유시대 오나...웹3.0, 게임없게 화두. 〈매일경제〉. URL: https://www.mk.co.kr/news/it/view/2022/03/243608/ 재구성)

이 같은 미디어 진화로 신유형광고는 더욱 다채로워지고 있다. '신유형광고'라는 용어는 기술 발전과 함께 기존과는 다른 유형의 광고가 등장할 때마다 쓰여왔다. 기술 발전은 지속적으로 이뤄지므로 신유형광고의 분류나 속성은 달라질 수 있다. 최근 등장한 어드레서블TV광고, 디지털 라디오, 미디어 커머스, 가상 인플루언서, 디지털 사이니지 등과 같은 신유형광고 특징에서 신유형광고 정의를 다음과 같이 정리해볼 수 있다. 신유형광고는 "① 미디어기술과 결합해, ② 이용자 참여 혹은 이용자와의 상호작용을 기반으로, ③ 데이터를 활용한 맞춤형 정보를 제공하는 새로운 광고"라고 칭할 수 있다.[27] 이 같은 정의를 바탕으로 강신규(2021)는 신유형광고를 〈표 1〉과 같이 분류했다.

27 강신규, 이해수 (2021). 〈미디어·광고산업 혁신성장을 위한 신유형광고 진흥방안〉. 한국방송광고진흥공사. 56쪽.

〈표 1〉 신유형광고의 범위

<table>
<tr><th>구분</th><th>광고유형</th><th>특징</th></tr>
<tr><td rowspan="2">TV &
라디오</td><td>어드레서블
TV광고</td><td>• 광고주가 원하는 타깃에 선별적 노출
• 광고상품 카테고리와 관심 시청자군 매칭으로 노출 최적화</td></tr>
<tr><td>디지털 라디오</td><td>• ADID 기반으로 이용자별 광고송출 및 노출빈도 지정</td></tr>
<tr><td rowspan="7">메타버스</td><td>브랜드
콜라보레이션</td><td>• 실제상품을 동일하게 재현한 아이템을 가상세계 아바타가 착용할 수 있도록 판매 · 제공</td></tr>
<tr><td>디스플레이
광고</td><td>• 가상 건축 · 구조물 등에 브랜드/상품을 노출하는 등, 가상환경과 조화로운 형태의 광고공간을 운영
• 향후에는 상호작용과 즉시구매까지 가능하도록 구축</td></tr>
<tr><td>마켓 플레이스</td><td>• 가상세계에서 마켓 플레이스를 운영
• 판촉 – 체험 – 구매가 원스톱으로 이루어지는 새로운 유통채널</td></tr>
<tr><td>브랜드 채널</td><td>• 가상세계에 구축된 브랜드 전용 스토어
• 단순전시를 넘어, 브랜드 홍보를 위한 다양한 콘텐츠 제공</td></tr>
<tr><td>가상 이벤트</td><td>• 가상세계에서 공연, 미팅, 채용 설명회, 입학식 등 다양한 이벤트를 개최</td></tr>
<tr><td>증강현실 활용</td><td>• 모바일기기로 실물 스캔 시 브랜디드 콘텐츠 재생</td></tr>
<tr><td>이용자 트랙커
활용</td><td>• 이용자 행동 데이터를 추출, 광고 · 마케팅에 활용</td></tr>
<tr><td rowspan="4">미디어
커머스</td><td>D2C 모델</td><td>• 광고 · 마케팅을 통해 자사몰로 고객유입 및 구매유도
• 퍼포먼스 마케팅을 보유한 광고회사가 상품의 기획 – 유통 – 마케팅 – 판매까지 모든 과정을 운영</td></tr>
<tr><td>콘텐츠 마케팅
모델</td><td>• 대형 유통사가 콘텐츠 역량을 강화, 기존 제조·유통자원과 시너지 창출
• 제조역량을 가진 대형 유통사가 콘텐츠회사를 인수, 마케팅 영역에 진출</td></tr>
<tr><td>큐레이션 모델</td><td>• 데이터 사업자 중심의 모델
• 플랫폼 파워와 이용자 데이터 운영역량 활용</td></tr>
<tr><td>라이브커머스</td><td>• 온라인 플랫폼의 라이브방송을 통해 브랜드를 마케팅하고 상품을 판매
• 이용자의 상품노출 – 선택 – 구매가 동시에 진행</td></tr>
<tr><td>인플루언서</td><td>가상
인플루언서</td><td>• 3D 그래픽을 통해 생성된 가상의 디지털 인물로, 온라인 활동에 기반해 이용자에게 영향력을 행사
• 독립 인플루언서와 브랜드 전속 인플루언서로 구분</td></tr>
<tr><td>디지털
사이니지</td><td>대형건물
디지털사이니지</td><td>• 형태(가로/세로형), 송출방식(동시송출), 표현방식(3D기술) 등에 따라 다양한 광고표현 가능</td></tr>
</table>

구분	광고유형	특징
	생활밀착형 디지털키오스크	• 지역별, 매장특성별, 설치목적별 유연한 설계
	모빌리티 디지털사이니지	• 택시캡: 인구밀집 타깃지역 중심 이동형 디지털사이니지 • 플로팅 휠커버 & 개인차량 광고 중계
	로보사이니지	• 자율형 이동로봇과 디지털사이니지의 결합 • 실시간 맞춤광고 송출은 물론, 이용자 트래픽 추적으로 이용자 노출 가능지역으로 자율이동 가능

* 상기항목은 망라적 · 상호배타적이지 않으며, 경우에 따라 밀접하게 상호 연관될 수 있음.
(출처: 강신규(2021). 미디어·광고산업 혁신성장을 위한 신유형광고 진흥방안. 57쪽 발췌)

분류별로 자세히 살펴보면, 대중매체였던 TV와 라디오를 통해서도 타깃별 광고노출이 가능해졌다. 어드레서블(addressable) TV광고는 가구 단위로 타깃팅으로 맞춤형 광고를 노출하고, 디지털 라디오는 이용자별 광고송출 및 노출빈도 지정 또한 가능하다. 가상공간에서 마켓을 운영하거나, 디스플레이 광고를 노출하거나, 아바타가 실제 상품처럼 착용할 수 있도록 브랜드 제품을 제공하기도 한다. 실제세계와 가상정보를 결합한 증강현실을 활용한 기법, 이용자 트랙커 활용 등도 수행되고 있다.

최근 활발하게 나타나는 미디어커머스, 특히 라이브커머스는 2020년 4000억원 수준이었고, 2021년에는 2조 8000억원, 2023년에는 10조원까지 기록할 것으로 추정하고 있다.[28] 전문 라이브커머스 플랫폼, 커뮤니케이션 플랫폼 기반 라이브커머스, TV홈쇼핑 운영 플랫폼, 일반 온라인 쇼핑몰의 라이브커머스, 백화점이 내놓은 라이브커머스 등 다양한 주체들이 라이브 커머스를 운영 중이다.

가상 인플루언서를 소셜미디어에서 만날 수 있다. 대표적인 사례가 '로지'다. 가수, 오리지널 드라마의 카메로 출연, 광고모델 등 다방면의 역할을 수행했다. 로지를 통한 2021년 수입은 15억원으로 추산한다.[29] 세계 최초로 2016년에 등

28 라예진 (2022. 1. 8). 온택트(Ontact) 시대...라이브커머스는 얼마나 급부상할까. 이코노미스트. URL: https://economist.co.kr/2022/01/08/industry/distribution/20220108180014898.html

29 윤주영 (2022. 3. 6). 볼 때마다 깜짝 놀라는 '가상 인플루언서'...광고, 연기 이어 음반까지.

장한 가상 인플루언서 릴 미켈라(Lil Miquele)는 2019년 한 해 수익이 약 140억 원에 이르렀다.[30] 비즈니스 인사이더 인텔리전스는 가상 인플루언서 마케팅 비용이 2019년 약 9조원에서 2022년 약 17조원으로 약 2배 증가할 것으로 예측했다.[31] 그만큼 소셜미디어 이용자들은 앞으로 가상 인플루언서를 접할 가능성이 높아졌다.

디지털 사이니지와 모빌리티가 결합하며, 광고의 일상화는 더욱 가속화됐다. 2019년 2월 11일, 산업통상자원부가 '규제샌드박스' 실증특례 대상으로 '디지털 버스광고'를 선정했다.[32] 실증특례는 "신기술의 시험 및 검증하기 위해 제한된 범위(규모, 지역 등)에서 테스트를 허용하는 제도다."[33] 디지털 버스광고는 운행 구간에 따라 맞춤형 광고 송출이 가능하다. 학원가를 지나가면 학원가 광고를, 관광지를 지나가면 관광명소를 제공해주며, 날씨 등에 따른 생활정보 제공 및 재난안전 메시지 제공 등 공익광고로도 활용할 수 있다.[34] 택시캡이나 택시 뒷좌석 광고화면을 도입하여 교통수단을 이용할 때도 광고를 만나는 환경이다.[35] 더 나아가 자율주행차 내 탑승자를 위한 맞춤형 광고도 성장할 것으로 전망한다.[36]

〈한국일보〉.
URL: https://www.hankookilbo.com/News/Read/A2022022514140000962

30 이선목 (2021. 12. 13). 무한 확장하는 활동 영역. 조선비즈.
URL: https://biz.chosun.com/industry/company/2021/12/13/YJ335TF4BBHDRHMWNIVSPQNXOU/

31 정민하 (2021. 7. 10). 1년에 130억원 버는 가상 인간…'버추얼 인플루언서' 마케팅 인기. 〈조선비즈〉 URL: https://biz.chosun.com/industry/company/2021/07/10/3ILD66VV7FGJLPMTM2267SKAPE/

32 성수영 (2019. 2. 12). '동영상 광고'가 달린다...버스에 디지털 광고 허용. 〈한경경제〉. URL: https://www.hankyung.com/economy/article/2019021183271

33 ICT 규제 샌드박스 (2022. 6. 8). 실증특례.
URL: https://www.sandbox.or.kr/apply/regulation.do

34 현경민 (2020. 2. 11). 버스, 택시가 '움직이는 광고판' 된다? 디지털 사이니지 적용한 모빌리티 광고들. 〈현대자동차그룹〉.
URL: https://post.naver.com/viewer/postView.nhn?volumeNo=27467470&memberNo=3901450

35 황금빛 (2022. 3. 21). 카카오모빌리티, 뒷좌석 화면에 광고 도입..."가맹택시와 수익 공유". BLOTER. URL: https://www.bloter.net/newsView/blt202203210045

이처럼 대중매체를 통해 일방향적으로 광고를 전달하는 시대에서 광고와 소비자, 소비자 간 등등 다양한 관계가 상호작용을 맺는 환경으로 확장됐다. 광고공급자인 광고주와 소비자, 소비자 간 소통 등 각 이해관계자들의 소통이 동시다발적으로 이뤄지고 있다. 미디어 기술의 진화와 함께 광고는 더욱 편재화(ubiquity)되고, 광고의 범위는 더욱 넓어질 것으로 예상된다.

광고를 둘러싼 다양한 이해관계자

광고 영역이 확대, 유형의 다양화로 광고를 둘러싼 이해관계자가 증가했다. 먼저 전통적인 광고산업의 가치사슬을 보면, 생산(제1그룹), 유통(제2그룹), 서비스(제3그룹), 인프라(제4그룹) 산업까지 분류되어 여러 사업체들이 광고산업과 관련

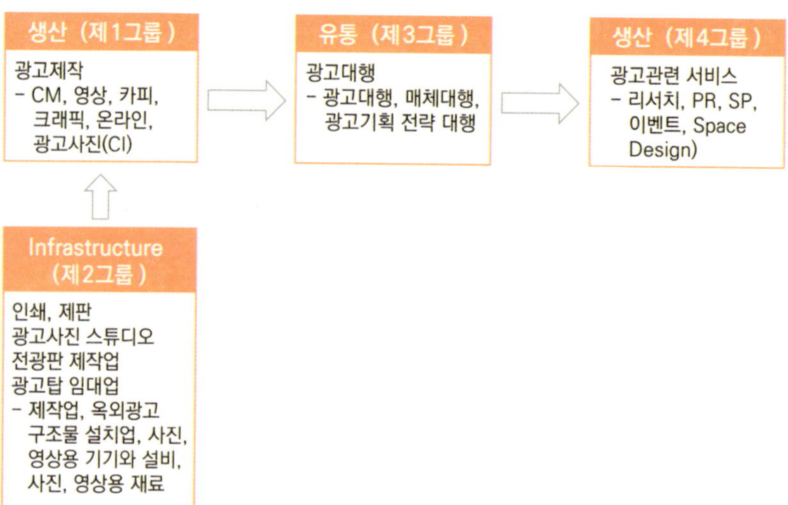

〈그림 6〉 광고산업의 가치사슬 모델

(인용: 오세성 (2010). 광고산업 주요통계 조사 및 DB화 연구(6차년도). 서울: 한국방송광고공사)

36 현대자동차그룹 (2020. 2. 21). 어디까지 바뀔까? 완전 자율주행차가 가져올 변화들. URL: https://www.hyundai.co.kr/story/CONT0000000000000895

있다.37

디지털 전환과 미디어·광고산업 변화로 인해 전통적인 광고산업 가치사슬에 포함되지 않았던 사업체들이 생겨났다. 프로그래매틱 광고관련 사업, 증강현실·가상현실 등을 다루는 광고기술, 인공지능, 인플루언서 등이 대표적이다. 애드테크 쪽 진행과정 및 이해관계자만 보더라도 과거에는 볼 수 없었던 다양한 영역의 사업체가 광고산업에서 활동하고 있다(〈그림 7〉 참조). 마케팅과 테크를 결합한 단어인 마테크(Martech) 지형도에서도 기술발달에 따른 이해관계자의 증가가 확연히 드러난다. 11년 동안 마케팅 솔루션의 종류가 9,932개까지 증가했으며 증가율은

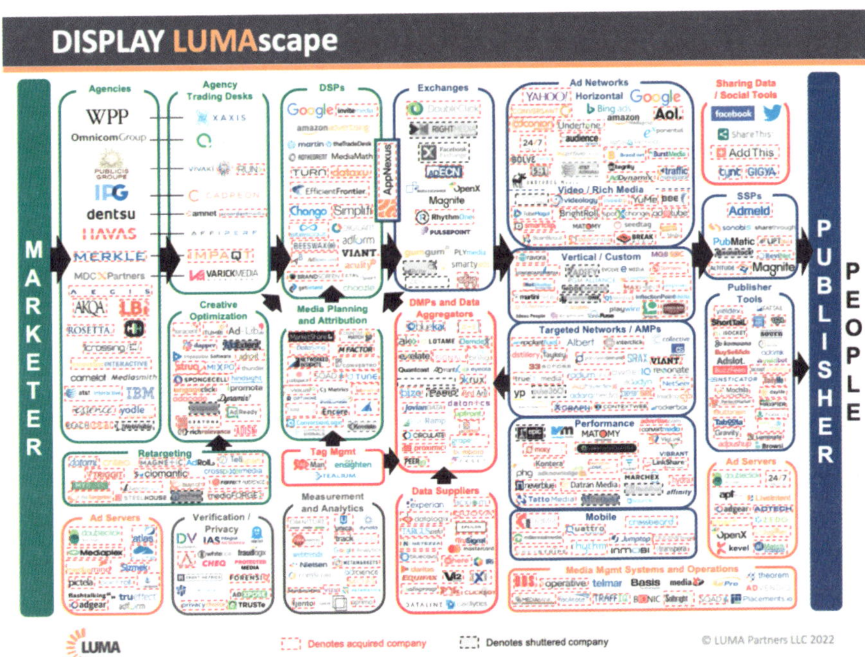

〈그림 7〉 애드테크 산업 지도

(인용: LUMA Partners, 2022. Display LUMAscape.
URL: https://lumapartners.com/content/lumascapes/display-ad-tech-lumascape/)

37 오세성 (2010). 광고산업 주요통계 조사 및 DB화 연구 (6차년도). 서울: 한국방송광고공사.

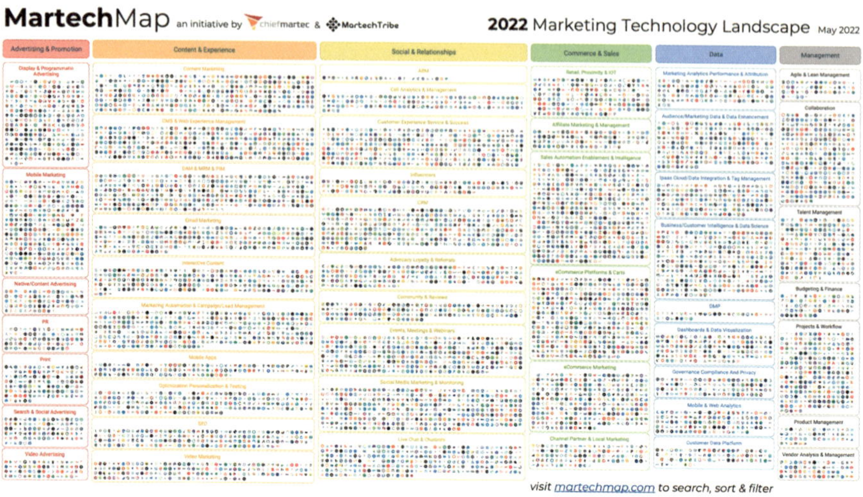

〈그림 8〉 2022 마케팅 기술 지형

(인용: MartechMap (2022).
URL: https://chiefmartec.com/wp-content/uploads/2022/05/martech-map-may-2022.jpg)

6,521%에 달한다.[38]

이처럼 변화된 환경을 반영해 콘텐츠, 인프라, 서비스 그룹으로 축을 나눠 광고산업 이해관계자를 포용하는 광고산업가치사슬을 제안하기도 한다(〈그림 9〉 참조). 각 축을 중심으로 관련 사업들을 배치시키는 구조다. 콘텐츠그룹의 크리에이티브와 데이터, 서비스그룹의 기회과 분석, 인프라그룹의 설비와 개발 속성으로 사업들을 나눈다.

산업의 가치사슬을 거시적으로 볼 것이냐, 미시적으로 볼 것이냐, 어떤 영역을 집중적으로 볼 것이냐에 따라 포함할 수 있는 요소는 다르다. 그럼에도 불구하고 십여 년 사이에 광고산업 이해관계자 유형과 범위과 빠른 시일 내에 확대됐다는 것은 명확한 사실이다. 이해관계자의 증가는 관계에 관한 경우의 수가 증가했다

38 Brinker, S. (2020. 6. 9). Marketing technology landscape 2022: search 9,932 solutions on martechmap.com
URL: https://chiefmartec.com/2022/05/marketing-technology-landscape-2022-search-9932-solutions-on-martechmap-com/

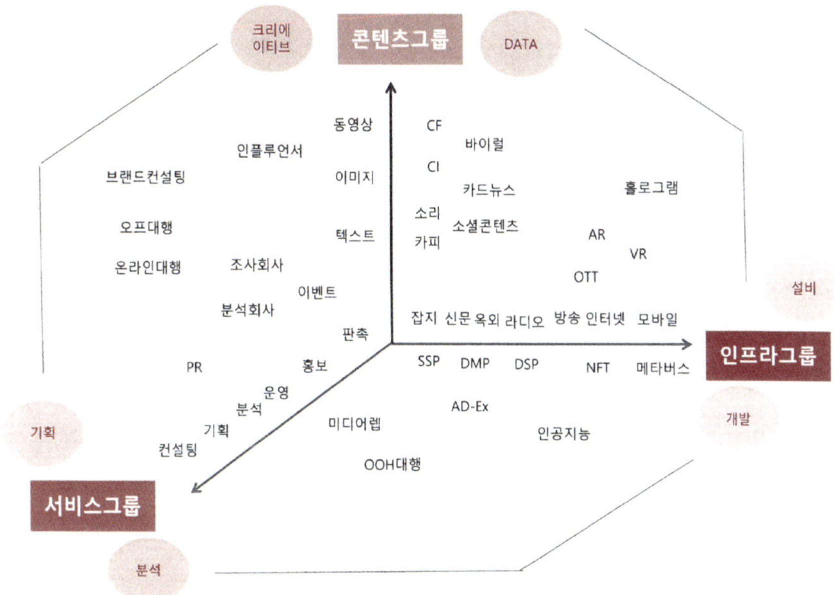

〈그림 9〉 광고산업가치사슬
(인용: 한국디지털광고협회(2021. 12. 20). 광고산업가치사슬 발표자료)

는 말이기도 하다. 따라서 이제 광고는 각 이해관계자, 광고산업 전반과 유관산업 간의 관계, 파급효과 등 거시적 관점과 미시적 관점을 동시에 지니고 살펴봐야 한다.

광고이용자의 직면 과제

광고산업이 급격히 변화의 물살을 타고 있더라도 변하지 않는 점이 있다. 바로 광고를 공급하고자 하는 출발점은 상업적이건 비상업적이건 광고주이며, 광고가 전달되는 최종이용자는 소비자라는 점이다. 광고주는 광고를 이용해 광고주의 목적을 충족하고자 하고, 소비자는 광고를 최종적으로 이용한다는 점에서 광고를 이용해 광고주의 목적을 충족하고자 하고, 광고를 최종 이용한다는 점에서 광고주와 소비자를 광고이용자라 볼 수 있다.

앞서 살펴본 디지털 전환과 광고산업의 급변화로 광고주와 소비자가 혜택을 받기도 했으나, 어려움에 봉착하기도 했다. 오늘날 소비자와 광고주가 처한 문제는 다음과 같다.[39] 소비자는 광고 노출 환경, 광고의 질, 매체평판 효과와 피해속도, 소비자 정보 차원에서 어려움을 겪고 있다. 소비자는 현재 광고에 과도하게 노출되고 있다. 광고 질 차원에서도 광고와 정보의 구분이 모호하거나, 허위·기만·과장 광고 및 선정·유해광고에 노출되기도 한다. 해외발 유해광고 노출은 손쓸 방법이 없어 문제는 더욱 가중된다. 전파성과 네트워크 확장성 등을 보유한 온라인 특성상 온라인 광고로 인한 피해속도와 규모 또한 크다.

광고주는 소비자 분석이 과거에 비해 어려워졌다. 서드파티(3rd Party) 데이터 제한을 글로벌 기업이 발표하면서, 광고주는 퍼스트 데이터를 어떻게 활용하여 소

〈표 2〉 신유형광고의 범위

<table>
<tr><th colspan="2">소비자가 직면한 문제</th><th colspan="2">광고주가 직면한 문제</th></tr>
<tr><td>광고 노출 환경</td><td>• 광고의 과도한 노출</td><td rowspan="2">소비자 분석</td><td rowspan="2">• 소비자 접점/소구 과정에서의 신뢰
• 검색 기록 수집 한계
• 개인정보 침해 위험성</td></tr>
<tr><td>광고의 질</td><td>• 광고와 정보의 구분 모호
• 허위 · 기만 · 과장광고 노출
• 선정 · 유해광고 노출
• 글로벌 광고 유해성 노출</td></tr>
<tr><td>매체 평판 효과와 피해 속도</td><td>• 매체 평판 의존 및 빨라진 피해 속도</td><td>광고제작 · 집행 · 활용</td><td>• 매체전략수립의 어려움
• 신유형 광고 품질 검증 어려움
• 인격권 침해 가능성 증대
• 광고분쟁 해결의 어려움</td></tr>
<tr><td>소비자 정보</td><td>• 개인정보보호 및 프라이버시 침해
• 개인정보 자기결정권 약화
• 정보의 빈부격차</td><td>광고효과</td><td>• 광고효과 검증 어려움
• 소비자 권익 강화에 따른 위축감
• 브랜드 안전성 위협</td></tr>
</table>

(출처: 권예지, 이경미, 편미란(2022). 디지털 전환 시대의 광고이용자의 권익향상 방안: 소비자와 광고주의 권익, 직면한 문제, 권익향상 방안을 중심으로. 〈한국광고홍보학보〉, 24권 3호, 20쪽 발췌)

39 권예지, 이경미, 편미란 (2022). 디지털 전환 시대의 광고이용자의 권익향상 방안: 소비자와 광고주의 권익, 직면한 문제, 권익향상 방안을 중심으로. 〈한국광고홍보학보〉, 24권 3호, 5-37.

비자 분석을 할 것인가라는 과제가 생겼다. 맞춤형 광고 및 데이터 결합 등을 통한 개인정보 침해, 사생활 침해 가능성도 염두에 둬야 한다. 광고제작·집행·활용에서도 다매체 환경이 되며 매체전략수립에 난항을 겪을 수도 있다. 신유형광고라 하더라도 아직 광고효과나 품질 검증이 어렵다. 더불어 실시간 입찰 거래(Real-Time Bidding) 방식 같은 온라인 광고 특성상 광고분쟁이 발생하더라도 문제의 책임소재를 찾기 어려운 부분도 있어 해결이 쉽지 않다.

광고주는 다매체 및 데이터를 기반으로 하는 광고 기획에 어려움을 겪고 있으며, 광고효과를 비롯한 데이터 신뢰의 문제, 브랜드 안전성을 염려해야 하는 상황이다. 소비자는 온라인에서 광고를 삭제하기 어렵거나 삭제가 안 되거나, 화면 전체를 가리는 플로팅(floating) 광고를[40] 접하며 불쾌감과 불편감을 경험하고 있다. 광고임을 명시하지 않거나 개인이 직접 구매한 것처럼 제품을 소개하는 기만광고에 노출되기도 한다. 맞춤형 광고를 위해 본인의 개인정보이용을 수락해야만 서비스를 이용할 수 있는 상황도 있다.

광고 리터러시의 필요성

지금까지 살펴본 것처럼 광고는 미디어 진화와 맞물려 계속 진화한다. 앞으로 광고는 더욱 편재화 및 일상화가 될 것이다. 과거 광고의 정의에서 머물지 않고 지속적으로 변화하면서 광고의 기능은 더욱 광범위하게 펼쳐질 것이다. 광고산업의 이해관계자 또한 과거에는 광고산업에 포함되지 않았으나 지금은 포함되고 앞으로 포함될 산업들이 생길 수 있다. 과거에 비해 관계가 더욱 다양해졌기에 이에 따른 장점과 단점, 직면한 문제점도 다양해졌다. 특히 광고이용자가 직면한 문제들은 '광고'를 산업적 관점, 문화적 관점, 이용자로서의 관점에서 두루 살피고 광고를 현명하게 이용하는 것이 필요하다는 것을 시사한다. 광고를 유용하게 활용하

40 방송통신위원회 (2020). 방통위, 「플로팅광고 관련 전기통신사업법 금지행위 안내서」 발간. URL: https://kcc.go.kr/user.do?boardId=1113&page=A05030000&dc=K00000200&boardSeq=50434&mode=view

는 광고이용자가 되기 위해서는 광고물로서의 광고가 아닌 광고를 둘러싼 산업 기반, 광고의 역할, 광고산업 가치사슬에서의 이해관계자 역할, 광고의 사회적 기능 등 광고를 둘러싼 전반과 광고 자체를 이해해나가는 작업이 필요하다. 그래야 소비자, 광고주, 이밖에 많은 이해관계자가 광고를 의미있게 활용할 수 있게 된다. 현명한 광고 이용을 위해서는 광고를 읽고 쓰며 활용할 줄 아는 능력인 '광고 리터러시'가 필수적이다.

저/자/소/개

권 예 지(Yeji Kwon: Ph.D. in Mass Communicaions / Digital Media & Content, Sogang University): 한국방송광고진흥공사 연구위원이다. 미디어, 사람, 사회 간의 영향을 연구한다. 공공 커뮤니케이션, 광고산업 및 광고효과, 미디어 · 광고 리터러시 연구를 최근에 진행했다. 이외에 젠더, 청소년, 다름에 대한 연구를 지속하며 미디어 - 사람 - 사회의 선순환 형성에 기여할 수 있는 방안을 찾고자 노력 중이다.

제 4 장 국내 및 해외 광고 리터러시 교육 콘텐츠

국내 및 해외 광고 리터러시 교육 콘텐츠

엄남현 교수
홍익대학교 광고홍보학부

요약

제4장에서는 국내 및 해외 광고 리터러시 교육 현황을 분석하였다. 국내 광고 리터러시 교육자료로 초등학교 국어 교과서 및 교육부의 디지털 교과서 [슬기롭게 누리는 미디어 세상], 한국언론진흥재단 [우리 지역의 생활 미디어로 살기] 인천·경기편 교과서, 시청자 미디어 재단의 [초등학생을 위한 미디어 창의적 체험활동] 지도서, 그리고 한국광고협회에서 출간한 [창의력 보물창고 광고야 놀자!]와 [광고로 맛있는 수업하기]를 살펴 보았다. 해외 광고 리터러시 교육 현황을 분석하기 위해 영국과 미국의 〈미디어 스마트〉 홈페이지를 통해 초등학생 및 청소년 대상으로 개발된 각각의 프로그램 내용을 분석했으며, 미국의 FTC가 개발한 Admongo에서 나타난 광고 리터러시 교육자료를 분석해 국내 자료와의 차별점을 설명하였다. 마지막으로, 국내 및 해외 광고 리터러시 교육 현황 분석을 토대로 국내 광고 리터러시 교육의 문제점 및 교육과정을 위한 방향성을 제시하였다.

국내 광고 리터러시 교육 현황

초등학교 국어 교과서 및 교육부의 디지털 교과서 [슬기롭게 누리는 미디어 세상]

우리나라의 광고 리터러시 교육은 대체적으로 미디어 리터러시 교육의 한 부분으로 구성되어 있다. 초등학교 6학년 국어 교과서 2학기 수업 제6장 [정보와 표현 판단하기]에서는 뉴스와 광고에서 정보의 타당성과 표현의 적절성을 살피고 있다. 뉴스와 광고는 사람들에게 새로운 정보를 알려 줄 뿐만 아니라 어떤 일을 긍정적이거나 비판적인 시각으로 보게하며, 여러 사람의 생각에 영향을 주어 여론을 형성한다는 사실을 전달하고 있다. 광고를 살펴보는 방법으로써 광고 내용을 두드러지게 하려고 사용한 글씨체, 글씨 크기와 색, 화면구도와 색감, 반복되는 말 따위를 학습자로 하여금 살펴보게 한다. 또한, 광고 표현의 적절성을 판단하는 방법으로 과장하거나 감추는 내용을 담은 부분을 살펴 설득지식을 쌓도록 도와주고 있다.

하지만, 국어 교과서에 나타난 광고 리터러시 교육의 가장 큰 문제점은 광고에 대한 객관성이 결여되어 있다는 점이다. 초등학교 국어 교과서에 광고에 대한 내용을 자세히 다루는 것은 불가능하겠지만, 교육현장에서 광고를 바라보는 관점의 시작부터 '부정적'이라고 할 수 있다. 물론 과장광고 및 허위광고에서부터 소비자를 보호할 수 있는 교육도 필요하겠지만, 광고는 마치 '공익광고'와 '과장광고'로 나뉘어지는 것처럼 광고 교육이 이루어지고 있다. 현재 국어 교육과정은 공익광고를 통해 표현의 적절성을 살피고, '신바람 자전거'와 '깃털 책가방'과 같은 사례로 소개된 과장광고를 통해 초등학교 학생들에게 광고에 대한 부정적인 편견을 주기에 충분하다고 보여진다. "광고는 상품이 잘 팔리게 하려고 상품 기능을 실제보다 부풀리기도 하는데, 이러한 광고를 과장 광고라고 해요. 그리고 있지도 않은 상품 기능을 있는 것처럼 설명하는 광고를 허위 광고라고 해요."와 같은 텍스트를 통해 과장광고와 허위광고의 차이를 설명하고 있지만 광고를 처음 배우는 초등학생들에게 광고는 과장광고 또는 허위광고가 전부인 것처럼 보여질 수 있지 않을까 하는 걱정은 정말 기우일까.

초등학교 국어 교과서에 소개된 광고의 예는 TV광고 (예: 신바람 자전거 스토리보드)와 인쇄 (예: 깃털 책가방) 광고가 전부다. 초등학생들의 미디어 소비행태를 보면 TV와 인쇄 보다는 스마트폰을 활용한 미디어 소비가 주를 이룬다. 특히, 유튜브를 통한 콘텐츠 소비와 다양한 SNS 활동을 통한 온라인 광고를 쉽게 접하게 된다. 따라서, 온라인 광고에 대한 보다 현실적인 광고 리터러시 교육도 향후 고려해 보아야 한다. 이러한 부분은 교육부가 초등학교 5학년과 6학년 국어 교과서 보완학습자료로 개발되고 활용되고 있는 [슬기롭게 누리는 미디어 세상]이라는 온라인 교육 자료 '온라인 광고 제대로 이해하기'라는 주제로 온라인 과장 광고의 위험성을 알리고 있는 것으로 보완되고 있다. 보완학습자료인 [슬기롭게 누리는 미디어 세상]에서 다루고 있는 온라인 광고 역시 '과장광고'라는 광고의 일부분 그것도 부정적인 측면만 강조하고 있다.

참고로, [슬기롭게 누리는 미디어 세상]은 교육부가 미디어 리터러시 능력을 길러주는 디지털 국어 콘텐츠로 개발했으며, 학생 참여 중심의 미디어 리터러시 교육을 지원한다. 주제는 21개로 나뉘며, 미디어 콘텐츠 이해력을 높여주는 '거짓 정보와 마녀 사냥', 미디어 콘텐츠 생산 역량을 길러주는 '영화 제작하기' 등 이다. 학생들의 몰입도를 높이기 위해 동영상, 애니매이션, 인포그래픽 다양한 형식

〈그림 1〉 교육부의 '슬기롭게 누리는 미디어 세상' 교육자료
(출처: https://dtbook.edunet.net/literacy/main.html)

의 자료를 활용했으며, 사진을 올리거나 내용을 입력하는 등 직접 이용자가 조작이 가능하도록 설계한 것도 특징이다. 슬기롭게 누리는 미디어 세상은 컴퓨터뿐 아니라 스마트폰에서도 이용 가능하며, 에듀넷·티-클리어에 접속 후 디지털교과서 메뉴를 클릭, 미디어 리터러시 배너를 누르면 된다. 원격수업과 등교 수업에 교수·학습 자료로 사용할 수 있다.

한국언론진흥재단과 미디어 리터러시 교육

한국언론진흥재단은 저널리즘의 품격을 높이고 뉴스 미디어의 혁신을 지원하며 국민의 정보복지 향상을 위해 '신문 등의 진흥에 관한 법률'에 의해 설립된 준정부기관이다. 한국언론진흥재단은 2018년 12월13일부터 '정부광고법(정부기관 및 공공법인 등의 광고시행에 관한 법률)'을 시행하면서 정부기관의 광고를 대행하고 있다. 정부광고 대행을 통한 수익금은 언론, 방송, 광고 진흥을 위한 지원, 언론진흥기금 출연, 미디어 교육 지원 사업, 정보격차 해소 지원 사업, 정부광고 품질 향상, 공익광고 사업, 민간과의 협업 대가 및 교육 지원 등의 사업에 사용된다. 한국언론진흥재단은 미디어 교육 운영학교, 뉴스 리터러시 교사 학습 공동체, 미디어 교육 포럼, 대학 뉴스 활용 강좌, 언론인 초빙강좌 지원, 교사연수, 1일 기자 체험교육, 미디어 교육 시설 및 단체지원과 같은 미디어 관련 다양한 지원 활동을 지속적으로 펼치고 있다.

한국언론진흥재단의 미디어 사업은 학교 미디어 교육사업과 사회 미디어 교육 사업 이렇게 두 가지로 크게 분류된다. 우선 학교 미디어 교육사업으로써 미디어 교육 강사 지원을 통한 미디어 리터러시 수업 활성화를 목적으로 '미디어 교육 운영학교'를 운영중이며, 교사들의 미디어 교육 교수능력 향상을 통한 학교 미디어 리터러시 교육 활성화를 위해 '교사연수'를 실행하고 있다. 그 외에도 미디어 교육 강사 인력 안정적 확보 및 교수능력 제고를 위해 '미디어 교육 강사'를 운영하고 있으며, 미디어 교육 우수 사례 확산 및 발전방안 모색을 위해 '미디어 교육 전국대회'를 개최하고 있으며, 체험하고 참여할 수 있는 활동 중심의 효과적인 미디어 교육 교재 개발, 학교 정규 교육과정(기본교과, 선택교과, 창의적 체험활동) 및 토요일 동아리 수업, 복지시설 등에서 활용할 수 있도록 보급에 힘쓰고 있다.

사회 미디어 교육사업으로써 지역 밀착형 미디어 교육 프로그램 지원을 통한 지역 미디어 교육 확산을 목적으로 '미디어 교육 프로그램 운영', 소외 계층 및 취약계층 대상 미디어 교육 지원으로 미디어 정보복지 증진 및 평등성 구현을 위한 '미디어 교육 평생교실'을 운영 중이며, 뉴스 필요성 읽기 필요성 인식 제고 및 방향성 제시로 미래 독자 저변 확대를 위한 '뉴스 활용 강좌 지원' 그리고 다양한 미디어 리터러시 관련 콘텐츠를 보급함으로써 사회적인 미디어 리터러시 제고에 기여하기 위해서 미디어 교육 진흥 콘텐츠 보급에도 힘쓰고 있다.

한국언론진흥재단이 생각하는 미디어 교육은 다양한 미디어를 통해 보고 듣는 메시지를 선별·비판적으로 이해하고 분별 있게 이용하며, 자기 의견이나 생각을 미디어를 통해 표현하고 소통할 수 있는 '미디어 리터러시' 능력을 갖춘 수용자를 양성하는 교육이다. 미디어 교육의 범위는 신문, 방송 등 전통적인 미디어에서 넓게는 영화, 광고 등 모든 종류의 미디어와 그 미디어가 제공하는 콘텐츠를 포함한다. 최근에는 미디어 환경의 급격한 변화에 따라 인터넷, SNS 등 온라인 미디어와 서비스도 그 대상이 되고 있다. 특히 한국언론진흥재단이 추구하는 미디어 교육은 뉴스 미디어 중심의 미디어 리터러시 교육에 중점을 두고 있다. 한국언론진흥재단이 운영하는 미디어 교육 웹사이트 FORME(For Media Education: www.forme.or.kr)에는 다양한 미디어 리터러시 교육 관련 자료들이 있으며, 누구든지 쉽게 다운로드 받아 사용할 수 있다. 그중에서도 지역화 교재 [우리 지역의 생활 미디어로 살기]는 각 지역의 미디어 환경에 맞게 구성된 미디어 교육 지도서로 볼 수 있다. 지역화 교재들 중에서 본 챕터에서는 인천·경기 교과서를 중심으로 미디어 리터러시와 광고 리터러시 교육 과정을 살펴보고자 한다. 인천·경기 교과서를 채택한 이유는 그 외 지역화 교재들은 미디어 리터러시 교육에만 치우친 나머지 광고 리터러시 교육에 대한 내용은 찾아 볼 수 없었기 때문이다.

[우리 지역의 생활 미디어로 살기] 인천·경기편 교과서는 〈그림 2〉에서 보여지듯이 미디어 리터러시 교육은 4개의 챕터, 15개의 단원으로 구성되어 있다. 첫 번째 챕터 [미디어 리터러시 이해하기]에서는 미디어 정의와 개념, 우리 고장 언론사, 미디어 리터러시 개념 및 미디어의 특성과 기능을 설명하고 있다. 두 번째

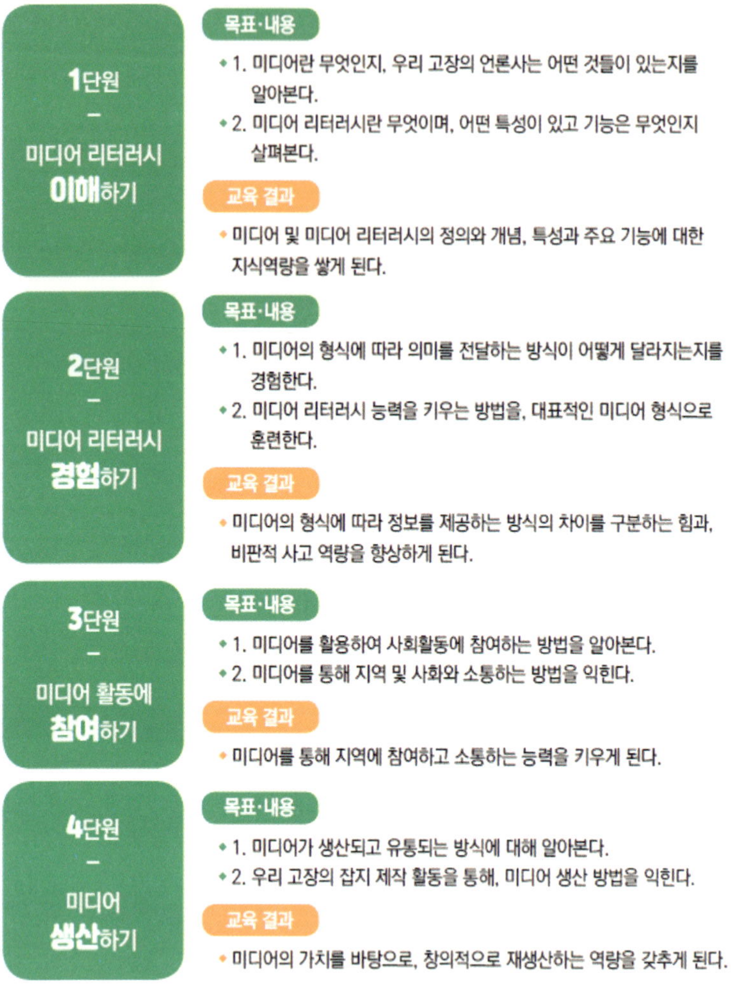

〈그림 2〉 우리 지역의 생활 미디어로 살기] 인천·경기편 교과서 챕터 구성

챕터 [미디어 리터러시 경험하기]에서는 정보그림의 개념, 뉴스 매체의 다양화, 슬기로운 광고 생활, 유튜브 리터러시, 개인정보보호 등의 내용을 담고 있다. 세 번째 챕터 [미디어 활동에 참여하기]에서는 지구촌 문제, 청소년 사회참여, 소상공인과 소비자의 상생, 고장의 축제 및 경제를 다루고 있다. 마지막으로, 네 번째 챕터 [미디어 생산하기]에서는 교육 참여자들이 고장의 내용을 담은 잡지를 편집하고

발간하는 내용을 자세히 설명하고 있다.

광고 리터러시 교육을 다루고 있는 5단원 〈전략, 우리 주변의 광고 - 똑똑한 소비자 되기〉은 뉴미디어 시대 광고의 중요성에 대해 이야기 하고 있다. 하지만, 교과서에서 설명하고 있는 광고의 정의(광고란 '광고주가 광고를 접하는 수용자의 태도를 변화시키려고 매체를 통해 일방적으로 의사전달을 하는 행위이다')는 디지털 미디어 환경 속에서 이루어지는 다양한 광고들을 포함하기에는 다소 편협한 광고의 정의라고 볼 수 있다. 특히, 브랜디드 콘텐츠와 같은 콘텐츠가 바로 광고가 되는 시대 그리고 디지털로 인한 쌍방향 인터렉티브 광고가 집행되는 지금의 시대에는 적합하지 않은 정의라고 볼 수 있다. 본 단원에서 광고의 분류를 상품광고, 기업광고, 그리고 공익광고로 나누어 설명하고 있는 것도 너무 단순한 분류로 보여진다. 더 나아가 기사형 광고 즉, 애드버토리얼(advertorial)과 같은 기사형식의 광고를 설명하면서 광고의 부정적 측면만을 강조하고 있다. 광고활용교육 차원에서 공익광고를 가지고 광고의 의도, 광고 내용, 헤드카피, 바디카피, 이미지 및 광고효과 등을 살펴보는 연습을 진행하고 있다. 본 단원에서는 뉴미디어 시대의 광고의 중요성을 이야기 하면서 정작 학습은 디지털 광고가 아닌 전통매체인 인쇄광고 위주의 광고활용교육에 그치고 있다는 것이 아쉽다. 광고 전문가가 아닌 미디어 교육 전문가의 입장에서만 단원의 내용 구성이 된 듯 보여진다.

시청자 미디어 재단과 미디어 리터러시 교육

시청자 미디어 재단은 시청자의 방송참여와 권익증진을 목적으로 방송법 제90조의 2에 근거하여 설립된 방송통신위원회 산하 공공기관이다. 2005년 부산시청자미디어센터 개관 이래, 지역 거점 10개 센터를 운영하는 기관으로 성장하였으며, 국민 중심의 미디어 시대를 선도하는 미디어 전문기관으로서, 국민의 미디어에 대한 접근성, 활용 능력 및 미디어를 통한 소통능력 증진에 기여해 오고 있다. 시청자 미디어 재단은 국민 누구나 미디어를 통하여 전달되는 정보와 내용에 대한 접근 능력, 비판적 이해 능력, 창의적 활용 능력, 민주적 소통 능력을 증진시킬 수 있도록 미디어 교육을 지원하여 시민의식을 함양하고 미디어를 통한 사회참여 활성화에 기여하고 있다.

시청자 미디어 재단의 미디어 교육 사업은 크게 다섯가지 목표를 가지고 운영 중이다. 첫째, 평생 미디어 교육 체계 구축을 위해 전 연령층을 대상으로 평생 미디어교육 학습체계를 구축하여 국민들의 체계적 미디어 리터러시 역량을 제고하고, 유아, 청소년, 노인 등 특성을 반영하여 맞춤형 미디어교육 프로그램 개발 및 운영에 힘쓰고 있다. 둘째, 미디어 취약계층 지원을 위해 장애인, 다문화, 새터민 등 미디어 취약계층에 대한 맞춤형 교육을 통해 미디어 격차 해소에 기여하고 있으며, 찾아가는 미디어 나눔버스 구축 및 운영으로 미디어 소외지역의 격차 해소를 위해 지속적으로 노력 중이다. 셋째, 디지털 미디어 환경 대응을 위해 미디어 역기능 대응 교육프로그램 개발 및 실시 그리고 1인 미디어, VR, 드론 등 뉴미디어 교육 프로그램 개발하고 시행 중이다. 넷째, 미디어 교육 네트워크 활성화라는 목표를 위해 국내외 다양한 미디어 교육 주체 간 네트워크 구축 및 지원뿐만 아니라 정부부처, 지자체, 공공기관 등과 미디어 교육 협력사업들을 발굴 및 추진 중이다. 마지막으로, 미디어 교육 전문성 강화를 위해 미디어 교육 실태 및 수요 조사, 컨퍼런스 개최 등 관련 연구조사 및 인력 양성에 힘쓰고 있다.

시청자 미디어 재단의 미디어 리터러시 교육은 주로 팩트 체크 위주의 뉴스 리터러시 교육에 치중되었다고 볼 수 있다. 시청자 미디어 재단은 청소년을 대상으로 정보의 사실 여부를 검증하는 교육을 지원하고, 교육 우수 사례 발굴 및 공유를 통해 청소년의 정보 판별 능력을 향상시키기 위한 프로그램으로 매년 〈청소년 팩트체크 전국대회〉를 진행하고 있으며, 유아 및 발달장애 청소년 미디어 프로그램도 운영 중이다. 시청자 미디어 재단은 미디어 교육 전문지인 〈시청자미디어재단 미디어리〉를 발간하고 있으며, 미디어 리터러시 교육 강사들을 위한 수업 지도안을 개발하고 공유하고 있다. 지도안들은 유아에서 성인에 이르기까지 다양한 연령대를 가르치기 위한 교재로 활용되고 있다. 시청자 미디어 재단이 펴낸 교사와 미디어 교육 강사를 위한 가이드북인 [초등학생을 위한 미디어 창의적 체험활동]은 미디어에 대한 창의적 체험활동을 통해 초등학생의 미디어 리터러시 역량을 길러주기 위해 만들어 졌다. 초등학교 5학년과 6학년 도덕 및 국어 교과의 미디어 관련 단원들의 모둠활동을 위한 보조 교재 성격으로 제작되었다.

총 8차시 수업으로 구성된 [초등학생을 위한 미디어 창의적 체험활동] 지도서는 아이들이 미디어 시대를 살아가기 위해서 미디어에 대해서 이해하고, 창의적이고 주체적인 미디어 이용자가 되기 위해서 생각해야 할 내용들을 담고 있다. 광고, 애니메이션, 정보, 1인 방송과 관련한 미디어 리터러시 교육방법을 담고 있으며, 각 미디어들에 대한 비판적 리터러시를 위한 활동과 함께 아이들이 자유롭게 카드뉴스, 스톱모션 애니메이션, 1인방송 콘텐츠 제작 등을 해볼 수 있도록 기획되어있다. 미디어의 비판적 이해와 미디어 제작을 개별적으로 활용하실 수도 있으며, 미디어의 비판적 이해 부문과 미디어 제작 부분을 연계해서 수업을 진행하실 수도 있도록 설계되었다. 8차시 교육 중에서 2차시 〈광고 속 숨은 생각 찾기〉는 광고 리터러시 교육이라 볼 수 있다. 수업 활동의 모든 부분이 중요하고 서로 연결되어 있다는 의미에서 '머리'라는 운(rhyme)을 각 꼭지의 제목 말미에 달았다는 것이 참신하다. 예를들어, 각 시차들을 〈첫머리〉〈길머리〉〈주변머리〉〈기둥머리〉〈끄트머리〉라는 소단원으로 나눠 미디어에 대한 창의적 체험활동 수업을 재미있게 할 수 있도록 고안되었다.

〈광고 속 숨은 생각 찾기〉는 다른 광고 리터러시 교육과 다르게 광고에 대한 객관성을 처음부터 끝까지 유지하고 있다. 〈첫머리〉에서 '광고하면 생각나는 것은?' 〈길머리〉에서는 '광고에 대해 알아보기', 〈주변머리〉에서는 '광고에게 질문하기', 〈기둥머리〉에서는 '상업광고 분석하고 바꿔보기', 그리고 〈끄트머리〉에서는 '우리 주변에 숨겨진 광고'라는 내용을 다루고 있다. 수업에서는 한국광고협회에서 운영하는 광고정보센터 사이트(www.adic.or.kr)를 방문해 많은 광고 중에서 상업광고 한 가지를 선택하여 주어진 활동지의 질문들에 답해 보면서 비판적으로 광고 읽기를 위한 자세를 배울 수 있도록 안내하고 있다. 공익광고들만을 가지고 광고활용교육을 하는 다른 광고 리터러시 교육과는 분명 차별화되는 부분이기도 하다. 국내 광고 시장에서 공익광고가 차지하는 비중은 극히 작기 때문에 상업광고를 통한 광고를 제대로 이해하고자 하는 노력이 보다 현실적이며, 또한 신선하게 비쳐진다.

또한, 광고에 대한 설명도 광고에 대한 객관적인 태도를 유지하고 있다. 〈주변머리〉 '광고에게 질문하기'에서 광고를 다음과 같이 설명하고 있다.

'광고(廣告)'는 '사람들에게 무엇인가를 알려 준다'는 뜻으로 상품이나 서비스에 대한 정보를 여러 가지 미디어를 통해 소비자에게 널리 알려 주는 것을 말합니다. 광고는 대부분 경제적 이익을 남겨야 하기 때문에 계획적이고 치밀하게 우리에게 접근합니다. 또한 광고에는 그 시대의 사회상과 문화 등이 녹아있기 때문에 우리의 생각과 소비생활 전반에 큰 영향을 미치게 됩니다. 그러므로 우리는 광고를 볼 때 단순히 상품 정보를 전달받는 것으로만 여기지 말고, 광고 속에 담긴 의미, 광고가 말하는 세상과 현실의 차이 등을 복합적으로 파악하는 노력을 해야 합니다.

'광고에는 과장 또는 허위광고가 많기 때문에 비판적인 태도를 가지고 이해해야 한다'는 기존의 광고 리터러시 교육 목적과 다르게 광고에 나타난 설득의도를

〈그림 3〉 〈광고 속 숨은 생각 찾기〉 끄트머리 '우리 주변에 숨겨진 광고' 학생용 활동지

파악하도록 안내하고 있다. 예를 들면 다음과 같은 9개의 질문을 통해 학습자로 하여금 광고를 자연스럽게 이해하도록 도와준다. 1 이 광고의 목적은 무엇인가? 2 누구를 주요 대상으로 생각하여 만든 광고인가? 3 광고의 이미지(그림이나 사진)은 무엇을 말하고 있는가? 4 이 광고에서 '사실'은 무엇인가? 5 이 광고에서 기업이나 제작자의 '의견'은 무엇인가? 6 실제 상품과 광고의 내용이 어떤 관련이 있나? 7 이 광고는 나의 상품 구매에 어떤 영향을 주었나? 8 이 광고는 그 기업의 이미지에 어떤 영향을 주었나? 9 광고의 카피에 담겨 있는 생각들이 우리의 삶에 어떤 영향을 미칠까? 광고 리터러시 교육에서 광고를 객관적이고, 현실적으로 가르칠 수 있는 콘텐츠 개발이 필요하다고 볼 수 있다.

한국광고협회: 교사 대상 광고연수 및 청소년 광고교실

한국광고협회는 광고가 국가 경제발전과 문화생활 창달에 기여할 수 있도록 광고환경을 발전시키며 광고활동의 윤리성, 공익성을 제고하기 위하여 회원 상호간의 협력체계를 구축하고, 광고관련 공익사업을 수행하며 광고발전을 위한 조사연구 및 교류활동을 통해 광고의 질적향상을 기한다는 목표로 설립된 광고 단체다. 한국광고협회는 광고정보센터 구축 및 운영, 광고산업발전위원회 운영, 한국광고대회개최, 대한민국광고대상 시상 그리고 대한민국 대학생광고대회를 통해 미래 광고인 육성에도 힘쓰고 있다.

한국광고협회는 지금은 운영되지는 않지만 2014년까지 문화체육관광부에서 예산을 지원받아 교사대상 광고연수 및 청소년 광고교실을 운영했다. 한국광고협회가 자체적으로 실시한 조사결과에 따르면, 광고가 수업 내용과 학생들의 생활 속에 깊이 파고들어 있음에도 불구하고, 광고에 대한 교육이 체계적으로 이루어지고 있지 않다는 것을 실무 교사들을 통해서 밝혀졌다. 따라서 교육 일선에서 광고에 대해 가르치거나 광고를 활용한 교육을 시도하는 교사에게 과학적이고 실질적인 지도방향을 제시하는 한편, 학생들의 창의성 개발 프로그램에 광고를 활용할 수 있는 방법을 소개하기 위해 교사 대상 광고연수 프로그램을 운운영했다.

교사 대상 광고연수 프로그램은 집합교육 3일과 워크숍 수업 2일, 총 5일 과정으로 이루어졌다. 교사들을 위한 3일 동안의 집합교육은 '재미있는 광고이야기', '광고인 직업이해', '광고활용교육', '광고활용수업사례', '광고카피 아이디어발상', '광고제작실습' 등으로 이루어졌으며, 광고학과 관련 대학교수, 현직 광고인, 그리고 학교 현장에서 광고활용 교육을 하는 교사들이 교육을 진행했다. 2일 동안의 워크숍은 '광고회사 견학', '광고활용수업사례', '광고 바로보기' 등으로 제일기획과 같은 광고대행사 견학을 통해 실제 광고 제작 과정에 대한 궁금증을 해소하고, 광고가 실제 수업에서 어떻게 활용되고 있는가에 대한 보다 깊이 있는 토론이 이루어졌다. 청소년들을 대상으로 한 광고교실에서는 '진로교육', '창의력', '아이디어발상', '광고의 이해', '광고제작체험' 등 다양한 광고 관련 주제를 다뤘다.

한국광고협회는 이러한 교육 프로그램 외에도 [창의력 보물창고 광고야 놀자]와 [광고로 맛있는 수업하기] 등과 같은 교재 및 콘텐츠 개발·보급에 힘쓰고 있다. 우선 [창의력 보물광고 광고야 놀자]라는 책은 광고를 통해 아이들의 창의력, 설득력을 키우고, 경제에 대한 이해와 진로지도 교육을 진행할 수 있게끔 하기 위한 지도서로 제작되었다. 창의력 보물창고 광고야 놀자는 1. 광고와 일촌맺기 2. 광고 창의성의 비밀 3. 아이디어 발상 즐기기 4. 광고로 배우는 설득력 5. 광고로 보는 경제 6. 광고로 꿈을 짓다 등 총 6개의 챕터로 구성되어 있다. 광고의 뜻과 종류 그리고 광고의 역할을 설명하는 첫 번째 챕터에서부터 광고를 만드는 사람들 소개에 지면을 할애한 여섯 번째 챕터에 이르기 까지 광고 관련 다양한 주제를 다루고 있다. [광고로 맛있는 수업하기]는 광고의 창의적 특성을 고려하여, 학교교육이 지향하는 청소년의 창의성 계발을 돕기위한 교사용 지도서로 제작되었다. 교실 수업을 위한 광고의 이해, AIE(Advertising in Education) 알아보기 그리고 AIE(Advertising in Education) 펼쳐보기 등 총 세 개의 챕터로 구성되어 있다. 부록으로 광고활용교육 사례들을 제시함으로써 초등학교에서부터 고등학교에 이르기까지 그리고 국어 수업에서 미술 수업에 이르는 광고의 다양한 수업에서의 적용을 제안하고 있다.

〈그림 4〉 한국광고협회 도서 [창의력 보물창고 광고야 놀자!] [광고로 맛있는 수업하기]

해외 광고 리터러시 교육 현황

영국

영국의 미디어 리터러시 교육은 1960년대 문학비평과 창작의 도구로서 시작하였으며, 1980년대 학교 교육에 도입되었다. 1990년대 이후 미디어 수용자의 능동적인 미디어 이용을 중시하였고, 마침내 2000년대 이후 디지털 미디어 리터러시 정책으로 확대하였다. 영국에서 미디어 리터러시 교육은 방송통신 규제기관인 Ofcom, 디지털 문화미디어 스포츠부, 교육부 등이 있으며, 다양한 형태의 산하 기관들이 협력하여 관련 프로그램을 진행하고 있다. 영국의 미디어 스마트는 세계에서 가장 체계적이고 모범적인 광고 리터러시 교육을 실시하는 곳으로 평가 받는다. 어린이들에서부터 청소년에 이르기까지 광고를 비판적으로 생각하도록 가르치기 위해 개발된 미디어 스마트는 영국뿐만 아니라 프랑스, 독일, 핀란드 등 유럽 각국의 교육기관이 차용하고 있을 정도로 높은 인기를 구가하고 있다. 영국 미디어 스마트 홈페이지(www.mediasmart.uk.com)에는 교사와 학부모를 위한 미디어 리터러시 교육 자료들이 잘 정리되어 있다. 교사용 수업을 위한 자료들을 살펴보면, 7세에서 11세 초등학생들을 위한 자료들과 11세부터 16세 청소년들을 위한 자료들로 구분되어 있다.

우선 초등학생들을 위한 광고 리터러시 프로그램들을 살펴보면, 광고 입문(An Introduction to Advertising), 디지털 광고(Digital Advertising), 그리고 바디 이미지와 광고 자료(Body Image & Advertising Resource)로 나누어져 있다. '광고 입문'에서는 광고와 뉴스, 그리고 사설을 구분하는 것을 어려워 할 수 있는 초등학생들을 위해 광고가 무엇인지 그리고 왜 존재하는지에 대한 수업을 제공한다. 인쇄에서부터 디지털에 이르기까지 다양한 매체를 통해 집행되는 광고를 살펴보고 광고 제작과정을 배우고 광고를 구분하고 더 나아가 직접 광고를 제작하는 수업을 받는다. '디지털 광고'에서 학생들은 광고주들이 다양한 방법을 통해 디지털 플랫폼을 왜 사용하는지 그리고 어떻게 사용하는지를 배울 수 있다. 예를 들어, '디지털 광고'에서는 소셜 미디어, 게임, 비디오, 인플루언서, 및 검색광고와 같은 최신 트렌드들을 다루고 있다. 마지막으로, '바디 이미지와 광고 자료'는 영국 정부 평등청(Government Equalities Office) 후원으로 제작되었으며, 어린이들이 미디어에서 본 이미지들과 본인 자신들을 어떻게 비교하는지 그리고 이러한 것이 부정적인 바디 이미지에 영향을 미치는지를 살펴보게끔 디자인되었다. '바디 이미지와 광고 자료'는 무엇이 진짜인지에 대한 다른 생각들을 만들어 내기

〈그림 5〉 영국의 미디어 스마트 홈페이지 (www.mediasmart.uk.com)

위해 광고와 이미지들이 디지털적으로 어떻게 과장되고 있는지는 보여줄 뿐만 아니라 어린이들 자신들이 보는 것에 더욱 탄성을 가질 수 있도록 도와준다. 청소년들을 위한 광고 리터러시 프로그램은 틱톡 광고, 저작권침해, 온라인 광고, 광고제작, 인플루언서 마케팅, 소셜 미디어, 및 바디 이미지와 광고 자료 등 보다 세부적으로 구성되었으며, 청소년들의 생활에 밀접한 내용들을 통한 광고 리터러시 교육이 이루어 질 수 있도록 고안되었다.

캐나다

캐나다의 미디어 리터러시 교육은 1960년대 미국 대중문화의 확산에 대한 우려와 새로운 교육 패러다임을 위한 교육 체계 개편으로 인식되어 영화교육의 하나로 시작되었다는 것이 특이하다. 캐나다는 현재까지 미디어 리터러시 교육을 위한 별도의 법률은 없으나 디지털 미디어 활용 및 온라인 범죄 등과 관련된 내용을 법률로 규정하고 있다. 캐나다의 10개 주와 3개의 북부지역은 자치적으로 지역의 특성에 맞게 교육시스템을 운영하고 있기 때문에 미디어 교과과정 역시 독립적으로 운영해 오고 있다. 비영리단체인 미디어 스마트(Media Smarts)는 캐나다 국립 영화 위원회(National Film Board of Canada)의 후원하에 1996년에 캐나다의 주요 언론사, 정부, 교육계, 도서관 비영리 분야의 대표들이 모여 독립 기관으로 설립됐다.

미디어 인식 네트워크(Mnet, Media Awareness Network)로 출발하여 캐나다의 가정과 학교, 지역 사회를 위해 미디어 리터러시 관련 프로그램과 교육 자원을 개발해왔다. 2012년에 디지털 시대의 교육 과제를 해결하기 위해 미디어 스마트로 명칭을 변경했다. 미디어 스마트는 전통적 미디어 리터러시의 광범위한 이슈와 더불어 디지털 미디어 리터러시에서 발생하는 개인 정보 보호, 알고리즘, 온라인 폭력 등의 이슈에 대한 교육과 미디어 리터러시 교육에 대한 대중의 인식 제고, 어린이와 청소년, 캐나다인의 온라인 경험과 인터넷 사용에 대한 연구 및 정책 개발에 힘쓰고 있다. 미디어 스마트는 캐나다의 디지털 미디어 리터러시 교육의 중심적인 역할을 담당하고 있으며, K-12 대상 디지털 미디어 리터러시 교육과 올바른 미디어 이용에 대한 공중인식 제고를 위해 노력하고 있다. 〈그림 5〉에서

〈그림 6〉 캐나다 미디어 스마트의 바디 이미지를 통한 광고 리터러시 교육

처럼 바디 이미지를 통한 광고 리터러시 교육이 미디어 리터러시 교육의 한 부분으로 진행되고 있다.

미국

미국의 광고 리터러시 교육 프로그램은 미국 연방거래위원회(The Federal Trade Commission: FTC)가 Admongo라는 웹사이트를 통해 운영중이다. 국가의 공식 기관이 광고 리터러시 프로그램을 운영한다는 것이 영국과 캐나다와 다른 점이고, 또한 아이들이 좋아하는 캐릭터와 애니메이션을 이용해 게임을 통한 학습, 즉 게이미피케이션을 통한 학습을 진행하다는 것이 독특하다. 지금은 게임을 통한 광고 리터러시 학습 기능은 상실했지만, 여전히 교사들을 위한 광고 리터러시 교육과정 학습자료를 제공하고 있다. 교육 프로그램은 4차시 수업으로 구성되어 있으며, 1차시 수업에서는 '광고 이해(Ad Awareness)'를 중심으로 광고가 무엇이고, 광고가 무엇을 하며, 광고 제작에 참여하는 사람들은 누구인지 대한 정보를 제공한다. 2차시 수업에서는 '광고 타깃과 기술(Ad Targeting and Techniques)'을 중심으로 광고주가 어떻게 또는 왜 구체적인 소비자들을 타깃팅하는지를 다룬다. 3차시 수업은 '광고제작(Ad Creation)' 수업으로 어떻게 광고가 만들어지는지를 직접 광고를 제작함으로써 배운다. 마지막으로 4차시 수업 '현명한 소비자(A Smarter Consumer)'에서 학생들은 광고를 이해하는 것이 구매결정에 어떻게 도움을 주는지를 생각하게 된다. 이 외에도, 학생들의 학습활동을 돕기 위해 6개의 다양한 연습문제지를 제공하고 있다.

〈그림 7〉 미국 광고 리터러시 프로그램 Admongo 웹사이트

국내 광고 리터러시 교육의 문제점 및 교육과정 제언

국내 광고 교육은 일반적으로 대학에서 광고를 전공하는 학생들에 초점 맞춰진 광고 전문가 양성이 목표였다. 하지만, 일상 생활 속에서 자본주의 시민으로서 살

아가기 위한 그리고 광고 수용자로서 소비자의 소비행위를 매개하는 커뮤니케이션이라 할 수 있는 광고를 정확히 이해하고 비판적으로 판단할 수 있는 능력이 요구되고 있다. 즉, 미디어 환경이 급속히 발전하고, 새로운 형태들의 디지털 광고들이 쏟아져 나와 광고와 콘텐츠간의 구분이 어려워지고, 과장광고와 허위광고가 모바일을 통해 어린 청소년들에게 여과없이 노출되는 지금, 광고 리터러시에 대한 관심이 높아지고 있다.

광고 리터러시 교육은 광고를 어떻게 이해하고 올바르게 받아들일 것인가에 대한 질문으로 시작된다. 광고 리터러시 교육은 '교육 대상으로서의 광고'와 '교육 수단으로서의 광고', 즉 광고활용 교육으로 구분된다. 국내 초등학교 및 중학교에서 이루어 지는 광고 리터러시 교육은 대체로 광고활용 교육으로, 광고를 수단으로 학생들에게 광고를 통해 비판적 사고능력 및 창의력 등을 키우는데 중점을 둔 교육이라 할 수 있다. 광고 리터러시 교육의 궁극적인 목표를 '개인이 설득지식을 통해 설득하고자는 하는 의도를 파악'하는 것이라면 광고활용 교육 역시 도움이 된다고 할 수 있다. 하지만, 광고 활용 교육만으로 광고 리터러시 교육이 완성된다고는 할 수 없다.

광고 리터러시 교육은 광고가 생산되는 과정을 이해하고, 광고가 실제 효과를 가지도록 하기 위한 기술을 살펴보며, 광고가 전달하는 이데올로기적 내용을 비판적으로 읽어내며, 소비자가 광고에 어떻게 반응하고 이를 이해하며 수용하는지를 평가할 수 있는 능력을 함양하는데 있다.[1] Livingstone과 Helsper[2]는 광고 리터러시를 다양한 맥락과 미디어를 통한 설득적 메시지를 분석하고, 평가하고, 그리고 제작할 수 있는 기술이라고 정의 내린다. 더 나아가, 로젠달 등[3]은 광고 리터러시를 3개의 차원과 8개의 하부요소로 구성된 개념으로 정의했다.

1 김대행. (2004). 방송의언어문화와미디어교육 (Vol. 25). 서울대학교출판부.

2 Livingstone, S., & Helsper, E. (2007). Gradations in digital inclusion: Children, young people and the digital divide. *New Media & Society*, 9(4), 671-696.

3 Rozendaal, E., Lapierre, M. A., Van Reijmersdal, E. A., & Buijzen, M. (2011). Reconsidering advertising literacy as a defense against advertising effects. *Media Psychology*, 14(4), 333-354.

광고 리터러시는 〈그림 8〉에서처럼 개념적 광고 리터러시, 실행적 광고 리터러시, 그리고 태도적 광고 리터러시 등 3개의 차원으로 구성된다. 첫째, 개념적 광고 리터러시(conceptual advertising literacy)는 '광고에 관한 개념적 지식을 얼마나 보유하고 있는가'를 말하는 것으로 광고인지, 판매의도 이해, 설득의도 이해, 그리고 설득전략 이해가 포함된다. 둘째, 실행적 광고 리터러시(advertising literacy performance)는 '광고 메시지를 처리하는 과정에서 기억에서 개념적 광고 리터러시를 추출해내고 실제에 적용할 수 있는가'를 말하며, 광고 리터러시 회상과 광고 리터러시의 적용이 포함된다. 셋째, 태도적 광고 리터러시(attitudinal advertising literacy)는 '광고에 대해 전체적으로 가지고 있는 태도', 즉 광고에 대해 회의적인 태도를 가지고 있는지 혹은 광고를 혐오하고 있는지 등과 관련된 개념이며, 광고에 대한 문제 제기와 광고 혐오감이 포함된다.

국내에서 이루어지고 있는 광고 리터러시 교육은 일반적으로 개념적 광고 리터러시에 치우친 교육이라고 볼 수 있다. 따라서, 전체론적 광고 리터러시 교육(holistic advertising literacy education)이 필요하다고 볼 수 있다. 광고에 대한 이해, 즉 광고의 정의, 분류 및 사회적 기능(긍정적 그리고 부정적 기능)을 배우고, 광고제작 프로세스에 대한 이해를 바탕으로 직접 광고를 제작해 보는 것도

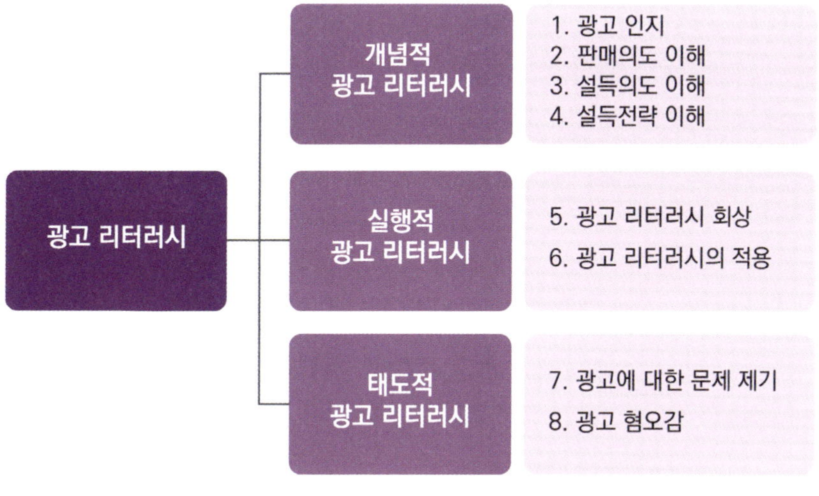

〈그림 8〉 광고 리터러시의 3개 차원과 8개 하부요소

좋은 방법이다. 또한, 광고활용 교육을 통해 비판적 사고능력을 함양하고, 창의성과 표현력을 기를 수 있다면 소비자들은 광고 리터러시를 통해 자본주의 시대를 살아가는 시민으로서의 기본 자질을 갖출 수 있을 것이다.

국내 광고 리터러시 교육은 독자적으로 구성되기 보다는 미디어 리터러시 교육의 한 과정으로 여겨졌다. 국내에서 미디어 리터러시 교육을 진행하는 대표적인 기관인 한국언론진흥재단은 미디어 교육사업을 활발히 운영중이다. 학교 미디어 교육사업과 사회 미디어 교육사업으로 나누어 청소년들을 대상으로 한 미디어 리터러시 교육, 미디어 리터러시 전문강사 학교 파견을 통한 교육, 그리고 교사들의 미디어교육 교수능력 향상을 통한 학교 미디어 리터러시 교육 활성화를 꾀하고 있다. 시청자의 방송 참여와 권익증진 등을 위하여 방송통신위원회가 설립한 시청자 미디어 재단은 국민 누구나 미디어를 통하여 전달되는 정보와 내용에 대한 접근 능력, 비판적 이해 능력, 창의적 활용 능력, 민주적 소통 능력을 증진시킬 수 있도록 미디어 교육을 지원하여 시민의식을 함양하고 미디어를 통한 사회참여 활성화에 기여하겠다는 사업목적을 내세운다. 시청자 미디어 재단은 미디어 교육 전문지 및 미디어 교육 수업 지도안 개발 등 다양한 미디어 사업을 진행한다. 한국언론진흥재단과 시청자 미디어 재단이 홈페이지를 통해 대외적으로 알리고 있는 미디어 리터러시 교육은 '가짜뉴스' 즉 허위정보를 판별하는 '팩트체크' 교육에 치우쳐 진 듯 보인다.

향후 우리나라의 어린이와 청소년들을 위한 광고 리터러시 교육 프로그램은 다음과 같은 방향성을 가지고 개발되어야 한다. 첫째, 영국과 캐나다 사례에서 알 수 있듯이 광고 리터러시 교육 프로그램을 개발하고 교사들과 학부모들에게 정보를 공유할 수 있도록 광고 리터러시 전문기관을 설립해 체계적인 광고 리터러시 교육과정을 수립하여야 한다. 현재 우리나라의 경우, 각 기관들마다 가르치는 내용들이 다르고, 가르치는 강사들의 역량에 따라 광고 리터러시 교육 수준에 차이가 난다. 따라서, 광고 리터러시 교육을 전담할 수 있는 기관을 통해 광고 전문가, 미디어 전문가, 교육 전문가 그리고 산업계 전문가들과 같은 각 분야별 전문가들이 의견이 반영된 통일된 광고 리터러시 교육 프로그램 개발이 시급하다. 둘째,

앞서 간략히 설명했듯이 광고 리터러시 교육을 단순히 광고 활용교육으로만 간주해서는 안된다. 광고에 대한 비판적 사고를 기르고 창의력을 기르게 하는 학습방법으로써 광고를 가르치는 것도 의미가 있지만, 광고에 대한 정확한 이해를 통해 설득지식을 쌓게 하기 위해 광고를 목적으로 한 교육도 동시에 필요하다. 결국, 광고 리터러시 교육은 이론과 실습이 병행되는 수업이어야 한다. 즉, 광고의 개념적 이해를 토대로 광고 메시지를 분석해 의도를 파악하고, 더 나아가 광고제작 과정을 이해함은 물론 직접 광고를 제작해 창의력을 기르는 훈련도 함께 필요하다. 이러한 융합적 학습을 통해 어린이와 청소년들이 광고에 대한 부정적 선입견 또는 편견을 깨트릴 수 있다. 마지막으로, 국내 광고 리터러시 교육 자료들을 보면 빠르게 변화하고 있는 미디어 환경을 반영하지 못하고 있다. 초등학교 6학년 국어 교과서에도, 그리고 한국언론진흥재단과 시청자 미디어 재단의 광고 리터러시 교육자료에서도 또한 한국광고협회의 광고 리터러시 관련 도서에서도 디지털 광고, 검색광고, 소셜 미디어 광고, 인플루언서 마케팅과 같은 어린이들과 청소년들이 가장 빈번하게 노출되고 있는 광고에 대해서는 거론조차 하지 않고 있다. 반면, 해외의 경우 초등학생들에게도 디지털 미디어를 통한 다양한 광고들에 대해서 설명하고 있다. 즉, 인쇄 및 TV광고에만 초점이 맞춰진 우리나라의 광고 리터러시 교육도 초등학생과 청소년들의 미디어 소비행태 분석을 통한 보다 현실적인 광고 리터러시 교육 프로그램으로 개선되어져 할 것이다.

저/자/소/개

엄 남 현(Nam-Hyun Um: PH.D. in Advertising, The University of Texas-Austin)
위스콘신 대학교 커뮤니케이션학과 조교수를 거쳐, 현재 홍익대학교 광고홍보학부에 재직 중이다. 유명인 광고, LGBT광고, 펨버타이징, 정치광고 및 광고 리터러시 관련 연구 활동을 하고 있다. 제일기획에서 광고 AE로 삼성그룹광고, 삼성전자홍보, 풀무원, 월드건설, 성균관 대학교, KTF 브랜드 광고 등을 담당했다.

제 5 장 한국의 광고 리터러시 교육

한국의 광고 리터러시 교육

권예지 연구위원
한국방송광고진흥공사 미디어광고연구소

요약

제5장에서는 광고 리터러시 정의 및 구성요소를 살피며, 미디어 기술과의 결합, 광고산업의 다변화 및 타변화와의 결합, 소비자의 참여 및 상호작용성 증가 상황에서 광고산업의 이해관계자를 고려한 광고 리터러시 개념 확장 및 광고 리터러시 교육의 필요성을 제시했다. 광고 리터러시 교육으로 얻을 수 있는 효과를 ① 주체적인 소비활동, ② 영역별 교육효과, ③ 광고신뢰도 향상과 광고산업 발전에 따른 경제효과, ④ 사회문화 형성 및 전승 차원에서 정리했다. 광고 리터러시 교육은 광고활용교육, 광고교육, 광고비평교육으로 나눠 현황을 살피고, 광고 리터러시 교육대상 확장과 교육내용은 정교화가 필요함을 논했다. 소비자에만 국한하지 않고 예비광고인, 광고주, 실무자 등 광고산업 이해관계자를 모두 다루는 교육설계가 필요함을 제안했다. 마지막으로 광고 리터러시 교육이 성공적으로 수행되기 위한 교육제도 제정과 이해관계자 협력의 필요성을 담았다.

광고 리터러시 교육현황을 파악하기 전에, 광고 리터러시가 어떤 개념으로 논의되어 왔는지 먼저 살피고자 한다. 이후 한국의 광고 리터러시 교육현황을 대상, 내용, 관점 등에서 탐색하고자 한다. 현 상황 파악을 통해 한국의 광고 리터러시 교육에서 개선해야할 사항이 무엇인지 논의하고자 한다.

광고 리터러시란

리터러시의 사전적 정의를 빌리면,[1] 광고 리터러시는 광고를 읽고 쓸 줄 아는 능력이다. 광고에 대한 지식이나 태도 등으로 논의되기도 했다.[2] 광고 리터러시의 등장은 명확하지 않지만, 주로 소비자에게 영향을 줄 수 있는 광고의 부정적 기능을 막고자 하는 보호주의 관점에서 논의됐다. 이외 소비자의 설득지식 수준과 능동성의 증가, 미디어 발달과 광고의 진화에 따라 광고를 이해하기 위해 필요한 능력 차원 등으로 논의되기도 했다.

어린이가 광고의 유해성에 취약하다는 전제하에서 보호주의 관점에서 광고 리터러시를 논한 로젠달(Rozendaal)은 광고 리터러시를 ① 개념적 리터러시, ② 실행적 리터러시, ③ 태도적 리터러시 세 차원으로 나눴다.[3] 개념적 광고 리터러시는 광고에 관한 개념적 지식 차원, 실행적 리터러시는 광고 메시지를 처리하는 동안 개념적 광고 리터러시를 이용하는 차원, 태도적 광고 리터러시는 광고에 대한 일방적인 비판적 태도 차원을 의미한다.

개념적 광고 리터러시는 광고를 다른 미디어 콘텐츠와 구별하고, 광고 가진 판매의도, 설득의도, 설득전략을 이해하는 하위요소를 포함한다. 실행적 광고 리터

1 네이버 사전(2022). literacy. URL: https://en.dict.naver.com/#/entry/enko/bd86d9164cab4efbb197a6fbf090fc23

2 Spielvogel, J., & Terlutter, R. (2013). Development of TV advertising literacy in children: Do physical appearance and eating habits matter?. *International Journal of Advertising, 32*(3), 343-368.

3 Rozendaal, E. (2011). *Advertising literacy and children's susceptibility to advertising*. Retrieved from https://pure.uva.nl/ws/files/1365122/88691_09.pdf

러시는 광고 메시지를 처리하는 과정에서 광고와 관련된 지식을 기억 속에서 찾고 적용할 수 있는 능력을 내포한다. 태도적 광고 리터러시는 광고에 대한 회의나 광고에 대한 불호(disliking)로 구성되어 있다.

로젠달은 어린이가 개념적 광고 리터러시를 가지고 있더라도, 광고에 노출될 때 개념적 광고 리터러시를 접근하고 적용하는 게 어렵다고 지적하며, 개념적 광고 리터러시 사용을 촉발하여 어린이의 광고 취약성을 낮추는 것이 필요하다고 지적했다.[4] 더불어 광고 리터러시를 3요소로 나누었으나 개념적 광고 리터러시와 태도적 광고 리터러시 간에 상관관계가 있음[5]에도 불구하고, 관계의 방향성이나 조절은 여전히 명확하지 않아 하위요소 간 관계를 추가로 살펴보는 작업이 여전

〈표 1〉 어린이 광고 리터러시의 세 차원 개념화

차원	요소	정의
개념적 광고 리터러시	1. 광고 인지	광고를 다른 미디어 콘텐츠(예, 텔레비전 프로그램, 편집 웹 콘텐츠)와 구별하는 능력
	2. 판매의도 이해	광고가 제품을 판매하려고 한다는 것을 이해하는 능력
	3. 설득의도 이해	광고가 소비자의 심리 상태, 예를 들어 제품에 대한 태도 및 인식을 변화시켜 소비자의 행동에 영향을 미치려고 시도한다는 것을 이해하는 능력.
	4. 설득전략 이해	광고주가 소비자의 태도, 인지, 행동을 변화시키기 위해 특정 전략을 이해하는 능력
실행적 광고 리터러시	5. 광고 리터러시 회상	광고 메시지를 처리하는 동안 기억에서 관련 광고 관련 지식을 되찾아오는 능력
	6. 광고 리터러시 적용	메시지를 처리하는 동안 검색된 광고 관련 지식을 광고 메시지에 적용(예, 방어 응답 구성)하는 능력
태도적 광고 리터러시	7. 광고에 대한 회의	광고를 불신하는 경향
	8. 광고에 대한 불호	광고에 대한 일반적인 부정적인 태도

(출처: Rozendaal, E. (2011). *Advertising literacy and children's susceptibility to advertising*. 125쪽 인용)

4 Rozendaa, E. (2011). *Advertising literacy and children's susceptibility to advertising*. Retrieved from https://pure.uva.nl/ws/files/1365122/88691_09.pdf

5 Robertson, T. S., & Rossiter, J. R. (1974). Children and commercial persuasion: An attribution theory analysis. *Journal of Consumer Research, 1*, 13-20.

히 요구된다.

보호주의 관점의 강조보다는 독특한 커뮤니케이션 형식으로서의 광고, 미디어 기술과의 결합으로 변모하는 광고의 유동성, 진화하는 미디어 환경 내에서의 광고 수용 등의 관점에서 광고 리터러시를 정교화 하는 시도도 있었다. 커뮤니케이션 관점에서 광고의 특수성을 살펴보면, 광고를 이해하고 해석하기 위해서는 다른 상징적 커뮤니케이션을 읽고 생산하는 것과는 다른 특정한 리터러시가 필요하다.[6] 과거에는 광고가 제품의 정보전달이 우선 목표였다면,[7] 오늘날에는 제품용역에 대한 관심을 불러일으키고 긍정적인 이미지를 형성하는 목표도 함께 한다. 소비자 또한 과거에는 정보를 전달받는 수동적 존재였다면, 지금은 여러 서비스를 이용해 기업이나 제품 정보를 가질 수 있다. 정보를 찾은 뒤, 해석하고 이해하는 과정에서 리터러시가 필요한 경우가 왕왕 존재한다.

이런 맥락에서 말메린(Malmelin)은 광고 리터러시를 ① 정보 리터러시(Informational literacy) ② 시각/미학 리터러시(Visual/aesthetic literacy), ③ 수사학 리터러시(Rhetorical literacy), ④ 판촉 리터러시(Promotional literacy)로 분류했다.[8] 정보 리터러시는 미디어에서 정보를 얻고 정확성을 판단하는 능력을 말한다. 온라인 환경 속에서 광고와 정보 차이를 구별하기 어려운 경우에 소비자가 다양한 정보원(source)을 활용해 정보의 정확성과 신뢰도를 파악할 수 있다면 정보 리터러시 수준이 높은 것이다.

시각/미학 리터러시는 광고를 미학적 즐거움과 오락의 원천으로 해석하고 이해하는 것을 의미한다. 휴식과 새로운 경험을 찾는 개인의 욕구를 충족시키기 위해 미디어를 사용하는 능력을 말한다. 소비자는 광고를 언제 어디서나 접하게 되면서

6 Malmelin, N. (2010). What is advertising literacy? Exploring the dimensions of advertising literacy. *Journal of Visual Literacy, 29*(2), 129-142.

7 Leiss W., Kline S. & Jhally S. (1990). *Social communication in advertising. Persons, products, & images of well-being.* Second Edition, Revised and Enlarged. London & New York: Routledge.

8 Malmelin, N. (2010). What is advertising literacy? Exploring the dimensions of advertising literacy. *Journal of Visual Literacy, 29*(2), 129-142.

광고를 제품이나 용역을 팔기 위한 목적임을 이미 인식하고, 광고를 '미학적'으로 평가한다. 이때 광고에 스며든 예술성을 판단하기 위해서는 시각/미학 리터러시가 필요하다. 특히나 복잡하고 다층적인 광고의 텍스트를 이해하기 위해서는 시각/미학 리터러시가 필수적이다.

수사학 리터러시는 광고에 사용된 다양한 수단과 전략을 이해하는 능력을 의미한다. 광고는 설득 커뮤니케이션의 한 유형으로 고전적인 수사학의 원리를 기반으로 이뤄진다. 타깃별로 수사학 접근방식이 다르므로 광고가 어떤 설득 전략을 쓰는지 이해하기 위해서 소비자는 수사학 리터러시를 보유하고 있어야 한다. 수사학적 소양은 마케팅 전략, 목표 및 대상 그룹에 대한 이해를 포함한다. 이 같은 커뮤니케이션의 수사학 접근은 상업적인 부분 외에 공공 영역에서도 최근 두드러지게 나타나고 있다.[9]

판촉 리터러시는 다양한 형태의 광고 및 상업적 커뮤니케이션을 인식하는 능력을 말한다. 간접광고, 협찬, 브랜디드 콘텐츠 등은 콘텐츠 안에서 발견해내기 쉽지 않은 형태다. 오늘날 각종 미디어 유형에 광고가 들어가기 때문에 판촉 리터러시는 어느 때보다 더욱 중요한 능력이다. 더 나아가 판촉 리터러시는 미디어 경

〈표 2〉 광고 리터러시의 모형과 차원

분류	정보 리터러시	시각/미학 리터러시	수사학 리터러시	판촉 리터러시
관심사항	정보와 지식의 정보원	미학, 디자인, 오락	설득의 전략과 도구	미디어에서의 상업적 기능 및 재정적 파트너십
분석사항	다양한 정보원을 활용하고 정보의 정확성을 평가하는 능력	스타일, 이야기 및 참조한 사항뿐만 아니라 청각 및 시각적 표현의 형태에 대한 이해	마케팅 전략, 목표 및 대상 그룹에 대한 이해	제품 배치, 브랜디드 콘텐츠, 후원 및 홍보의 논리에 대한 이해

(출처:Malmelin, N. (2010). What is advertising literacy? Exploring the dimensions of advertising literacy. *Journal of Visual Literacy, 29*(2), p. 133 발췌)

9 Malmelin, N. (2010). What is advertising literacy? Exploring the dimensions of advertising literacy. *Journal of Visual Literacy, 29*(2), p. 136.

제, 미디어 융합 및 소유권 관계 구조를 이해하는 것, 다양한 종류의 상업적 파트너십과 협력을 이해하는 것도 포함한다.

말메린의 4가지 광고 리터러시 하위요소는 광고 관련 실무자들이 소비자를 커뮤니케이션 수신자로 이해하는데 도움을 준다. 타깃 집단이 지닌 각 요소별 리터러시 수준을 파악해 커뮤니케이션 전략 수립 및 메시지 공식화(formulation)에 기여할 수 있을 것이다.

지금까지 살펴본 광고 리터러시 논의는 소비자가 광고를 '수용'하거나, '해석'하는 차원의 논의에서 주로 이뤄졌다. 참여, 공유, 개방이라는 웹 2.0이 가능한 상황에서의 소비자 능동성과 미디어 환경 변화를 온전히 반영하지는 못했다. 이러한 문제의식을 가진 연구자들이 모바일광고 리터러시, 디지털광고 리터러시 등과 같이 미디어 기술을 반영한 광고 리터러시를 개발하고자 노력하고 있다.

구명진과 여정성10은 모바일광고 특징을 반영한 모바일 광고 리터러시를 개발했다. 모바일광고 리터러시를 정보차원, 효용·비용 차원, 기술 차원으로 구성했다. 정보차원은 광고와 콘텐츠 구분 능력, 광고내용 이해능력, 광고 기만성 판별능력, 광고관련 정보탐색 능력, 광고관련 소비자 문제 대처지식, 광고발신·관리주체 인지능력을 포함한다. 소비자 피해가 발생할 경우 어떻게 대처할 수 있는지를 포함하여 능동성 주체자로서의 성향도 담겼다.

효용·비용차원은 모바일 광고가 개인맞춤형이나 금전적 보상제공이 가능하다는 효용 차원의 인지와 개인정보제공 비용, 모바일광고 비자발적 노출에 따른 성가심 비용 인지, 금전 비용 인지 등의 비용인지 능력을 담고 있다. 대중을 타깃으로 했던 전통 광고에서는 접할 수 없었던 맞춤형광고의 특징이 반영된 차원이다.

기술차원은 광고노출 가능성 사전 인지능력, 기술적 조작능력(혜택활용), 기술적 조작능력(비용회피), 신기술 광고사기 유형 인지라는 세부요소로 구성됐다. 모바일광고에서 경험할 수 있는 '기술'차원을 포함했다. 모바일 환경과 소비자 주체성을 담은 세부차원으로 구성했다.

---

10 구명진, 여정성 (2018). 소비자 모바일광고 리터러시의 개념화와 척도개발 - 질적·양적 방법론을 통한 검증. 〈소비자학연구〉, 29권 2호, 199-231.

소비자의 생산자 특징을 광고 리터러시에 담고자 하는 시도도 있다. 조재영은 생비자(생산자+소비자, prosumer) 특징을 담아 '접속·통제', '비판적 이해', '사회적 소통', '광고 창출'이라는 하위요소로 구성된 디지털광고 리터러시가 개발했다.[11] 접속·통제는 디지털 미디어 속에서 필요한 광고를 선택하고 불필요한 광고는 차단 및 통제할 수 있는 능력을 말한다. 비판적 이해는 광고의 거짓·과장, 기만, 부당광고 등 광고의 진실성을 파악하고, 광고의 상호비교 검토, 개인정보제공 여부를 결정할 수 있는 능력이다. 사회적 소통은 개인이 가진 사회적 네트워크를 통해 광고관련 의견을 표현하고 정보를 공유할 수 있는 능력으로 사회적 책임과 권리를 염두에 둘 수 있는 능력도 포함한다. 마지막으로 유튜브, 블로그(예, 후기), 배너 광고 등에 단순한 형태로라도 제작해서 광고를 게재할 수 있는 능력을 말한다.

이처럼 광고 리터러시는 보호주의적 관점에서 출발하여, 광고를 오락과 예술적 즐거움으로 보거나 소비자의 임파워먼트(empowerment)를 조명한 관점, 디지털 미디어 기술 발달 속에서 소비자가 기술을 이용하는 관점 등으로 퍼져나가고 있다. 광고 리터러시의 발달 흐름은 미디어 리터러시 개념의 발달과도 유사하다. 광고 리터러시가 미디어 리터러시 속의 하위 영역으로 구성되거나 미디어 리터러시와 구분되더라도 미디어는 광고 메시지를 매개하므로 미디어 기술의 발달과 흐름을 같이 한다. 향후 광고 리터러시에 대한 지금까지의 논의 지도화(mapping), 미디어 리터러시와 광고 리터러시와의 관계 등을 살펴 광고가 소비자, 광고주, 산업 등 각 영역에서 긍정적인 영향을 발휘하여 선순환을 이끄는 방안 마련이 필요하다.

특히 광고의 특수성을 분명히 반영한 작업이 중요하다. 지금까지의 광고 리터러시는 주로 '소비자' 영역에 국한됐다. 광고를 커뮤니케이션 수신자인 소비자가 광고를 받아들일 수 있는 능력을 어느 정도 보유하고 있는지가 주된 논의였다. 미디어 기술과의 결합, 광고산업의 다변화 및 타변화와의 결합, 소비자와의 참여 및 상호작용성 증가 상황에서는 모든 광고 관련 이해관계자의 광고 리터러시 수준을 살피고 성장이 필수적인 상황이므로 각종 이해관계자를 고려한 광고 리터러

---

11 조재영 (2020). 디지털 광고 리터러시의 구성 요소에 대한 탐색적 연구; 대학생 소비자의 인식으로 중심으로. 〈차세대융합기술학회논문지〉, 4권 1호, 30-39.

시 개념의 확장이 필요하다.

광고 리터러시 교육의 효과

광고 리터러시 교육은 여러 영역에서 긍정적인 효과를 유발한다. 첫째, 주체적인 소비활동을 가능하게 한다. 광고 리터러시의 출발이 소비자를 보호하는 관점에서 출발하고, 미디어 리터러시와 같은 맥락에서 진행되어 왔던지라 광고를 비판적으로 보는 시각을 기를 수 있다. 정보와 광고를 구분하고, 소비자로서의 주체성을 기르게 한다. 실제로 청소년을 대상으로한 연구에서 광고에 대한 비판적 태도가 구매의도를 낮추고, 개념적 광고 리터러시와 구매의도가 부분적으로 관련이 있다.[12]

둘째, 소비자이건 실무자이건 광고를 통해 각종 영역별 교육, 창의성 교육, 몰입 교육, 커뮤니케이션 능력 교육, 문화예술교육이 가능하다.[13] 언어, 광고의 창의적인 기법을 분석하며 시각 리터러시를 길러[14] 창의성을 향상시킬 수 있다. 광고를 활용해 유창성, 융통성, 독창성, 정교성을 고려한 창의성 개발 교육이 가능하다.[15] 일정한 목표가 있을 때 몰입하기 수월하다는 점에서 광고를 학교교육에 활용하면 수강생들의 몰입 경험을 이끌 수 있다.[16] 커뮤니케이션은 언어와 비언어 기호의 해독과정이기도 하다. 광고의 재디자인 활동을 하며 복합적인 기호를 해석

12 Vanwesenbeeck, I., Ponnet, K., & Walrave, M. (2017). Young adolescents' advertising literacy and purchase intention in social network games: Influence of perspective taking and need for cognition. *Journal of Consumer Behaviour, 16*(1), 23-33.

13 이희복 (2012). 광고활용교육(AIE)이란 무엇인가?: 탐색적인 접근을 중심으로. 〈한국광고홍보학보〉, 14권 1호, 160-181.

14 박인창 (2018). 창의적인 인쇄광고의 비쥬얼 리터러시에 관한 사례 연구. 〈조형미디어학〉, 21권 2호, 53-60.

15 김지은, 한규훈 (2014). 광고활용교육이 초등학생의 창의성 개발에 미치는 영향에 관한 실증연구. 〈광고연구〉, 101호 186-216.

16 이희복 (2012). 광고활용교육(AIE)이란 무엇인가?: 탐색적인 접근을 중심으로. 〈한국광고홍보학보〉, 14권 1호, 160-181.

하는 능력을 강화시킬 수 있다.[17] 광고에는 사전조사 분석을 통한 예술성이 담기기도 한다.[18] 예술성을 반영하기 위한 사전조사 분석과 광고에 반영된 예술성을 분석하면서 미적 감각을 기를 수 있다. 광고와 예술작품을 결합하는 아트 콜라보레이션(art collaboration),[19] 디지털 사이니지를 통한 미디어아트[20] 등을 분석하며 예술작품에 대한 이해와 안목을 높일 수 있다.

셋째, 광고 리터러시 교육은 광고의 신뢰도를 높여 광고산업 발전을 이끌어 궁극적으로 경제발전에 기여할 수 있다. 광고 리터러시 교육은 소비자의 주체성을 길러준다. 허위·과장·선정적 광고 등의 자연스러운 도태에 소비자가 기여하며 광고 건전성에 기여할 수 있다. 소비자의 광고 리터러시 수준이 증가하면 광고 최종이용자인 소비자의 욕구에 맞추기 위해 광고산업 이해관계자는 자발적인 자정노력이 불가피할 것이다. 광고 리터러시 교육이 광고산업 발전에 기여하는 바는 단기간 효과보다 장기간 효과로 보고 변화하는 사항을 주의깊게 살필 필요가 있다. 광고산업은 정보기술·미디어·미디어·콘텐츠 분야의 비교 대상 10개 산업보다 높은 생산유발효과를 가지며, 미디어 산업 재원으로서의 역할도 수행하고 있으므로[21] 광고산업 발전이 타산업에 미치는 영향도 커질 수 있다.

실무자 대상 광고 리터러시 교육을 통해 실무자 또한 광고 리터러시를 보유한 소비자에게 소구하기 위한 광고가 어떤 광고인지 파악할 수 있게 될 것이다. 흥미유발만에 그친 것이 아닌 소비자, 광고주, 각종 실무자의 자발적인 자정노력은 광고산업 발전에 기여할 수 있다. 독일의 경우, 산업행위자들의 협의에 의해 심의규정을 운영하고, 청소년 미디어 보호규정 강화, 온라인 내 광고 집행 규제를 제정

---

17 이수원 (2020). 광고 재디자인 활동에서 나타난 유아의 복합양식 리터러시 분석. 〈열린유아교육연구〉, 4권 25호, 1-20.

18 김덕자 (2004). 예술 같은 광고, 광고 같은 예술. 〈마케팅〉, 38권 11호, 75-80.

19 이현우, 김종필 (2009). 예술작품에 대한 사전지식과 경험이 아트 컬레버레이션 광고텍스트 효과에 미치는 영향. 〈Archives of Design Research〉, 22권 5호, 37-46.

20 황정빈 (2021, 5월 5일). "예술작품 감동 생생히"...LG 디지털 사이니지 미디어 아트 구현. 〈지디넷코리아〉. URL: https://zdnet.co.kr/view/?no=20210505101258

21 박종구, 이시훈, 변상규, 이해수 (2022). 광고산업을 왜 육성해야 하는가?: 광고산업 KOBACO 방송통신광고진흥사업의 경제파급효과를 중심으로. 〈광고학연구〉, 33권 3호, 35-56.

하며 신뢰도 높은 광고산업을 만드는데 힘쓰고 있다.

마지막으로 광고 리터러시 교육은 사회문화 형성 및 전승에 기여한다. 광고는 현 시대상을 반영하고 문화를 창출하는 역할을 한다. 공익광고는 다문화 및 인권 의식 향상에 긍정적인 영향을 준다.[22] 최근 더욱 주목받고 있는 성역할 의식 개선에도 광고가 긍정적인 역할을 할 수 있다. 김수아와 김세은은 성역할 고정관념에 영향을 미치는 광고 재현에 문제의식을 가지고 광고에 성역할 고정관념을 탈피한 광고인 펨버타이징(femvertising)을 주목했다. 연구진은 고정된 성역할을 탈피하여 다양성을 다루는 광고 사례가 늘어나야 한다는 점을 지적하며 소비자, 광고주와 광고제작자 모두의 인식 개선 필요성을 제기했다.[23] 광고 재현을 살피고 개선방향을 찾아가는 광고 리터러시 교육을 통해 다양성을 인정하는 사회에 다가갈 수 있을 것이다.

결국 광고 리터러시 교육은 개인의 성장, 산업발전과 경제의 성장, 사회문화의 성장이라는 선순환 효과를 이끌어낼 수 있다.

한국의 광고 리터러시 교육 현황

광고 리터러시는 '교육'으로 함양될 수 있다. 학술지에 게재된 광고와 교육 키워드로 검색된 132편의 논문을 분석한 김지은과 한규훈의 연구결과를 보면, 한국의 광고 리터러시 교육은 크게 세 가지 영역으로 진행되어 왔다.[24] 첫 번째, '광고활용교육(advertising-in-education, AIE)'이다. 교육 현장에서 광고를 교육적 도구로 활용하는 것을 말한다. 초·중·고등학교의 교과교육이나 특별활동교육에 광고가 수

22 이미선, 이윤정 (2015). 공익광고를 활용한 다문화 인권교육프로그램이 초등학생의 다문화 인식에 미치는 효과. 〈커뮤니케이션디자인학연구〉, 53호, 133-146.

23 김수아, 김세은 (2017). 포스트페미니즘 시대의 광고와 여성 재현. 〈한국광고홍보학보〉, 19권 2호, 135-172.

24 김지은, 한규훈 (2017). 광고학과 교육학의 학제 간 융합 가능성 진단을 위한 고찰. 〈광고연구〉, 113호, 68-103.

업자료로 활용된다. 동시대의 문화, 유명인, 재미 요소 등이 포함되어 있어 수업에 활용하기 용이하고, 학습자의 흥미를 끌기에 충분하다. 광고를 통해 이미지 리터러시, 문화 리터러시는 물론 시각/미학 리터러시, 창의력 등을 기를 수 있다.

두 번째, '광고교육(advertising education)'이다. 광고교육은 예비광고인 및 현업 실무자 등이 수강하는 실업계 고등학교나 대학의 광고관련 학과 등에서 진행되는 실무교육을 의미한다. 광고제작 교육일지라도 제작 기술만을 습득하는 것이 아닌, 아이디어발상 기술, 마케팅, 커뮤니케이션, 인간심리, 창의력, 예술 교육 등등 다양한 영역의 학습효과를 기대할 수 있다.[25]

마지막으로 '광고비평교육(advertising criticism education)'이다. 광고비평교육은 소비자 교육의 일환으로 광고를 분별할 수 있는 의식을 갖게 하는 광고 리터러시, 더 나아가 미디어 리터러시 교육을 포함한다. 앞서 살펴봤던 광고 리터러시의 여러 요소와 관점 중 광고를 설득메시지로 보고, 해당 메시지를 분석, 평가, 활용할 수 있는 차원에 해당하는 소비자 교육을 지칭한다.

세 가지 유형 중 광고활용교육(AIE)이 학술 논의에서 제일 많은 관심을 받아왔다.

광고 리터러시 교육 Advertising literacy education			
분류	광고활용교육 Advertising-in-education	광고교육 Advertising education	광고비평교육 Advertising criticism education
대상	초 · 중 · 고등학생	예비광고인 및 실무자	소비자
관점	광고를 교육 도구로 활용	광고실무교육	광고비평교육

〈그림 1〉 광고 리터러시 교육 분류

(인용: 김지은, 한규훈 (2017). 광고학과 교육학의 학제 간 융합 가능성 진단을 위한 고찰. 〈광고연구〉, 113호, 68-103. 재구성)

25 이희복, 한상필, 이경렬, 이화자, 차유철, 김병희, 신명희 (2007). 방송광고를 활용한 창의력 학습. 서울: 한국광고학회.

2000년부터 2017년 4월까지 국내 학술지에 게재된 광고와 교육 관련 논문 132편 중 87건(66%)으로 가장 많은 비율을 차지했다.[26] 대학, 실업계 고등학교 및 현업 실무자를 위한 광고교육은 33건(25%), 광고비평교육은 12건(9.1%)을 차지했다.

광고활용교육은 국어, 미술, 사회, 창의성 교육, 시각 문화, 다문화교육, 환경교육, 비판적 사고력 향상, 직업 흥미, 기독교 교육 등 다양한 영역에서 광고가 활용됐다. 교육대상자는 초등(28.9%)과 대학(20.0%)이 상당수를 차지했다. 둘 이상의 매체를 이용하는 광고(42%)를 가장 많이 활용하고, TV광고, 잡지 광고 순으로 광고를 많이 활용했다. 상업광고(40%), 복합광고(33%), 공익광고(16%)를 활용했다. 광고와 교육이 만나는 융합교육 차원에서 진행이 되고 있었다. 교육대상자는 일부 집단에만 집중되는 경향을 보였다.

현재 **광고교육**은 광고관련 학과 외에 광고유관 단체에서 예비광고인, 실무자 대상 교육을 진행한다. 2022년 6월 기준에서 몇몇 유관단체에서 진행하는 광고를 살펴보면, 공공기관, 사단법인, 협회, 학술단체 등에서 광고교육을 진행 중이다. 한국방송광고진흥공사 광고교육원에서는 청소년, 일반인, 광고 전공자, 실무자, 취업준비생, 공공영역 실무자를 대상으로 하는 광고교육을 진행한다. 한국디지털광고협회나 한국옥외광고센터는 각 광고 유형을 다루는 교육을 제공한다. 한국마케팅광고협회는 기업실무, 기관실무, 고등학생, 대학생, 취업취업 준비생 마케팅 광고 교육을 제공한다고 웹사이트에 명시했다. 이외 광고설계사, 마케팅설계사, 검색광고마케터, 의료광고법률지도사 5종의 자격증 시험 및 발급을 진행한다. 광고 유관 학회에서 최신 트렌드 및 디지털광고, 마케팅 온라인 단기 특강을 운영한다.

소비자 교육 일환의 광고를 분별할 수 있는 의식을 갖게 하는 광고 리터러시 차원에서의 **광고비평교육**은 한국소비자원, 시청자미디어재단, 한국언론진흥재단 등에서 진행되고 있다. 주로 웹사이트에 강의자료를 게재하는 형태였다. 일반인이 접근할 수는 있으나, 접근할 수 있는 정보를 어느 정도 보유하고 있는지, 알고자 하는 부분을 모두 충족시키는 정보인지 등에 대한 일반 소비자 인식조사도 필요

26 김지은, 한규훈 (2017). 광고학과 교육학의 학제 간 융합 가능성 진단을 위한 고찰. 〈광고연구〉, 113호, 68-103.

〈표 3〉 광고유관단체와 광고교육

(2022년 6월 기준)

<table>
<tr><th>단체</th><th>교육명</th><th>출처</th></tr>
<tr><td rowspan="7">한국방송광고진흥공사 광고교육원</td><td>온라인 아카데미: 광고기본 트랙, 디지털 광고 트랙, 공공·홍보(PR) 트랙, kobaco 트랙</td><td>https://e-learning.kobaco.co.kr/main/index.jsp</td></tr>
<tr><td>IAA-KOBACO: 국제광고협회 인증 국제광고인 과정</td><td>https://edu.kobaco.co.kr/guidance/iaa_kobaco_new.jsp</td></tr>
<tr><td>취업집중: 광고기획, 디지털광고제작, SNS광고</td><td>https://edu.kobaco.co.kr/guidance/edu_concentration.jsp;jsessionid=yl5zfb4WzBOvApCBcaFwtZeu5biWha3cwzhcgTZe8NXPRY7y7TuvjaQahVTHoQJX.koba-was2_servlet_EDU</td></tr>
<tr><td>1인 광고 콘텐츠 창작자 양성과정</td><td>https://edu.kobaco.co.kr/guidance/youth_contents.jsp</td></tr>
<tr><td>국가인적자원개발컨소시엄</td><td>https://edu.kobaco.co.kr/guidance/national_consortium.jsp</td></tr>
<tr><td>사회교육: 고등학생 광고 캠프, 중학생 자유학년제 광고교육(청소년 진로직업체험 광고교실)</td><td>https://edu.kobaco.co.kr/guidance/social_new.jsp</td></tr>
<tr><td>공공분야 광고홍보 교육과정</td><td>https://edu.kobaco.co.kr/guidance/edu_public_promotion.jsp</td></tr>
<tr><td rowspan="2">한국디지털광고협회</td><td>퍼포먼스 광고·마케팅 교육 및 취업과정
* 주최: 서울시</td><td>http://digitaladedu.or.kr/17</td></tr>
<tr><td>디지털광고 콘텐츠 개발 과정
* 한국언론진흥재단 광고단체지원사업 일환</td><td>http://digitaladedu.or.kr/list</td></tr>
<tr><td rowspan="2">한국옥외광고센터</td><td>옥외광고업 신규/보수 종사자교육안내</td><td>http://edu.ooh.or.kr/jehu/corp/ooh/guide/guide_01.asp</td></tr>
<tr><td>옥외광고 담당 공무원교육 안내</td><td>http://edu.ooh.or.kr/jehu/corp/ooh/guide/guide_02.asp</td></tr>
<tr><td>한국마케팅광고협회</td><td>기업실무 / 기관실무 / 고등학교 / 대학생 / 취업준비생 마케팅광고 교육</td><td>http://www.kmaa.kr/page/page30#popUp_box2</td></tr>
<tr><td rowspan="2">한국광고홍보학회</td><td>최신 광고 트렌드 교육프로그램
* 단기 특강</td><td>http://www.kadpr.or.kr/sub/notice/notice.asp?mode=view&bid=1&s_type=&s_keyword=&s_cate=&idx=3028&page=1</td></tr>
<tr><td>21년 디지털광고, 마케팅 온라인 단기 특강
* 한국광고홍보학회 X 한국인터넷진흥원 X 한국디지털광고협회</td><td>http://www.kadpr.or.kr/sub/notice/notice.asp?mode=view&bid=1&s_type=&s_keyword=&s_cate=&idx=2925&page=6</td></tr>
</table>

해보인다.

한국소비자원의 스마트컨슈머 사이트에서는 교육자료실에 광고에 대한 동영상과 카드뉴스를 게재했다.[27] 부당광고하는 식품, 의료기기 구매시 거짓·과대·오인광고 주의, 허위·과장 의료광고 주의, 어린이 대상 유튜브 속 광고 특징 등에 관한 영상이나 카드뉴스를 게재해놓았다. 모든 내용은 소비자가 광고의 정보 정확성과 진실성을 판단하고 올바른 구매선택을 할 수 있는데 도움을 주는 내용이었다.

방송통신위원회 산하 시청자미디어재단에서는 온라인 강의 플랫폼인 〈미디어온〉, 시청자미디어센터에서 미디어교육을 운영한다. 미디어온에서는 미디어교육 강좌로 방송광고나 방송광고 법규 내용을 다루며 광고 리터러시 특강을 진행했다.[28] 시청자미디어재단은 매년 전국 중학교를 대상으로 자유학기제 미디어교육 사업을 진행하고 있다.[29] 2022년에는 총 135개의 중학교를 대상으로 미디어교육 사업을 지원한다. 광고 리터러시, 광고 리터러시 및 제작실습, 유튜브 광고, 환경광고 등의 주제로 다룬다.

한국언론진흥재단은 미디어 리터러시 교육을 중심으로 진행하고 있다. 포미(FORME, 랙 media eudcation)라는 웹사이트를 운영하며, 학교미디어교육, 사회미디어교육, 미디어교육인프라구축 영역의 사업들을 소개한다. 학교미디어교육에서는 학교별 맞춤형 미디어 리터러시 수업 지원, 자유학기제 맞춤형 미디어 리터러시 수업지원, 미디어 리터러시 수업 역량 강화를 위한 교사 연수, 현장 교수 중심 미디어 리터러시 교육과정 및 수업 설계 연구 활성화 사업을 운영한다. 사회미디어교육에서는 다양한 계층과 연령대 대상 미디어 리터러시 교실 운영, 미디어교육 시설 및 단체의 교육 기반 강화, 신문사 미디어교육 프로그램 지원, 뉴스 활용 강좌 지원 등을 진행한다. 미디어교육인프라구축을 위해서 전문강사 양성 및

27 한국소비자원 스마트컨슈머 (2022. 6. 20). 교육자료실. https://www.kca.go.kr/smartconsumer/sub.do?menukey=7101

28 방통이음 (2022. 2. 28). 방송광고, 알면 보이는 것들!(feat. 광고 리터러시 특강). URL: https://blog.naver.com/kcc1335/222660120087

29 공공데이터포털 (2022. 6. 20). 시청자미디어재단_자유학기제 미디어교육 지원 현황. URL: https://www.data.go.kr/data/15047892/fileData.do

역량 강화, 교재 개발 및 배포, 포털 운영 및 교육콘텐츠 개발·제공, 미디어교육 전국대회 개최, 포럼 운영 등의 사업을 진행한다.

지금까지 살펴본 3가지 유형의 광고 리터러시 교육을 살펴보면, 향후 교육대상, 내용, 제도 차원에서 정교화가 필요하다. 첫째, 광고를 전 연령대가 일상에서 접하고, 광고 관련 이해관계자가 다양함에도 불구하고 소비자 중심의 일부 연령층이나 예비광고인, 실무자에 국한되어 있다. 학령기 중에는 초등학생이나 광고관련 대학생에 교육이 집중됐다. 유아 대상 광고 리터러시 교육은 매우 적었다. 영유아 대상 교육은 보육·교육기관에서 자체적으로 수행하거나 국가건강검진인 영유아 검진에서 시청각미디어 관련 설문문항을 묻거나 안내자료 배포로만 끝나는 경우가 다수다.

둘째, 광고 리터러시 중 일부만을 교육내용으로 다뤘다. 광고 리터러시의 다양한 관점이나 기술변화에 따른 광고 리터러시의 확장된 부분을 반영하지 못하는 내용으로 구성됐다. 소비자 대상으로는 광고를 정보 리터러시로 정보의 옳고 그름을 판단해야 하는 비판적 대상으로만 접근하는 교육이 진행되고 있다. 예비광고인이나 실무자 중심에서는 새롭게 등장한 미디어 기술이나 신유형광고를 학습하는 단계에 머물러 있다. 광고의 협소한 부분을 조각으로 살폈다. 광고산업과 타산업 간의 연계, 광고윤리, 광고의 사회적 의미 등 광고산업에 대한 이해, 광고가 가지는 사회경제적, 문화적 의미를 살피는 작업이 부족한 경향이다.

셋째, 광고 리터러시 교육이 단편적이고 단기적으로 이뤄지고 있다. 지속적이고 체계적으로 광고 리터러시 교육이 이뤄질 수 있는 제도가 부재한 상황이다. 미디어 리터러시 교육 지원정책 하에서 광고는 주제 단위로 다뤄지고 있다. 광고 리터러시 교육은 기관이나 교사 역량에 기대어 진행되는 경향이 있다. 광고 리터러시 교육을 지속적으로 끌고 나갈 수 있는 지원책이 없다보니, 광고 리터러시 교육 구성 및 내용 자체가 연속성이나 연결성이 없는 상태다.

광고 리터러시 교육대상 확장과 교육내용 정교화 필요성

광고주부터 소비자에 이르기까지 광고가 전달되는 과정에 수많은 이해관계자가 엮어 있다. 광고 집행과 광고 수용·이용에 이르기까지 여러 광고 리터러시가 동원된다. 그렇기에 광고 리터러시가 필요한 대상자는 소비자에만 국한되지 않는다. 광고관련 이해관계자가 모두 포함된다.

광고산업의 이해관계자는 광고주, 소비자, 광고 인프라·생산·유통·서비스 실무자, 매체사 등이 대표적이다. 광고주는 상업적 광고주 외에 비상업적 광고주도 포함한다. 비상업적 광고주에는 비영리단체 및 정부광고를 집행하는 국가행정기관, 지방행정기관, 공공기관, 지방공기업, 특별법인, 기타기관이 포함된다. 소비자는 연령별, 성별, 교육수준별, 미디어 이용별, 미디어·광고 리터러시 수준별로 다채롭게 나뉠 수 있다. 광고 인프라·생산·유통·서비스 실무자 역시 기술개발에 따른 신기술 습득, 광고와 미디어산업 변화와 관계, 소비자 특성 이해 등이 필요하다. 매체사 역시 성장을 위해 광고산업 자체, 광고산업과 미디어산업 간의 관계

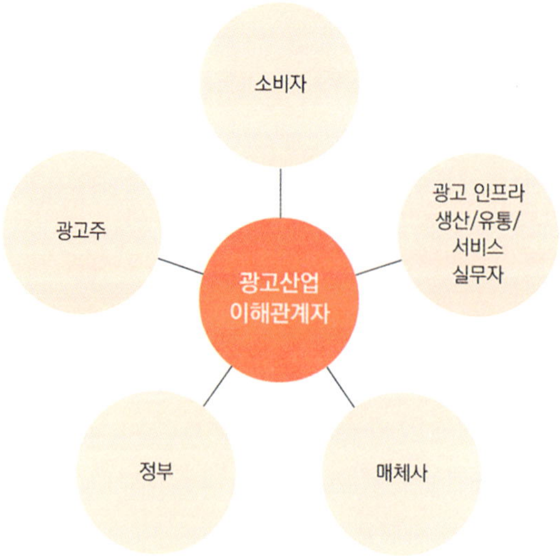

〈그림 2〉 광고산업 이해관계자

*광고산업 이해관계자를 모두 포괄한 것이 아닌 대표적인 분류를 한 것으로 이해관계자는 추가되거나 나뉠 수 있음

등을 기민하게 살펴야 하는 상황에 처하기도 한다. 그럼에도 불구하고 한국의 광고 리터러시 교육은 일부 소비자에 국한된 교육이 진행되고 있다.

유럽국가는 오래 전부터 미디어의 재생산을 중요하게 보고 미디어 리터러시 교육을 진행해왔다. 유럽국가 중 독일은 '어린이와 청소년' 대상 미디어·광고 교육이 활발하다. 유럽국가가 진행하는 광고·미디어 교육 프로그램인 '미디어 스마트(Media Smart)'를 통해 어린이와 청소년의 광고를 포함한 미디어 능력 증진을 꾀하고 있다.[30] 독일의 미디어 스마트 협회에서는 유치원, 초등학교, 중등교육 교재를 제작해 배포하고, 필요한 기관에서는 자료를 요청할 수도 있다. 2014년에는 유럽 최초로 유치원생을 위한 광고 미디어 능력 교재를 냈다. 초등학생 교재에는 광고 역사, 광고 내용의 이해, 광고 제작과정, 광고가 일상에 미치는 영향에 이르기까지 광고 기원부터 광고산업 영향력을 롤플레잉이나 학습도구를 활용해 파악한다. 특히나 시장경제하에서 어린이와 청소년을 보호주의적 관점으로만 보는 것이 아닌 미디어나 광고를 주체적으로 이용할 수 있는 능력을 지닌 존재로 인식하고 해당 능력을 쌓는데 기여하고자 하는 노력이 특정적이다.

프랑스는 미디어 리터러시 교육 내에 광고가 하나의 주제로 들어간다. 주로 교육 대상자는 어린이와 청소년을 중심으로 이뤄졌다. 프랑스의 미디어 리터러시 교육은 비판적 접근과 문해력을 중심으로 과거부터 진행되어 왔기에, 광고 리터러시 교육에서도 비판적 관점에서의 광고 리터러시 교육이 주를 이룬다. 광고와 언론사, 미디어와 관계, 광고와 재편, 고정관념 등을 살핀다.[31] 디지털 미디어 이용이 증가함에 따라 교육에도 유튜브 뒷광고 관련 내용(예, 유튜브 수익모델, 뒷광고 집행 이유, 문제점, 광고메시지 구분) 등을 교육한다. 일반 콘텐츠와 광고를 구분하는 교육도 실시한다. 이처럼 광고를 둘러싼 타산업과의 관계, 광고의 비판적 이해와 일상에서의 실천이 가능하도록 거시적 및 미시적 관점을 모두 기를 수 있게 교육을 제공하고 있다.

---

30 권예지, 이경미, 편미란 (2021). 〈지속가능한 발전을 위한 광고이용자 권익향상 방안〉. 한국방송광고진흥공사.

31 권예지, 이경미, 편미란 (2021). 〈지속가능한 발전을 위한 광고이용자 권익향상 방안〉. 한국방송광고진흥공사. 247-250.

소비자 대상으로는 미국의 디지털 광고 연합(Digital Advertising Alliance, DAA)이 “YourAdChoices Gives You Control”을 운영한다. 모바일 환경이 확대됨에 따라 소비자가 온라인 광고를 스스로 선택할 수 있는 통제권이 있다는 메시지를 기반으로 한다. 디지털 광고연합은 YourAdChoices 웹사이트(www.youradchoices.com)를 운영하며 온라인상 광고의 경험을 극대화하는 동시에 소비자의 선택권 강화에 힘쓴다. 보호주의적 관점에서 나아가 소비자에게 임파워먼트를 부여하거나 주체적인 이용, 생산자측면도 살펴봤다는 점에서 의미가 있다. 제도적으로는 미국의 14개 주에서 교육법에 미디어 리터러시 교육을 제정하고 공교육 정규과정에 편입시켰다.

이런 변화 속에서 광고 실무자도 광고미디어 변화, 기술적 변화, 사회문화 변화, 소비자 특성 변화에 대한 지식과 이해를 끊임없이 교육해야 효율적인 광고, 신뢰성 있는 광고산업을 만들어낼 수 있는 상황에 있다. 그럼에도 불구하고 실무자 대상 광고 리터러시 교육은 단기적이거나 실무자 개인의 선택과 노력 차원으로 남겨뒀다.

실무자가 과거 방식으로 소비자를 생각하고, 광고 전략을 짜기에는 소비자와 사회, 미디어 환경이 이미 많이 변했다. 소비자는 설득지식으로서의 광고기법을 상당수 알게 됐고, 개별 소비자마다 지니고 있는 광고 리터러시 수준도 다르다. 과거처럼 일반 대중에게 소구하는 광고나 광고주가 원하는 방식의 광고제작은 더 이상 효과적이지 않다. 광고주 입장에서도 소비자 분석의 어려움, 광고분쟁 노출 등 광고집행·제작·활용의 어려움, 광고효과 검증이나 브랜드 안전성 위협 등과 같은 여러가지 어려움에 노출되고 있다.[32] 게다가 ESG(Environmental, Social, Governance)가 강조되며 광고주의 커뮤니케이션 투명성, 신뢰성, 사회적 책임이 가중되고 있기에 이와 관련된 이해도 요구된다. 광고주 또한 결국 실무자들에게도 커뮤니케이션 계획수립과 성공적인 커뮤니케이션을 위해 광고 자체, 광고산업을 둘러싼 사회현상, 소비자를 파악하는 광고 리터러시 교육이 필요한 시점이

---

32 권예지, 이경미, 편미란 (2022). 디지털 전환 시대의 광고이용자의 권익향상 방안: 소비자와 광고주의 권익, 직면한 문제, 권익향상 방안을 중심으로. 〈한국광고홍보학회〉, 24권 3호, 5-38.

다. 게다가 광고가 영향력을 뻗치는 범위가 점점 넓어지며 사람들의 태도와 문화 가치 형성에 영향을 주기 때문에 직업인으로서 요구되는 책임이 강해졌다.[33]

지금까지 살펴본 상황에서 광고 리터러시 교육대상자를 소비자, 광고주, 광고산업, 이해관계자까지 확대하고, 그에 따라 교육내용을 정교화하는 실천이 매우 요구된다. 앞서 살펴봤듯 한국의 광고 리터러시 교육은 광고가 교과목을 위한 수단으로 쓰이거나, 광고를 비판적으로 보는 커리큘럼만 넣거나, 특정 서비스 이용이나 제작기술만을 단편적으로 다루거나 일부만을 교육내용으로 삼았다. 광고가 미디어 리터러시 교육의 단일 주제로서만 다뤄져 광고 역할, 광고 생태계, 광고제작, 광고산업의 경제적 파급효과, 사회문화적 영향력 등 다차원적으로 접근하기 어려운 구조이기도 하다. 광고 편재성에 비해 광고 리터러시 교육이 현저하게 부족한 만큼 광고 리터러시 교육대상과 교육대상에 따른 교육내용 정교화를 향후 지속할 필요가 있다.

광고 리터러시 교육제도와 이해관계자의 협력

현재 한국에는 미디어·광고 리터러시 교육과 관련해 법제화 된 것이 없다. 지원방안이나 재원지원도 미비하다. 교육기관, 협회, 학회, 공공기관, 준정부기관, 정부부처 산하기관 등에서 산발적으로 단기적으로 진행하고 있을 뿐이다. 한국방송광고진흥공사의 광고교육원에서는 공공영역 실무자, 광고산업계 실무자, 예비광고인 등 광고전문인 대상 교육을 주로 진행한다. 한국언론진흥재단의 미디어교

33 Malmelin, N. (2010). What is advertising literacy? Exploring the dimensions of advertising literacy. *Journal of Visual Literacy, 29*(2), p. 140; Gustafson, A. (2001). Advertising's impact on morality in society: influencing habits and desires of consumers, *Business and Society Review, 106*(3), 201-223.; Drumwright, M. E. & Murphy, P. E. (2004). How advertising practitioners view ethics, moral muteness, moral myopia, and moral imagination, *Journal of Advertising, 33*(2), 7-24.; Maignan I., Ferrell, O. C., & Ferrell, L. (2005). A stakeholder model for implementing social responsibility in marketing, European *Journal of Marketing, 39*(9/10), 956-977.

육원은 2021년에 국내 첫 미디어교육 종합교육연수원 심사를 통과해 교원을 위한 미디어 리터러시 연구·교육 역할을 이어가고 있다. 전국 미디어 리터러시 교사들이 뜻을 모아 2019년에는 전국미디어리터러시교사협회(KATOM)가 발족됐다.[34] 방송통신위원회 산하 시청자미디어재단은 중학교 대상 미디어교육 사업을 지원한다. 카카오(kakao)나 네이버(Naver)는 중소광고주를 대상으로 각 사 플랫폼 활용교육을 진행하고 있다.[35] 정보전달 교육만으로는 광고 리터러시 교육에 한계가 있기에 비상업적 공익광고 편성 비율처럼 광고 리터러시 교육을 일정부분 교육법에 법제화하는 안이 필요하다는 목소리도 나오고 있다.[36]

자율규제 중심으로 운영되는 미국은 미디어 교육을 법제화하여 14개 주에서 미디어 리터러시 교육법을 제정하고 공교육 정규과정에 포함시켜 운영 중이다. 오하이오와 플라리다 주가 법에 미디어 리터러시 능력을 중요한 역량으로 담으며 가장 강력한 미디어 리터러시 교육정책을 펼치고 있다.[37]

광고 리터러시 교육은 제도로만 해결되지 않는다. 이해관계자의 협력 또한 절실하다. '광고'는 여러 이해관계자가 얽혀있으며, 광고 리터러시 교육은 소비자만을 위한 것이 아니기 때문이다. 광고 리터러시 교육은 소비자를 비롯한 모든 광고산업 주체에게 필요하며, 교육내용 개발과 교육방식, 교육의 지속과 활성화는 모든 이해관계자의 협력이 있을 때 힘을 얻기 때문이다.

이를 위해서는 자발적인 자정문화가 시급하다. 광고산업 이해관계자 스스로가 광고 신뢰도 향상을 위한 방안 마련이 필요하다고 목소리를 내며, 적극적으로 방안을 모색하고 실행하는 것이 필요하다. 상의하달식 소통이 아닌 광고산업 주체별 소통과 협력이 요구된다. 자율규제 문화를 기반으로 하기 때문이기도 하지만, 독

---

34 전국미디어리터러시교사협회 (2022. 6. 22). URL: https://www.katom.me/

35 서울신문 (2022. 4. 29). "사장님 직접 배우고, 해보세요"…중소상공인 겨냥하는 카카오·네이버. URL: https://www.seoul.co.kr/news/newsView.php?id=20220429500112

36 권예지, 이경미, 편미란 (2022). 디지털 전환 시대의 광고이용자의 권익향상 방안: 소비자와 광고주의 권익, 직면한 문제, 권익향상 방안을 중심으로. 〈한국광고홍보학회〉, 24권 3호, 5-38.

37 Media Literacy now (2020). U.S. Media literacy policy report 2020. Retrieved 2022/6/22 from https://medialiteracynow.org/u-s-media-literacy-policy-report-2020/#

일의 광고위원회의 경우 회원이 광고산업 주요 행위자이자 광고산업별 사업자로 구성되어 있어 광고위원회에서 결정한 회원들에게 주요 지침이 되고 회원들이 수용하는 문화가 있다.

프랑스는 광고에 대한 신뢰도 향상을 위한 광고업계의 노력이 오래전부터 있었다.[38] 광고업계에 의해 1935년 광고통제국(L'Office de contrôle des annonces, OCA)이 생겼다. 광고통제국 설립은 광고업계에서 자발적으로 허위·과장광고 지양하고 광고신뢰도 향상을 위한 자정작용의 일환이었다. 광고주 자체적으로 진실성이 광고효과를 높이기 위해서 광고윤리가 필수적이라 보고, 1937년에 '공정한 광고 관행을 위한 원칙(Code de pratiques loyales en matière de publicité)을 만들었다. 이후 1953년 광고통제국은 광고검사국(Bureau de Vrification de laPublic, BVP)으로 명칭, 역할을 강화하면서 사전심의제도로 발전했다. 광고검사국은 2008년에 광고전문규제기구(ARPP)가 되어 전통 미디어부터 온라인 광고까지 광고 전반을 아우르는 광고자율심의기관으로 자리매김했다.

이 외에 행정기관, 부처와 교육총괄기구, 매체사 등 다양한 이해관계자의 노력도 눈에 띈다. 광고를 분리시키지 않고 '미디어'에 광고 주제를 포함해서 진행하기에 '미디어 교육' 차원에서 살펴볼 수 있다. 프랑스의 미디어와 정보교육 센터(CLEMI)는 1983년 설립된 교육부 산하로 교육청 분소들이 네트워크로 형태로 있어 학교와 효율적으로 미디어 교육을 추진한다. 중앙행정기관, 시청각최고위원회(CSA), 프랑스 공영방송 등을 비롯한 여러 이해관계자가 연결되어 미디어 리터러시 교육에 힘쓰고 있다.

나가며

지금까지 살펴봤듯 광고의 편재성과 영향력에 비해 광고 리터러시나 광고 리터

38 권예지, 이경미, 편미란 (2021). 〈지속가능한 발전을 위한 광고이용자 권익향상 방안〉. 한국방송광고진흥공사. 227-228.

러시 교육의 발전이 더딘 편이었다. 광고 리터러시 교육의 활성화를 위해서 우선 광고 리터러시에 관한 하위요인 정교화 연구가 필요하다. 비판적 관점부터 소비자의 능동성, 미디어·광고 기술을 반영한 관점, 광고산업 이해관계자를 모두 포함한 광고 리터러시의 하위요소 개발이 요구된다. '광고'를 둘러싼 산업적 역동성과 사회문화와의 관계성 등의 반영은 광고의 순기능을 강화시키는데 도움을 줄 것이다.

한국의 광고 리터러시 교육 현황 파악도 시급하다. 학술지에 게재된 학계뿐만이 교육계, 교육대상자, 지원책 여부, 주관기관, 지원제도 등 다차원적 기준을 적용해 현재 한국의 광고 리터러시 교육의 상황분석이 우선시 되어야 한다. 이 작업이 끝난 뒤, 세부영역별 개선방안 진단의 구체화, 실천적 노력 방안 도출이 필요하다.

방안 도출에만 그쳐서는 안 된다. 앞서 살펴본 교육대상 확장, 교육내용 정교화, 제도화 및 이해관계자의 협력이 실천적 차원에서 필요하다. 완전한 출발보다는 시행과 착오를 반복하여 개선해나가는 경험이 오히려 성장 동력이 될 수 있다. 앞서 살펴본 독일, 프랑스 등의 해외 사례를 참고하면, 한국에서도 광고 리터러시 교육을 지속적으로 이끌어갈 수 있는 허브 역할이 필요할 것으로 보인다. 파편화되어 있는 민간, 정부, 소비자, 광고주 등의 이해관계자를 연결하고 이들 간 시너지가 나는 방안 마련도 필요할 것이다. 결국 자성을 바탕으로 광고 리터러시 교육 활성화를 위해 광고 관련 이해관계자들이 함께 움직여야 하는 시점이다.

저/자/소/개

권 예 지(Yeji Kwon: Ph.D. in Mass Communicaions / Digital Media & Content, Sogang University): 한국방송광고진흥공사 연구위원이다. 미디어, 사람, 사회 간의 영향을 연구한다. 공공 커뮤니케이션, 광고산업 및 광고효과, 미디어 · 광고 리터러시 연구를 최근에 진행했다. 이외에 젠더, 청소년, 다름에 대한 연구를 지속하며 미디어 – 사람 – 사회의 선순환 형성에 기여할 수 있는 방안을 찾고자 노력 중이다.

제 6 장 모두를 위한 광고 리터러시 교육

모두를 위한 광고 리터러시 교육

김지은 연구교수
숙명여자대학교 아시아여성연구원

요약

제6장에서는 모두를 위한 광고 리터러시 교육의 중요성에 대해 살펴본다. 사회 구성원의 다양성에 대한 이해와 존중을 바탕으로 지속 가능한 사회를 실현하는 것, 즉 포용성과 시민성 배양은 미래사회를 대비하는 교육의 핵심가치이다. 그리고 미디어 리터러시는 이 핵심가치 실현에 중요한 역량으로 간주 된다. 이 챕터를 통해 포용성 및 시민성 배양을 위한 미디어 리터러시 교육의 국내외 현황을 살펴보며, 미디어 리터러시 교육에 있어 능력주의 관점을 넘어 디지털 문화와 윤리, 시민적 책임과 관련한 접근이 필요함을 설명한다. 또한, 광고가 가진 다양성 요소가 시민성 교육의 좋은 재료임을 밝히고, 다양성 교육 대상으로서의 광고, 교육 도구로서의 광고 활용 사례를 소개한다. 이어서 현재 데이터 알고리즘 기반 온라인 광고의 편향과 차별, 다양성에 대한 문제를 지적하고, 향후 다양성 광고 리터러시 교육의 대상이 어린이·청소년을 포함한 일반 소비자를 넘어 업계 종사자 교육으로 확대되어야 함을 논의한다.

다양성과 광고·미디어 리터러시 교육

교육부가 발표한 2022 개정교육과정은 '포용성과 창의성을 갖춘 주도적인 사람'을 비전으로 학생들에게 미래사회가 요구하는 역량을 함양시키는 것을 중점 사항으로 한다. 미래사회를 대비하는 교육 방향의 핵심가치를 자기주도성, 창의와 혁신, 포용성과 시민성에 두고 개인과 사회의 지속가능성과 생태감수성을 반영한 핵심역량과 교육목표가 설정되었다. 지난 2015 개정 교육과정의 공동체 역량에서 한걸음 나아가 포용성(Inclusion)과 시민성(Citizenship)을 핵심가치로 둔 것이 주목할 만한 변화라 할 수 있다.

교육과정에서 명시한 포용성은 사회구성원들 사이의 차이와 다양성에 대한 상호 이해와 존중을 바탕으로 개인의 교육적 성장과 공정하고 지속가능한 사회를 함께 실현해 나가고자 하는 태도 및 소양을 뜻한다. 학습자의 공동체 가치 함양 및 역량 강화를 위한 방안으로는 민주시민교육을 제시하는데, 민주시민교육은 학생 자신이 공동체적 삶의 주인임을 자각하고, 비판적 사고를 통해 자신이 속한 공동체의 문제를 상호 연대하여 해결할 수 있도록 지원하는 교육을 뜻한다. 특히 평화, 인권, 성 평등, 문화 다양성, 지속가능성 등을 개인과 공동체적 관점에서 이해하고 함께 더불어 살아가기 위한 태도를 함양하고 실천할 수 있도록 관련 교육을 내실화하겠다고 밝혔다. 이러한 민주시민교육은 '민주주의와 사회적 현안', '비판적 사고', '민주적 의사결정', '시민의 참여와 실천' 등을 주요영역으로 하고, 그 내용 요소에는 문화 다양성, 미디어 리터러시, 사회적 공감과 의사소통, 지역 및 국가 공동체 참여와 실천 등이 포함되어 있다.[1] 2022 개정교육과정에서 '포용성·시민성 함양' 이라는 분명한 목표를 세우고 미디어 리터러시를 모든 교과의 내용 요소로 포함한 것은 한국의 미디어 리터러시 교육 역사에서 특별한 의미를 갖는 일이다.

미디어 리터러시는 미래사회를 살아 나가는데 필수적 역량으로 간주된다. 디지털 기기 보급 확산 및 비대면 교육 확대로 인해 오늘날 어린이·청소년은 디지털

1 교육부. (2021). 2022 개정 교육과정 총론 주요사항. 2021.11.24

미디어에 더 많이 노출되고 있다. 이런 상황에서 어린이·청소년의 미디어 리터러시에 대한 우려와 관심은 더욱 커질 수 밖에 없다. 어린이·청소년에게 미디어 속 정보를 정확하게 파악하고 비판적으로 분석, 평가하며 문제를 해결하는 능력은 지금을 살아가는데 꼭 필요한 능력이다.[2] 유네스코(UNESCO)에서는 헌법 제 1조를 통해 미디어와 미디어에서 제공하는 정보의 접근, 활용, 평가에 관련된 역량을 미디어와 정보 리터러시(MIL; Media and Information literacy) 역량이라 정하고 지표 및 교육과정을 개발하고 있다. 유엔(UN)에서도 타국에 속한 사람들 사이의 이해와 협력, 포용사회 구축과 참여를 위한 필수 역량으로 미디어 리터러시시의 중요성을 이야기 한 바 있다.[3] 이밖에도 여러 국가에서 미디어 리터러시 교육의 중요성에 따라 관련된 교육과정을 정비하여 교육에 힘쓰고 있다.

미국의 경우 2017년 초중등교육에 미디어 리터러시 교육을 포함하도록 제도적 지원을 시작하여 대표적인 교육기관인 NAMLE(National Association for Media Literacy Education)을 중심으로 관련 법령을 제정하고, 정규교육과정에 기반하여 구체적인 프로그램을 운영하고 있다. 미디어 리터러시 교육의 선두주자인 영국의 경우에도 커뮤니케이션법 2003(Communication act 2003)을 통해 미디어 리터러시 증진의무를 법적 책무로 명시하였으며, 학교 교과과정을 위한 검증된 교수학습 전략을 가지고 보다 발전된 교육을 실시하고 있다. 독일의 경우에도 기본법에 명시된 정보기술에 대한 조항에 의거하여 연방 교육연구부와 주 정보의 유기적인 협력으로 다양한 관련 정책과 학교 사업을 지속적으로 운영하고 있다. 프랑스의 경우 2005년 '학교 미래를 위한 지향과 프로그램 법'을 통해 미디어 리터러시 교육이 학교 교육과정에서 의무화 되었다. 이후 2013년 '공화국의 학교 재정립을 위한 방향 제시와 교육과정 법'을 제정하고 시민성 획득 차원에서 정보 미디어 리터러시 역량을 강조하였다. 이처럼 많은 국가에서 미디어 리터러시 교육을 지원하는 법이 제정되어 있거나 다른 법에 미디어 교육의 요소가 연계되

2 정현선, & 장은주. (2021). 2022 개정 교육과정의 미디어 리터러시 교육 강화방안, 교육부 이슈리포트.

3 박주현. (2020). 미디어정보 리터러시 역량과 교육내용 분석을 통한 교육과정 개발 방향 탐구. 정보관리학회지, 37(2), 119-144.

어 있다. 또한, 컨트롤타워 역할을 하는 전담 기구가 조직되어 있고, 유관기관 및 수요자들과의 긴밀한 협조하에, 실질적인 재정지원으로 교육의 지속가능성을 높이고 있다.[4]

우리나라의 경우에도 미디어 리터러시 교육에 대한 사회적 관심의 확산에 따라 교육부 의 관련부서에서교육과정에 미디어 리터러시 교육을 편입시키기 위한 연구 및 정책을 추진해 온 바 있다. 현재에도 계속해서 체계적인 미디어 리터러시 교육 실행을 위해 정부와 지자체 차원에서 미디어 교육을 위한 법적 기반을 마련하고자 노력 중이다. '디지털 기반의 원격교육 활성화 기본법안'(시행 2022.3.5., 법률 제 18459호), '미디어교육 활성화에 관한 법률안'(2021.7.14. 발의, 의안번호 11508) 등이 그것이다. 또한 경기, 부산, 전남, 광주, 서울, 제주, 대전, 충남, 인천 등 9개 시도교육청에서 학교 미디어교육을 위한 조례를 제·개정 하였으며, 타 시도에서도 조례제정을 검토중이다.

한국언론진흥재단은 미디어 리터리시를 주제로 한 교과서 '청소년과 미디어'를 개발하여 미디어 자체의 본질을 이해하고 미디어와 미디어 콘텐츠를 비판적으로 읽고 쓰며 사회적 실천에 능동적으로 참여할 수 있는 실제적 역량을 기를 수 있도록 하였다. 2020년 고등학생용 인정 교과서가 개발되었고, 이어 2022년 중학교용 인정 교과서가 발간되었다. 교과서와 지도서는 전국 17개 시도교육청에 속한 모든 학교에서 활용이 가능하다.[5] 부산교육청에서는 전국최초로 디지털 역량과 디지털 시민성 교육을 위해 디지털 리터러시 교육과정 및 교과서를 개발했다. 교육과정은 디지털 시민성, 정보 및 데이터 활용, 소통과 협업, 디지털 콘텐츠 창작 등의 영역으로 구성되어있다.[6]

그러나 우리가 미디어 리터리시 교육을 제도화 함에 있어 잊지 말아야 할 것은 미디어 리터러시가 단지 미디어를 다루는 능력에 국한되는 것이 아니라 디지털

4 강진숙, 배현순, 김지연, 박유신, & 염지홍. (2019). 미디어 리터러시 교육과정 운영을 통한 시민역량 제고방안 연구. 세종: 교육부.

5 한국언론진흥재단. (2022). 미디어교육 산실, 한국언론진흥재단 중학교용 미디어리터러시 인정 교과서 및 지도서 〈청소년과 미디어〉 국내 첫 발간, 보도자료 2022.03.17.

6 부산교육청. (2021). 부산교육청, 전국 최조 디지털 리터러시 교과 개설, 보도자료 2021.12.16.

문화와 윤리, 시민적 책임과 관련한 접근을 전제로 해야 한다는 것이다. 2021년 유엔(UN) 아동권리위원회에서는 디지털 환경에서 어린이를 안전하게 보호하고 어린이의 권리를 보장하기 위한 '디지털 환경에서의 아동권리'를 발표하였다. 이 안을 통해 어린이·청소년이 디지털 격차로 인한 차별 없이 기회와 혜택을 누리게 하고, 허위정보, 사이버폭력, 디지털 성범죄, 온라인 혐오 등 각종 위험에 대해 올바로 이해하고 스스로를 보호할 수 있는 힘을 기를 수 있도록 학교 교육과정 개정을 포함한 정책수립 및 입법추진을 권고하였다.[7] 이 권고에서 이야기하는 온라인 혐오, 사이버 폭력 등의 문제는 현재 우리나라에서도 심각한 사회문제가 되고 있다. 이들 문제는 기술활용에 집중된 리터러시 교육만으로는 해결할 수 없는 시민성 교육의 영역으로, 단순히 미디어에 대한 지식 습득을 위한 교육이 아니라 시민적 가치와 태도, 역량을 높이고 참여와 실천으로 확장하는 포괄적인 교육을 지향해야 한다.

결국 미디어 리터러시 교육의 목적은 디지털 시민성의 함양으로 귀결된다. 디지털 시민성은 무엇을 디지털 시민사회로 볼 것인가에 대한 인식과 개인 역량의 특성에 대한 강조점에 따라 매우 다양하게 정의되지만 대체로 디지털 미디어를 이용하는 사람들이 가져야 할 역량 전반을 지칭한다. 기술적 측면, 태도 측면, 행위적 요인을 모두 포함하는 개념이다. 디지털 시민성이 대두된 배경에는 전통적 사회의 시민의식과 사회성에 더해 디지털 환경에서 요구되는 시민의식과 윤리성을 강조하기 위함이 있다.[8] 즉, 디지털 시민성은 디지털 기술과 콘텐츠를 창조하고 소비하는 것과 더불어 타인과의 소통을 기반으로 윤리적 책임감을 지니는 것을 의미한다.

디지털 기술은 사회구성원 모두가 언제 어디에서나 정보에 접근하고 의사를 표현하는 것을 가능하게 만들었다. 사회 기본 원칙인 민주주의를 디지털 세상에서 구현할 수 있게 된 것이다. 하지만 정보공유, 의사 표현 과정에서의 투명성만으로

---

7 정현선. (2021). 유엔 '디지털 환경 관련 아동권리에 대한 일반 논평 제 25호' 의미와 과제, 한국언론진흥재단 미디어리터러시.

8 김아미, 이지영, 주주자, 이윤주, & 양소은. (2019). 디지털 시민성 개념 및 교육방안 연구, 경기도교육연구원 정책연구 2019-13.

는 우리가 기대한 민주주의가 당장 실현될 수는 없다. 많은 사람이 목소리를 내다 보면 서로를 향한 갈등과 혐오도 여과 없이 드러나기 때문이다. 실제로 오늘날 온라인 공간에서의 계층 간, 지역 간, 세대 간, 남녀 간의 대립과 반목, 갈등과 혐오는 매우 심각한 수준이다. 이는 서로 소통하려는 배려와 포용의 바탕이 되는 공동체 의식, 사회적 기준의 부재가 근본적인 이유라 할 수 있다.[9]

디지털 시민성은 디지털 사회의 기준이 된다. 어느 국가나 가져야 하는 포용성을 유지하고, 개인의 가치와 사회적 가치의 동반성장을 만들어 낼 수 있는 기반이 된다. 리터러시 관점에서 최소한의 디지털 기술을 활용하는 능력을 키우는 것도 중요하지만, 사회적 신뢰를 갖추기 위한 시민성의 함양은 더욱 중요하다. 다양성에 대한 인식은 디지털 시민성 교육영역에서 중요한 역할을 담당한다. 다양성 리터러시(Diversity literacy)는 사회를 구성하고 있는 구성원들 사이에 다양한 시각과 가치가 존재하고 있음을 인식하고, 그 다양성을 수용할 수 있는 능력을 뜻한다.[10] 다양성에 대한 이해는 젠더, 장애, 연령, 사회적 계층 등 디지털 시민성의 다양한 범주와 깊은 관련이 있다. 또한 다양성 리터러시를 교육한다는 것은 '다양성 존중'을 강조하는 선을 뛰어넘어, 스스로 우리 삶에 만연하는 불평등에 대한 감수성을 갖게 하는 것이다. 자각이 없는 상태에서 진정한 상호이해와 공동체 의식을 함양하는 것은 어렵기 때문이다. 미디어가 우리가 세상을 이해하는 데 미치는 영향력을 생각하면 미디어는 기존의 불평등과 차별을 심화 시킬수도 약화시킬 수도 있는 힘을 가지고 있다는 것을 잊지 말아야 한다.[11]

현재까지의 광고 리터러시 교육의 논의에서도 다양성 혹은 디지털 시민성 관점은 간과되어 온 측면이 크다. 광고 리터러시 혹은 광고 리터러시 교육의 논의가 미디어 리터러시나 디지털 시민성의 논의에 비해 한참 뒤처져 있기 때문이다. 현

9 한국정보화진흥원. (2019). 온라인 혐오표현의 이해와 디지털 시민역량 교육의 필요성, 아름운 인터넷 세상 동향 보고서, 2019(3).

10 원숙경, & 윤영태. (2019). 문화다양성 확보를 위한 선주민 대상의 다문화 미디어교육프로그램 개발전략. 지역과 커뮤니케이션, 23(1), 4-29.

11 김봉섭, 김현철, 박선아, & 임상수. (2017). 4차 산업혁명시대, 지능정보사회 의 '디지털 시민성'에 대한 탐색 (2017 KERIS 이슈리포트 연구자 료 RM 2017-6). 대구: 한국교육학술정보원.

재까지 광고 리터러시는 일반적으로 미디어 리터러시의 틀 안에서 논의되어 왔으며, 미디어 리터러시 교육 프로그램의 한 챕터로만 다루어져 왔다. 광고 리터러시 교육 역시 주로 어린이·청소년들이 광고의 설득력에 취약하다는 것에 기반하여 광고의 상업적 의도를 판별하는 기술 측면에서 편협하게 이루어져 왔다. 미디어 리터러시 교육이 기술활용 측면에서 벗어나 시민성 역량으로 확장되어가고 있는 만큼 광고 리터러시 교육 역시 설득기술 파악의 개념적 차원에서 나아가 시민성을 포함한 더 넓은 범위로의 확장이 필요한 시점이다.

광고가 가지고 있는 다양성 요소는 시민성교육의 좋은 재료가 된다. 광고는 교육대상으로도 교육도구로도 활용이 가능한 훌륭한 원천이다. 리터러시의 개념이 읽기와 쓰기를 모두 포함하는 것이라면 광고를 교육대상으로 하는 것은 광고 읽기의 차원, 광고를 교육의 도구로 활용하는 것은 광고 쓰기의 차원으로 볼 수 있다. 다양성 관점으로 광고를 읽어내는 작업을 통해 광고가 가진 사회적 영향력을 인지하고 더 나은 방향으로 영향력을 발휘할 수 있는 방법을 모색할 수 있다. 또한, 다양성 교육을 위해 광고를 도구로 활용하는 것은 학습자의 비판적 리터러시를 증진 시키고 나아가 디지털 시민성 획득에 필요한 윤리성과 시민의식을 증진시키는 데 도움이 될 수 있다. 이는 광고가 가진 사회문화적 기능을 긍정적인 방향으로 발휘하여 사회에 공헌하는 길이기도 하다.

다양성 교육 대상으로서의 광고

다양성의 추구는 전 세계적으로 사회 각 분야에서 주요하게 논의되고 있는 의제이다. 유엔(UN)총회가 채택한 '2030 지속가능발전 의제' 에서도 지속가능한 발전을 위해 평화롭고 포용적인 사회를 건설하고, 모든 차원에서 효과적이고 신뢰할 수 있는 포용제도의 구축을 하나의 목표로 삼고 있다.[12] 포용사회 구축에서 꼭 필요한 디지털 시민성 논의에서도 다양성은 중요한 축을 차지한다. 디지털 시민성

12 이성훈. (2017). 지속가능발전목표 (SDGs) 와 인권기반 개발협력. Journal of International Development Cooperation, 12(4), 3-38.

이 새로운 시대에 대응하는 윤리, 덕목, 역량의 총체로 인간과 기술이 공존하고 경계가 모호해지는 사회에서 사람 중심의 사회를 유지하기 위해 필수적인 요소라면, 다양한 사람들의 권리와 가치를 인정하고 서로 다름을 존중하는 다양성 관점은 디지털 시민성을 갖추는데 필수적인 덕목이 된다.

광고영역에서도 예외는 아니다. 광고는 개인과 공동체의 신념, 사고방식, 행동에 영향을 미칠 수 있는 힘을 가지고 있다. 현대의 소비자들은 광고와 미디어에 지속적으로 노출되어 있기에 광고 메시지가 가진 힘이 더욱 크다. 광고는 여전히 성별, 인종, 민족, 문화, 장애, 가족구조 및 여러 정체성 요인과 관련해 고정관념을 가지고 있고, 이는 소비자들의 자신감, 열망, 정신건강에 해로운 영향을 미칠 수 있다. 차별적 고정관념은 특히 소외되고 배제된 어린이가 존엄성을 가질 기회를 제한함으로 피해를 줄 수 있다. 성별 고정관념은 여자아이들에게 선택의지를 축소하고 교육적 성취와 경제적 기회를 제한할 수 있다. 남자아이들에게는 가족생활 참여를 제한하고 젠더 기반 폭력을 저지르는 경향을 증가시킬 수 있다. 인종, 민족, 장애와 관련한 부정적 고정관념은 빈곤, 낮은 교육수준 등의 요소와 교차되어 부정적인 영향을 미친다. 따라서 광고를 다양성 관점에서 비판적으로 읽을 수 있도록 교육하는 것이 매우 중요하다. 다양성 관점의 광고 리터러시 교육은 그 중요성에 비해 소홀히 다루어져 온 것이 사실이나 아예 시도조차 없었던 것은 아니다. 현재까지 진행된 다양성 관점의 광고 리터러시 교육의 몇몇 사례를 소개한다.

영국 미디어 스마트(Media Smart)의 '바디이미지(Body Image)' 교육[13]

영국의 미디어 스마트는 대표적인 광고 리터러시 교육 프로그램이다. 7-16세 학생들이 모든 형태의 광고를 식별, 해석 및 비판적으로 평가할 수 있는 능력을 기를 수 있도록 학교 및 청소년단체, 교사 및 보호자를 위한 무료 교육 자료를 만들어 배포한다. 비영리단체로 운영되며 광고관련 협회, 대행사, 미디어 플랫폼, 미디어 네트워크 등의 산업체, 메타(Meta), 틱톡(TikTok), 구글(Google)등이 지

13 본장의 내용은 미디어 스마트(Media Smart) 홈페이지의 내용을 바탕으로 작성되었음. https://mediasmart.uk.com/

원하고 미디어 리터러시 분야의 학자 및 교육자로 이루어진 전문가 그룹이 협업하여 교육프로그램을 제작한다. 이 프로그램은 지난 5년간 영국 전역에서 68,000번 이상 다운로드 되었으며, 50만명 이상의 청소년에게 교육되었다.

2022년 6월 현재 미디어 스마트에서 제공하고 있는 교육자료는 초등학교(7-11세), 중등학교(11-16세) 급으로 구분되어 있다. 초등학교급에 제공되는 프로그램은 7-11세 학생을 대상으로 하는 '광고입문(An Introduction to Advertising)', 9-11세 학생을 대상으로 하는 '바디이미지와 광고(Body Image and Advertising)', '디지털 광고(Digital Advertising)' 로 구성된다. 중등학교급에 제공되는 프로그램은 11-14세를 대상으로 하는 '바디이미지와 광고(Body Image and Advertising)', '인플루언서 마케팅(Influencer Marketing)', '불법복제: 무슨일일까(Piracy:What's the big deal)', 11-16세를 대상으로 하는 '소셜미디어와 광고(Social Media to Advertising)', '광고만들기(Creating an Advert)', '온라인 광고 경험 관리(Manage your online advert experience)'로 구성된다. 교사를 위한 자료 뿐 아니라 부모 및 보호자가 가정에서 직접 자녀들과 관련주제를 탐색할 수 있도록 지원하는 자료도 준비되어 있다(〈그림 1〉).

〈그림 1〉 미디어 스마트 (Media Smart) 교육과정
출처:https://mediasmart.uk.com/ 홈페이지 재구성

미디어 스마트에서 제공하는 여러 프로그램 중 특히 '바디이미지와 광고(Body Image and Advertising)'는 다양성 관점의 광고 리터러시를 증진시키는데 좋은 도구가 된다. 이 프로그램은 영국 정부의 평등 사무국(Government Equalities)이 지원하고 개인·사회·건강·경제교육협회(PSHE Association)가 인가한 교육으로 학생들의 바디이미지와 관련한 정서적 회복력을 구축하는 것을 목표로 한다.

바디이미지는 우리의 신체에 대해 가지고 있는 주관적인 평가로 키, 체중, 신체의 모습, 피부, 외모와 매력에 대한 생각과 느낌을 포함한다. 바디이미지는 자아개념의 핵심요소로 작용하며 환경이 달라지면서 끊임없이 변화하고, 자아존중감 및 행동과 성격형성에도 커다란 영향을 미친다.[14] 바디이미지의 발달은 사회문화적 가치와 밀접하게 관련이 되어 있으며, 특히 신체적 성숙과 행동적응의 문제가 야기되는 청소년기에는 외모와 관련된 사회문화적 의미들이 바디이미지에 더 큰 영향을 주기 때문에 미디어에서 재현되는 바디이미지를 어떻게 받아들이게 할 것인지는 매우 중요한 문제이다.[15]

미디어 스마트의 바디이미지 교육은 광고 혹은 다른 미디어에 등장하는 사람들의 몸과 스스로를 비교하는 것이 신체이미지에 영향을 줄 수 있고, 낮은 신체이미지는 건강과 학습, 신체활동 참여, 성취를 어렵게 할 수 있다고 진단한다. 교육 프로그램을 통해 학생의 신체이미지에 관련된 문제에 대해 토론하고, 외모에 대한 미디어의 압력에 대한 회복력을 갖추는 것을 목표로 한다. 9-11세를 위한 프로그램은 사전교육활동과 두 개의 과정을 포함한다.

사전교육 활동에서는 광고의 정의 및 개념, 설득과 영향력이 무엇인지에 대해 토론하는 과정을 거치게 된다. 또한 올바른 학습환경을 만들기 위한 노력으로 바디 이미지와 같은 민감한 주제에 대해 토론 할 때 물리적으로도 개방적인 공간을 활용하되, 타인으로부터 관찰당하고 있다는 느낌을 받지 않도록 비공개인 공간을

---

14 Brown, T. A., Cash, T. F., & Mikulka, P. J. (1990). Attitudinal body-image assessment: Factor analysis of the Body-Self Relations Questionnaire. Journal of personality assessment, 55(1-2), 135-144.

15 박정임, 유제민, & 김청송. (2016). 외모를 강조하는 대중매체에의 과다노출이 여자청소년의 신체이미지와 자기존중감에 미치는 영향. 청소년학연구, 23(7), 167-187.

활용하는 것을 권장한다. 또한 토론을 위해 명확하고 일관된 기본 규칙을 설정할 것을 명시한다. 학생들이 서로의 견해를 존중하면서 자신의 생각, 느낌 및 감정을 공유할 수 있도록 명확한 기본 규칙을 설정하는 것이다. 이 규칙에는 개방(Openness), 정해진 공간에서의 대화 유지(Keep the conversation in the room), 비판단적 접근(Non-judgmental approach), 참여의 권리(Right to pass), 가정하지 않기(Make no assumptions), 경청하기(Listen to others), 정확한 용어를 사용하기(Using language), 질문하기(Asking questions), 도움 및 조언 구하기)Seeking help and advice)등이 포함되어 있다.

그리고 더욱 눈에 띄는 것은 프로그램을 진행하면서 젠더 포용적 접근을 보장하고 취약학생을 지원해야 함을 권장한다는 것이다. 프로그램은 남학생, 여학생, 어떤 젠더로도 정체화 하지 않는 학생 모두에게 적합하게 설계되었다. 바디이미지는 모든 사람의 문제이지만 성별에 따라 달라질 수 있고, 특히 남학생과 여학생이 다르게 경험하는 경우가 많다. 일부 남학생들은 바디 이미지가 여성만의 문제라 가정하여 수업의 주제를 가볍게 여기거나 참여하기를 꺼릴수 있다. 따라서 모든 학생에게 광고 및 기타 미디어의 이미지가 영향력을 미칠 수 있음을 탐색할 수 있도록 지원해야 한다. 더불어 과체중 또는 비만, 섭식장애의 위험이 있는 학생, LGBT학생, 흑인 및 소수민족(BME)학생, 장애를 가진 학생을 포함하여 취약계층 그룹의 학생들을 또한 지원도 명시하고 있다. 학습 부진 및 영어가 모국어가 아닌 학생들에 대한 배려 역시 섬세한 가이드라인을 제공한다. 사전교육 활동 이후에 총 2차시로 이루어진 본 활동이 진행되는데, 본 활동의 학습목표와 기대효과, 주요활동은 다음 〈표 1〉과 같다.

〈표 1〉 '바디 이미지와 광고(Body Image and Advertising)' 수업내용

Lesson 1	
학습목표	• 다양한 광고가 제품 판매 및 아이디어 홍보, 시청자의 행동을 변화시키려는 목적을 가지고 있다는 것을 이해한다
기대효과	• 광고가 무엇이며, 광고의 목적이 무엇인지 설명할 수 있다 • 바디이미지의 의미 및 실제 사람의 외모와 바디이미지가 다르다는 것을 설명할 수 있다 • 광고가 외모를 묘사하는 방식과, 광고주가 그런 외모를 선택하는 이유를 설명할 수 있다 • 광고가 사람들로 하여금 자신의 신체와 외모를 어떻게 느끼게 만드는지 설명할 수 있다
주요활동	• 사람들이 광고의 의미에 대해 토론하는 내용을 담은 영상을 시청하며 광고의 목적에 대해 토론하기 • 광고에 등장하는 사람들의 외모에 대해 이야기하고, 그 사람들을 볼 때 자신에 대해 어떻게 느끼게 하는지 토론하기(미디어의 비현실적인 모습에 사람들이 실망감을 느껴 신체이미지에 영향을 미치는 사례 식별) • 광고에서 비현실적으로 편집된 이미지를 대할 때 스스로 어떤 생각을 가져야 할지 질문하기
Lesson 2	
학습목표	• 광고가 사람들과 그들의 라이프 스타일에 대해 향상된 이미지를 만들어내는지 이해하도록 한다
기대효과	• 광고가 사람들의 신체와 생활방식에 대해 과장된 메시지를 내보낸다는 것을 안다. • 우리가 일부의 광고에서 재현되는 삶대로 살아가지 못하는 이유를 설명할 수 있다 • 미디어의 이미지를 기반으로 자신과 외모에 대한 생각을 가지면 안 되는 이유를 설명할 수 있다
주요활동	• 광고에서 사람들의 외모를 향상시키기 위해 사용하는 기술(메이크업, 포토샵, 조명 등)에 대해 이야기하기 • 감정적 회복탄력성에 대해 논의하고, 광고나 미디어에 등장하는 사람의 외모와 자신을 비교하는 것이 정서적 회복력에 미치는 영향에 대해 토론하기 • 광고가 실생활과 동떨어져 있으며, 자신의 외모를 광고모델이나 다른 사람과 비교해서는 안 된다는 점을 상기시키기 • 외모를 비교하는 것 보다 자신의 긍정적인 면(외보 보다는 재능과 자질)을 찾는 것이 더 강해지는 방법이라는 것을 알 수 있도록 하기
확장활동	• 우리 사회에서 외모가 중요한 이유, 외모를 강조하는 메시지를 어디에서 내보내고 있는지 토론하기 • 자신에게 보내는 메시지 작성하기 : 자신에 대해 알고 있는 고유한 자질과 재능을 칭찬하기 • 서로에 대한 광고 만들기 • 친구의 장점을 설명하는 편지 쓰기 • 서로의 그림이나 사진에 특별한 점 찾아 표현해 주기

미디어 스마트의 바디이미지와 광고 프로그램이 가진 또 다른 특징은 남학생을 위한 교육을 따로 제작했다는 것에 있다. 현재까지 미디어에서 재현되는 바디이미지에 대한 논의가 주로 여성에게 초점이 맞춰져 있었던 것을 생각하면 주목할 만한 변화이다. 남성 모델이 광고와 미디어에서 묘사되는 방식과 남학생들에게 미치는 영향에 대한 연구에 따르면 최근 남학생들도 광고나 미디어에서 재현하는 남성의 이상적인 모습에 극도로 취약하다고 한다. 또한 자신의 바디이미지에 대한 관심이 커지고 있지만 관련된 생각과 감정을 공유하기 보다는 내면화 하는 경우가 많다. 여학생 뿐 아니라 많은 남학생들이 자신의 바디이미지가 문제라는 것을 인정하지만, 부모와 교사들은 그것을 더 느리게 인식하고 건강에 대한 욕구와 바

〈표 2〉 남학생을 위한 '바디이미지와 광고(Body Image and Advertising)' 수업내용

구분	내용
학습목표	• 바디이미지가 의미하는 것과 바디이미지가 미디어와 광고에 어떻게 영향을 받을 수 있는지를 학습한다 • 긍정적인 바디이미지를 갖고 정서적 회복력을 구축하기 위해 광고나 미디어에 대응하는 방법을 학습한다
기대효과	• 바디이미지가 무엇을 의미하는지, 바디이미지가 남학생에게 미치는 영향에 대해 설명할 수 있다. • 미디어와 광고가 남성의 신체이미지에 대한 생각과 의견에 어떻게 영향을 미칠 수 있는지 설명할 수 있다 • 미디어 및 광고에 토론하는 기술을 개발하고, 남성의 바디이미지에 긍정적인 영향을 가질 수 있도록 한다
주요활동	• 남학생이 자신의 신체이미지에 대해 인터뷰한 것을 화자의 성별을 알리지 않고 공유한 후 그것이 어떤 성별을 가진 사람의' 인터뷰인지 이야기 하게 하기 • 여학생의 신체이미지가 남학생에 비해 더 자주 논의되는 이유에 대해 토론하기 • 자신의 신체이미지에 대해 이야기하기 • 청바지 광고를 직접 디자인 하고 어떤 모델을 사용할지 논의하기. 광고주가 제품을 구매하도록 설득하기 위한 기술을 파악하기 • 자연스러운 몸과 근육질의 과장된 몸의 차이점 발견하기, 미디어가 여성 뿐 아니라 남성의 몸도 과장되어 변형한다는 것을 알기 • 광고를 보았을 때 자신이 갖는 생각 나누기 • 광고나 미디어를 접할 때 긍정적인 바디이미지를 가질 수 있는 방법을 토론하기
확장활동	• 남학생들의 바디이미지와 정신건강을 둘러싼 문제를 조명하는 단편영화 〈boy's biggest conversation〉 보기 • 영화 주인공들이 제기한 문제를 메모하여 해결방식에 대해 토론하기

디이미지에 대한 걱정을 구분하지 못한다고 한다.[16] 이에 남학생들에게 특화된 바디이미지에 대한 교육 프로그램을 구성한 것이다. 이 프로그램은 11-14세를 대상으로 1시간 강의로 설계되었다. 교육목표 및 기대효과 주요활동을 다음 〈표 2〉에 정리한다.

캐나다 미디어 스마츠(Media Smarts)의 젠더 메시지 교육[17]

영국에 미디어 스마트가 있다면 캐나다에는 미디어 스마츠가 있다. 미디어 스마츠는 캐나다의 디지털 및 미디어 리터러시 교육을 위한 비영리 자선 단체이다. 어린이 청소년 및 성인이 능동적인 디지털 시민으로 미디어에 참여할 수 있는 비판적 사고능력을 갖추도록 하는 것을 비전으로 한다. 1996년부터 가정, 학교, 지역사회를 위한 디지털 및 미디어 활용 능력 프로그램과 리소스를 개발해 왔다. 대부분의 교육자료는 홈페이지를 통해 무료로 받아볼 수 있다. 캐나다의 학제인 K-12에 맞춰 고안된 프로그램은 모든 주의 기존 커리큘럼에 쉽게 통합될 수 있도록 고안되었으며, 교사와 학부모를 위한 자료가 제공된다(〈그림 2〉).

영국의 미디어 스마트가 광고 리터러시 교육에 주안점을 두고 있다면 캐나다의 미디어 스마츠는 전반적인 디지털 및 미디어 리터러시 증진을 위한 다양한 교육을 제공한다. 미디어 리터러시의 일반적 정보와 관련된 교육, 미디어에서 야기되는 문제와 관련된 교육, 디지털 이슈와 관련된 교육으로 구성되어 있다. 디지털 이슈에는 사이버 괴롭힘, 도박, 온라인 혐오, 성 착취, 섹스팅 등 현재 우리 사회에 만연한 문제에 대한 교육을 제공하고 있다. 최근에는 디지털 스마츠(Digital Smarts) 라는 이름의 디지털 리터러시 기술을 교육하기 위한 워크샵 또한 개설하였다.

미디어 스마츠에서는 광고 리터러시라는 용어가 직접적으로 사용되지는 않지만, 마케팅 및 소비 섹션을 통해 광고 리터러시 교육을 진행하고 있다. 이 프로그

16 Palfreeman, L., & Belda Torrijos, M. (2020). Advertising manhood: a critical look at images of the male body in advertisements and their potential effects on boys' self-perception, 25-43.

17 본 장의 내용은 미디어 스마츠(Media smarts) 홈페이지의 내용을 바탕으로 작성되었음. https://mediasmarts.ca/

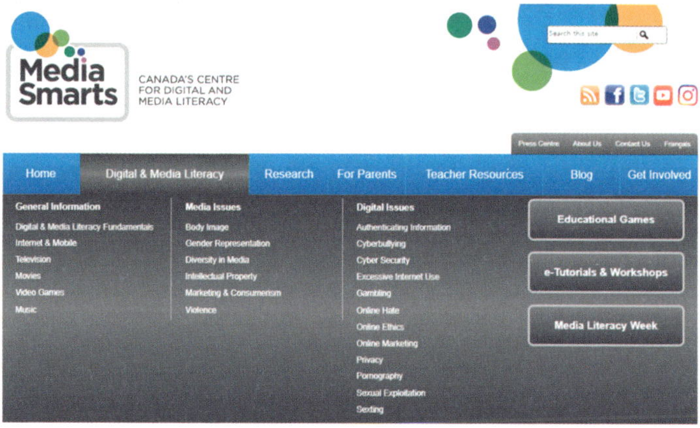

〈그림 2〉 미디어 스마츠 (Media Smarts) 교육프로그램 구성
출처: https://mediasmarts.ca/ 홈페이지 재구성

램에서는 광고의 식별과 마케팅과 소비주의의 관계 등의 내용을 다루고 있다. 또 다양성 관점의 광고 리터러시와 관련하여 미디어 스마트에서도 그랬던 것처럼 광고 및 잡지에서의 바디이미지를 주요한 요소로 다루고 있다. 광고에 드러난 성별 고정관념에 대해 학습하는 활동도 다양성 관점의 광고 리터러시 증진에 도움이

〈표 3〉 주류광고의 젠더 메시지(Gender messages Alcohol Advertising) 수업내용

주류광고의 젠더 메시지	
학습목표	• 성별고정관념이 무엇인지 안다 • 성별고정관념의 부정적인 결과를 예측한다
기대효과	• 여성과 남성에 대한 고정관념과 인식과 태도의 근원을 안다 • 주류회사가 술 판매에 영향을 미치기 위해 광고에 성별 고정관념을 통합하는 방법을 설명할 수 있다 • 소비자들이 젠더메시지에 어떤 영향을 받는지 알 수 있다 • 술 광고에서 음주에 대한 메시지가 소비자에게 미치는 영향을 설명할 수 있다
주요활동	• 성별이라는 단어의 의미 토론하기 • 고정관념이라는 단어 정의하기 • 주류광고 속 여성과 남성의 이미지에 대해 토론하기 • 주류 광고의 성별 고정관념에 대한 설문조사 만들기 • 주류 광고에 나타난 성별 고정관념에 어떤 영향을 받는지 토론하기

〈표 4〉 광고에서의 성 역할(Gender Roles Advertising) 수업내용

광고에서의 성 역할(Gender Roles Advertising)	
학습목표	• 특정 성별을 대상으로 한 캠페인을 반대 성별을 타겟팅하는 캠페인으로 재 설계 할 수 있다
기대효과	• 광고주가 제품을 판매하는데 활용하는 성별 고정관념을 인식한다 • 광고자 소비자에게 매우 구체적인 메시지를 전달하도록 설계되어 있다는 것을 이해한다 • 젠더 기반 마케팅이 고정관념을 강화한다는 것을 안다
주요활동	• 남성과 여성과 관련된 일반적인 성별 고정관념에 대해 토론하기 • 고정관념에 대한 신념, 고정관념의 출처에 대해 토론하기 • 반대 성별에게 어필할 수 있는 광고를 만들도록 하기(어떤 유형의 광고를 만들 것인지, 특정 성별에 도달하기 위해 어떤 기술을 사용할 것인지, 타겟 시장에 도달하기 위해 어디에 광고를 배치할 것인지 고려하도록 하기) • 남성에 대한 마케팅과 여성에 대한 마케팅의 차이점에 대해 설명하기 • 남성과 여성 모두에게 효과적인 광고 유형에 대해 논의하기

될 것으로 보인다. 주류 광고의 젠더 메시지 수업(Gender messages Alcohol Advertising)에서는 술 광고의 이미지와 메시지를 통해 남성과 여성에 대한 고정관념이 어떻게 조장되고 강화되는 지를 탐구한다. 수업 내용을 다음 〈표 3〉에 정리한다.

또 특정 성별을 대상으로 하는 광고 캠페인을 반대 성별을 대상으로 한 캠페인으로 재설계하는 과정을 통해 광고에서의 성역할(Gender Roles Advertising)을 탐구하는 수업도 있다(〈표 4 참조).

위와 같이 광고에서의 성별 고정관념에 대해 생각해보는 활동들을 다양성 관점의 광고 리터러시 교육이라 분류할 수 있겠다. 또한, 미디어 스마츠에서는 미디어 전반에 대해 다양성 관점을 갖추기 위한 더욱 체계적인 커리큘럼을 포함하고 있는 것이 특징이다. 미디어의 다양성(Diversity in Media) 카테고리에서는 미디어에서 다양성 표현의 문제를 탐구하고 고정관념에 맞서 더 정확한 묘사를 촉진하고자 하는 교육을 포함한다. 원주민, 장애인, 퀴어, 종교, 가시적인 소수자들이 미디어에서 어떻게 재현되고 있는지 혹은 혐오를 조장하기 위한 교묘한 언론의 방식을 인식하는 방법 등을 습득하는 것을 통해 비판적 사고력을 개발한다. 미디어

스마트에는 매우 체계적인 다양성 관점의 미디어 리터러시 교육을 위한 자료가 지속적인 업데이트를 통해 구축되어 있어 유사한 수업을 원하는 사람들에게 매우 유용한 정보가 될 수 있다.

다양성 교육 수단로서의 광고

앞서 소개한 다양성 관점의 광고 리터러시 교육은 광고를 다양성 교육의 대상으로 삼는 것, 즉 광고를 바르게 읽는 차원이었다면, 광고를 다양성 교육의 수단으로 사용하는 것은 광고를 바르게 쓰는 차원이라 할 수 있다. 광고는 광고가 가진 다양한 특성들로 인해 종종 교육의 도구로 사용되어 왔다. 광고활용교육(Advertising in Education; AIE)은 교육현장에서 광고를 교육 도구로 활용하는 것을 말한다. 광고활용교육은 신문활용교육(Newspaper in Education)에서 파생되어 논의가 시작된 이후로 필요성에 대한 연구부터 그 효과성을 검증하는 연구까지 다수의 연구가 이루어져 왔다.[18]

광고활용교육은 크게 교과지원교육(Subject Support Education)과 특별활동교육(Special Activity Education)으로 이루어 질 수 있다. 교과지원교육은 말 그대로 국어, 영어, 도덕과 같은 교과 수업에서 특정 단원의 수업목표를 달성하기 위해 광고를 교육자료로 활용하는 것을 뜻한다. 특정 교과 내에서 광고를 수업자료로 활용하는 것은 광고활용교육이라는 개념이 정립되기 전부터 교사 개인 재량으로 다수 이루어져 왔다. 광고가 가진 커뮤니케이션 속성, 사회 문화적 속성, 예술적 속성은 좋은 교육의 도구가 되며, 흥미요소와 친숙성은 학생들의 학습동기 유발에도 효과적이기 때문이다. 특별활동교육은 창의성, 비판적 사고력, 정서지능, 다문화 리터러시 등 특정 역량의 증진을 위해 구성된 프로그램에서 광고를 교육의 재료로 사용하는 것이다. 교과지원교육에 비해 다차시로 구성되는 특별활동교육은 주로 창의적 체험활동이나 방과 후 교육활동의 형태로 이루어진다. 실제

18 이희복. (2012). 광고활용교육 (AIE) 이란 무엇인가?: 탐색적인 접근을 중심으로. 한국광고홍보학보, 14(1), 160-181.

로 광고가 초등학생들의 창의성, 비판적 사고력, 정서지능 등의 역량을 증진시키는데 도움을 준다는 실증연구가 진행되며 교육도구로서의 적합성이 검증된 바 있다.[19]

다양성의 수용은 현대 사회를 살아가는데 매우 중요한 가치이다. 이제 한국사회도 명실상부한 다문화 사회가 되었고, 학교를 구성하는 학생 역시 다문화, 새터민, 난민 가정의 학생등이 공존하고 있다. 현재까지 한국사회 에서는 다양성 교육이라는 용어 보다 다문화 교육 이라는 용어가 보편적으로 활용되고 있다. 하지만 결국 다문화 교육이란 사회 내의 다양성을 인식하고 타문화의 가치를 인정, 존중하는 문화적 다양성을 증진하는데 중점을 두는 교육[20]이라 할 수 있으니, 학교현장에서 다양성 교육이 시도되고 있다고 볼 수 있다.

서울교육대학교 다문화 교육 연구원에서는 초등학생을 위한 다문화 교육모형(Identity, Diversity, Equity, Along With; IDEA) 기반 미디어 리터러시 교육 프로그램을 개발한 바 있다. 프로그램은 뉴스, 유튜브 영상, 신문기사 등 다양한 미디어 콘텐츠를 활용해 수업이 진행되는데, 국가인권위원회의 공익광고 '인권이의 일기'를 차별과 관련한 논의를 진행하는데 주요한 도구로 사용하기도 하였다.

개별적으로 광고를 활용해 다문화 교육프로그램을 제작, 학생들에게 교육하여 교육 효과를 검증한 사례들도 다수 찾아볼 수 있다. 이미선, 이윤정(2015)은 공익광고를 활용하여 초등학생을 대상으로 하는 12차시의 다문화 인권교육프로그램을 구성해 창의적 체험활동 수업을 실시하였고, 이 수업이 학생들의 개방성, 수용성, 존중성 등의 다문화 인식이 유의하게 증가함을 밝혔다.[21] 유아를 대상으로 광고를 활용해 다문화 교육 활동을 한 사례도 있다. 총 12차시로 이루어진 이 활동에서는 '인종', '장애', '연령', '성별', '가족구성'과 관련한 편견을 이야기하기에

---

19 김지은. (2018). 광고를 활용한 정서지능 교육 프로그램의 개발 및 효과 검증. 미디어 경제와 문화, 16(1), 7-56.

20 이수진, & 신금호. (2019). 문화다양성에 기반한 유아 다문화교육 프로그램이 유아의 다문화 수용성, 반편견 인식에 미치는 효과. 어린이미디어연구, 18(4), 171-196.

21 이미선, & 이윤정. (2015). 공익광고를 활용한 다문화 인권교육프로그램이 초등학생의 다문화 인식에 미치는 효과. 커뮤니케이션디자인학연구, 53, 133-146.

적합한 광고들을 선정하여 프로그램을 구성한 후 교육을 실시하였다. 그 결과 유아의 다문화 인식이 긍정적인 효과를 미치는 것이 밝혀지며 광고를 활용한 다문화 교육 프로그램의 유아교육 현장에서의 적용 가능성을 입증하였다.[22] 창의적 체험활동에서 공익광고를 활용한 인권교육이 매우 효과적인 접근임을 확인한 연구도 있다. 초등학생의 경험이나 발달 수준을 고려하였을 때, 광고는 자신의 생활에서 경험할 수 있는 구체적인 다문화 인권 문제에 관심을 갖고 바람직한 태도와 행동을 기르는 데 효과적인 도구가 된다.[23]

다양성 교육은 다문화 교육보다 확장된 개념으로 사회의 다양한 구성원(인종, 젠더, 언어, 연령 등) 및 소수자들이 부딪히는 사회적 문제들을 민감하게 인식 할 수 있도록 하여 다양한 사회 구성원을 수용하는 태도를 길러주는 교육을 의미한다.[24] 현재 국내에서는 다양성 교육이라는 이름으로 진행되는 프로그램을 찾기가 어렵고 학교 현장에서 개별 단위로 진행되는 수업에서는 사회를 구성하는 다양한 소수자를 모두 포용하지는 못하고 있다. 사회의 다양한 구성원들에 대한 이해를 증진시키기 위해서는 '다양성 이해'에 대한 지속적인 교육을 수행하는 것은 명실상부한 과제이다.[25] 광고에 포함된 사회구성원들의 삶의 경험과 공동체의 이야기, 생활과 밀접한 다양한 문화적 요소들은 다양성 교육의 자료가 되기에 매우 적합하다. 다양한 연구에서 그 효과가 검증된 만큼 다양성 교육의 도구로 더 널리 활용될 수 있기를 바란다.

---

22 김현지, & 김낙흥. (2013). 광고를 활용한 다문화 교육이 유아의 다문화 인식에 미치는 효과. 어린이미디어연구, 12(3), 1-24.

23 이인재. (2014). 초등학교 다문화 인권교육의 방법 연구. 윤리연구, 94, 217-248.

24 Smith, R., Moallem, M., & Sherrill, D. (1997). How preservice teachers think about cultural diversity: A closer look at factors which influence their beliefs towards equality. Educational Foundations, 11(2), 41-61.

25 남혜진, & 박승희. (2014). 다양성 이해교육 프로그램이 초등 통합학급 학생들의 공감능력, 문화적 민감성 및 장애수용 태도에 미친 효과. 특수교육, 13(3), 53-76.

광고업계 종사자를 위한 다양성 교육

#데이터 알고리즘 기반 온라인 광고에서의 다양성 문제

지난 2021년 서울우유는 여성을 젖소에 비유하고 불법 촬영을 연상하게 하는 내용의 유튜브 광고 영상으로 논란을 일으켰다. 소비자들은 '대놓고 여성을 젖소에 비교하는 것이 불쾌하다', '2021년에 만들어진 광고라는 것이 믿기지 않는다', '본 광고가 집행되기까지 내부에서 문제가 제기되지 않았다는 것이 문제다' 등의 거센 비난을 제기하였고, 논란이 커지자 서울우유 측은 해당 영상을 비공개로 전환하고 사과문을 게시했다.[26] 동성제약은 자사의 제품 TV광고 에서 사용한 '테린이' 라는 표현을 사용하였는데, 추후 그 표현에 담긴 부정적 의미를 인지하고 해당 표현이 담긴 장면을 편집하였다. 'O린이' 라는 표현은 어떤 분야의 초보자를 가리키는 신조어로 다양한 파생어를 만들어냈으나, 최근 어린이에 대한 차별적 표현이기 때문에 사용을 자제해야 한다는 사회적 논의가 이루어진 바 있다.[27]

이렇게 기업의 다양성 인식의 부재는 사회문제에 민감한 소비자와의 원활한 의사소통에 방해가 될 뿐 아니라 기업 이미지에 타격을 줄 수 있다. 이것은 비단 거대 광고주의 주류미디어 캠페인에만 해당하는 문제는 아니다. 2022년 6월 페이스북의 모기업 메타(Meta)는 미국 정부가 페이스북 부동산 타겟 광고의 알고리즘이 인종, 성별, 국적, 나이 종교 등 다양한 기준을 두고 차별하고 있다며 제기한 소송에서 문제가 된 알고리즘을 수정하기로 합의했다. 페이스북은 그동안 광고 알고리즘을 통해 위와 같은 기준에 따라 다른 주택광고를 노출 할 수 있도록 허용해왔다.[28]

개인의 온라인 이용행태를 기반으로 이용자의 관심, 흥미, 기호 등을 분석하여

---

26 신용준. (2021). 서울우유, '여성을 젖소로' 여성비하 논란 광고 공식 사과, 뉴스 저널리즘. https://www.ngetnews.com/news/articleView.html?idxno=404784

27 문수연. (2022). '어린이 비하 논란' 동성제약 "해당 TV광고 편집", 비즈팩트. http://news.tf.co.kr/read/economy/1948437.htm

28 안신혜. (2022). 메타, '인종·성차별' 주택 광고 알고리즘 중단, BLOTER. https://www.bloter.net/newsView/blt202206220009

맞춤형으로 제공되는 타겟팅(Targeting) 광고는 회피를 줄이고 주목도를 높이기 위해 알고리즘, 머신러닝 등 최신기술이 적용되며 진화하고 있다. 머신러닝과 같은 첨단 과학기술은 인지편향과 같은 오류에서 자유로울 것이라는 생각과는 다르게, 데이터를 통해 암묵적 편견을 학습하고 알고리즘 훈련 데이터셋에 숨어있는 편향과 오류는 사회적 차별과 배제를 조장할 수 있다.[29] 인공지능 알고리즘의 정보 비대칭에 의한 편향 가능성 및 불확실성은 가격설정, 광고, 타겟팅, 정보수집 및 활용 등과 같은 소비자 문제 또한 야기 한다. 하지만 상기한 페이스북의 사례처럼 알고리즘으로 운영되는 온라인 광고의 다양성 문제는 여전히 비가시화 상태이다. 알고리즘 편향에 대한 우려는 규범적, 기술적, 정책적 이슈들이 산재 되어 있음에도 불구하고 산업적 관점이나, 개인정보보호 이슈에 한정되어 소비자의 권익 및 후생 차원의 논의는 상당히 미흡한 상황이다.[30]

광고 시스템 내에서도 개인화 알고리즘으로 야기되는 각종 차별과 관련한 문제에 대한 논의가 필요하다. 현재까지 광고의 다양성 표현에 대한 연구는 주로 TV, 인쇄광고와 같은 전통적인 채널에 초점이 맞추어져 있었다. 최근 페이스북은 2021년 디지털 광고 시장이 점점 커져가는 현 상황에서 온라인 광고의 다양성 표현에 대한 연구가 이루어지지 않았다는 것에 대한 문제의식을 가지고 전문가들과 협력하여 다양성 광고의 캠페인 영향력에 대한 연구를 진행하였다.[31] 페이스북 광고 1022개, 소비자 1200명 대상을 대상으로 한 이 연구는 온라인 광고의 다양성을 성별, 성적취향, 인종, 장애에 초점을 맞춰 분석하고, 다양성 광고에 대한 사람들의 태도와, 다양성과 포용성의 반영이 캠페인 성과에 미치는 영향을 분석하였다. 그 결과 온라인 광고에서 다양성은 여전히 제한적이고 부정적으로 반영되고 있음이 확인되었다.

---

29 최은창. (2017). 알고리즘 거버넌스. FUTURE HORIZON, (33), 28-31.

30 이금노. (2018). 인공지능 알고리즘 기반 경제에서의 소비자문제 연구. 정책연구보고서, 1-135.

31 Fernanda de Lima Alcantara(2010). Diverse and inclusive representation in online advertising: An exploration of the current landscape and people's expectations https://www.facebook.com/business/news/insights/the-difference-diversity-makes-in-online-advertising

연구 결과를 좀 더 자세히 살펴보면 젠더문제와 관련하여 여성은 남성에 비해 14.1배 더 노출이 심한 옷을 입고 등장했으며, 시각적, 언어적으로 대상화 될 가능성이 6.9배 더 높았고, 마른 체형으로 묘사되는 비율은 4.8배 높았다. 이는 여성의 신체에 대한 비현실적인 기대를 강화한다. 남성은 여성에 비해 화내는 모습으로 보여질 가능성이 2.4배 높고, 행복한 모습으로 보여질 가능성이 1.4배 더 낮았다. 또한 남성이 여성에 비해 전문직으로 일하는 모습으로 표현되는 경우가 1.3배 높았다. 백인이 아닌 캐릭터는 운동하는 모습으로 등장할 가능성이 2.9배 높았다. 이러한 묘사가 본질적으로 부정적인 것은 아니지만 특정 상황에서 특정 그룹이 더 대표되는 것은 고정관념을 강화하는 효과를 낳는다. 또한 소수자의 과소대표성 문제 또한 존재했다. 장애를 가진 사람은 조사된 광고의 1.1%에만 등장하였고, 성소수자(LGBTQ) 구성원은 0.3%의 광고에만 존재했다.

설문에 참가한 소비자들의 인식을 살펴보면, 응답자의 54%가 온라인 광고가 문화적 다양성을 고려하지 않는다고 답했으며, 27%의 사람들이 고정관념이 포함된 온라인 광고를 자주 본다고 대답했다. 48%의 응답자가 비현실적인 방식으로 여성의 신체가 표현된다고 답했고, 26%의 응답자들이 다양한 인종 배경(Diverse ethnic background)을 가지고 있는 사람들은 과체중이거나 내성적이거나 코믹하고 게으른 사람으로 묘사된다고 답했다. 소비자들은 광고주가 이러한 대표성 문제를 해결해야 한다고 생각하며 응답자의 71%가 온라인 광고에서 다양성과 포용성이 증진될 것을 기대한다. 또한, 응답자의 61%가 온라인 광고에 다양성을 적용할 때 브랜드가 더 진정성 있게 느껴진다고 답했고, 58%는 온라인 광고에 다양성과 포용성을 표방하는 브랜드에 더 충성한다고 답했으며, 59%는 브랜드에서 구매하는 것을 선호한다고 말했다. 이는 브랜드가 다양성을 강조하면 구매의도 및 충성도를 높이는 긍정적 효과를 얻을 수 있다는 것을 의미 한다.

온라인 광고가 제한적이고 부정적인 고정관념에서 벗어나 광고에 등장하는 사람들의 다양성을 증가시키는 것은 캠페인을 보다 강력하고 효과적으로 만들 수 있는 기회가 된다. 이러한 통찰을 데이터 기반 접근방식 및 프로세스 전반에 적용하여 새로운 캠페인을 계획해야 한다. 포용적인 캠페인은 브랜드에 대한 긍정적인 인식을 키우고, 소비자와 더 강력한 연결을 만들며, 무엇보다 사회에 긍정적인 영향을 미칠 수 있다.

온라인 광고 캠페인 제작 프로세스에서 다양성을 높이려면 광고 산업 자체에서 다양성을 높이고, 종사자들을 대상으로 다양성 교육을 실시하는 것이 매우 중요하다. 산업에서 다양성을 높이는 것은 기업의 창의성을 향상시키고, 더 나은 의사결정을 할 수 있는 창의적 비즈니스 솔루션의 하나로 광고 산업에 의미 있는 변화를 일으킬 수 있다.[32] 광고의 다양성 관점에 대한 교육은 앞서 살펴본 영국의 미디어 스마트나 캐나다의 미디어 스마츠의 사례처럼 소비자로서의 아동 청소년이 주요 교육 대상이 되어 온 것이 사실이다. 물론 이것은 아동 청소년의 인지 발달 및 정체성 형성에 미치는 미디어의 영향력의 크기를 고려했을 때 매우 자연스러운 일이다. 하지만 근본적으로 광고에서 다양성 묘사가 증진된다면 소수자 그룹에 권한을 부여하고 고정관념을 파괴하는 등 포용사회 구축에 유의미한 영향을 가질 수 있으며 특히 어린이 청소년에게는 더욱 큰 영향을 미칠 수 있다. 상기한 중요성에 따라 최근 들어 광고업계 종사자가 다양성 관점을 가지고 광고 및 마케팅을 실행할 수 있도록 하는 노력이 시도되고 있다. 그 한 사례를 소개한다.

#유니세프(Unicef) '광고에서 포용과 다양성 촉진하기(Promoting Diversity and Inclusion in Advertising: A UNICEF PLAYBOOK)'[33]

2021년 유니세프는 특히 아동 청소년을 대상으로 하는 광고 및 마케팅에서 다양성과 관련된 긍정적인 표현을 증가시키는 것이 평등과 포용을 달성하는데 긍정적인 변화를 가져올 수 있다는 것에 착안해 광고에서 포용과 다양성을 촉진하는 법에 대한 플레이북을 발행했다. 성평등과 인권에 기반한 접근은 유니세프에서 우

---

32 Spring, R., & Yang, F. (2019). Pro Tips for Advertising Educators: How Ethnic Diversity Can Solve Creative Problems. Journal of Advertising Education, 23(2), 121-139.

33 본 장의 내용은 유니세프에서 발간한 광고에서 다양성과 포용을 촉진하는 방법에 대한 플레이북(UNICEF-PLAYBOOK-Promoting-diversity-and-inclusion-in-advertising) 내용을 바탕으로 구성되었음.
Unicef(2021). UNICEF-PLAYBOOK-Promoting-diversity-and-inclusion-in-advertising.

선하는 가치로 어린이 청소년의 권리와 기회를 보호하고 증진하는 것은 유니세프의 고유한 책임이다. 유니세프의 협약은 기업이 책임을 다하고 인권을 옹호하기 위한 노력의 기준을 제공해 준다. 유니세프(UNICEF), 유엔글로벌콤팩트(United Nations Global Compact) 및 세이브 칠드런(Save the Children)은 아동의 권리를 존중하고 지원하기 위해 기업 및 지역사회 에서 취할 수 있는 비즈니스 원칙을 최초로 정립하였다. 제품 및 서비스 유통 과정에서 아동에 대한 차별을 철폐하기 위해 조치를 취하는 것을 기업의 책임으로 하고, 비현실적이거나 아동을 성적으로 대상화하지 않으며 고정관념을 사용하지 않는 광고, 즉 아동의 권리를 존중하고 차별을 강화하지 않는 마케팅 및 광고를 사용하도록 요구한다.

플레이북은 주로 성별, 인종 민족 및 문화, 장애, 가족 및 보호자에 대한 고정관념과 차별을 다루고 있다. 이들 고정관념이 어린이의 삶에 어떻게 영향을 미치고 가능성을 제한하는지 소개한다. 그리고 흥미로운 것은 어린이를 위한 제품 및 광고, 콘텐츠, 마케팅을 평가하기 위한 '변혁모델(Transformative model)' 도구를 개발한 것이다. 이 모델은 마케팅 및 광고를 차별적(Discriminatory), 인식적(Aware), 변혁적(Transformative)의 세 가지 범주를 중심으로 고정관념을 가진 제품, 혹은 광고 마케팅을 평가한다.

차별적이라는 기준은 젠더 이슈를 무시한 채 특정 그룹을 선호하는 광고, 대표성을 가진 어린이만 등장하는 광고, 장애인의 품위를 지키지 않는 광고, 핵가족, 이성애자 가족만 표시하는 광고에 해당하며 현재의 차별적 현상을 지속시키고 불평등을 악화시키는 것을 말한다. 인식적이라는 것은 차별적인 것에서 한 단계 나아가 문제를 인식하고는 있으나 강력한 방법으로 문제를 해결하지는 않는 것을 뜻한다. 젠더 불평등을 인정하긴 하지만 적극적으로 해결하지 않는 방식, 장애인이 등장하기는 하지만 그것이 대부분 가시적인 장애이며 모든 기관이나 서비스에 동등하게 접근하는 것으로 보이지 않을 때, 다양한 가족의 모습을 미혼모 혹은 조부모가 포함된 가족 정도로 묘사하는 경우 등을 말한다. 변혁적이라는 것은 인식에서 더 나아가 평등한 결과를 촉진하거나 명시적으로 추구하기 위한 실질적 노력을 기울이는 광고나 마케팅을 말한다. 다양한 인종 및 민족 문화적 배경을 가진 모든 아동이 유능하고 지적이며 독립적인 것으로 묘사된다. 여러 다른 장애를가진 사람들이 모든 서비스에 접근할 수 있고 삶의 모든 측면에서 의미 있게 참여한다. 또한 성소수자를 포함한 확장된 가족 형태와 인종 및 경제적으로 다양한 계급의 가족이 등장하는 등 명시적으로 불평등의 장벽을 제거하고 모두에게 권한을 부여하는 것을 뜻한다. 아동 청소년을 대상으로 하는 제품 및 서비스와 관련한 광고 및 마케팅에 대한 '변혁모델(Transformative model)' 지표를 정리하면 다음과 같다(〈표 5〉).

유니세프 플레이북에서는 이러한 변혁적 광고 마케팅을 진행하기 위해서는 비즈니스 전략 및 구조의 수정이 필요하다 권고한다. 기업의 전략 수립 및 채용과정에서 부터 다양성, 형평성, 포용의 원칙 안에서 이루어져야 한다. 다양성 및 포용성 이행에 대한 책임을 명확히 하고, 별도의 예산을 편성하며, 명시적인 양적, 질적 지표를 통해 모니터링 하는 것이 필요하다. 이것 역시 앞서 소개한 '변혁모델(Transformative model)' 지표를 통해 평가하는 것이 가능하다. 이렇게 기업의 본질적인 부분부터 다양성과 형평성, 포용성을 갖추는 것이 진정으로 제품, 콘텐

〈표 5〉 '변혁모델(Transformative model)' 지표

차별적(Discriminatory) 광고	인식적(Aware) 광고	변혁적(Transformative) 광고
• 타겟에 대한 맹목적 고정관념 표현(소년과 소녀의 스테레오 타입, 인종 적 편견 등) • 여아와 남아용 장난감의 구별 및 색상 분리 • 여아는 작고 마른모습, 남아는 스포티한 모습으로 그려짐 • 장애를 가진 사람은 초인간적으로 묘사 • 차이에 초점을 두고 배제로 이어지는 용어 사용 • 전통적인 가족의 형태만 묘사	• 다양성 묘사가 일부 적은 비율로 등장 • 고정관념에 대한 토큰주의적 노력(말괄량이 소녀, 아이를 돌보는 아빠 등) • 장애아동을 의사소통에 포함시키기 • 유사점에 초점을 두고 차별적이고 배타적인 언어 피하기 • 인종, 민족, 장애, 성소수자 등의 측면에서 서로다른 가족이 있음을 인정하기	• 완전한 통합, 모든 어린이를 유능하고 지적이고 가치있는 존재로 환대 • 소녀와 여성을 방관자(아동과 남성을 돌보는)가 아닌 주인공으로 등장시키기 • 부정적인 것을 수정하도록 교육하는 것이 아닌 긍정적으로 권한을 부여하기 • 장애를 가진 사람의 장애 보다는 한 사람으로 초점 맞추기 • 다양성을 반영하는 형태의 다양한 경제적 상황의 가족을 보여주기 • 다양한 민족적 문화적 배경을 보여주기

츠, 광고 및 마케팅 커뮤니케이션에서 다양성을 보장하는 길이다.

유니세프는 플레이북을 통해 아동 청소년에게 유해한 고정관념을 해체하고 다양성을 반영하기 위해 기업 전반의 구조에 걸쳐 노력하는 모범 사례 몇 가지를 소개하고 있다. 대표적인 사례는 스웨덴의 디지털 장난감 회사 토카보카(TOCA BOCA)의 사례이다. 이 기업은 모든 어린이가 놀이의 긍정적인 힘을 경험할 수 있도록 한다는 사명을 가지고 6-11세 어린이를 위한 디지털 장난감을 만든다. 어떤 어린이도 소외감을 느끼지 않도록 신제품을 만들 때 다음과 같은 원칙을 준수한다. 첫째는 제품의 다양성을 정의하는 것이다. 신체적 특징, 문화적 특징, 기능적 다양성, 체형, 성별, 가족구성, 나이 등에 대한 고정관념을 피하는 것이다. 두 번째는 제품에 대한 피드백을 확보하는데 비용을 아끼지 않는 것, 세 번째는 다양성과 포용성을 위해 긍정적인 팀 문화를 조성하는 것이다. 2012년 출시된 로띠돌(Lottie Dolls) 또한 다양성, 포용성, 성 중립성을 지키며 인형을 만드는 대표 기업이다. 인형의 체형은 성인이 아닌 9세의 몸을 기반으로 하고 인공와우가 있는 인형, 자폐를 나타내는 인형을 포함, 성별, 인종에서 가능한 다양성을 보여준다(〈그림 3〉). 어린이들에게 자신과 닮은 인형을 가지고 놀 수 있는 기회를 제공하고, 성별, 인종, 장애 등을 뛰어넘어 다양한 친구를 만들 수 있다는 가능성을 보여준다.

〈그림 3〉 로띠돌(Lottie Dolls)의 다양성 인형
출처: UNICEF play book

고정관념에서 자유로운 프로그래시브 광고(Progressive advertising)는 긍정적인 메시지를 공유할 뿐 아니라 임팩트를 제고하고 브랜드 차별성을 갖는 긍정적인 비즈니스 결과를 가져올 수 있다. 나아가 이렇게 광고가 가진 힘에 주목해 광고, 마케팅 메시지에 다양성 관점을 고려하는 것은 평등과 포용을 달성하는데 큰 도움이 될 수 있다. 다양성 관점의 광고 리터러시 교육의 대상이 기업과 광고주로 확대되어야 하는 이유는 이렇게 분명하다.

광고는 점점 더 다양한 사람들에게 도달하며 영향을 미치고 있기에 광고 산업은 더욱 책임감을 가져야 한다. 광고 산업 내의 다양성 구축에 대한 논의가 일각에서 이루어지고 있다는 것은 환영받아 마땅한 일이다. 하지만 현재 국내 광고의 다양성 문제, 특히 온라인 광고의 다양성 문제에 대한 논의는 매우 부족한 실정이다. 어린이·청소년을 대상으로 하는 광고 뿐 아니라 일반 소비자를 대상으로 하는 광고의 경우에도, 특히 제품의 기능 중심으로 진행되는 온라인 타겟팅 광고에서 여전히 고정관념에 기반한 차별적 요소들을 어렵지 않게 찾을 수 있다. 다양성 관점의 광고 리터러시 교육은 광고를 접하는 소비자 뿐 아니라 광고를 제작하는 업계 종사자를 대상으로도 이루어져야 한다. 다양성의 추구가 올바른 시민되기의 필수 조건이라면 광고 리터러시 교육에 다양성 관점을 포함하는 것은 결국 바른 시민을 길러내는데 일조하는 일이 될 것이며, 광고가 다양성을 추구하는 것은 사회의 주요한 제도인 광고가 사회에 긍정적인 기여를 할 수 있는 방안이 될 것이다. 국내에서도 관련된 연구와 교육이 활발하게 진행되길 기대한다.

저/자/소/개

김 지 은(Ji-Eun Kim: PH.D. in PR & Advertising) : 석사과정에서 교육심리학을 박사과정에서 광고학을 공부하였다. 현재 숙명여대 아시아여성연구원에 연구교수로 재직중이며, 숙명여대 홍보광고학과와 서울여대 언론영상학부에서 강의한다. 광고활용교육(AIE), 광고 리터러시, 펨버타이징, 미디어와 다양성, 성인지 미디어리터러시 교육 등의 주제에 관심을 가지고 연구하고 있다.

제 7 장

미디어 리터러시 교육과 광고 리터러시

미디어 리터러시 교육과 광고 리터러시

조재희 교수
서강대학교 지식융합미디어대학

요약

제7장에서는 미디어 리터러시의 범위와 정의 및 하위 역량과 더불어 광고 리터러시의 기본적인 개념에 대해 살펴본다. 미디어와 리터러시에 대한 기본적인 정의를 바탕으로 '미디어 리터러시'에 대한 정의를 제공했다. 이와 같은 정의와 함께 다섯 가지의 미디어 리터러시 하위 역량에 대해서 설명하고자 했다. 전통적으로 잘 알려져 왔던 미디어 리터러시의 하위 역량(접근, 활용, 비판적 이해)과 함께 최근 들어 많은 관심을 받고 있는 '사회적 참여'와 '책임과 권리'에 대한 설명을 제공했다. 전통적인 레거시 미디어 기반의 생태계와는 다르게, 스마트 미디어와 소셜 미디어로 특징지워지는 현재의 미디어 생태계에서의 미디어 이용자는 미디어 콘텐츠의 제작자이기도 하기 때문에, 특히 시민성에 기반한 책임과 권리가 그 어느 때보다도 중요해졌다. 본 장에서는 이와 같은 주요 내용을 다루며, 이에 더해 광고 리터러시와 미디어 리터러시 간의 관련성과 차별성에 대해서도 함께 설명한다.

미디어 리터러시 교육의 역사와 범위

미디어에 대한 의존은 이미 과거와는 비교할 수 없을 정도로 높아져 왔으며, 다양한 통계에서 보여주듯이 특히 디지털 미디어에 노출되고 적극적으로 사용하기 시작하는 시기는 점점 더 어려지고 있다. 한국언론진흥재단에서 2020년도 발표했던 [어린이 미디어 이용조사(2020)]에 따르면,[1] 만 2-6세 사이의 유아들의 디지털 미디어 이용 시간은 하루 평균 4시간이 넘는 것으로 나타났다. 제도권 교육 시스템에 유입되기 전에 이미 디지털 미디어에 지속적으로 노출되고 있음을 확인할 수 있으며, 청소년을 비롯한 2-30대의 디지털 미디어 의존은 이보다 훨씬 높고 '과의존'이나 '중독'이 문제가 될 정도로 의존도가 심각한 수준에 이르기도 한다. 한국지능정보사회진흥원이 매년 실시하는 [2021 디지털 정보격차 실태조사] 결과에 따르면,[2] 다른 연령대에 비해서 느리기는 하지만, 노인들의 디지털 미디어 접근 및 활용 또한 꾸준히 높아지고 있다.

이처럼 미디어에 대한 접근과 이용은 현대인의 삶에서 가장 필수적이고 중요한 부분을 차지하고 있으며, 코로나19로 인해 비대면 상호작용이 급격히 증가하고 온라인 기반의 사회·정치·경제·문화적 활동이 확장되면서 디지털 미디어에 대한 접근과 활용 능력은 더욱 큰 관심을 받기 시작했다. 특히 코로나19로 인한 팬데믹은 제도권 교육에도 막대한 영향을 미치면서 비대면 교육에 대한 의존을 강화했고, 이는 어린이 및 청소년들의 일상생활 속에서의 디지털 미디어 의존을 넘어 교육적 측면에서의 미디어 활용도 함께 다루어져야 하는 상황에 직면하게 되었다. 이에, 정부에서도 미디어 격차로 인해 발생할 수 있는 사회적 불평등(예. 온라인 교육에 대한 의존으로 인한 교육 격차 등)에 주목하면서, 미디어 리터러시 교육의 필요성을 강조하게 되었다. 교육부에서 발표한 [2022 개정 교육과정]에서[3] 과거와는 다르게 '미디어 리터러시'와 '디지털 리터러시'라는 표현이 명시되었다는 점은 정부가 미디어 리터러시를 어떻게 바라보기 시작했는가를 반증한다고 볼 수

1 한국언론진흥재단 (2020). 어린이 미디어 이용 조사.

2 한국지능정보사회진흥원 (2021) 2021 디지털 정보격차 실태조사

3 교육부 (2021). 2022 개정 교육과정 총론 주요사항

있다. 이에 더해, 2021년도에는 PISA(Program for International Student Assessment)에서 정보판별 능력과 미디어 리터러시와 관련된 결과를 발표했고, 한국 청소년들이 미디어 리터러시 하위 역량 중에서 “비판적 이해”와 관련된 영역의 점수가 OECD 국가 중 최하위권에 머물면서 미디어 리터러시 교육에 대한 관심은 증폭되었다.

미디어 리터러시에 대한 관심은 정책적으로는 2018년도에 유은혜 전 교육부 장관(당시 국회의원)이 미디어 교육 활성화를 위한 법안을 발의하면서 정책적으로도 관심이 커졌고, 2021년도에는 신경민 의원과 권인숙 의원이 미디어 교육과 관련된 법안을 발의했다. 이는 미디어 리터러시 교육을 위한 정책적 기반을 마련한다는 점에서 의미있는 시도이자 변화라고 볼 수 있다. 또한, 여러 지방자치단체에서도 미디어 리터러시 교육의 필요성을 강조하면서 교육 사업을 확장하거나 조례안을 마련(예. 인천광역시의 “인천광역시교육청 학교 미디어교육 지원에 관한 조례안”)하고 있으며, 이 또한 미디어 리터러시 교육에 대한 정책적 관심이 높아졌음을 보여준다.

비록 코로나19로 인해 미디어 리터러시에 대한 관심이 증폭되었고, 최근에 들어서야 정책적 관심도 함께 증가했지만 미디어 리터러시 교육은 이미 1980년대에 민주화 운동과 함께 시작되었다고 볼 수 있다. 1980년대 민주화 운동 당시 주요 레거시 미디어들이 정부의 입장을 대변하고 편향된 입장을 취한다는 비판이 제기되면서 미디어 콘텐츠에 대한 비판적 이해의 필요성이 강조되었다. 민주화 운동과 시민에 대한 계몽과 사회 운동과 함께 태동했다는 점은 한국의 미디어 교육의 특징을 잘 반영한다고 볼 수 있다. 이렇게 시작된 미디어 리터러시 교육은 2000년대에 들어서 디지털 미디어가 빠르게 개발되고 스마트 미디어가 등장하면서 비판적 이해보다는 접근이나 활용 그리고 역량에 더 초점을 두기 시작했다. 디지털 미디어 기술의 빠른 발전은 미디어 생태계와 주요 산업구조를 토대부터 빠르게 변화시켜 왔으며, 이와 같은 빠른 변화를 따라갈 수 있는 사람들과 그렇지 못한 사람들 간의 격차가 벌어지면서 접근이나 이용과 같은 기본적인 부분에 대한 역량 강화 사업이 확장되었다. “정보화 교육”이라는 이름으로 많은 사업이 진행되었다. 기본적인 컴퓨터 활용 교육에 초점을 두었던 정보화 교육은 스마트폰 보유율과 활용이 급격히 증가하면서, 정보화 사업 자체에 대한 관심보다는 디지털 미디어 리터러시를 전반적으로 고양시킬 수 있는 교육 프로그램 개발에 대한 관심이 높아졌다.

이처럼, 한국에서의 미디어 리터러시 교육은 민주화 운동과 연계하여 태동했으며, 현재는 빠르게 발전하는 미디어 기술을 효율적으로 활용할 수 있는 역량 강화와 함께 그와 같은 기술을 올바르게 이용하는 태도를 고양시키는 방향으로 진행되고 있다. 또한, 미디어 환경이 인공지능과 메타버스라는 새로운 기술들에 크게 영향을 받고 있기 때문에, 미디어 리터러시 교육 또한 최신 기술적 변화에 초점을 두면서 내용적인 측면에서 변화되고 있다. "인공지능 시대에 있어서의 미디어 리터러시 교육"이나 "메타버스 시대에 있어서의 미디어 리터러시와 디지털 윤리"와 같은 주제로 이루어지는 여러 세미나와 특강은 이와 같은 변화를 잘 보여준다고 볼 수 있다.

미디어 리터러시의 정의

1. 미디어에 대한 정의

미디어 리터러시에 대해 정의하기 위해서는 '미디어'에 대한 정의와 '리터러시'에 대한 정의를 살펴볼 필요가 있다. 기존의 미디어학 연구 논문이나 교재에서 제시하고 있는 미디어에 대한 전통적인 정의를 정리하면, "발신자가 보내고자 하는 메시지를 수신자에게 전달하기 위해 활용하는 도구"라고 볼 수 있다. 이러한 정의는 미디어의 도구적 그리고 기능적인 특성에 초점을 두고 있으며, 미디어 자체의 효과나 소통 과정에서의 미디어의 역할 등에 대해서는 고려되지 않았다. 하지만, 미디어에 대해 보다 심층적으로 정의를 내리기 위해서는 미디어의 도구적 측면 뿐만 아니라, 미디어 자체의 효과와 미디어를 통한 의사소통에 대한 이해가 필수적이다.

미디어의 도구적 특성에 초점을 두었을 때, 미디어는 이용자와는 독립적으로 존재하며 메시지를 담아서 전달하는 장치에 불과하며 이는 커뮤니케이션의 전달적 접근(Transactional Approach)에 근거한다고 볼 수 있다. 미디어 자체의 중립성을 전제하는 이와 같은 접근의 한계는 우선 미디어는 독립적이고 중립적이며 이용자 의존적이라기보다는 미디어의 특징으로 인해 이용자의 행동이나 태도도 바뀔 수 있다는 점이 간과된다는 것이다. 이와 관련해서, 최근 들어서 많은 관심을 받고 있는 연구 영역인 인간-컴퓨터 상호작용(Human-Computer Interaction, HCI)에서는 미디어의 행동유도성(Affordance)에 대한 많은 연구를 진행했으며, 미디어의 특징(예. 스크린 크기의 효과)이 이용자의 행동이나 태도를 변화시키는 많은 실증적 근거를 발견했다. HCI 분야에서 행동유도성이 미디어의 기술적 그리고 디자인적인 특징으로 인해 발현된다고 볼 수 있으며, 이에 더해 비인간 행위자(Non-human Agency) 개념은 미디어라는 비인간 행위자의 직접적인 효과에 대해 설명한다. 프랑수아 쿠어렌(Francois Cooren)을 포함한 커뮤니케이션학자들은 인간 뿐만 아니라 비인간 존재 또한 주어진 상황을 변화시킬 수 있는 힘이 있다고 주장하면서 커뮤니케이션 과정에 있어서의 비인간 행위자의 역할을 강조했다.[4,5] 이러한 일련의 주장은 기든스가[6] 제시하는 "Agency"의 개념 및 구조화이론(Structuration Theory)과 관련이 깊다. 우선 기든스에 따르면 "Agency"는 "make a change"로 정의될 수 있으며, 행위자와 구조는 서로 영향을 주면서 끊임없이 변하기 때문에 '구조'보다는 '구조화'라는 과정-중심의 개념화가 요구된다. 구조화 이론의 이러한 주요 개념을 미디어나 커뮤니케이션에 적용시키면, 비인간 행위자 개념도 상당 부분 설명될 수 있다. 즉, 이는 미디어라는 비인간 행위자로 인해 인간의 행동이 바뀌며, 인간의 미디어 이용은 다시 새로운 미디어 기술

---

4 Clifton, J., Fachin, F., & Cooren, F. (2021). How artifacts do leadership: a ventriloquial analysis. *Management Communication Quarterly, 35*(2), 256-280.

5 Cooren, F., Thompson, F., Canestraro, D., & Bodor, T. (2006). From agency to structure: Analysis of an episode in a facilitation process. *Human Relations, 59*(4), 533-56.

6 Giddens, A. (1984). *The constitution of society: Outline of the theory of structuration.* Los Angeles, CA: University of California Press.

이나 서비스 개발로 회귀되기 때문이다. 이와 같은 구조-행위자 간의 순환적 관계에 기반했을 때, 미디어에 대한 도구적 정의는 미디어의 영향력에 대한 간과라는 한계가 드러난다. 이는 미디어를 정의함에 있어서 왜 미디어의 영향력에 대한 부분이 추가되어야 하는가를 잘 보여준다.

이에 더해, 커뮤니케이션을 바라보는 관점에 따라서도 미디어의 정의가 보완될 수 있다. 미디어를 도구적 그리고 기능적으로 바라보듯이, 커뮤니케이션 또한 앞서 언급되었던 전달적 접근으로 이해될 수 있다. 이러한 관점에서의 커뮤니케이션은 과정 중심이라기 보다는 결과 중심이며 합목적성이 강조된다. 특정 혹은 불특정 대상과의 커뮤니케이션을 통해 소기의 목적(예. 자기표현, 통제 등)을 달성하기 위한 행위이며, 이러한 관점에서의 미디어는 목적 달성을 위한 수단으로 간주된다. 그러나, 전달적 관점이 지나치게 결과 중심적이고 일방향적임을 비판하면서 과정 중심적이자 쌍방향적 관점에 대한 필요성이 제기되면서 구성적 접근(Constitutional Approach)에 대한 학문적 관심이 증가했다. 구성적 접근의 핵심 가정은 커뮤니케이션 행위는 상호작용적이기 때문에 특정한 메시지를 발신자에서 수신자에게 전달하는 것만으로 끝나지 않으며, 쌍방향적 상호작용을 통해 현실 자체를 재구성하는 '과정'으로 보아야 한다는 것이다. 이때의 미디어는 메시지 발신자와 수신자 간의 연결고리이자 각자의 현실에 대한 해석에 영향을 주는 비인간 행위자이자 주체이다.

이처럼 미디어를 바라보는 관점은 다양하게 존재하며, 이에 따라 미디어의 정의도 달라진다. 하지만, 미디어에 대해 보다 종합적으로 정의를 내리는 것이 미디어에 대한 이해도를 높이는 데 도움이 되기 때문에, 본 장에서는 미디어를 "의사소통 주체들 간의 상호작용 과정을 매개함으로써 현실을 재구성하기 위한 비인간 행위자"로 정의내리고자 한다.

2. 리터러시에 대한 정의

여러 기존 연구에서도 잘 보여주듯이,[7,8,9] 리터러시에 대한 사전적 의미는 "읽

7 김경희·김광재·이숙정(2019). 모바일 환경에서의 미디어 리터러시 구성 요소와 세대 간 미디어

고 쓰는 능력"이라고 볼 수 있다. 과거 문맹률이 높았을 때, 글을 읽고 쓰는 능력은 가장 기본적이면서 중요한 능력이기 때문에 제도권 교육 시스템에서 매우 어릴 때부터 강조하기 시작했다. 최근의 아이들은 유치원부터 이미 읽고 쓰는 교육을 시작하기 때문에 전통적인 의미에서의 기본적인 문해력은 이미 상당 부분 매우 어린 시기에 이미 고양되기 시작된다고 볼 수 있다.

하지만, 주어진 텍스트를 단순히 읽고 그 의미를 표면적으로만 이해하는 것은 문해력의 가장 기본적인 측면만을 설명한다. 보다 중요한 것은 주어진 텍스트의 진정한 의미를 파악하고, 왜 그러한 의미가 생성될 수 있는가에 대한 보다 깊은 메커니즘을 이해할 수 있어야 하며, 더 나아가 심층적으로 해석한 의미에 대해 본인만의 의견을 적극적으로 표현할 수 있는 능력까지 갖추어야 진정한 의미에서의 문해력을 갖추었다고 볼 수 있다. 따라서, 문맹률의 감소는 문해력의 증가와 매우 밀접히 관련되어 있겠지만, 문맹률 감소가 문해력 증가의 전부를 의미한다고 볼 수는 없다. 진정한 의미에서의 문해력을 높이기 위해서는 '언어를 활용할 수 있는 능력' 뿐만 아니라, 사회·문화·정치·경제적 이슈에 대한 관심 유발과 보다 정확하고 다양한 정보추구, 그리고 이에 대한 통찰적 해석까지 유도할 수 있는 통시적 교육이 요구된다고 볼 수 있다. 따라서, 본 연구에서는 문해력을 "주어진 콘텐츠의 배경을 고려하여 읽고 해석하여 자신만의 의견을 표현할 수 있는 능력"으로 정의내리고자 한다.

3. 미디어 리터러시에 대한 정의

미디어 리터러시 교육에 대한 사회적 관심이 높아지면서 미디어 리터러시의 정의도 여러 학자들과 기관에서 다양하게 제시되었다. 기존 연구 논문이나 연구 보고서, 혹은 주요 기관의 홈페이지를 살펴보면, 미디어 리터러시를 정의내릴 때,

---

리터러시 격차. 한국방송학보, 33(4), 5-36.

8 안정임·서윤경·김성미 (2017). 국내 미디어 리터러시 연구 동향 분석 연구 특성 및 미디어 역할, 미디어 리터러시 역량요인을 중심으로. 한국방송학보, 31(5), 5-49.

9 정현선·김아미·박유미·전경란·이지선·노자연 (2016). 핵심역량 중심의 미디어 리터러시 교육 내용 체계화 연구. 학습자중심교과교육연구, 16(11), 211-238.

사전적 정의에 기반하여 가장 기본적인 정의로 "미디어를 읽고 쓸 수 있는 능력"을 제시하며 미디어 리터러시 하위 역량을 바탕으로 미디어 리터러시를 정의내리는 경우가 많다.

우선, 기존의 연구 논문을 살펴보면, 김경희와 유수정은[10] 홉스와 젠슨의 연구를 바탕으로,[11] 전통적인 미디어 리터러시에 대한 정의를 언급하면서 "미디어 리터러시는 미디어를 읽고 쓸 수 있는 능력이다. 과거에는 미디어의 메시지를 비판적으로 이해하고 미디어를 활용할 수 있는 능력에 한정해서 논의가 진행되었지만, 인터넷과 모바일의 발달에 따라 미디어를 통한 소통과 참여도 미디어 리터러시의 중요한 한 부분으로 정의되고 있다(Hobbs & Jensen, 2009)" (99쪽). 이러한 정의는 미디어 리터러시의 하위 구성 요소를 무엇으로 두는가에 따라서 달라질 수 있고 미디어 생태계의 변화에 따라서 얼마든지 수정 및 확장될 수 있다. 이와 유사하게, 이숙정(2018)은 미디어 리터러시를 "다양한 미디어를 통해 필요한 콘텐츠에 접근하고, 미디어에 대한 이해를 바탕으로 미디어 콘텐츠를 비판적으로 이해하며, 자신의 생각을 표현하기 위해 미디어 콘텐츠를 창의적으로 생산하되 그 콘텐츠의 영향력에 대해 책임을 지고, 미디어를 활용하여 사회적 소통에 참여할 수 있는 능력"(이숙정, 2018, 47쪽)으로[12] 정의내렸다. 이러한 정의는 미디어 리터러시 구성요소에 대한 정의를 바탕으로 이를 종합적으로 정리한 것이라고 볼 수 있다. 주로 학문적 연구를 위해 개발된 것이기 때문에 비록 구체적인 하위 역량 요소에 대한 정의를 바탕으로 함에도 불구하고 추상적인 면이 강하다.

이에 비해, 미디어 리터러시 교육과 관련된 정부 부처나 유관기관은 미디어 리터러시 교육 프로그램을 실질적으로 개발하고 운영하기 때문에 미디어 리터러시에 대한 정의가 조금 더 구체적인 특성을 보인다. 예를 들어, 한국언론진흥재단에

---

10 김경희·유수정 (2020). 노인들의 미디어 리터러시가 자기효능감과 삶의 만족도에 미치는 영향: 미디어에 대한 접근·통제능력과 사회적 소통능력을 중심으로 장년층과의 비교 연구. 사이버커뮤니케이션학보, 37(3), 95-138.

11 Hobbs, R. & Jensen, A. (2009). The past, present, and future of media literacy education. *Journal of Media Literacy Education*, *1*(1), 1-11.

12 이숙정 (2018). 미디어 리터러시란 무엇인가. 한국방송학회 미디어교육특별위원회(편), 〈디지털 미디어 리터러시〉(47-8 (y). From 6). 파주: 한울.

서는 미디어교육을 "미디어교육은 다양한 미디어를 통해 보고 듣는 메시지를 선별·비판적으로 이해하고 분별 있게 이용하며, 자기 의견이나 생각을 미디어를 통해 표현하고 소통할 수 있는 '미디어 리터러시' 능력을 갖춘 수용자를 양성하는 교육"이라고[13] 정의 내리면서 미디어 리터러시를 미디어를 통해 전달되는 메시지를 선별하고 비판적으로 이해하며, 자신의 의견이나 생각을 남들과 소통할 수 있는 능력으로 개념화하고 있다. 이러한 정의는 학술적 정의와 유사한 측면을 보이지만, 미디어교육의 범위를 설명하면서 조금 더 구체적인 대상을 제시한다. 즉, 한국언론진흥재단에서는 미디어교육의 범위를 전통적인 레거시 미디어(예. 신문이나 방송 등)과 영화나 광고를 포괄하는 모든 종류와 형식의 미디어를 통해 제작되거나 제공되는 모든 유형의 콘텐츠를 포함한다. 여기에는 최근 이용이 급증하고 있는 모든 형태의 소셜 미디어도 포함되고 있음을 명시하고 있으며, 이는 현대인들이 일상적으로 활용하고 있는 대부분의 디지털 미디어를 통해 생산된 모든 유형의 콘텐츠를 포괄함을 의미한다. 이에 더해, 방송통신위원회에서는 미디어 리터러시를 일반인들에게 쉽게 설명하기 위해, 이를 "미디어(Media)와 리터러시(Literacy)의 합성어로 미디어에 접근할 수 있고 미디어 작동원리를 이해하며, 미디어를 비판하는 능력, 미디어를 적절하게 생산하고 활용할 수 있는 능력"[14]이라고 정의내리면서, "미디어를 기술적으로 이용하고, 다양한 미디어를 활용할 수 있는 능력, 불법적 미디어를 이용하지 않으며 타인의 권리를 침해하지 않는 책임 있는 미디어 이용 능력, 미디어에서 제시된 정보의 신뢰성, 편향성, 의도성 등을 판별할 수 있는 능력, 미디어 기기를 활용한 콘텐츠를 제작할 수 있는 능력"을 강조한다. 이처럼 정부부처나 유관기관의 경우에는 미디어 리터러시의 하위 역량을 설명할 때 하위 역량을 좀 더 구체화시키는 것을 확인할 수 있다.

미디어나 미디어 교육에 대한 정의는 미디어교육과 관련되어 발의된 여러 법안에서 보다 구체적으로 확인할 수 있다. 비록 기존에 발의된 법안에서는 '리터러시'에 대한 정의가 포함되지는 않았으나, 미디어 및 미디어교육에 대한 정의를 살펴보면, 해당 법안에서 미디어 리터러시의 구체적인 하위 역량을 간접적으로 확인할

---

13 https://www.forme.or.kr/sub.cs?m=15

14 https://www.korea.kr/news/visualNewsView.do?newsId=148888031

수 있다. 예를 들어, 유은혜 전 국회의원이 발의했던 [미디어교육 활성화에 관한 법률안]에서는 미디어 교육을 "미디어와 미디어를 통하여 전달되는 정보와 내용물에 대한 접근능력, 비판적 이해능력, 창의적 활용능력과 민주적 소통능력을 증진시켜 국민의 시민의식을 함양하고 미디어를 통한 사회참여를 활성화하기 위한 모든 형태의 교육"으로 정의내리고 있으며,[15] 여기에는 기존의 연구에서 자주 언급되었던 미디어 리터러시 하위 역량이 상당 부분 포함되어 있음을 확인할 수 있다. 또한, "미디어"에 대해서 [뉴스통신 진흥에 관한 법률], [방송법], [신문 등의 진흥에 관한 법률], [영화 및 비디오물의 진흥에 관한 법률], [인터넷 멀티미디어 방송사업법] 등과 같은 여러 법적 근거를 바탕으로 미디어교육에 포함될 미디어를 매우 구체적으로 정의내리고 있다. 최근 들어 발의된 정필모 의원이나 신경민 의원의 법안에서도 미디어나 미디어교육에 대해 매우 구체적인 정의를 제시하고 있다.

미디어 리터러시에 대한 이와 같은 정의들을 살펴보면 연구나 실질적인 교육 프로그램 개발 및 운영을 위해 매우 구체적인 내용을 담고 있으며, 활용도가 높다고 볼 수 있다. 하지만, 앞서 언급된 미디어와 리터러시에 대한 보다 심층적인 정의를 담아내기에는 개념적으로 한계가 있다. 따라서, 본 연구가 제시한 미디어와 리터러시의 정의를 반영하여, 본 연구에서는 미디어 리터러시를 "법률이 정하고 있는 모든 유형의 미디어를 통해 의사소통 주체들 간에 매개되는 콘텐츠의 제작 배경을 충분히 고려하여 해당 콘텐츠를 읽고 해석하여 자신만의 콘텐츠를 창조하고 공유함으로써 현실을 재구성하는 제반의 능력"이라고 정의 내리고자 한다.

미디어 리터러시 하위 역량

미디어 리터러시에 대한 기존의 연구나 교육 사업을 살펴보면, 미디어 리터러시 하위 역량에 대해 다양하게 구분하고 있으며, 연구 대상 혹은 교육 대상, 그리고 기술 개발에 따른 주요 미디어의 변화 등에 따라서 하위 역량이 달라진다. 미

15 유은혜 (2018). 미디어교육 활성화에 관한 법률안

디어 리터러시 하위 역량과 관련되어 가장 전통적으로 많이 알려진 것은 영국의 Ofcom에서 제시하고 있는 세 가지 기본 역량이라고 볼 수 있다. Ofcom에서는 '접근', '이해', '창조' 세 가지의 역량을 제시했으며,[16] 이는 기존의 연구에서 가장 자주 활용되어 온 역량 구분이라고 볼 수 있다. 이에 기반하여 기존 연구에서는 활용과 제작 및 창작을 고려하여, '접근', '활용', 그리고 '비판적 이해'를 미디어 리터러시의 세 가지 기본 하위 역량으로 자주 간주해 왔다. 무선 인터넷 망의 확산과 소셜 미디어의 개발과 이에 대한 이용이 증가하면서, 세 가지 기본 하위 역량 외에 '사회적 참여'가 추가되면서, 미디어 이용에 있어서 사람들 간의 관계, 그리고 시민으로서의 역할이 강조되기 시작했다. 이에 더해, 디지털 미디어를 통한 콘텐츠 제작이 용이해지면서 생비자(Prosumer)의 형성이 더욱 가속화되었다. 특히, 유튜브나 인스타그램과 같은 소셜 미디어를 통해 미디어 이용자들은 동시에 제작자들이 되고 있다. 따라서, 미디어 이용자이자 제작자라는 점을 고려하여, '책임과 권리'라는 하위 역량 또한 최근 연구에서 추가되었다.[17]

1. 접근

우선, 접근은 가장 기본적인 미디어 리터러시 하위 역량으로 간주되어 왔으며 미디어 기술이나 서비스에 대해 얼마나 용이하게 접근할 수 있는가의 정도를 의미한다. 접근 또한 두 가지 영역으로 구분될 수 있으며, 이는 '물질적 접근'과 '인지적 접근'이다.[18] 일반적으로, 미디어에 대한 접근은 미디어 기술을 이용할 수 있는 물질적인 장치(예. 휴대폰 단말기, 컴퓨터 등)나 서비스(예. 무선 인터넷 서비스 등)에 대한 실질적인 접근을 의미한다. 이와 같은 물질적 측면에 있어서의 접근은 미디어 이용을 위한 가장 기본적이자 필수적인 조건이라고 볼 수 있다. 인지적 접근이란 특정 미디어 장치나 서비스를 포함하는 제반의 인프라에 대해 얼마나 알고 있는가의 정도라고 볼 수 있다. 아무리 새로운 미디어 기술이 개발되

16 Ofcom [Office of Communications] (2003). About media literacy

17 김경희·김광재·이숙정(2019). 모바일 환경에서의 미디어 리터러시 구성 요소와 세대 간 미디어 리터러시 격차. 한국방송학보, 33(4), 5-36.

18 성동규 (2008). 미디어 이용과 사회문화적 격차 및 양극화 문제 대응방안. 정보통신정책연구원.

고 서비스가 출시되더라도 해당 기술과 서비스에 대해 인식하지 못할 경우, 해당 미디어에 대한 접근 자체가 불가능해진다. 특히, 미디어 기술이나 서비스에 대한 정보 습득이 제한적인 노인들의 경우, 인지적 접근 역량이 부족하여 새로운 미디어 기술과 서비스를 이용하지 못하는 경우가 많다. 중·장년층 또한 새로운 미디어 기술이나 서비스를 이용할 수 있는 경제적 여유에도 불구하고 인지적 접근이 제한되어 이용하지 못하는 경우가 많다고 볼 수 있다. 인터넷이 등장한 이후 미디어 격차와 관련되어 진행되어 온 초기 연구들은 이와 같은 접근에 있어서의 불평등을 "제1수준 디지털 격차"로 명명하면서[19,20] 가장 기본적인 디지털 격차이자 선

구분	영역	세부항목	분석단위
디지털정보화 수준	디지털정보화 접근 수준	o 유무선 정보기기 보유 여부	가구/개인
		o 인터넷 상시 접속가능 여부	가구/개인
	디지털정보화 역량 수준	o PC 이용 능력 (7개 항목)	개인
		o 모바일 디지털기기 이용 능력 (7개 항목)	개인
	디지털정보화 활용 수준	o 유선 및 모바일 인터넷 이용 여부	개인
		o 인터넷 서비스 이용 다양성 - 정보(뉴스) 검색, 전자우편, 메신저, 교육, 영화/음악/전자책 등의 콘텐츠(뉴스 제외) 이용, 일반 블로그 운영, 마이크로 블로그 이용, 커뮤니티 서비스, 교통정보 및 지도, 제품구매 및 예약/예매, 금융서비스(뱅킹 · 주식), 행정서비스(전자정부), 클라우드 서비스	개인
		o 인터넷 심화 활용 정도 - 정보생산 및 공유, 네트워킹, 사회참여, 경제활동	개인

〈그림 1〉 접근·활용·역량에 대한 정의

〈출처〉 [2021 디지털 정보격차 실태조사] -한국지능정보사회진흥원-

19 Hargittai, E. (2002). Second-level digital divide: Differences in people's online skills. *First Monday, 7*(4).

20 Hargittai, E., & Hinnant, A. (2008). Digital inequality: Differences in young adults' use of the Internet. *Communication Research, 35*, 602-621.

결문제로 간주해 왔다. 디지털 격차와 관련해서 [한국지능정보사회진흥원]에서는 매년 [디지털 정보격차 실태조사]를 실시해 왔으며, '접근'에 대해서 "컴퓨터·모바일 기기 보유 및 인터넷 사용 가능 여부를 측정하는 지표"라고 정의내리며(한국지능정보사회진흥원, 2022),[21] 현대인의 생활에서 가장 기본적인 디지털 기기나 서비스 이용과 관련된 결과를 매년 보고해 왔다. 〈그림 1〉은 해당 보고서에서 측정한 세 가지 주요 지수에 대한 세부 항목을 보여주며, '접근'은 기기 보유와 사용 가능 여부를 의미하고 이는 "이용 기회 여부"와 직결된다고 볼 수 있다.

[2021 디지털 정보격차 실태조사]의 결과를 살펴보면, 지난 4년간 '접근' 지수는 지속적으로 증가해 왔으며, 미디어 취약계층(장애인, 고령층, 저소득층, 농어민)에서도 '접근' 지수는 지속적으로 증가해 왔음을 확인할 수 있다(〈그림 2〉 확인). 이는 1차 수준 디지털 격차는 지속적으로 감소하고 있음을 의미하기도 한다.

구분	2018년	2019년	2020년	2021년
장애인	92.0	92.6	95.4	95.6
고령층	90.1	90.6	92.8	93.1
저소득층	94.9	95.2	98.3	98.7
농어민	91.0	91.3	94.8	94.9
취약계층 평균	91.1	91.7	93.7	94.4

※ 일반국민의 디지털정보화 접근 수준을 100으로 할 때, 일반국민 대비 4대 계층의 디지털정보화 접근 수준을 의미

〈그림 2〉 접근 관련 디지털 격차

〈출처〉 [2021 디지털 격차 실태조사] -한국지능정보사회진흥원-

2. 활용

다음으로, 미디어 리터러시 하위 역량으로 강조되는 두 번째 구성요소는 '활용'이라고 볼 수 있다. '접근'이 미디어 기술이나 서비스의 이용 기회 여부와 관련이 깊다면 '활용'은 해당 기술이나 서비스르 원하는 목적에 적합하게 이용할 수 있는 능력의 정도라고 볼 수 있다. 예를 들어, 시골에 거주하는 노인들의 경우 무선 인

21 한국지능정보사회진흥원 (2022) 2021 디지털 정보격차 실태조사.

터넷 보유율은 높은 편이지만, 실질적으로 특정 목적(예. 인터넷 뱅킹, 온라인 쇼핑 등)을 위해 무선 인터넷을 이용하는 비율은 상대적으로 낮으며, 이는 접근에 있어서는 지수가 높지만 활용 지수는 낮다고 볼 수 있다. 이와 관련하여 [2021 디지털 정보격차 실태조사]를 살펴보면,[22] '활용'과 '역량'이 통상적으로 알려져 있는 미디어 리터러시 하위 역량의 '활용'과 연결된다. 해당 보고서에 따르면 '역량'이란 "컴퓨터·모바일 기기 기본 이용 능력을 측정하는 지표"를 의미하고, '활용'이란 "컴퓨터·모바일 기기 인터넷 양적·질적 활용 정도를 측정하는 지표"로 정의되고 있다. '활용'이 일상생활에서 자주 이용하고 있는 디지털 기기나 서비스(예. 날씨 검색 등)에 대한 이용 능력을 의미한다면, '역량'이란 PC와 모바일 디지

구분	2018년	2019년	2020년	2021년
장애인	73.6	74.0	81.4	81.5
고령층	62.8	63.9	71.4	72.3
저소득층	84.3	85.4	96.1	96.3
농어민	65.9	67.2	76.9	78.1
취약계층 평균	67.7	68.8	74.8	77.6

※ 일반국민의 디지털정보화 활용 수준을 100으로 할 때, 일반국민 대비 4대 계층의 디지털정보화 활용 수준을 의미

〈그림 3〉 활용 관련 디지털 격차

〈출처〉 [2021 디지털 정보격차 실태조사] -한국지능정보사회진흥원-

구분	2018년	2019년	2020년	2021년
장애인	66.9	67.8	74.2	74.9
고령층	50.0	51.6	53.7	53.9
저소득층	85.3	86.5	92.5	92.9
농어민	63.0	63.6	69.0	69.6
취약계층 평균	59.1	60.2	60.3	63.8

※ 일반국민의 디지털정보화 역량 수준을 100으로 할 때, 일반국민 대비 4대 계층의 디지털정보화 역량 수준을 의미

〈그림 4〉 역량 관련 디지털 격차

〈출처〉 [2021 디지털 정보격차 실태조사] -한국지능정보사회진흥원-

22 한국지능정보사회진흥원 (2022). 2021 디지털 정보격차 실태조사.

털 기기를 활용해서 보다 어려운 목적(예. 악성 코드 제거 등)을 달성할 수 있는 능력을 의미한다(〈그림 2〉 확인). 활용과 역량은 미디어 리터러시 하위 역량 중에서 가장 핵심적인 구성 요소로 볼 수 있으며, 실질적으로 미디어 기기나 서비스를 이용할 줄 아는가는 해당 기기나 서비스에 대한 인지적 그리고 물질적 접근 혹은 이용 기회 확보의 다음 단계라고 볼 수 있다. '활용' 및 '역량'에 대한 지수를 살펴보면 아래의 〈그림 3〉과 〈그림 4〉가 보여주는 것과 같이 비록 2018년 이후 지속적으로 두 가지 지수 모두 높아지고는 있지만, 고령층과 농어민에 대한 지수는 여전히 일반국민에 비해 낮은 수준에 머물고 있다. 특히, 해당 조사에서 '역량' 지수는 고령층에서 매우 낮은 수준(53.9점)이며 2018년에 비해(50점) 유의미한 수준에서 개선되고 있지 못하고 있다. 농어민에 대해서도 역량 지수는 일반국민에 비해 상대적으로 낮음을(69.6점) 확인할 수 있다. 이처럼 미디어의 '활용'과 관련된 디지털 격차는 비록 개선되고는 있으나 고령층 대상으로는 여전히 개선될 필요가 있으며, '활용'은 기술 수준과 미디어 환경에 따라서 그 정의나 범위가 달라질 수 있다는 점에 주목할 필요가 있다. 디지털 격차 개념이 제기되었던 초기에는 인터넷에 대한 접속 및 활용 여부가 가장 중요한 지표가 되었으나, 스마트폰이 개발되고 그 의존도가 매우 높아지면서 최근 들어서는 미디어 리터러시 관련 연구에서는 스마트폰의 활용에 초점을 두는 경우가 지속적으로 늘어나고 있다.

3. 비판적 이해

미디어 리터러시 교육과 관련된 기존의 많은 연구들이 가장 강조한 하위 역량은 '비판적 이해'라고 볼 수 있다. 일례로, 유럽위원회(Council of Europe)의 [European Audiovisual Observatory]에서 2016년도에 진행했던 조사인 [Mapping of Media Literacy Practices and Actions in EU-28] 관련 보고서에 따르면,[23] EU 28개국에서 미디어 리터러시 교육과 관련된 프로젝트를 살펴보면, 547개의 프로젝트 중에서 403개 프로젝트는 '비판적 이해'를 포함하고 있었으며, '비판적 이해'는 여러 미디어 리터러시 하위 역량 중에서 가장 자주 포함되

23 European Audiovisual Observatory (2016). *Mapping of media literacy practices and actions in EU-28*. Council of Europe.

었다. 국제적으로 미디어 리터러시 교육을 선도하는 여러 국가의 대표적인 기관이나 단체에서도 '비판적 이해'는 가장 비중있게 다루고 있다. 캐나다의 [MediaSmarts]나 영국의 [Ofcom]에서는 생애주기별 미디어 리터러시 교육에 대해 강조하면서 특히 어린이·청소년 대상 미디어 리터러시 교육에서 비판적 이해를 강조해 왔다. '비판적 이해'에 대한 다양한 정의가 있으며, 김경희·김광재·이숙정(2019)은 이를 "미디어 콘텐츠를 비판적으로 분석 및 평가하는 것으로, 미디어와 콘텐츠의 속성을 이해하고, 미디어 콘텐츠의 정확성·신뢰성·타당성·편향성 등을 파악하며, 미디어의 현실 구성과 재현 방식의 문제점을 인식하고, 미디어 콘텐츠에 영향을 주는 환경적 요소를 파악할 있는 능력"(29쪽)으로 정의내렸다.[24] 하나의 미디어 콘텐츠가 담아내는 진정한 의미를 파악하기 위해서는 해당 콘텐츠가 제작되는 사회·경제·정치·문화적 배경과 콘텐츠 자체의 특성, 그리고 특정 대상에 대한 재현 방식에 대한 이해가 필수적이다. 이러한 부분에 대한 이해가 부족할 때, 편향된 해석과 이로 인한 오판단과 태도와 행동이 발생하게 된다. 예를 들어, 디즈니 애니메이션 속에서의 인종차별과 관련된 내용이 미국의 대표적인 방송사인 ABC에서 상대적으로 적게 보도될 가능성이 높다라는 점은 미디어 집중(Media Concentration)과 미디어 재벌화, 그리고 미디어 편향이라는 개념을 이해하지 못한다면 인식하기 어렵다. 따라서, '비판적 이해'라는 미디어 리터러시 하위역량은 타 하위 역량에 비해 좀 더 포괄적이고 장기적인 교육이 요구된다.

핀란드의 경우, '비판적 이해' 역량을 고양시키기 위해 초등학교 고학년부터 미디어 리터러시 교육을 실시하고 있으며, 캐나다의 [MediaSmarts] 또한 초등학교 고학년부터 미디어 콘텐츠를 비판적으로 읽고 해석하는 방법에 대해 교육한다. 이와 같은 미디어 리터러시 교육 선진국에 비해서, 현재 한국은 미디어 활용에 대한 비중이 지나치게 높으며, 어린이·청소년을 위한 미디어 리터러시 교육에서도 주로 미디어 기기 활용이나 콘텐츠 제작이 중심을 이루며 '비판적 이해'에 대한 체계적이고 장기적인 교육은 이루어지지 못하고 있다. 비록 초등학교 교과서에 미디어 콘텐츠 읽기에 대한 내용이 여러 영역(국어, 사회 등)에 종종 포함되지만, 미디

24 김경희·김광재·이숙정(2019). 모바일 환경에서의 미디어 리터러시 구성 요소와 세대 간 미디어 리터러시 격차. 한국방송학보, 33(4), 5-36.

어 리터러시에 대한 전문적인 내용이 충실히 반영되고 있다고 보기 어렵다. 미디어 콘텐츠를 비판적으로 이해하고 그 진의를 파악하며 주요 메시지를 선별적으로 받아들일 수 있는 능력이 어릴 때부터 갖춰지지 못하면, 미디어 속 편향과 오정보에 그대로 노출되어 심리적 그리고 신체적 고통을 겪을 수 있다. 이와 관련하여 한 가지 주목해야 할 부분은 2021년도에 사회적으로 이슈가 되었던 OECD의 PISA(Program for International Student Assessment) 결과 중에서 비판적 이해와 직결되는 정보판별 능력과 미디어 리터러시 교육 기회 제공이라는 측면에서 한국 청소년들의 성적이 OECD 국가 중에 최하위였다는 점이다(〈그림 5〉 확인). 한국 청소년들의 경우, 읽기 능력 자체에서는 상대적으로 높은 수준을 보였으나, 사실과 의견을 구분하는 정보판별 능력과 이와 같은 정보 판별 능력에 대한 교육을 받을 수 있는 기회 제공이라는 측면에서 최하위권에 머물렀다.

미디어를 통해 전달되는 정보를 다양한 소스를 통해 탐색함으로써 그 진위를

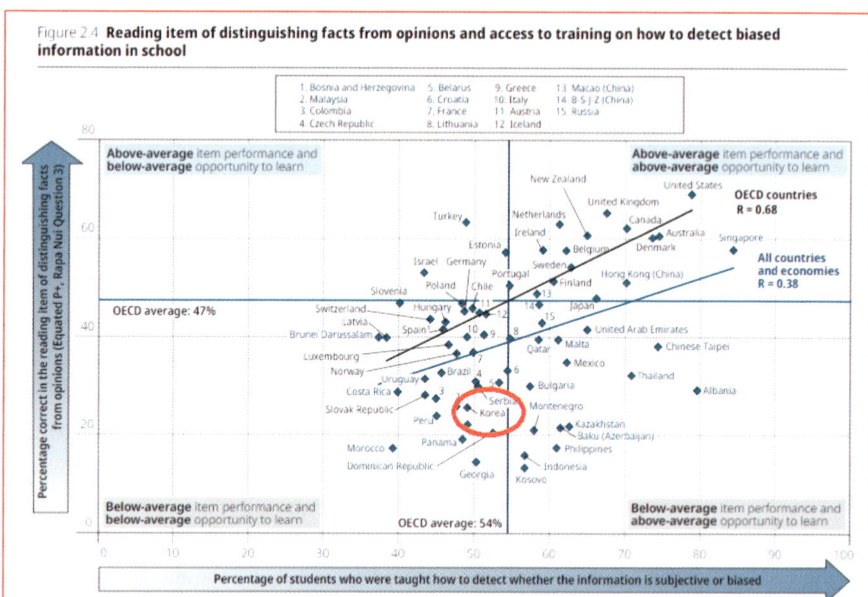

〈그림 5〉 미디어 리터러시 관련 PISA 결과

〈출처〉 [21st-Century Readers: Developing Literacy Skills in a Digital World] -OECD- https://read.oecd-ilibrary.org/education/21st-century-readers_a83d84cb-en#page46

파악하는 능력은 가짜 뉴스나 딥 페이크(Deep Fake)가 빠르게 증가하고 있는 현 시대에 매우 중요한 역량이라고 볼 수 있다. 다양한 소스로부터 제공되는 정보를 비판적으로 해석하여 부적절하거나 부적합한 정보를 분석하여 주어진 메시지를 올바르게 해석하는 능력은 미디어 리터러시 하위 역량 중에서도 가장 중요한 역량으로 간주할 필요가 있다. 그럼에도 불구하고, PISA 결과에서 확인할 수 있듯이, 한국 청소년들의 정보판별 능력과 이와 관련된 비판적 이해 관련 역량, 그리고 이러한 역량을 고양시킬 수 있는 기회 제공이라는 측면에서 상대적으로 낮은 수준에 머물렀다는 것은 청소년 대상의 미디어 리터러시 교육의 방향성에 대해 다시 한번 심각하게 고민할 필요가 있음을 의미한다. 즉, 미디어를 통한 콘텐츠 제작 능력이나 코딩 능력과 같이 기능적이거나 실무적인 능력 향상에만 초점을 둘 것이 아니라, 전달받은 메시지의 진위 여부와 진의를 주어진 상황에 맞춰서 다양한 소스를 통해 파악해 내는 능력 향상에도 많은 노력을 기울일 필요가 있다. 앞서 언급했던 것과 같이, 미디어 리터러시 교육 선진국으로 알려진 핀란드, 캐나다, 프랑스와 같은 국가에서는 생애주기별 교육 프로그램을 통해 '비판적 이해' 능력을 고양시키는 데 체계적이고 정책적인 지원을 마련하고 있다.

4. 사회적 참여

기존 연구에서 자주 다루었던 세 가지의 미디어 리터러시 하위 역량(접근, 활용, 비판적 이해)은 미디어의 종류와 상관없이 공통적으로 적용될 수 있다. 전통적인 레거시 미디어나 최근에 빠르게 개발되고 있는 다양한 스마트 미디어에서도 '접근', '활용', 그리고 '비판적 이해'는 매우 중요한 미디어 리터러시 하위 역량이며, 기존의 연구에서도 지속적으로 강조되었다. 이와 같은 세 가지 하위 역량에 더해 '사회적 참여'는 상대적으로 최근에 추가된 하위 역량이다. 2000년대에 들어서면서 현대인의 삶은 온·오프라인의 경계가 허물어지기 시작했고 온라인과 오프라인을 통한 사회적 관계 형성은 필요를 넘어 필수가 되어가기 시작했다.

플랫폼 산업이 지금과 같이 빠르게 성장할 수 있었던 가장 큰 동력은 소셜 미디어를 통한 사회적 관계망의 형성과 이중 시장 구조의 강화라고 볼 수 있고, 이러한 성장에 힘입어 플랫폼 사업자들은 더 많고 다양한 형식의 소셜 미디어와 새로운 서비스를 제공하고 있으며, 이에 대한 의존 또한 빠르고 지속적으로 증가하고 있다. 소셜 미디어를 비롯한 다양한 미디어 플랫폼을 통해, 현대인들은 여러 차원에서 사회적 활동에 참여하고 있으며, 이는 현재의 사회적 그리고 정치적 환경과 체계, 그리고 공중 의제를 변화시키는 데 큰 역할을 하고 있다. 일례로, 2010년 이래 아프리카와 중동 국가들에서 발생했던 반정부 시위의 확산은 SNS 중에서도 특히 트위터를 통해 촉진되었으며, 이는 "아랍의 봄(Spring of Arab)"으로 알려지면서 SNS의 사회 운동 활용의 대표적인 사례로 알려져 왔다. 이에 더해, 2011년도에 미국에서의 경제 불안과 부조리 그리고 사회적 불평등에 항의하는 시위가 SNS를 통해 확산되면서 "월가 점령 시위(Occupying Wall Street)"가 발행했고, 이 또한 SNS와 온라인 사회운동을 설명하는 대표적인 사례로 활용되어 왔다.

미디어를 통한 사회 참여가 빠르게 증가하면서 미디어 리터러시 하위 역량 중 하나로 '사회적 참여'가 강조되기 시작했다. 헨리 젠킨스(Henry Jenkins)의 주장에 근거하여,[25] 미디어교육 연구자들은 미디어 리터러시 하위 역량으로서의 '사회적 참여'의 중요성을 강조해 왔으며, 디지털 미디어에 대한 의존과 사회적 관계 형성, 그리고 미디어를 통한 사회적 그리고 정치적 활동이 극적으로 증가된 현재의 미디어 이용 실태를 고려한다면, 사회적 참여라는 측면에서의 미디어 리터러시 고양은 필수적이다.

사회적 참여는 미디어 이용자들의 자발적이고 의도적인 행동에 기반하기 때문에, '시민성'과 직결된다고 볼 수 있다. 시민성에 대한 논의는 인간의 공동체가 생긴 이후로 지속적으로 이루어져 온 가장 근본적인 이슈 중 하나이며, 수많은 이론가들이 각자만의 정의를 제공해 왔다. 그라함(Graham, 1991)은 시민성은 어딘가에 대한 소속감(Belonging)에 기반하며 권리와 책임을 수반하고, 시민들 간 연계(ties)의 속성과 정도는 권리와 책임에 의해 많은 영향을 받는다고 설명했다.[26] 즉, 시민성은 시민이 특정 공동체에 소속됨으로 인해서 부여받는 권리이자

25 Jenkins, H., Clinton, K., Purushotma, R., Robison, A. J., & Weigel, M. (2009). Confronting the challenges of participatory culture: Media education for the 21st Century.

26 Graham, J.W. (1991) An essay on organizational citizenship behavior. *Employee*

책임이며, 다른 시민들과의 관계는 각 시민들이 해당 권리이자 책임을 어떻게 받아들이고 행동에 옮기는가에 달려있다고 볼 수 있다. 이를 조금 더 작은 단위의 인간 공동체인 조직에 적용한 개념이 조직시민행동(OCB: organizational citizenship behavior)이며, OCB는 조직과 조직원의 성과와 조직 생활에 매우 유의미한 영향을 미치는 것을 밝혀져 왔다.[27,28] 즉, 자신만의 권리나 이득만을 취하지 않고, 조직이나 타 조직원의 권리나 이익을 위해서도 자발적으로 행동을 취하는 것이 조직시민행동의 핵심이기 때문에, 이는 조직의 생존 자체에도 매우 큰 영향을 미친다. 시민성은 이처럼 특정 공동체의 존립과 직결되며, 공동체 구성원들의 많은 행동이 각종 미디어를 통해 매개되는 상황에서, 시민성은 미디어와도 긴밀하게 연결되어 있고, 특히 디지털 미디어 생태계가 형성되면서, 디지털 시민성(digital citizenship)에 대해 강조되기 시작했다. 이와 관련하여 미국의 사례를 살펴보면, 미국은 각 주(state)마다 미디어 리터러시 교육에 대해 강조하는 점이 조금씩 다르지만, 많은 주들에서 디지털 시민성에 대해 강조하면서, 어린이·청소년들이 시민으로서 서로에 대한 선(善)을 행하기 위해 미디어를 사용할 수 있는 능력을 고양시킬 수 있도록 지원책을 마련하고 있다. 강진숙과 동료들의 [해외 미디어교육 법체계 및 정책기구연구]에서[29] 살펴본 미국의 사례들에서 이와 같은 점을 잘 확인해 볼 수 있다.

이처럼, 사회적 참여는 공동체적인 측면에서 보았을 때는 '시민성'과 직결되지만, 개인적인 측면에서는 사회 자본의 형성과도 긴밀하게 연결된다. 사회 자본의 핵심은 사람들과의 연결이며, 재정적 자본(Financial Capital)은 돈의 힘이고, 인

Responsibilities and Rights Journal, *4*, 249-270.

27 Organ, D. W., Podsakoff, P. M., & MacKenzie, S. B. (2006). *Organizational citizenship behavior: Its nature, antecedents, and consequences*. Thousand Oaks: SAGE.

28 Podsakoff, P. M., MacKenzie, S. B., Paine, J. B., & Bachrach, D. G. (2000). Organizational citizenship behaviors: A critical review of the theoretical and empirical literature and suggestions for future research. *Journal of Management*, *26*(3), 513-563.

29 강진숙·조재희·정수영·박성우 (2017). 해외 미디어교육 법체계 및 정책기구 연구. 한국언론진흥재단.

적 자본(Human Capital)은 개인의 전문적 지식이나 기술의 힘에 의존하는 반면, 사회 자본(Social Capital)은 타인과의 연결에서 발생할 수 있는 잠재적 자원으로 개념화될 수 있다. 사회 자본 또한 공동체 차원과[30,31] 개인적 차원에서 논의될 수 있고,[32,33,34,35] 두 차원 모두 미디어 이용과 밀접히 연관되어 있다. 공동체 차원에서 보면, 사회 자본은 공동체 내에서의 상호 간의 신뢰와 정치 및 사회 참여와 밀접히 연관되어 있고 시민성과도 직결된다. 로버트 퍼트남(Robert Putnam)은 “Bowling Alone: The Collapse and Revival of American Community”라는 책에서(2000) 미국 사회는 미디어 이용이 극대화되면서 개인화가 심각한 수준에 이르렀음 지적하면서 공동체원 간의 상호교류의 감소와 궁극적으로는 사회적 수준에서의 신뢰 하락, 그리고 사회 자본의 감소에 대해 설명했다.[36] 이는 곧 시민성이라는 측면에 있어서도 문제가 발생할 수 있음을 의미한다. 이에 반해, 개인적 차원에서의 사회 자본은 개인적인 네트워크를 축적될 수 있는 잠재적 ‘자원’으로 간주하며, 가장 잘 알려진 개인적 수준의 사회 자본은 ‘교량적

30 Fukuyama, F. (1995). *Trust : The social virtues and the creation of prosperity.* New York, NY: Free Press.

31 Putnam, R. (2000). *Bowling alone: The collapse and revival of American community.* New York, NY: Simon & Schuster Paperbacks.

32 Shane-Simpson, Manago, Gaggi, & Gillespie-Lynch (2019). Why do college students prefer Facebook, Twitter, or Instagram? Site affordances, tensions between privacy and self-expression, and implications for social capital. *Computers in Human Behavior, 86*, 276-288.

33 Ellison, N. B., Steinfield, C., & Lampe, C. (2007). The benefits of Facebook “friends:” social capital and college students’ use of online social network sites. *Journal of Computer-Mediated Communication, 12*(4), 1143-1168.

34 Ellison, N. B., Steinfield, C., & Lampe, C. (2011). Connection strategies: Social capital implications of Facebook-enabled communication practices. *New Media & Society, 13*(6), 873-892.

35 Valenzuela, S., Park, N., & Kerk, K. F. (2009). Is there social capital in a social network site?: Facebook use and college students’ life satisfaction, trust, and participation. *Journal of Computer-Mediated Communication, 14*, 875-901.

36 Putnam, R. (2000). *Bowling alone: The collapse and revival of American community.* New York, NY: Simon & Schuster Paperbacks.

(bridging)' 그리고 '결속적(bonding)' 사회자본으로 볼 수 있다. 우선 결속적 사회자본은 가까운 사람들과의 결속을 통해 창출될 수 있는 잠재적 재원이며, 감정적 지지(emotional support)도 이루어진다는 특징이 있으며, 교량적 사회자본은 새로운 사람들과의 간접적 연계를 통해 새로운 정보와 지식 혹은 관계를 형성할 수 있는 잠재적 연계를 의미한다.[37] 사회자본은 개인의 삶에 있어서 여러 측면에서 긍정적인 영향을 미치기 때문에, 사회자본의 부족은 삶의 질에 부적인 영향을 미치게 된다. 특히 최근 들어서 다양한 소셜 미디어를 통해 사람들이 연결되면서 디지털 미디어는 사회자본을 형성하는 매우 중요한 기재로 작동되고 있고, 페이스북 이용을 통한 사회자본 형성과 관련된 논문을[38] 비롯하여 많은 연구들이 SNS 이용과 사회자본과의 밀접한 관계에 대한 실증적 근거를 제시해 왔다. 따라서, 미디어 리터러시 하위 역량으로서의 '사회적 참여'와 관련하여, 개인적 수준에 있어서의 사회자본 형성 기회 제공이라는 측면에서 사회적 참여는 강조될 필요가 있다.

5. 책임과 권리

마지막으로, 미디어 리터러시 하위 역량과 관련하여 가장 최근에 강조되기 시작한 부분은 '책임과 권리'라고 볼 수 있다. "디지털 네이티브(디지털 원주민)"라는 표현은 연구 논문 뿐만 아니라 일반 대중 서적이나 방송에서 매우 자주 사용되었기 때문에, 더 이상 낯선 표현이 아니며, 인구통계학적으로 디지털 네이티브의 비중은 점점 더 커지고 있다. 즉, 디지털 환경에서 태어났기 때문에, 출생과 함께 디지털 미디어에 노출되고 성장하면서 디지털 미디어를 통한 그리고 그로 인한 삶을 살아가는 사람들의 비중이 점점 더 커지고 있다. 뿐만 아니라, 디지털 이주민(digital immigrant)으로 알려진 사람들은 비록 디지털 환경에 둘러싸여 태어

---

37 Patulny, R. V., & Svendsen, G. L. H. (2007). Exploring the social capital grid: bonding, bridging, qualitative, quantitative. *International Journal of Sociology and Social Policy, 27*, 32-51.

38 Ellison, N. B., Steinfield, C., & Lampe, C. (2007). The benefits of Facebook "friends:" social capital and college students' use of online social network sites. *Journal of Computer-Mediated Communication, 12*(4), 1143-1168.

나고 자라지는 않았으나 디지털 미디어에 대한 의존이 높고 이용에 있어서도 크게 어려움을 느끼지 못하는 사람들이며, 이들의 비중까지 합치면 디지털 미디어를 일상적으로 이용하고 의존하는 사람들의 비중은 절대적으로 높다. 이에 따라, 디지털 미디어 콘텐츠를 이용하면서 동시에 생산하는 생비자(prosumer)는 꾸준히 빠르게 늘어나고 있으며, 현대인들은 의식적 혹은 무의식적으로 생비자로서 미디어를 이용하기도 콘텐츠를 제작하기도 한다. 생비자가 된다는 것은 이용자와 생산자로서의 '권리와 책임'을 모두 부여받게 되며, 건전한 미디어 생태계의 형성과 올바른 미디어 생산과 이용을 위해서는 책임과 권리에 대해 보다 분명하게 인지할 필요가 있기 때문에, '책임과 권리'는 미디어 리터러시의 하위역량으로 제기되었다. 김경희와 동료들에 따르면, '책임과 권리'는 "자신이 제공하는 정보나 소통 방식이 다른 사람에게 미치는 영향을 이해하고 책임 있게 미디어를 활용하며 미디어 이용자로서 자신의 권리를 보호할 수 있는 행동 역량"(29쪽)으로 정의된다.[39]

이와 같은 이론적 정의는 추상적이기 때문에 법적인 근거를 바탕으로 책임과 권리에 대해 조금 더 구체적으로 살펴볼 필요가 있다. 대한민국 헌법은 대한민국 국민은 자신의 의견을 표현할 수 있는 표현의 자유(대한민국 헌법 제21조)와 사생활의 비밀과 자유를 침해받지 아니할 권리(대한민국 헌법 제17조)를 보장하며, 저작권법에서는 자신이 스스로 제작한 생산물에 대한 소유권 또한 보장 받는다. 이를 미디어에 접목해 보면, 대한민국 국민은 1) 본인이 원하는 메시지를 특정 미디어를 통해 전달할 수 있는 표현의 자유를 갖고, 2) 스스로 제작한 미디어 콘텐츠에 대한 소유권이 보장되며, 3) 미디어로 인해 사생활을 침해받지 아니할 권리를 갖는다. 이와 같은 권리는 미디어 생산자와 이용자로서의 가장 기본적인 권리를 포괄한다고 볼 수 있으며, 헌법에서는 미디어 생산과 이용과 관련이 깊은 책임과도 직결된다. 즉, [대한민국 헌법 제17조]에 근거했을 때, 우리는 타인의 사생활의 비밀이나 자유를 침해해서는 안되며, [정보통신에 관한 심의규정 제8조]에 의거했을 때, "선량한 풍속 기타 사회질서를 현저히 해할 우려가 있는 내용"을 유통해서도 아니된다. 여기에는 폭력적이거나 상대방에 대한 혐오 혹은 욕설과 표현을 포

---

39 김경희·김광재·이숙정(2019). 모바일 환경에서의 미디어 리터러시 구성 요소와 세대 간 미디어 리터러시 격차. 한국방송학보, 33(4), 5-36.

괄하며, 특정 집단에 대한 편견을 야기하는 표현도 금지된다. 따라서, 유튜브를 통해 누군가의 개인정보를 유출하면서 해당 인물의 종교적 신념에 대해 근거없이 비난할 경우, 이는 대한민국 헌법 17조와 21조를 위반한다. 미디어 콘텐츠 제작이 과거에 비해 너무나 용이해지면서, 저작권이나 초상권 그리고 명예훼손과 관련된 문제는 본인도 모르게 언제 어디서든 발생할 수 있고, 개인은 이와 같은 문제를 발생시키는 가해자이자 동시에 피해자가 될 가능성이 그 어느 때보다도 높다. 따라서, 미디어 리터러시 하위역량으로 '책임과 권리'를 포함시키고 지속적이고 체계적으로 교육을 진행해야 비로소 사회 전반적으로 건전한 미디어 이용과 생산이 가능할 것이다.

미디어 리터러시와 광고 리터러시

미디어 리터러시에 대한 관심이 높아지면서 미디어 리터러시와 관련된 여러 세부 분야에 특화된 리터러시에 대한 관심 또한 함께 증가했다. 이러한 세부 분야로 가장 많은 관심을 받았고 실질적으로 교육 프로그램이 지속적으로 개발된 미디어 리터러시 세부 분야로는 '뉴스 리터러시'를 들 수 있다. 과거 NIE(Newspaper in Education, 신문활용교육)가 제도권 교육에 적극적으로 적용되면서 뉴스읽기가 강조되었고, 이 과정에서 자연스럽게 뉴스 제작과 뉴스에 대한 비판적 이해와 관련된 뉴스 리터러시 교육이 연계되었다. 최근 들어서는 가짜 뉴스가 사회전반적으로 큰 이슈가 되면서 팩트 체크와 관련된 뉴스 리터러시 교육 프로그램이나 행사(체커톤 등)가 여러 정부 부처나 유관 기관에서 개발되기도 했다. 예를 들어, [한국언론진흥재단]에서는 매년 개최하는 〈저널리즘 주간〉 동안 정보판별 및 팩트 체크와 관련된 체커톤 행사를 개최하기 시작했다. [방송통신위원회] 산하의 [시청자미디어재단]에서도 가짜 뉴스와 관련된 교육 프로그램이 개발되어 일반인들에게 제공되었으며, 이와 같이 최근의 트렌드를 반영하는 뉴스 리터러시 관련 교육 프로그램은 여러 관계 기관이나 단체에서 빠르게 개발되어 청소년이나 일반 성인 대상으로 제공되고 있다.

이와 유사하게, 미디어 리터러시의 세부 분야로서 상대적으로 최근에 관심이 높아지고 있는 영역은 '광고 리터러시'라고 볼 수 있다. 사실 어린이 대상의 미디어 리터러시 교육의 세부 내용을 살펴보면 '광고'에 대한 부분이 포함되어 왔으며, 초등학교 고학년 교과서에서도 광고와 뉴스를 구분하는 내용이 포함되어 있다. '비판적 이해'에 대한 교육에서도 미디어 콘텐츠의 편향이나 미디어 효과를 다룰 때, 광고 속의 젠더 이슈나 성적 물화(sexual objectification)와 같은 개념은 자주 포함된다. 이는 광고 리터러시 자체가 새로운 개념으로 보기에는 무리가 있음을 의미하며, 미디어 리터러시 교육의 일부로 이미 포함되어 왔음을 보여준다.

하지만, 미디어 생태계에 있어서 광고가 갖는 독특한 역할과 영향력, 그리고 광고 자체의 특성을 고려했을 때, 미디어 리터러시와 관련해서도 광고만의 영역을 확실히 구분할 필요가 있다. 특히, 광고라는 미디어 콘텐츠는 일반적인 미디어 콘텐츠와 그 자체로서의 특성이 다르다. 비록 타 유형의 미디어 콘텐츠나 광고 모두 이용자의 특정 욕구를 충족시키기 위한 수단이자 목적이라고 볼 수 있지만, 다른 미디어 콘텐츠와 상이하게 광고는 이용자의 욕구를 자체적으로 충족시켜 준다기보다는 욕구 충족의 매개체라고 볼 수 있다. 물론 드물게 광고 자체로부터 흥미로움을 느끼고 '오락'에 대한 욕구를 일정 부분 충족시킬 수는 있으나, 이는 광고의 주 목적이라고 볼 수 없고 이러한 경우가 실질적으로 지배적이라고 보기 어렵다. 광고를 통해 특정 상품의 구매가 발생해야 비로소 광고는 그 목적을 충실히 달성했다고 볼 수 있고, 상품 구매로부터 만족감을 경험했을 때야 비로소 광고에 노출되었던 소비자의 궁극적인 욕구도 충족되었다고 볼 수 있다. 예를 들어, 로맨틱 코메디 영화를 보면서 사랑이 감정의 전이를 느꼈을 때, 영화를 감상했던 사람은 욕구의 충족을 느낄 수 있는 반면, 새로 출시된 스마트폰에 대한 광고에 노출된 사람은 신상품을 구매하고 이용하는 데서 만족감을 느낄 때야 비로소 욕구가 충족되며, 이는 광고 노출 자체로부터 욕구가 충족되었다고 볼 수 없다. 이처럼, 광고는 기본적인 욕구 충족의 메커니즘에서 일반적인 미디어 콘텐츠와 큰 차이를 보인다.

이에 더해, 광고는 미디어 리터러시 교육이라는 측면에서 보았을 때, 미디어 이용자들이 보다 주의를 기울여야 할 '대상'으로 간주되는 경우가 많았다. 특히 인지적으로 아직 덜 성숙한 어린이들의 경우, 1) 프로그램과 프로그램 사이에 등장하는 광고를 프로그램의 일부로 인식하여 광고에 대한 구분이 어려운 경우가 발생할 수 있고, 2) 광고의 목적이 상품 소비를 유인하는 것이며, 광고 내용 자체가 현실을 담아내는 콘텐츠가 아님을 파악하지 못하고, 3) 광고에 담겨 있는 정보를 사실로 받아들일 가능성이 높기 때문에, 어린이들에게 광고는 일종의 '경계 대상'으로 간주되어 왔다. 이와 같이 광고의 본질에 대한 이해가 부족했을 때 발생할 수 있는 부정적 효과로 인해, 미디어 리터러시 교육에 있어서 광고는 경계 대상이자 교육 대상으로 간주되어 왔다. 광고의 특성을 고려했을 때, 광고에 대한 리터러시 교육의 필요성은 자명하다고 볼 수 있다.

광고를 읽어내는 능력으로 일반적으로 정의내려질 수 있는 '광고 리터러시'에 대한 교육은 일반적인 미디어 리터러시 교육과 차별적이지만, 기존의 미디어 리터러시 하위 역량과 연계하여 어느 정도는 설명될 수 있다. 특히, 비판적 이해는 광고 리터러시에 있어서 가장 널리 연계되어 왔으며, 책임과 권리 또한 광고를 제작하고 이용함에 있어서 소비자 혹은 제작자로서의 책임과 권리로 설명될 수 있다. 허위 및 과장 광고로 인해 발생할 수 있는 실질적인 피해를 고려했을 때, 책임과 권리는 매우 중요한 하위 역량으로 간주될 필요가 있다. 비판적 이해와 관련해서는 광고가 상품 구매를 유인하는 설득적인 영향력 혹은 힘에 기반하고 있기 때문에, 이러한 본질 자체를 이해시키는 것이 가장 기본적인 교육 목표가 될 것이다. 접근이나 활용이라는 측면에 있어서는 광고에 대해 조금 다르게 해석할 필요가 있다. 타 미디어의 경우에는 이용자가 특정 목적을 가지고 의도적으로 접근(예. 날씨를 알아보기 위한 애플리케이션 이용, 스마트 뱅킹을 위한 스마트폰 이용 등)하는 능동적 행동에 기반한다고 볼 수 있으나, 광고의 경우에는 대부분 미디어 콘텐츠 이용자들이 의지와 상관없이 노출되는 수동적 행동인 경우가 대부분이기 때문이다. 그렇다고 해서 광고에 대한 능동적 접근이 이루어지지 않는 것은 아니며, 오히려 정보 탐색이라는 적극적 행동 과정에서 소비자들은 적극적으로 광고를 탐색하고 주요 정보를 습득하기도 한다. 이를 역으로 해석하면, 광고는 정보 탐색의 중요한 소스가 될 수 있기 때문에, 광고에 대한 '접근'은 중요한 하위 역량으로 볼 수 있으며 이는 광고에 대한 '이용'과도 직접적으로 연결된다. '사회적 참여'의 경우, 광고의 목적을 고려했을 때, 광고 리터러시는 이와 직접적으로 연관될 수 있다. 광고의 목적이 상품의 구매가 아닌 공익을 목적(공익광고)으로 할 때, 광고는 시민들의 사회적 참여와 직접적으로 연관된다. 특정 공익광고에 노출되어 목표로 하는 태도나 행동이 도출되었을 때, 이는 개인이나 특정 조직의 이익이 아닌 공공의 이익을 창출하게 되며, 이는 시민들의 사회적 참여로 인한 긍정적 결과로 해석될 수 있다. 즉, 시민들이 광고에 노출됨으로써 미디어를 '통한' 시민들의 사회적 참여가 발생될 수 있으며, 본질적으로는 미디어로 '인한' 사회적 참여가 유도되었다고 볼 수 있다.

광고의 영향력과 특성을 고려했을 때, 광고 리터러시에 대한 교육의 필요성은 매우 자명하다. 하지만, 미디어 리터러시와 광고 리터러시 간의 긴밀한 연관성을 고려했을 때, 광고 리터러시만을 따로 독립시켜 교육하기 보다는 미디어 리터러시 하위 역량과의 연계성을 보다 면밀하게 검토하여 교육 프로그램을 개발할 필요가 있다.

저/자/소/개

조 재 희(Jaehee Cho: PH.D. in Communication Studies, The University of Texas at Austin)
노스 캐롤라이나 주립대(University of North Carolina at Charlotte) 커뮤니케이션학과와 중앙대학교 미디어커뮤니케이션학부에서 교육과 연구를 담당했으며, 현재 서강대학교 지식융합미디어학부에서 교수로 재직 중이다. 미디어 리터러시 교육과 관련된 사업을 여러 정부 부처 및 유관 기관([방송통신심의위원회], [한국지능정보사회진흥원], [한국언론재단], [시청자미디어재단] 등 포함)과 진행했으며, 조직커뮤니케이션, 환경커뮤니케이션, 그리고 미디어 교육에 대한 많은 연구 논문을 국내·외 저명 학술지에 게재했다.

제 8 장

광고 리터러시로서 광고활용교육의 현황과 과제

광고 리터러시로서 광고활용교육의 현황과 과제

이희복 교수
상지대학교 미디어영상광고학과

요약

제8장에서는 마케팅 커뮤니케이션으로서 광고를 콘텐츠산업의 한 영역으로 살펴보고 그 가치를 새롭게 평가해 보자는 제안을 담고 있다. 가장 대표적인 제안으로는 광고를 활용한 교육으로 광고 리터러시에 주목할 것을 주장하였다. 광고에 대한 인식개선을 촉구하면서 광고가 사회에 기여하는 방법으로 광고활용교육의 배경과 활용 현황을 분석하였다. 또한 교육현장의 요구와 접근에 대한 심도있는 접근을 비롯한 과제를 논의하였다. 국내 일선 학교의 교사들이 자발적으로 광고를 교육에 활용하지만 외부 기관이나 단체, 정부로부터 적절한 지원을 받지 못한 실정이다. 반면 영국의 미디어스마트를 비롯한 미국의 IAM, 일본의 덴츠 광고소학교 등 해외에서는 정부와 각 기관, 산업의 적극적인 지원을 받고 있다. 광고활용교육(AIE, Advertising In Education)이 처음 제안(2005년)되고 난 후 학문적인 차원의 다양한 활동으로 논문과 저술, 연구회와 세미나 등이 이어졌다. 학제적인 연구의 필요성에도 불구하고 광고학계에서는 여전히 소외된 연구분야다. 광고학계는 교육계의 연구를 반영해 어떻게 광고활용교육을 체계화할 것인가, 광고계는 무엇을 지원해야 하는가를 고민해야 할 때다.

서론

광고는 '마케팅 커뮤니케이션'이다. 기업의 입장에서 매출을 높이기 위해서 다양한 캠페인으로 소비자와 커뮤니케이션한다. 이때 광고는 기업 이윤의 극대화를 위한 '판매 수단'으로 마케팅의 한 영역이다. 그래서 광고는 마케팅이면서 커뮤니케이션이다. 광고에 한 발짝 더 다가서 보면 더 많은 내용이 있다. 광고는 설득 커뮤니케이션으로 소비자의 인지와 태도를 변화시키기 위해 다양한 노력을 기울인다. 또한 광고는 콘텐츠산업의 한 영역으로 분류되고 있지만 소비자와 산업은 물론 학계에서도 이러한 점은 제대로 평가되지 않고 있다. 많은 아이디어와 시간, 자원이 광고를 기획하고 제작하는 데 투여된다. 광고는 삶을 투영하는 '시대의 거울'이며 '문화의 쇼윈도'의 역할을 한다. 지금 이 시대의 트렌드를 알려면 광고를 보면 된다. 사람들이 먹고 마시고 생각하고 살아가는 모습은 광고 안에 비춰진다. 자본주의 첨병으로서 과소비를 조장하는 마케팅 수단이라는 부정적인 인식도 있지만 광고를 제대로 살펴보고 가치를 평가하려는 시도는 드물었다. 이 부분은 광고업계와 학계가 먼저 돌아봐야 할 대목이다.

최근에는 퍼포먼스 광고(performance advertising)를 비롯해 즉시적인 성과를 중요하게 생각해 당장의 목표만을 추구하지만 소비자, 나아가 교육 현장과 소통은 부족하다. 광고에 대한 인식개선 측면에서 광고를 알리려는 시도는 있었으나 광고가 사회에 기여할 적극적인 방법은 부족한 실정이다. 이제 그 방법을 찾아야 할 때다. 최근에는 '미디어와 콘텐츠'가 '마케팅 커뮤니케이션'을 대신하고 있다. 미디어의 융·복합과 스마트 미디어의 등장으로 선택권은 기업이 아닌 소비자에게 넘어갔다. 이런 맥락에서 광고를 단순히 기업의 커뮤니케이션 활동으로 본다면 광고의 가치를 제대로 이해하지 못하는 우를 범하게 된다.

이공계와 인문·사회과학의 융·복합을 주장하는 교육 현장에서도 창의성을 토대로 현장과 교육, 다학제적인 발상과 실행을 중요하게 생각하는 데 반해 이런 특징이 가장 잘 반영된 광고에 대한 이해는 부족하다. 교육 현장에서 학습자와 교수자의 상호작용이 어려움을 겪는 상황에서 광고는 이 둘을 유기적으로 연결할 수 있는 좋은 콘텐츠가 된다. 또 다른 측면에서 광고는 '문제점의 발견과 해결방안'이다. 광고의 기획과 제작은 분석과 발상으로 전략을 실행하는 캠페인이 핵심이다. 다시 말해 상황분석으로 핵심과제를 도출하고 아이디어와 창의력으로 해결방안을 제안하고 실행한다. 학생이나 직장인, 사업가를 비롯해 누구라도 직면한 다양한 문제의 발견과 발견된 문제를 해결할 방안이 공부가 되고 일이 되며 사업의 내용이 된다. 결국 상황과 과제는 다르지만 광고에서 새로운 문제해결 방안을 얻을 수 있을 것이다.

신문과 방송이 매스미디어로 강력한 힘을 갖던 시대에서 스마트폰이 이를 대체해 오늘에 이르게 되었지만 미디어 콘텐츠로서 광고의 가치에는 크게 변함이 없다. 예를 들면 영국의 '미디어 스마트'를 비롯한 미디어 교육의 많은 부분이 광고라는 사실은 미디어 콘텐츠로서 광고의 가치를 잘 설명하고 있다. 따라서 광고를 인정하고 이를 활용하는 것은 미디어 교육 측면뿐 아니라 미디어를 스마트하게 이해하고 활용할 수 있는 시민을 양성하는 출발점이 된다. 이런 맥락에서 미디어의 많은 부분을 차지하고 있으며, 콘텐츠로서 가치가 있는 광고를 학교와 교실로 환류하려는 노력은 늦었지만 시급히 진행되어야 할 과제다.

이 글에서 주목하는 광고활용교육(AIE, Advertising In Education)[1]의 목표는 광고 리터러시(Advertising Literacy)를 지닌 시민을 준비하는 것이다. 즉 미디어와 광고를 읽고 쓸 수 있는 능력을 갖추는 것이다. 신문활용교육(NIE, Newspaper In Education)을 비롯한 기존 미디어 교육 이론을 토대로 광고가 창의적 인간 양성을 위한 교육적 역할을 담당할 수 있음을 제안한다. 또한 창의성 교육, 지원 교육, 문화 예술 교육, 커뮤니케이션 능력 교육, 몰입 교육으로서 광고활용교육의 기능에 관심갖기를 제안한다. 광고를 활용해 미디어 교육을 하면 학습자는 첫째, 생산과 소비를 겸하는 프로슈머(prosumer)가 된다. 둘째, 커뮤니케이션 차원에서 송신과 수신을 겸하는 소디언스(soudience)가 된다. 셋째, 광고를 읽고 쓸 수 있는 리터러시를 갖춘 성숙된 수용자가 된다. 이로써 광고활용교육은 보호주의가 아닌 예방과 준비를 학습할 수 있다. 학습자가 자발적 탐구로 전환함

1 이희복 (2012). 광고활용교육(AIE)이란 무엇인가? 광고홍보학보. 14(1), 160-181.

에 따라 미디어의 수동적 피해자가 아닌 능동적인 미디어 능력자로 성장한다.

궁극적으로 광고활용교육은 광고 콘텐츠를 활용해 광고에 대한 인식개선과 광고의 순기능을 극대화한다. 또한 광고를 활용함으로써 산업과 산업, 산업과 문화를 융합해 지금까지 없었던 새로운 비즈니스와 일자리를 만든다.[2] 미디어와 소비자의 변화에도 불구하고 광고의 역할은 여전히 중요하다. 스마트 미디어에도 스마트한 광고가 있다. 광고의 메시지와 시각적 자극을 피할 수 없는 소비자는 광고를 이해하는 능력, 즉 인식하고 평가할 수 있는 능력이 필요하다.[3] 광고는 상업적인 메시지를 전하는 과정에서 어떤 지식을 알게 하고 매스미디어가 수행하는 사회화나 해설, 처방, 오락 등의 미디어 기능을 한다.[4] 광고는 소비자들에게 노출되는 과정에서 일반적인 미디어가 수행하기 어려운 많은 기능을 담당한다. 그러나 대부분의 기능은 간과되거나 활용하려는 노력이 부족했다. 반면 신문의 경우는 일찍부터 이런 시도가 있었다.

신문활용교육(NIE, Newspaper In Education)은 1930년대 ≪뉴욕타임스≫를 시작으로, 1955년에는 아이오와의 지방 신문 ≪데스모인스 레지스터(Desmoines Register)≫가 'NIC(Newspaper In Classroom)'을 전개하면서 활성화되었다. 국내에서는 1990년대 초 NIE에 대한 관심과 연구가 시작된 이후 각 학교와 언론사로 널리 보급되었다. 광고를 만드는 과정은 신문 못지않게 다양한 단계로 구성되며 수많은 분야와 관련되어 있다. 광고는 어떤 미디어보다 폭넓게 교육에 활용될 수 있는 재료다. 특히 창의력이 강조되는 최근의 경향을 고려해 보면, 창의력에 바탕을 둔 광고는 가장 적합한 교육의 장을 제공한다.[5] 국내 미디어 교육 관련 연구가 매우 활발하게 진행되고 있다. 한국언론진재단(현 한국언론진흥재단)과 방송통신위원회 등에서 발행한 교재만 해도 20여 권에 이르며 미디

---

2 이희복, 차유철, 정승혜 (2013). 광고 콘텐츠를 활용한 교육 연구 : 영국의 미디어스마트 사례를 중심으로, 광고PR실학연구, 6(4), 32-49.

3 Nando Malmelin (2010). What is Advertising Literacy? Exploring the Dimensions of Advertising Literacy, Journal of Visual Literacy, 29(2), 129-142.

4 Wright, C. R. (1960). Functional Analysis and Mass Communication, Public Opinion Quarterly, 24, 605-620.

5 차유철, 이희복, 신명희 (2008). 광고활용교육의 이해. 한국학술정보.

어·메시지·수용자 교육을 주로 다루고 있다.[6]

기존의 미디어 교육에서는 미디어·메시지·수용자 교육, 그리고 미디어 교육 프로그램을 중심으로 다룰 뿐 미디어 교육의 한 차원으로 광고를 구분해 다루지 않았다. 따라서 광고를 주제로 한 미디어 교육의 필요성이 제기된다. 특히 새로운 미디어의 등장에 따른 미디어 중심 연구보다 콘텐츠와 미디어가 결합된 형태로 미디어 교육 차원의 세부 주제 찾기가 시급하다. 난도(Nando)[7]는 미디어 리터러시와 미디어 교육의 중요성을 강조하면서 미디어 교육 측면에서 광고에 관심을 두지 않은 점을 강력하게 비판했다. 중요성에 비해 비교적 소홀하게 다뤄져 왔던 광고활용교육에 대한 본격적인 연구의 필요성이 제기되는 대목이다. 광고활용교육을 통해 광고를 우리 사회의 중요한 문화 기제로 인식하고 광고를 분석적으로 살펴 광고로부터 유용한 지식을 축적하고, 나아가 광고에서 창의력, 언어적 표현 능력, 예술적 감성을 학습할 수 있다.[8] 이러한 맥락에서 광고를 교육에 활용하기 위해 광고를 효과적으로 교육에 활용할 수 있는 방안 모색을 목적으로 광고를 활용한 교수학습법과 교육 모델을 개발하고 나아가 어떻게 발전되어야 하는지를 논의해야 한다.

광고활용교육은 광고의 영역인가? 교육의 영역인가? 광고활용교육은 연구가 선행되어야 하는가? 실행이 선행되어야 하는가? 이 글은 광고활용교육의 정체성과 함께 접근방법에 대한 기본적인 의문에서부터 출발하였다. 2000년대 초중반 광고업계와 광고학계 일각에서는 광고의 위상 제고, 광고업의 활성화, 광고의 활용도 확장 등을 고민하는 움직임이 있었다. 그중에는 광고를 초중고교 교육에 접목하려는 시도들도 포함되었다. 실제 사례로 한국광고단체연합회(현, 한국광고총연합회)는 「창의력을 키우는 광고 수업 길라잡이(리대룡 외, 2005)」를 발간하였다. 이 책의 서문에서는 광고활용교육이 '광고에 대한 교육'뿐 아니라 '광고를 통

6 나경애, 이상식 (2010). 청소년 미디어교육 프로그램 내용과 효과에 관한 연구. 한국언론학보, 54(3), 349-373.

7 Nando Malmelin (2010). What is Advertising Literacy? Exploring the Dimensions of Advertising Literacy, Journal of Visual Literacy, 29(2), 129-142.

8 이희복 (2005). 광고를 활용한 미디어교육(광고활용교육). 한국광고학회 가을학술대회 발표집.

한 교육'을 수행하는 것이 교재 발간의 목표라는 점을 명시하였다.

또한 전국 초중고에서 사용하는 680여 종의 교과서에 광고가 어떻게 묘사되고 있는지를 조사하여 '초중고 교과서 내용 중 광고 관련 내용에 관한 조사 분석'[9] 보고서가 발행되었고, 심성욱, 황장선, 정걸진[10]은 이를 분석하여 '우리나라 초중고 교육용 도서에 나타난 광고의 사회적 역할과 그 영향에 관한 연구'라는 논문을 발표하였다. 이 무렵에 '광고활용교육(AIE, Advertising in Education)'이라는 개념이 광고학계에 소개되었고, 오늘날에는 업계와 학계에서 두루 쓰이는 용어로 정착되었다.

그동안 광고학계에서는 광고활용교육이란 무엇인가, 광고활용교육에 대한 인식은 어떠한가, 광고활용교육은 어떤 연구를 해야 하는가 등을 논의하면서 어느 정도 연구성과가 있었다. 초기에 소수의 연구자들이 관심을 가졌었지만, 점차 참여하는 연구자들의 숫자도 늘어났고, 소규모 연구회 활동이나 몇 차례 세미나도 열렸다. "광고활용교육"이 광고학계에서 제안되었기 때문에, 그동안 광고활용교육에 관한 논의는 광고의 입장에서 접근해 왔었다. 일부 연구자들이 학교 현장에서 광고를 활용하면 어떤 효과가 있는가를 실증적으로 연구한 바 있지만, 광고를 교육에서 어떻게 실행할 것인가보다는 용어의 개념적 정립과 체계 구축과 같은 연구에 초점을 두었다.

이제는 '이러한 접근이 올바른 것인가?', '이렇게 연구하는 것이 광고활용교육의 실행과 연구의 활성화에 분명한 기여가 되는가?', '광고활용교육을 지나치게 좁은 시야로 보는 것은 아닌가?' 하는 의문을 가져야 할 때다. 따라서 광고학계를 넘어선 영역에서도 광고활용교육에 대한 논의가 이루어지고 있지는 않은지, 있다면 어떻게 이루어지고 있는지 시야를 넓혀서 살펴봐야 한다. 비유하면, 지구에 사는 인간이 지구를 벗어난 세상에도 생명이 존재할 수 있다는 가정하에 우주를 탐사하는 것과 비슷하지 않을까? 그렇다고 현실적인 기술 수준을 고려할 때 전체

9 이희복 (2006). 교과서에 나타난 광고에 대한 표현. 광고총연합회 보고서.

10 심성욱, 황장선, 정걸진 (2007). 우리나라 초중고 교육용 도서에 나타난 광고의 사회적 역할과 그 영향에 관한 연구. 언론과학연구. 7(3), 151-186.

우주를 탐사할 수는 없다. 연구자의 역량과 일부 단서를 포함하여 실질적으로 연구가 가능한 영역에서 광고활용교육의 현황이 어떠한지를 알아보려는 노력이 시도되었다.[11] 이를 통해서 광고활용교육의 현황과 과제에 한 걸음 더 다가설 수 있을 것이다.

광고활용교육 현황

1) 우리나라의 광고활용교육

광고학계에서는 광고를 교육적으로 활용할 수 있는 방법을 모색하여, 실행 가능한 자료를 내놓았다. 관련한 초기 연구로, 광고 전공 교수가 참여한 중학교의 창의적 체험활동 수업에서 1년간 광고를 가르치면서 축적한 자료를 바탕으로 「생각창고, 광고로 배우는 창의학습」(차유철 외, 2010)이라는 책을 출판하였다. 한국광고총연합회에서는 2005년 발간한 「창의력을 키우는 광고 수업 길라잡이(리대룡 외, 2005)」 외에 「창의력 보물창고 광고야 놀자!」(김언동 외, 2013)를 추가로 발간하였다. 2005년부터 매년 여름방학과 겨울방학(각 2회) 초중고 교사를 대상으로 광고교육 연수 프로그램인 '광고제작을 활용한 교수학습법'을 개최해 왔다. 이 프로그램은 광고에 대한 올바른 이해를 돕는 한편 광고를 수업에 활용할 수 있는 방법을 소개하는 것을 목표로 하였다.

'광고를 교육하는 것'이 아니라 '광고를 교육적으로 활용하는 것'이 광고활용교육의 개념이라는 점을 생각해 보면, 광고활용교육은 광고계의 논의와는 무관하게 이미 교육계에서 어떤 형태로든 교육의 도구로 활용되었다. 실제로 국내에서는 1988년 '국어교육을 위한 교사모임'으로 출발한 '전국국어교사모임(www.naramal.or.kr)'에서 초중고 국어 교과에서 광고를 수업자료로 활용하거나 광고를 만들어 보는 방법을 공유하였다. 이후 1999년 시작된 '깨미동(깨끗한 미디어를 위한 교사운동,

11 차유철, 이희복 (2021). 광고활용교육 연구의 현황과 향후 과제. 광고PR실학연구 14(3), 185-212.

cafe.daum.net/cleanmedia)'이라는 교사 모임에서도 광고를 수업에 활용하는 방법을 논의하였다. 2002년부터 온라인 카페로 운영되고 있는 '삶이 있는 교실(2008년까지는 삶이 있는 국어 교실, cafe.daum.net/nalamal21c)' 역시 국어 교과를 시작으로 광고활용방법을 제시하고 있었다. 초기에는 관심 있는 교사들이 일부 교과를 중심으로 광고를 수업에 활용하고자 노력한 것을 알 수 있었다.

이처럼 초중고 교사들이 교과 수업에 광고를 자료로 활용하거나 광고 만들기를 통해 수업에 흥미를 갖게 하고, 창의력이나 표현력을 높이는 시도를 하는 사례들은 적지 않았다. 현직 교사들이 광고활용교육 세미나에 참여하거나 소모임의 구성원으로 활동하기도 하고, 학습용 교재 발간에 참여하기도 하였다. 다만 이들은 모두 교사들의 자발적이고 조직적인 활동이기는 하지만, 광고계나 공적 조직들과 연관되어 있지 않았다. 즉 자생적이고 활발하게 광고를 교육적으로 활용하고 있음에도 불구하고, 공식화된 조직으로 적절한 후원이나 지원을 받고 있지는 못한 실정으로 교육현장에서의 필요에 따라 자연 발생적으로 나타난 현상이었다.

2) 외국의 광고활용교육

외국의 경우, 우리나라처럼 일선 교사들의 자발적인 모임이 있는지는 확인하기 어렵지만, 공식적인 차원에서 광고를 교육적으로 활용하고 있는 사례들을 찾을 수 있다. 대표적인 사례가 영국의 미디어스마트, 일본의 덴츠 광고소학교, 미국의 IAM 프로그램 등이다. 먼저 영국의 사례를 살펴보면 다음과 같다.

MediaSmart

Education from the Advertising Industry

〈그림 1〉 영국의 미디어스마트(https://mediasmart.uk.com)

〈그림 2〉 영국의 미디어스마트 후원 기관

(1) 영국의 미디어스마트

이희복 외[12]의 연구에 따르면 미디어스마트(Media Smart)는 2002년 11월에 출범한 미디어 리터러시 프로그램으로, 비영리로 운영되고 있다. 처음에는 6~11세의 초등학생을 대상으로 했으나 이후 대상을 7~16세로 확대하였다. 미디어스마트를 소개하는 웹사이트에서는 미디어 리터러시 교육 프로그램으로 규정하고는 있으나 그 초점은 광고에 맞춰져 있다. 홈페이지 메뉴 중 프로그램의 의의에서, 상업적 메시지의 세계에서 자라고 있는 청소년(young people)들이 그 메시지들이 무엇을 제시하고 약속하며 판매하는지를 제대로 이해할 수 있는 능력이 더욱 필요하다고 밝히고 있기 때문이다. 물론 광고를 비판적인 시각으로만 바라보고 있는 것은 아니다. 광고는 사람들을 즐겁게 하고 몰입할 수 있도록 아이디어를 드라마나 유머, 재미 등으로 표현하는 가장 창의적인 세계로 보고 있다. 이 프로그램은 영국의 방송과 통신산업을 규제하는 정부기관인 오프컴(Ofcom)이 지원할 뿐 아니라 2021년 현재 다음과 같이 정부기관, 공공기관, 소셜미디어, 광고주, 광고회사 관련 조직과 기업들이 후원하고 있다.

참여기관이 이름을 살펴보면 미디어나 인권과 관련된 정부 또는 공공기관, 방송사뿐 아니라 광고회사, 글로벌기업 등이 포함되어 있다. 여러 기관이나 글로벌기업들은 미디어스마트 출범 당시부터 함께 해왔고, 일부 대기업과 관련 기관들은 나중에 합류하였다. 홈페이지 메뉴에는 교사, 학부모, 청소년을 구분하여, 각각 활용할 수 있는 자료를 제공하고 있다. 교사에게 수업에서 활용할 수 있는 자료를 제공하고 있다는 점에서 광고활용교육의 범주에 포함할 수 있다.

12 이희복, 차유철, 정승혜 (2013). 광고 콘텐츠를 활용한 교육 연구 : 영국의 미디어스마트 사례를 중심으로, 광고PR실학연구, 6(4), 32-49.

〈표 1〉 영국의 미디어스마트 참여기관

-광고인협회(Institute of Practitioners of Advertising, IPA) -광고협회(Advertising Association) -채널4(Channel 4) -페이스북(Facebook) -틱톡(Tik Tok) -구글(Google) -아이TV(itv) -레고(Lego) -페레로(Ferrero) -트위치(Twitch) -로레알(Loreal) -스카이(Sky) -바이아콤(Viacom) -맥켄월드그룹(McCann World group) -수퍼 어섬(Super Awesome) -평등부(Government Equalities Office) -영국 장난감취미협회(British Toy and Hobby Association) -제너레이션 미디어(Generation Media) -영국 광고주협동조합(Incorporated Society of British Advertisers, ISBA) -IPA(The Institute of Practitioners in Advertising) -ASA(The Advertising Standards Authority) -펄&딘 시네마(Pearl & Dean Cinema) -퍼스트 뉴스(First News) -빅샷(the Big Shot) -DMA(Data & Marketing Association) -페퍼 스튜디오(Pepper Studio) -아담&이브 DDB(Adam & Eve DDB) -인더스트리 트러스트(the Industry Trust) -이미디어트 미디어(Immediate Media) -MPA(Motion Picture Association) -지라프 인사이트(Giraffe Insights) -BASBOF(The Broadcast Advertising Standards Board of Finance Limited) -IAB(Internet Advertising Bureau UK) -마르스(Mars) -지적재산권사무국(Intellectual Property Office) -옴니콤 미디어그룹(Omnicom Media Group)

※ 출처 : 이희복 외(2013). 미디어스마트.

〈그림 3〉 일본 덴츠의 광고소학교

(2) 일본 덴츠의 광고소학교

일본의 광고대행사 덴츠(電通)는 광고회사가 사회공헌 방법으로 광고를 학교교육에 적용하는 방안을 추진하였다. 덴츠의 전략기획 담당자(Strategic Planner)인 마키구치 유키히로(牧口征弘)가 영국 런던에서 단기 연수할 때, 광고를 주제로 초등학생용 미디어 리터러시 교육을 지원하는 비정부조직(NPO) 활동을 접한 것이 계기가 되었다고 한다. 덴츠는 마키구치와 일부 직원들을 이 프로젝트에 참여시켜 동경학예대학(東京學藝大學) 교수들과 함께 3년여에 걸쳐 교재를 저술하였다. 「광고소학교(廣告小學校)」라는 책을 출판하였고, 역시 같은 이름의 프로그램을 개발하였다. 프로그램은 모두 3개의 유닛(unit)으로 구분되는데, 제1유닛은 '입문 CM', 제2유닛은 '자기탐험 CM', 제3유닛은 '공공 CM'으로 구성하였다.

마키구치는 이러한 활동에 대해 "처음에는 광고의 재미를 전하는 것을 생각했다. 몇 번 동경학예대학 부속 세타가야초등학교에서 연구 수업 참관을 거듭하며 CM을 만들어가는 과정에서 아이들의 커뮤니케이션 능력이 향상되는 것을 발견하고 수업의 목적을 커뮤니케이션 능력의 육성으로 바꾸었다."라고 하였다(www.dentsu.co.jp/komainu/about). 2016년 9월 말까지 일본 전국의 246개교에서 약 31,000명의 초등학생들이 광고소학교 프로그램을 체험하였으며, 우리나라에서는 울산대학교에서 이 프로그램을 활용한 적이 있는 것으로 알려졌다.[13]

〈그림 4〉 미국의 IAM

(3) 미국의 IAM 사례

미국의 경우, 특정 기관이나 단체에서 광고를 교육에 활용한 사례로는 미국광고대행사협회(4A, American Association of Advertising Agencies)가 학생들에게 직업훈련 프로그램을 만들기 위해 도입한 IAM(Innovation in Advertising Media)을 들 수 있다(www.huffingtonpost.com). 한때 낙제점을 받았던 브루클린의 한 고등학교는 이 프로그램 도입 후 졸업률이 평균보다 18% 높아졌다. 이에

13 dentsu.co.jp
차유철, 이희복 (2021). 광고활용교육 연구의 현황과 향후 과제. 광고PR실학연구 14(3), 185-212.

힘입어 MECA(Manhattan Early College School for Advertising)라는 프로그램도 도입하였다. 4A의 고등학교 프로그램 의장을 맡은, 모멘텀 월드와이드(Momentum Worldwide)의 CEO 크리스 웰(Chris Well)은 이들 프로그램이 학생들에게 광고뿐 아니라 여러 분야에서 경쟁할 수 있는 기술을 가르쳐준다고 하였다. 이 프로그램에는 광고를 수업에 어떻게 활용하는지를 소개하는 자료들도 적지 않다. 영어학습과 교육을 다루는 EFL Classroom 2.0(community.eflclassroom.com)은 '교실에서 광고 활용하기-완전 가이드(Using Commercials In The Classroom-A Complete Guide)'라는 자료를 만들어 배포하기도 하였다.

(4) 광고활용교육 연구 현황

그동안 국내의 광고활용교육 연구에 대한 논의는 주로 광고학의 영역에 한정된 것으로 인식되어왔다. 광고활용교육이라는 용어가 아이디어 차원에서 처음 제안된 것은 1997년이었다.[14] 학문적 차원에서는 2005년 가을철 학술발표에서 용어와 개념이 제시되었고, 실질적인 연구 결과물은 2008년부터 발표되었다. 광고활용교육의 개념을 처음으로 정리한 단행본 '광고활용교육의 이해'를 비롯해서, '학교 광고활용교육 현황과 교사의 인식 연구', '광고활용교육이 청소년의 광고 회의주의에 미치는 영향' 등의 논문이 학술지에 게재되었다. 이후 '광고활용교육의 영역과 내용에 대한 연구',[15] '광고활용교육(AIE)란 무엇인가?'[16] 등 광고활용교육의 개념을 비교적 엄밀히 고찰하는 논문들이 이어졌다.

교육 현장 중심적인 논의는 '국내 광고활용교육의 실태 진단 및 활성화를 위한 제언',[17] '광고 콘텐츠를 활용한 교육 연구 : 영국의 미디어스마트 사례를 중심으로',[18] '광고활용교육 교수학습 방법의 대학수업에의 적용 가능성에 관한 사례 연

---

14 차유철, 이희복, 신명희 (2008). 광고활용교육의 이해. 한국학술정보.

15 정연우 (2011). 광고활용교육의 영역과 내용에 관한 연구. 옥외광고학연구. 8(1)

16 이희복 (2012). 광고활용교육(AIE)이란 무엇인가? 광고홍보학보. 14(1), 160-181.

17 한규훈, 김지은 (2013). 국내 광고활용교육의 실태 진단 및 활성화를 위한 제언. 광고연구. 98, 256-279.

18 이희복, 차유철, 정승혜 (2013). 광고 콘텐츠를 활용한 교육 연구 : 영국의 미디어스마트 사례를 중심으로, 광고PR실학연구, 6(4), 32-49.

구',[19] '광고활용교육이 초등학생의 창의성 개발에 미치는 영향에 관한 실증연구',[20] '초등학생의 비판적 사고력 향상을 위한 광고활용교육의 적용과 효과 검증'[21] 등이 발표되었다.

이상과 같이, 광고학계의 입장에서 접근한 광고활용교육 연구는 그 목록을 대부분 다 열거할 수 있을 정도의 소수에 지나지 않는다. 이는 광고활용교육이라는 용어가 광고학계에서 만들어졌기 때문으로 보인다. 그러나 교육계에서는 광고를 교육에 활용하는 방안이나 사례에 대한 연구가 광고학계보다 먼저 이루어지고 있었다. 비교적 최근에 교육학 분야에서 광고를 교육적으로 활용하는 연구 실태를 살펴보는 연구가 발표되었다. 이로써 광고활용교육 연구의 범위는 광고학을 벗어나서 시야를 확장하기 시작하였다.

〈표 2〉 광고활용교육 관련 연구의 발전과정

연도	내용
2005	광고학회 가을철 정기학술대회에서 '광고활용교육(AIE)'(이희복) 논문 발표
2006	광고단체연합회 보고서 "교과서에 나타난 광고에 대한 표현"(한국광고단체연합회)
	언론학회 미디어교육위원회 『미디어교육과 교과과정』(커뮤니케이션북스 발행)에서 '광고활용교육' 소개
	한국커뮤니케이션학회 춘계학술대회 '광고활용교육이 고교생의 광고회의주의에 미치는 영향'(차유철, 이희복) 발표
	중국 베이징 전매대학에서 열린 4회 아시아미디어포럼에서 '사회적 다양성과 미디어교육: AIE를 중심으로' 논문 발표
	'광고의 인식 개선을 위한 광고 수용자 교육의 과제'(문철수)에서 광고활용교육을 인용 소개
2007	광고학회『방송광고를 활용한 창의력 학습(한상필 외)』발간

19 최석현 (2014). 광고활용교육 교수학습방법의 대학수업에의 적용 가능성에 관한 사례연구. 언론학연구. 18(2), 215-244.

20 김지은, 한규훈. (2014). 광고활용교육이 초등학생의 창의성 개발에 미치는 영향에 관한 실증연구. 광고연구, 101, 186-216.

21 김지은, 한규훈. (2016). 어린이 대상 광고 리터러시 교육의 탐색적 접근: 광고를 활용한 비판적 사고력 교육의 효과 분석을 토대로. 광고PR실학연구, 9(4), 97-113.

연 도	내 용
	광고정보 9월호 『광고와 소비자, 인식의 벽을 허물다』,광고활용교육을 소개한 ’창의적 인재양성과 광고인식 개선 소개‘(리대룡)
	『광고활용교육의 발전방안에 관한 연구』(정윤식, 이희복, 차유철, 신명희)
	우리나라 초,중,고 교육용 도서에 나타난 광고의 사회적 역할과 그 영향에 관한 연구(심성욱, 황장선, 정걸진)
2008	학교 광고활용교육 현황과 교사의 인식(이희복, 차유철, 신명희, 사회과학연구 33-1호)
	광고활용교육이 청소년의 광고 회의주의에 미치는 영향(차유철, 이희복, 신명희, 광고학연구 19-6호)
	광고활용교육과 창의력(이희복, 차유철, 신명희)
	광고활용교육의 이해(차유철, 이희복, 신명희)
	특별세미나: 학교 광고활용교육에 대하여, 한국광고PR실학포럼
2009	특별세미나: 광고를 통한 미디어교육 연구, 미디어교육학회
	교사연수: www.teacherville.co.kr 한국광고단체연합회
2010	생각창고 광고로 배우는 창의학습(차유철, 김병희, 이희복), 대교출판
2011	광고활용교육의 영역과 내용에 관한 연구(정연우, 옥외광고학연구 8-1)
2012	광고활용교육(AIE)란 무엇인가? 탐색적인 접근을 중심으로(이희복, 광고홍보학보 14-1)
2014	광고활용교육이 초등학생의 창의성 개발에 미치는 영향에 관한 실증연구(김지은, 한규훈, 광고연구 101)
2016	광고활용교육(이희복) 커뮤니케이션북스.
2016	어린이 대상 광고 리터러시 교육의 탐색적 접근(김지은, 한규훈, 광고PR실학연구, 9-2)
2016	초등학생의 비판적 사고력 향상을 위한 광고활용교육의 적용과 효과검증(김지은, 한규훈, 광고연구 108).

출처: 차유철, 이희복(2021)을 수정 보완함.

교육학에서도 광고활용교육 관련 연구가 지속적으로 이어지고 있다. 대표적으로는 국어, 영어 등 외국어를 비롯해 사회, 문화와 종교, 미술, 유아와 장애아, 통합교과 등 다양한 영역에서 광고활용교육의 연구가 시도되었다(구체적인 내용은 〈표 3〉 참조). 물론, 현재 확인되지 않은 수많은 연구가 있을 것으로 보이며 제목과 키워드 검색에서 확인되지 않은 광고활용교육도 훨씬 많을 것으로 추정된다.

다만 이들의 연구가 기존 광고활용교육과 상호 연계되어 시너지효과를 거둘 기회가 많지 않았다.

〈표 3〉 교과별 광고활용교육 연구

교과	연구자 및 논문명	비고
국어	• 현대시 교육의 매체 활용방안 연구: 광고와 인터넷 매체 중심으로(박혜진, 인천대, 2008) • 비판적 국어 인식 능력 향상을 위한 광고 언어 활용교육 방안(조지은, 서강대 학위논문, 2010) • TV광고를 활용한 한국어 교육방안 연구(이수, 세종대 학위논문, 2011)	
영어, 외국어	• 일본어 광고를 활용한 교재분석(원지은, 일본문화연구, 2013) • 불어교육에 있어서의 광고 활용 방안에 관한 연구(진혜영, 이화여대, 2003) • 중국어 교육에서의 신문광고 활용에 대한 연구(현영주, 한국외대, 2008) • 중국 TV광고를 활용한 고등학교 중국어 지도방안 연구: 제7차 교육과정의 보조 자료로서 광고의 활용방안(이효순, 한국외대, 2010) • 영어문화 교육도구로서 광고의 활용 가능성(정지현, 성신여대 학위논문, 2011)	
사회	• TV광고를 활용한 소비자교육이 초등학생의 소비의식에 미치는 영향(전정희, 공주교대, 2002) • 비판적 사고력 신장을 위한 광고 텍스트 활용 수업 방안(최진호, 영남대, 2005) • 환경교육에서 영상자료 활용이 환경 친화적 태도에 미치는 영향 연구: 공익광고를 중심으로(박수연, 서울교대, 2007) • 의사소통능력 향상을 위한 TV광고 활용 수업방안(정성숙, 인천대, 2008) • 사회과 수업에서의 공익광고 활용 방안(이윤경, 성신여대, 2009) • 고등학교 사회과 교육에의 TV공익광고 활용 방안: 경제교육 중심(음두산, 고려대, 2009) • 민주시민교육에서의 TV공익광고 활용방안: 중1학년(박혜민, 고려대, 2011)	
문화와 종교	• 광고를 활용한 프랑스 문화교육(류수현, 숙명여대, 2007) • 기독교교육의 매체로서 광고의 활용가능성 연구(고원석, 기독교교육정보, 2008) • TV광고를 활용한 한국 문화교육 방안 연구(김민정, 한국외대, 2009)	
미술	• 시각디자인교육 감상학습을 위한 TV광고활용의 콘텐츠연구(임남숙, 2007) • 초등학교 시각문화 미술교육에서 광고활용교육을 통한 미술비평학습에	

교과	연구자 및 논문명	비고
	대한 연구(심우영, 경인교대 학위논문, 2009) • 시각문화 교육에서 광고의 교육적 활용에 관한 연구(권수희, 고려대 학위논문, 2011) • 광고 포스터 디자인 교육에서 언어적 자유연상법과 스캠퍼를 활용한 유희적 표현 연구(전하연, 국민대, 2012) • 특성화 고등학교에서 학습동기이론을 활용한 광고디자인 교육에 관한 연구(구다영, 국민대, 2012)	
유아, 장애아	• TV광고를 활용한 토론활동이 유아의 비판적 사고에 미치는 영향(곽재은, 서울교대, 2009) • TV광고를 활용한 문자지도 프로그램이 지적장애 아동의 읽기 능력에 미치는 효과(최정운, 대불대, 2010) • 유아를 위한 신문사진 활용교육 프로그램 개발 및 효과(민순옥, 전남대, 2011) • 광고를 활용한 다문화 교육이 유아의 다문화 인식에 미치는 영향(김현지, 중앙대, 2013)	
통합	• 광고연구 학습을 통한 미술교과와 국어교과 통합교육(최정아, 국민대, 2011)	

출처: 이희복(2012)을 수정 보완함.

최근의 광고활용교육 연구

1) 광고활용교육의 현황과 과제[22]

광고활용교육의 현황과 과제에 대한 최근의 연구[23](차유철, 이희복, 2021)에서는 광고를 교육적으로 활용한 연구들의 현황을 파악하는 것이 목적으로 하였다. 이를 위해서는 먼저 연구 주제를 명확히 하고, 주요 키워드를 활용하여 검색할 범위를 설정하였다. 광고활용교육 관련 해당 연구들을 빠짐없이 검색하고 선택과 배제의 기준에 따라 분류하였다. 그다음 연구문제에 따라 데이터화 하는데, 연구가 발표된 형식이나 방법에 따라 분석에 차이를 두었다. 데이터화한 자료들을 통계적으로 분석한 결과를 토대로 평가와 결론을 도출하는 순서로 진행하였다. 분석 과정은

22 이 절은 차유철, 이희복(2021)의 연구를 요약, 정리하였음.

23 차유철, 이희복 (2021). 광고활용교육 연구의 현황과 향후 과제. 광고PR실학연구 14(3), 185-212.

메타분석(Meta-analysis)의 체계적 문헌고찰의 절차와 부합하므로 연구에서는 메타분석의 연구방법을 적용하였다. 메타분석은 콜로라도대학교의 글래스(Glass)가 처음으로 만들어 사용한 용어로, 자료의 분석을 1차 분석, 2차 분석, 메타분석의 3개 차원으로 나누어서 설명한다. 1차 분석이 연구에서 얻은 원자료를 직접 분석하는 것이고, 2차 분석이 1차 분석 자료를 재분석하는 것인데 비해, 메타분석은 개별적 연구결과들을 통계적으로 분석하는 것이라 메타분석은 상이한 상황과 맥락 속에서 수행된 다양한 연구들을 하나의 일관되고 체계적인 틀 속에서 통합하여 분석해봄으로써 연구결과의 누적을 단순화시킬 수 있는 연구방법[24,25]이다.

메타분석의 유용성의 하나가 수많은 학술정보들을 체계적으로 압축함으로써 유용한 지식이나 정보를 만들 수 있는 효과적인 방법[26]으로 실제 메타분석은 연구동향을 파악하는데 유용하게 활용되어 왔다. '리더십과 업무몰입의 관계에 관한 메타분석 연구: 주요 연구를 살펴보면 최근 10년간 국내 연구를 중심으로',[27] '디자인과 HCI 분야의 국제 감성디자인 연구 경향에 대한 메타분석',[28] '초등 내용중심 통합 영어교육의 연구 동향 : 연구 종합 및 메타분석',[29] '메타분석을 통한 문학교육 연구의 발전 방향 모색-「문학교육학」 논문을 중심으로',[30] '청소년 상담 연구 동향 및 청소년 프로그램 효과에 관한 메타분석: 「청소년상담연구」 학술지를 중심으로',[31] '프레이밍(Framing) 이론 메타분석 : 2010-2019 주요 학술지에

---

24 황정규 (1988). Meta-analysis의 이론과 방법론: 경험과학적 연구결과의 종합을 위하여. 성곡논총. 19, 1-55.

25 장덕호, 신인수 (2011). 교육학 연구방법으로서 메타분석(Meta-analysis)의 발전과정 고찰. 교육과정평가연구, 14(3), 309-332.

26 오성삼 (1995). 메타분석에 대한 고찰. 교육논총. 25, 33-62.

27 강원석, 김지영, 김우철 (2021). 리더십과 업무몰입의 관계에 관한 메타분석 연구: 최근 10년간 국내 연구를 중심으로. HRD연구, 23(1), 57-85.

28 신유리, 박선엽, 정주희, 전수지 (2020). 디자인과 HCI 분야의 국제 감성디자인 연구 경향에 대한 메타 분석. HCI연구. 33(1), 109-123.

29 이지숙, 김정렬 (2020). 초등 내용 중심 통합 영어교육의 효과 비교. 학습자중심 교과교육연구. 20(16), 595-621.

30 배재훈, 김상한 (2020). 메타분석을 통한 문학교육 연구의 발전 방향 모색 - 『문학교육학』 논문을 중심으로. 문학교육학. 68, 45-88.

게재된 연구를 중심으로'[32] 등이 있다. 최근의 연구를 보면 일정 기간의 기존 발표 연구들을 대상으로 분석한 다수의 사례를 발견할 수 있다.

국내 광고학 관련 연구 중에도 메타분석을 활용한 경우가 다수 있었다. 특히 교육과 관련한 연구로는 '광고교육 연구의 현황과 과제'[33]와 '광고학과 교육학의 학제 간 융합 가능성 진단을 위한 고찰-광고의 교육적 효과연구에 관한 메타분석을 토대로'[34]가 연구되었다. 연구에서는 유사한 주제로, 교육학과 광고학의 학제적 연구 현황을 다루었다.

연구는 광고학의 입장에서만 바라보던 광고활용교육에 대한 인식을 확장하여, 가능하면 모든 학문 분야에서 이뤄지고 있는 관련 연구의 실태를 살펴보았다. 김지은 등[35]의 연구는 광고와 교육의 학제적 성격에 초점을 두고 있어서 광고활용교육 외에 광고교육도 포함되었지만, 분석 유목의 아이디어는 상당 부분 공유 가능한 것이었다. 주요 연구문제는 '광고와 교육의 영역이 융합된 연구의 유형', '광고와 교육의 영역이 융합된 연구의 목적', '광고와 교육의 영역이 융합된 연구의 방법론', '광고를 소재로 사용한 교육의 세부 영역', '광고를 소재로 사용한 교육의 대상', '교육의 소재로 사용된 광고의 특징'에 관한 것이었다.

연구의 유형은 광고활용교육, 광고교육, 광고 비평교육으로 구분하고 있는데, 이는 광고학과 교육학의 학제적 연구에 초점을 두기 때문에 광고교육이나 광고 비평교육에 관한 연구도 분석대상으로 삼았다. 김지은 등[36]의 연구에서는 학술지

---

31 손재환, 소수연, 손영민, 이지은 (2020). 청소년상담연구 동향 및 청소년 프로그램 효과에 관한 메타분석: 「청소년상담연구」 학술지를 중심으로. 청소년상담연구, 28(1), 1-22.

32 차현주, 권상희 (2020). 프레이밍(Framing) 이론 메타분석 : 2010-2019 주요 학술지에 게재된 연구를 중심으로. 한국소통학보, 19, 119-148.

33 김동규 (2001). 광고교육 연구의 현황과 과제. 한국방송학회 세미나 및 보고서, 59-71.

34 김지은, 한규훈 (2017). 광고학과 교육학의 학제 간 융합 가능성 진단을 위한 고찰: 광고의 교육적 효과 연구에 관한 메타분석을 토대로. 광고연구. 113. 68-103.

35 김지은, 한규훈 (2016). 초등학생의 비판적 사고력 향상을 위한 광고활용교육의 적용과 효과 검증. 광고연구. 108, 5-30.

36 김지은, 한규훈 (2016). 초등학생의 비판적 사고력 향상을 위한 광고활용교육의 적용과 효과 검증. 광고연구. 108, 5-30.

에 발표된 논문만을 분석하였지만 학술지에 발표되지 않았으나 교육현장에서 광고를 활용한 결과를 주제로 한 학위 논문들이 다수임을 고려할 때, 학위논문도 분석대상으로 삼아야 할 필요성이 있다. 학술지와 학위논문은 출판방식에서 이질성이 존재하므로 메타분석의 절차에 따라 분석 유목에 차이를 두었다. 특히 학위논문의 경우에는 연구자가 소속된 대학의 지리적 정보가 포함되어 있는데, 이는 지역에 따른 연구빈도, 연구내용 등의 차이를 살펴볼 수 있는 자료이므로 이를 반영하였다.

결론

우리나라 교과서에 처음으로 광고가 실린 것은 2002년의 일이다. "넥타이와 청바지는 평등하다"라는 카피로 잘 알려진 한 이동통신회사의 TV광고가 고등학교 국어 교과서에 소개된 것이다.[37] 교과서는 국가 교육정책이 반영된 교재로 미래 소비자를 교육하는 텍스트로써 여기에 광고가 소개된 것은 매우 의미있는 일이다. 그로부터 20년 넘는 세월이 흘렀다. 앞에서 살펴본 것과 같이 광고가 교육에 활용된, 광고활용교육의 사례는 알려진 것보다 다양한 과목과 수업에서 시행되고 있으며 학생과 교사들의 관심과 참여는 계속되고 있다. 이를 학문적인 관심으로 접근한 것 역시 10여 년의 시간이 흘렀다.

그동안 다양한 논문과 저술, 연구회와 세미나에서 관련 주제가 다뤄졌는데, 실제로 광고학계에서 처음 제안된 시점(2005년)보다 교육계에서 실행과 연구가 진행된 것 또한 사실이다. 이른바 학제적 연구의 필요성이 있었으나 광고학계에서는 소외된 연구 분야가 되었다. 대부분의 연구는 이론적인 수준에서 시작해 실행의 결과를 분석, 논의하는 쪽으로 추진되어왔다. 따라서 광고학계는 교육계의 연구를 반영하여 어떻게 광고활용교육을 체계화할 것인가, 광고계는 무엇을 지원해야 하는가 등을 연구해야 할 때라는 판단이다.

37 차유철, 김병희, 이희복 (2010). 생각창고 광고로 배우는 창의학습. 대교출판.

차유철과 이희복[38]의 연구는 광고활용교육을 지나치게 좁은 시야로 보는 것은 아닌지에 대한 의문에서 광고학계를 넘어선 영역에서도 광고활용교육에 대한 논의가 이뤄지고 있다는 가정에서 시작하였다. 국내의 경우 일선 학교의 교사들이 자발적으로 광고를 교육적으로 활용하고 있지만 외부의 기관이나 단체로부터 적절한 지원을 받지 못했다. 반면 영국의 미디어스마트를 비롯한 해외의 경우에는 광고활용교육이 정부, 공공기관 미디어, 광고주, 광고회사 등에 의해 적극적으로 지원되어 각급 학교 7~16세 학생들에게 제공되고 있는 것으로 나타났다. 국내의 연구 현황은 학술지와 학위논문 중심으로 광고활용교육의 연구 현황을 연구문제로 하여 메타분석으로 살펴본 결과 총 964편의 논문이 1997년부터 학술지에 게재(109편)되었고 학위논문(214편)은 2001년부터 지속적으로 발표되었다.

각 논문의 연구영역은 교과관련이 가장 많았고, 국어교과와 미술교과가 많은 것을 알 수 있었다. 광고활용교육 논문에 활용된 광고의 유형은 TV광고가 인쇄광고를 함께 사용한 경우가 많은 것으로 나타났다. 광고활용교육 논문의 연구방법으로는 사례연구가 많았고, 전공은 교육학이 많은 것을 알 수 있었다.[39] 이상과 같이 광고활용교육의 연구 현황을 살펴본 결과, 이론적 배경에서 살펴본 영국 미디어스마트를 분석한 연구[40]의 제안과 같이 광고에 대한 객관적인 접근으로 광고가 해롭거나 이롭다는 전제에서 출발하지 않고 스스로 생각할 수 있는 능력과 인식을 일깨울 필요가 있다. 아울러 교육적 관점을 지키면서 비판적 사고를 가르칠 수 있어야 한다고 주장한다. 향후 광고활용교육의 성장을 위한 운영방식과 교육내용을 제안하였다는 점에서 시사점을 찾을 수 있다.

우리나라 교육행정의 주무 부처인 교육부도 시대의 흐름에 맞춘 융합형 인재를 육성하기 위해 융합인재교육(STEAM, Science, Technology, Engineering, Art, Mathematics, 교과 간 통합 교육을 의미)을 실시한다고 밝혔다. 2013년부터는 초등학교 1, 2학년 교과과정에 통합교과를 신설하였다. 기존의 '바른 생활',

38 차유철, 이희복 (2021). 광고활용교육 연구의 현황과 향후 과제. 광고PR실학연구 14(3), 185-212.

39 차유철, 이희복 (2021). 광고활용교육 연구의 현황과 향후 과제. 광고PR실학연구 14(3), 185-212.

40 이희복, 차유철, 정승혜 (2013). 광고 콘텐츠를 활용한 교육 연구 : 영국의 미디어스마트 사례를 중심으로, 광고PR실학연구, 6(4), 32-49.

'슬기로운 생활', '즐거운 생활'을 하나로 엮은 통합교과는 하나의 주제를 바탕으로 다방면의 교과목을 연계해 교육하도록 한 것이다.[41]

교육부의 통합교과 노력과 같은 맥락에서 다양한 분야가 하나로 모여 완성되는 마케팅 커뮤니케이션으로서 광고와 광고활용교육의 가치가 인정된다. 그러나 이와 관련된 국내 연구 및 활동이 부족하다. 다만 그동안의 성과는 나름대로 소신과 지속적 의지를 가진 관련 연구자와 기관의 노력 덕분이다. 뜻있는 학자나 일선 교사들에 의해 공식·비공식적으로 진행되어 온 연구와 실행이 다수 있었고, 현재도 진행 중이다. 다만 국가와 민간 그리고 기타 관련 업계 및 학술단체들의 광고활용교육에 대한 관심과 지원이 더욱 필요하다.

광고활용교육은 창의성 계발을 위한 유용한 교육자료로, 다양한 교육효과를 기대할 수 있다. 그럼에도 불구하고 현재까지는 관련 연구 및 교수학습법 개발이 체계적으로 이루어지지 못하는 실정이다. 따라서 학교 광고활용교육의 체계적인 실행을 위해서는 미디어 교육과의 상호 연계 방안과 수용자 중심의 광고활용교육에 대한 요구와 문제점을 파악하고, 교육 현장에 적용 가능한 모델과 콘텐츠, 세부 방안이 강구되어야 한다. 광고활용교육의 궁극적인 목표는 광고 콘텐츠를 활용해 광고 리터러시 지닌 사람을 육성하고, 미디어로서 광고를 읽고 쓸 수 있는 능력을 갖춘 창의적인 인재를 양성하는 것이다. 이는 미디어 교육이 추구하는 '통제가 아닌 준비 과정'을 수행하게 될 것이다. 특히 광고 리터러시는 어린 수용자들이 광고를 비판적으로 수용할 수 있도록 도움을 준다. 광고활용교육은 창의성 교육, 지원 교육, 문화·예술 교육, 커뮤니케이션 능력 교육, 몰입 교육의 기능과 가능성이 있다. 그렇지만 광고활용교육이 학교 현장에서 확대되기 위해서는 해결되어야 할 문제가 많다. 영국의 미디어스마트 운동이 영국 정부와 EU 정부는 물론, 맥도날드와 레고 등 세계적인 기업과 광고주협회, 광고업협회 등 광고 실무분야에서 적극적인 지원을 받는 것은 커다란 시사점을 우리에게 던져주고 있다.

향후 개선을 위한 과제로 차유철 외[42]는 광고활용교육의 발전 방안을 세 가지

---

41 조선일보, 2013. 8. 29.

42 차유철, 이희복, 신명희 (2008). 광고활용교육의 이해. 한국학술정보.

로 제시하고 있다. 첫째, 광고학자와 교육 전문가, 교사, 광고 현업 전문가들이 참여한 협의체를 구성. 둘째, 광고활용교육 허브 사이트를 구축하고 광고활용교육 연구기관(아카데미)을 설립해 광고활용교육 콘텐츠(교재)를 제작 보급하는 등 기타 광고활용교육 활동 전개. 셋째, 이를 제도적으로 사회적 감독 기구, 제도적 감독 기구, 재정적 지원 기구로 나눠 지속적인 지원과 운영이 그것이다. 그러나 이러한 광고활용교육의 세부 실행 발전 전략에도 불구하고 실천이 담보되지 못하는 것은 무엇보다 정책적 결정과 일반의 인식개선, 그리고 관련 연구와 사업의 지속적인 추진이라는 과제를 풀지 못했기 때문이다. 따라서 광고활용교육을 연구하는 연구자의 참여와 노력이 요구되며, 교육 현장과 연구자를 이어줄 플랫폼의 마련이 절실하다. 현재 교사들의 경우 단편적으로 광고 연수를 마친 교사나 국어 교사, 지역 등 전공별, 지역별 모임이 지속되고 있으나 대학 등 연구자와의 상호 연계가 되지 않고 있다. 따라서 학교와 대학의 연계를 통한 광고활용교육의 역할 분담이 필요하다. 이는 연구결과가 학교 현장에 적용된다는 장점이 있다.

국내 광고활용교육이 활성화될 수 있도록 더 많은 정책적 관심과 노력이 요구된다. 광고활용교육의 미래 전략의 하나로 광고활용교육의 모델의 해외 전파를 생각해 볼 수 있다. 예컨대 K-AD(광고 한류)를 펼쳐 볼 수 있다. 이는 우리 문화와 개별 기업과 브랜드의 간접광고는 물론, 궁극적으로 국가 브랜드 자산을 높이는 장점도 있다. 광고활용교육의 모델을 동남아시아와 아프리카, 남아메리카는 물론, 미국과 유럽 등 한류의 영향력이 미치는 지역까지 확대한다면 정부가 추구하는 신한류에도 부합하는 새로운 부가가치를 창출할 수 있다. 이는 우리 대학생과 청소년들에게 새로운 일자리의 기회를 제공한다. 대학에서 광고를 전공한 학생을 대상으로 학교 광고활용교육 담당 전문강사로 배출해 각급 학교에서 정규 교과의 보충, 방과후 학교, 기타 특강을 통해 교육 현장과 광고를 이을 수 있다. 광고활용교육 아카데미(가칭)를 연구원으로 활용하고, 필요하다면 대학원 과정에 학교 광고활용교육 전공을 개설해 석사급 전문 교사 양성 추진도 좋은 방안이다. 광고활용교육 연구자들은 학문적, 실무적 개념과 영역의 정립해 나가고 필요하고 기본 콘텐츠와 시스템 개발해 교육 현장에 제공할 수 있다.

그러나 무엇보다 광고활용교육의 활성화를 위해서는 광고에 대한 인식개선이 우선되어야 한다. 광고활용교육은 광고에 대한 인식개선과 궤를 같이한다. 다만, 광고활용교육의 장점에도 불구하고 영국의 미디어스마트(Media Smart)의 문제점을 지적한 리처드 쿡슨[43]의 주장처럼 어린이를 대상으로 한 식품광고, 특히 패스트푸드 광고를 반복해서 보여주면 잠재의식에 영향을 주고 금지된 광고를 노출시키는 부작용의 우려도 제기된다. 즉 광고를 수업 중에 다룸으로써 간접광고(Ad placement)의 문제를 일으킬 수 있다는 것이다. 따라서 비판적인 시각과 균형 잡힌 사고가 가능하도록 광고활용교육에 윤리적 문제와 부정적 효과, 그리고 비난받을 문제점에 대한 철저한 검증과 자기검열이 요구된다. 요약하면 광고활용교육을 위한 다음의 시사점과 함의를 도출할 수 있을 것이다.

- 광고활용교육은 미디어의 폐해로부터 학생들을 격리하는 것이 아니라 능동적으로 대처하는 능력을 키워 주는 예방접종과도 같은 준비 과정이다.
- 교사의 일방적 전달에서 학생의 자발적 탐구로 학습방법을 전환함으로써 학습에 몰입도를 제고한다.
- 학생들은 미디어의 수동적 수용자가 아닌 능동적인 향유자로 성장한다.
- 본격적인 광고활용교육의 소개와 도입을 위해 교수법과 학습법이 개발되어야 한다.
- 이를 위해 광고주와 광고회사, 매체사 등 광고계의 적극적인 참여와 노력이 뒤따라야 한다(예컨대, 협업에서 광고 프로보노 활동으로 학교에서 광고활용교육 참여).
- 광고활용교육은 광고의 가치를 다시 보게 할 것이며, 광고와 소비자 간 인식의 벽을 허물고 이미지를 제고하는 출발점이 된다(영국의 미디어스마트 운동 참조).
- 광고활용교육을 세계로 전파해 새로운 광고 한류, K-AD(광고 한류)를 일으킬 수 있으며 우리 기업과 브랜드뿐 아니라 국가 브랜드의 자산을 높이는 기회가 된다.

43 Richard Cookson (2011). Media Smart. British Medical Journal. 343(7821), 448(Overseas and Retired Doctor Edition: 2011. 9. 3)

- 나아가 공적개발원조(ODA)와 대학 관련 전공자를 비롯한 청년층의 일자리 창출에도 기여한다. 광고활용교육 강사를 배출해 국내는 물론, 해외에까지 진출하게 한다면 새로운 고용을 창출할 수 있다.

광고활용교육을 체계화하고 내용을 구성하는 것은 연구자들이 할 수 있는 일이지만, 결국 광고활용교육의 발전을 위해서 가장 중요한 것은 필요성에 대한 공감대의 확산과 광고업계와 정부 및 관련 기관의 제도적, 재정적 뒷받침이다. 이러한 역할을 할 기관과 기업, 뜻있는 광고인과 학자들의 동참이 선행되어야 한다. 앞서 살펴본 사항들에 대한 제도적 지원과 관련 기관 및 교사들의 노력이 우선되어야만 광고를 활용한 창의성 교육이 활성화된다. 영국은 전통적으로 강했던 제조업이 몰락하고 정보기술(IT) 산업의 거품이 빠지자 새로운 전략을 내세워 나름의 창조경제를 추진했다. 광고는 출판, 만화, 음막, 영화, 게임, 애니메이션, 방송, 캐릭터, 지식정보, 콘텐츠솔루션과 같은 콘텐츠 산업의 한 부분임을 명심하고 이와함께 광고활용교육을 광고 콘텐츠의 진흥과제로 추진해야 한다.

4차 산업혁명 이후의 시대는 과학기술과 산업, 문화와 산업, 산업 간의 벽을 허문 복융합으로 연결과 협업의 꽃을 피워내는 것이 중요하다. 광고활용교육은 과학기술과 정보통신기술 간의 융합을 촉진하고 경제를 선도할 비전과 전략을 수립하는 기능을 능동적으로 수행할 수 있다. 광고활용교육은 교육과 산업을 이어줄 모델이다. 전후방의 효과를 극대화할 방안으로 정책적 검토와 지원 체계, 그리고 학술적 가치, 나아가 교육 현장의 다양한 문제를 해결할 수 있는 해법을 제시한다. 향후 광고활용교육이 체계적이고 지속적인 교육으로 발전해 나가기 위해서 광고활용교육 시스템이 구축되어야 한다. 이는 광고활용교육의 플랫폼 역할 수행의 토대가 시급하기 때문이다. 실제 교육계에서도 학위논문과 학술논문에 발표된 다수의 논문을 살펴볼 수 있었다. 다만 광고학계, 교육계 모두 소수의 개인 연구자 차원에서 실행과 연구가 이루어지는 실정이다. 특히 교육 현장에서는 광고활용교육을 위해 공유할 수 있는 교육자료 확보의 요구가 계속되고 있으나 이에 대한 공급은 턱없이 부족한 실정이다. 이미 많은 사례와 연구가 있었으므로 앞으로는 체계적인 광고활용교육을 위해서는 연구성과의 체계적인 수집과 분류가 선행되어야 한다. 이를 기반으로 광고활용교육 연구와 교육이 추진된다면 해외사례와 같은 광고활용교육 시스템과 프로그램이 마련될 수 있을 것으로 기대한다.

저/자/소/개

이 희 복(Heebok Lee: 경희대학교 언론학 박사, 광고PR 전공) : 현재 상지대학교 미디어영상광고학과 교수로 있으며 대한적십자사와 보건복지부, 기획재정부, 건강기능식품협회, 광고자율심의기구 등에서 산학관을 잇고 있다. MBC애드컴과 오리콤, FCB코리아에서 광고캠페인을 수행했었다. 광고는 창의와 설득이라는 믿음이 있다.

제 9 장

국어교육학계의 관점에서 바라본 "광고 리터러시 교육"

국어교육학계의 관점에서 바라본 "광고 리터러시 교육"

김은지 선생님
대구종로초등학교 교사

요약

제9장에서는 국어 교육에서 광고를 바라보는 두 가지 관점을 소개하였다. 국어 교육에서는 광고를 교육의 수단으로 보기도 하고 교육의 대상으로 보기도 한다. 이 중 광고를 교육의 대상으로 보는 관점이 광고 리터러시 교육과 밀접한 관련을 맺고 있다. 국어 교육에서 광고를 교육의 대상으로 바라보기 위해서는 장르 이론의 관점에서 광고를 하나의 장르로 인식할 필요가 있다. 이에 광고 리터러시 교육을 광고 장르 인식 교육으로 정의하였다. 또한 학습자들이 접하고 있는 새로운 형태와 메커니즘의 광고인 스마트 광고 역시 장르 이론의 관점에서 또 하나의 광고 장르로 인식하고, 이해하고, 평가할 수 있도록, 스마트 광고 리터러시 교육의 방안으로 장르 인식을 위한 전략적 질문 활용을 제안하였다.

들어가며

디지털 기술의 발전으로 인해 우리 삶에 활용되는 미디어의 종류가 다양해지면서, 학습자의 언어생활 양상도 매우 다양해졌다. 학습자는 이제 문자 언어나 음성 언어와 같은 단일 양식만을 의사소통의 도구로 삼기보다는 문자나 소리, 이미지, 영상이 결합한 복합양식(multimodal) 텍스트로 소통하는 경우가 더 많아지고 있다.

광고는 대표적인 복합양식 텍스트로, 학습자가 생활 속에서 접하는 광고의 형태나 종류 역시 점차 다양해지고 있다. 디지털 미디어를 통해 제공되는 광고들은 디지털 미디어가 가진 특성을 적극적으로 활용한다. 이러한 광고들은 전통적인 광고가 가지는 시간과 공간의 제약이 주는 형식적 전형성을 탈피한다. 한 제품을 광고하기 위해 단편 영화 분량의 영상물이 제작되기도 하고, 심리테스트나 성격테스트와 같은 형식으로 참여를 유도하여 그들의 기호와 정보를 수집하고 그에 맞는 적절한 제품을 소개하는 형식으로 광고가 이루어지기도 한다.

광고가 제공되는 메커니즘 또한 새로운 미디어 환경에서는 다른 양상을 보인다. TV나 라디오, 신문, 잡지 등과 같은 대중 매체를 통한 전통적인 광고는 시청자나 청취자, 구독자의 성향을 알지 못하는 상태에서 일반 소비자 또는 특정 소비계층을 대상으로 무차별적으로 전달되었다.[1] 그러나 디지털 기술의 발전으로 최근에는 빅데이터 분석기법[2]이 등장하면서, 이를 활용하여 소비자의 취향을 예측한 결과를 바탕으로 소비자가 원하는 제품의 광고를 제공해주는 새로운 메커니즘을 지닌 광고도 흔히 찾아볼 수 있다. 이를 스마트 광고라고 하는데, 대표적인 예가 검색어를 기반으로 제공되는 광고 서비스이다. 검색어 기반 광고 서브스는 포

---

1 박성용(2017). 온라인맞춤형광고 개인정보보호 가이드라인에 대한 비판적 검토. 소비자문제연구, 48(3), 205-231.

2 빅데이터 분석기법이란, 웹 사이트에 게재된 내용과 문맥분석을 통해 이용자의 관심 사항을 분석할 뿐만 아니라, 웹서핑에 대한 추적정보, SNS상에서의 활동 정보, 위치추적정보, 개인 블로그나 댓글 정보, 온라인 거래 내역 정보 등의 분석을 통해 개인의 성향 및 선호정보 등을 정확하게 알 수 있게 하는 기법을 말한다.
박성용(2017). 온라인맞춤형광고 개인정보보호 가이드라인에 대한 비판적 검토. 소비자문제연구, 48(3), 205-231.

털 사이트나 동영상 스트리밍 사이트에서 검색했던 단어들을 기반으로 소비자의 최근 관심사를 반영한 광고들이 노출된다.

최근 학습자들의 경우, 스마트폰의 대중화로 인해 전통적 광고보다 모바일과 인터넷 환경을 기반으로 제공되는 스마트 광고에 노출되는 빈도가 높아졌다. 새로운 미디어의 도입은 미디어 이용자의 의식과 행동의 변화는 물론 사회적 변화를 끌어낸다는 ‘미디어 결정론’의 관점[3]에서 볼 때, 새로운 형태와 메커니즘을 지닌 스마트 광고는 학생들의 의식과 행동에 변화를 불러올 가능성이 크다. 따라서 학습자들이 접하는 스마트 광고에 대한 무분별한 수용을 지양하고 이에 대한 비판적인 관점을 지니기 위해서, 전통적 광고를 중심으로 이루어졌던 광고 리터러시 교육은 스마트 광고를 포함하여 양적·질적으로 확장된 차원에서 이루어질 필요가 있다. 광고 리터러시(advertising literacy)란 “광고를 인식하고, 평가하고, 이해할 수 있는 능력”[4]으로, 광고 리터러시 교육은 학습자에게 이러한 능력을 길러주는 교육이다.

광고에는 광고 카피로 일컬어지는 언어적 표현뿐만 아니라 은유와 상징이 숨겨진 시·청각적인 기호들이 복합적으로 나타난다. 국어 교육에서는 광고라는 텍스트가 가진 이러한 특성에 주목하여 광고를 국어 교육에 활용하고 있다. 그러나 광고 리터러시 교육에 대하여 새로운 광고의 형태와 종류까지 포함하는 발전적인 논의는 부족한 실정이다. 이 장에서는 광고를 다루는 국어 교육의 두 가지 관점에 대해 정리해보고, 이와 함께 장르 이론의 관점에서 국어 교육에서 바라보는 광고 리터러시 교육의 의미와 방안을 탐색해볼 것이다. 또한 기존의 광고 리터러시 교육이 포함하지 못하고 있는 스마트 광고 역시 국어 교육에서 다루어야 할 장르의 하나임을 알고, 장르 인식 위한 전략적 질문을 활용한 스마트 광고 리터러시 교육 방안에 대해 탐색해볼 것이다.

---

3 정인숙(2013). 커뮤니케이션 핵심 이론. 커뮤니케이션북스.

4 Malmelin, N.(2010), What is advertising literacy? Exploring the dimensions of advertising literacy. Journal of Visual Literacy, 29(2), 129-142.

교육 수단으로서의 광고, 교육 대상으로서의 광고

국어 교과는 '언어'를 가르치는 교과로, 학습자의 언어생활과 밀접한 관련을 맺고 있다. 즉, 국어 교과에서 다루는 교육 내용은 학습자의 생활 속에서 이루어지는 '언어활동'이다. 언어활동은 크게 세 가지로 나누어진다. 첫째, 듣기, 말하기, 읽기, 쓰기와 같은 '언어 기능'과 관련된 것으로 이와 관련된 원리, 전략, 방법 등을 다룬다. 둘째, '문학'과 관련된 것으로, 문학 현상과 관련된 지식, 작품 수용 및 창작 능력을 다룬다. 셋째, '문법'과 관련된 것으로, 국어의 여러 가지 규칙이나 현상, 국어의 가치를 다룬다.[5]

이러한 언어활동은 학습자의 실제 언어생활 혹은 언어생활을 재현하는 학습 상황을 토대로 할 때 효과적으로 학습할 수 있다. 이때 학습자들이 친숙하게 느끼는 편지글, 안내문, 뉴스, 신문 기사 등과 같은 유형의 텍스트들이 국어 교과의 교육 내용을 익히기 위한 수단으로 주로 활용된다. 예를 들어, 문단의 중심 문장을 찾는 법을 배울 때, "문단에서 자주 등장하는 단어를 찾는다"와 같은 전략을 명시적으로 이해하고 외우기보다는 어린 동생에게 내가 읽은 신문 기사의 내용을 정리해서 말해주는 상황에서 자연스럽게 그러한 전략을 익힐 수 있도록 한다. 혹은 기행문을 쓰는 방법을 배울 때, "시간이나 장소의 흐름에 따라 보고 들은 내용을 정리한다"와 같은 전략을 활용하기 위해 현장체험학습을 다녀온 경험을 떠올려 기행문을 써보게 하는 것이다.

광고 역시 학습자들이 친숙함을 느끼는 유형의 텍스트이다. 광고는 언어(국어)뿐만 아니라 소리, 영상, 이미지와 같은 양식도 함께 이용한다. 이러한 양식들은 그 자체가 언어는 아니지만, 이것들을 보고, 듣고, 말하고, 읽고, 쓸 수 있다는 점에서 역시 국어 교육에서 다룰 수 있고, 다루어야 한다.[6] 국어 교육에서 복합양식 텍스트 교육의 논의가 활발히 이루어지고 있는 것도 이러한 이유에서다. 광고는 다양한 양식이 복합적으로 사용되는 복합양식 텍스트의 대표적인 예로, 국어 교육

---

5 신헌재 외(2017). 초등국어교육학 개론. 서울: 박이정.

6 이관규(2003). 광고와 국어교육-그 현황과 전망. 국어교육학연구, 17, 335-363.

에서 활용될 수 있다.

국어 교육에서 광고 교육은 세 가지 방향으로 이루어질 수 있다. 광고에 대한(about) 교육, 광고를 통한(throuth) 교육, 광고로부터의(from) 교육이 그것이다.[7] 김정우는 이 세 방향에 대하여 국어교육적 관점에서 다음과 같이 보완하고 있다. 첫째, 광고에 대한(about) 교육은 광고에 관심을 갖고 있는 학생들을 대상으로 광고에 대해 이해하고 광고를 기획 및 제작하는 방법을 배우는 것이라 할 수 있다. 둘째, 광고를 통한(through) 교육은 광고가 갖고 있는 다양한 표현 방법을 바탕으로 하여 목적하는 국어 교육 성과를 거두고자 하는 것을 말한다. 광고를 활용하되, 교육의 목표를 광고에 관해 이해하는 것에 두는 것이 아니라 국어 교과와 교과 하위 영역들이 지향하는 목표를 달성하는 데 두는 것이다. 셋째, 광고로부터의(from) 교육은 미디어 리터러시 교육의 하위 분야로, 광고를 미디어의 하위 분야로 보고, 광고가 전하는 내용을 비판적으로 바라볼 수 있는 능력을 길러주는 것이다.[8]

이 중 두 번째는 광고를 국어 교육의 수단으로 보는 관점으로 흔히 광고 활용 교육(AIE, Advertising In Education)이라고 불린다. 광고는 실제로 국어의 하위 영역인 듣기·말하기, 읽기, 쓰기, 문법, 문학 영역의 신장을 목표로 수업 현장에서 활용되고 있다. 예를 들어 광고는 듣기와 말하기, 읽기, 쓰기와 같은 언어 기능 신장을 위해 활용될 수 있다. 광고에는 소비자들에게 강렬한 인상을 남기기 위한 함축적 표현이나 수사법 등과 같은 다양한 언어적 표현이 등장한다. 이를 국어 수업 제재로 활용한다면 학습자들의 추론적 읽기 능력, 비판적 읽기 능력 및 문장 표현 능력의 신장을 도모할 수 있다. 단순히 문장 표현 능력을 기르는 데서 머무르지 않고, 광고의 설득적 기능에 주목하여 논설문의 소재로 활용할 수 있도록 지도할 수도 있다.[9] 등장하는 친숙한 한글 어휘가 등장하는 영상 광고를 한글 말

7 이희복(2012). 광고활용교육(AIE)이란 무엇인가?. 한국광고홍보학보, 14(1), 160-181.

8 김정우(2015). 국어 교육 방법의 외연적 확장 : 국어 교육의 성과를 높이기 위한 광고의 활용 방안. 청람어문교육, 53(0), 7-35.

9 진요섭(2014). 광고를 활용한 논술 교육 방안 연구-특성화 고교생을 중심으로. 건양대학교 교육대학원 석사학위논문.

하기 유창성을 발달시키는 교육의 제재로도 활용할 수 있을 것이다.

또한 광고는 문학 능력 향상을 위해서도 활용될 수 있다. 방은수와 김상한은 문학 교육에서 이루어지는 은유 교육을 위한 제재를 언어 텍스트에 한정하지 않고, 다양한 형태의 텍스트로 다원화하는 것이 바람직하다고 보면서, 이를 위해 광고 텍스트에 주목하였다.[10] 광고 텍스트가 가진 음성 언어와 문자 언어 중심의 광고 카피와 시각적 형태로 제공되는 영상과 이미지를 통해 이루어지는 기호적 표현 방식은 함축적이고, 시적이며, 감각적이다. 따라서 광고 텍스트는 대중성을 지니면서 동시에 은유 교육에서 활용될 수 있다고 본 것이다. 광고는 시 교육에서도 활용될 수 있는데, 광고에 등장하는 비유, 은유, 상징적 표현들은 시적 표현으로 보기 충분하다. 이에 광고에 등장하는 표현을 바탕으로 시에 활용되는 다양한 문학적 지식을 습득하고,[11] 이를 활용한 시 창작을 경험해볼 수도 있다.[12]

광고는 국어 지식과 규범을 익히기 위해 활용될 수도 있다. 광고에 등장하는 언어적 표현은 그 광고가 탄생한 담화공동체의 사회적 관습과 체계 속에서 이해된다. 이에 국어 교과에서는 학습자가 광고 속에서 찾아볼 수 있는 다양한 국어 지식과 규범을 조사하고 분석해보도록 하면서, 바른 국어 생활을 다짐하고 실천해 보게 할 수도 있다.

위와 같이 광고를 국어 교육의 수단으로 활용하는 사례는 국어 수업을 준비하는 교사의 적극성에 달려있다. 수많은 광고 중에서 국어 수업의 목표를 이루기 위해 적절한 광고를 찾아 이를 활용한 자료를 만들고 수업을 설계해야 하기 때문이다. 교사는 교과서에 제재로 수록된 광고가 반 학생들의 흥미와 수준에 맞지 않는다면, 이를 고려한 다른 적절한 실제 광고를 찾을 수 있다. 수업 준비는 힘들지만 실제로 교사의 철저한 분석과 준비 아래, 적절한 광고를 활용해 국어 수업한 연구들을 살펴보면, 국어 교육 목표 도달에 유의미한 성과를 보여주고 있다.

---

10 방은수·김상한(2018). 광고 텍스트를 활용한 은유 교육 연구. 청람어문교육, 68, 7-33.

11 박근영(2006). 광고 매체를 활용한 시 교육 방안 연구-중학교 국어 교과서를 중심으로, 단국대학교 교육대학원 석사학위논문.

12 안은희(2012). 광고 텍스트를 통한 시적 발상과 표현 교육에 관한 연구, 한양대학교 석사학위논문.

광고는 학습자의 언어 능력을 신장하는 수단으로 유용하게 활용될 수 있지만, 단순히 교육의 수단으로서만 치부하고 말기에는 학습자들의 언어생활에 미치는 영향력을 무시할 수 없다. 광고는 광고라는 매체를 접하는 수용자들이 경제적 부담 없이 광고가 담고 있는 정보에 접근할 수 있다는 점과 광고 자체가 주는 즐거움, 효과적인 언어표현 활용에 대한 동기와 자극에서 오는 유익함이 있다. 그러나 한편으로는 광고를 무비판적으로 수용할 경우, 몇몇 광고가 담고 있는 언어생활을 비롯한 인간 생활 자체에 대한 오도와 비약으로 인해 학습자의 언어생활에 혼란이 오거나 질이 저하되기도 하는 등의 부정적인 면도 있다.[13]

따라서 광고는 학습자가 마땅히 익히고 배워야 할 언어생활의 한 부분으로서, 국어 교육에서 적극적으로 다루어야 할 대상이라고 할 수 있다. 광고를 국어 교육에서 다루어야 할 대상으로 보는 관점은 광고 활용 교육 중 광고에 대한 교육, 광고로부터의 교육에 해당한다. 광고에 대한 교육은 광고가 담고 있는 내용과 형식에 대한 추론적, 비판적 이해와 관련이 있고, 광고로부터의 교육은 광고 텍스트가 가진 매체의 특성을 비판적으로 이해하는데 관련이 있다.

국어과 교육과정과 교과서들을 살펴보면, 꾸준히 광고를 교육의 대상으로 바라보고 있음을 알 수 있다. 성취기준 상에 광과 관련 성취기준이 직접 언급된 교육과정은 2007 개정 교육과정[14]뿐이지만, 교과서에서는 꾸준히 광고를 직접 다루고 있는 단원이나 차시 목표가 설정되어 왔다.

현 2015 개정 국어과 교육과정에서도 광고를 직접 언급하고 있는 성취기준은 없다. 대신 매체 관련 성취기준인 [6국01-05] "매체 자료를 활용하여 내용을 효과적으로 발표한다"와 [6국02-05] "매체에 따른 다양한 읽기 방법을 이해하고 적절하게 적용하며 읽는다"가 포함되어 있다. 이 중 [6국01-05] 성취기준이 반영된 교과서의 단원인 초등학교 6학년 2학기 6단원 "정보와 표현 판단하기"에는 광고를 다루고 있다. 이 단원에는 또한 비판적 읽기 관련 성취기준인 [6국02-04] "글

13 류성기(2000). 광고와 국어 교육. 국어교육, 101, 21-38.

14 2007 개정 교육과정에서는 5학년 읽기 영역에서 "광고에 나타난 정보의 신뢰성을 평가한다"와 7학년 듣기 영역에서 "광고를 보거나 듣고 설득의 전략을 파악한다"가 성취기준으로 포함되었다.

을 읽고 내용의 타당성과 표현의 적절성을 판단한다"가 설정되어 있다. 이 단원에서 광고와 관련된 차시는 1-2차시 준비학습과 3-4차시 기본학습이다. 1-2차시는 "뉴스와 광고를 보고 세계에 관심을 가질 수 있다"라는 차시 목표와 함께 공익광고가 1편 제시되었다. 3-4차시에는 "광고에 나타난 표현의 적절성을 살펴볼 수 있다"라는 차시 목표와 함께 공익광고 1편과 가상의 상업광고 2편이 제시되어 있다. 각 차시 학습에서 광고는 교육의 대상으로 등장한다. 학습자들은 광고를 시청하고 광고가 담고 있는 내용과 의도에 대하여 친구들과 이야기해보거나(1-2차시 준비학습 4번 활동, 3-4차시 기본학습 1번, 2번 활동), 광고에 나타난 표현의 적절성을 판단해보고(3-4차시 기본학습 4번 활동), 광고 문구에서 과장하거나 감추는 내용은 없는지 알아본다(3-4차시 기본학습 5번 활동). 또, 광고의 무비판적 수용이 불러올 문제에 대해서 고민해보기도 한다(3-4차시 기본학습 6번 활동). 이러한 학습 내용은 광고라는 장르의 특성에 대해 이해하는 광고에 대한 교육 활동이기도 하지만 그러한 광고의 특성을 이해하고 비판적인 시각에서 바라볼 수 있도록 하는 광고로부터의 교육 활동이기도 하다.

이 외에 광고를 직접 다루고 있는 차시는 6학년 1학기 6단원 "내용을 추론해요"의 7-8차시 실천학습으로, "알리고 싶은 내용을 영상 광고로 만들 수 있다."를 차시 목표로 한다. 이 단원에서는 광고, 그림, 이야기, 설명문 등에 얻을 수 있는 정보를 활용하여 숨겨진 내용을 추론하는 활동을 한 후 마지막 실천학습으로 알리고 싶은 내용을 담은 광고를 만들어보는 활동 순으로 구성되어 있다. 광고를 실제로 만들기 위해 영상 광고를 만드는 순서를 익히고 모둠 친구들과 함께 영상 광고를 실제로 만들어본다. 그리고 친구들이 만든 광고를 감상하면서 광고의 내용을 추론해보는 활동을 해보도록 되어 있다. 추론적 읽기 능력을 학습하기 위한 수단으로 광고가 활용되고 있기는 하지만, 실천학습은 광고 만드는 법을 알아보고, 직접 광고를 기획하고 제작한다는 점에서 광고에 대한 교육을 어느정도 다루고 있다고 할 수 있을 것이다.

지금까지 국어 교육에서 광고를 바라보는 두 관점에 대해 살펴보았다. 첫 번째 관점은 광고를 국어 교과와 국어 교과 하위 영역의 목표를 이루기 위한 수단으로 보고 활용하고자 하는 것이다. 두 번째 관점은 광고 그 자체를 국어 교육의 대상으로 보는 것이다. 이는 광고를 인식하고 이해하고 평가하는 교육이라는 점에서 광고 리터러시 교육이라 할 수 있다.

국어교육에서 광고 리터러시 교육의 의미와 방안[15]

1) 국어교육에서 광고 리터러시 교육의 의미

광고 리터러시 교육의 의미를 보다 명확히 하기 위해 각 단어의 의미를 먼저 살펴보도록 하겠다. 우선 광고는 표준국어대사전에서 제시하고 있는 사전적 의미로는 "상품이나 서비스에 대한 정보를 여러 가지 매체를 통하여 소비자에게 널리 알리는 의도적인 활동"이라는 뜻을 가지고 있다. 이는 일반적인 상업 광고를 의미하는 것으로 이해되는데, 공익 광고까지 포함한다면, 광고는 "일정한 대상에 대하여 어떠한 내용을 알려서 소기의 목적을 달성하고자 하는 의도적 활동"이라고 할 수 있다. 이때 "의도적"이라는 표현에서 파악할 수 있는 광고의 성격은 설득이다.[16] 즉, 광고는 설득을 목적으로 하는 텍스트의 한 예로 광고를 볼 수 있다. 또 "여러 가지 매체를 통하여" 전달된다는 표현을 보면 광고는 매체 텍스트로서의 성격도 가진다고 볼 수 있다. 정리하자면 광고는 "설득을 목적으로 다양한 언어적 비언어적 표현을 통해 어떠한 내용을 전달하는 매체 텍스트"라고 할 수 있다.

다음으로, 리터러시(literacy)라는 용어는 본래 글을 읽고 쓸 줄 아는 능력을 뜻한다. 디지털 기술이 등장하기 이전 인쇄 매체 중심 시대에서 요구하는 리터러시는 이러한 고전적인 의미의 리터러시였다. 그러나 리터러시의 사용역이 디지털 리터러시, 미디어 리터러시, 정보 리터러시 등과 같이 다양한 분야에서 해당 분야에 대한 이해나 활용 능력으로 확장되었다. 이를 고려할 때, 광고 리터러시란 광고가 가진 개념과 특성을 이해할 수 있는 능력이며, 광고를 맥락에 맞게 이해하고

15 이 절은 "김은지(2021). 장르 인식을 활용한 스마트 광고 리터러시 교육 연구. 한국초등국어교육, (70), 83-102."의 일부를 고쳐쓴 것임.

16 이관규(2003). 광고와 국어교육-그 현황과 전망. 국어교육학연구, 17, 335-363.

활용하는 능력이라 할 수 있다.[17]

Malmelin은 이러한 광고 리터러시를 4가지 차원으로 나누어 설명하였다. Malmelin이 제시한 광고 리터러시의 중 첫 번째 차원은 정보적 리터러시로, 다양한 정보원을 사용하고, 정보의 정확성을 평가하는 능력을 포함한다. 두 번째 차원은 시각적·미적 리터러시로, 광고의 스타일이나 줄거리, 사용된 레퍼런스 등을 이해하고, 시·청각적 표현의 형태를 이해하며, 광고를 심미적 즐거움의 원천으로 해석하는 능력들로 구성되어 있다. 세 번째 차원은 수사적 리터러시로, 마케팅의 목표, 전략 등을 포함한 설득전략들과 이를 위해 사용하는 다양한 수단을 이해하는 능력이다. 마지막 차원은 프로모션 리터러시로, 미디어에서 상업적 형태, 기능 및 목적을 소비자가 따져보고 평가하는 데 도움을 주는 능력을 말한다. 프로모션 리터러시는 소비자가 다른 형태의 광고와 의사소통을 인식하는데 요구되는 관찰과 인지의 기술이라 할 수 있다. 또한, 미디어 경제의 구조와 미디어의 융합 및 소유 관계를 이해하는 능력을 의미한다.

〈표 1〉 광고 리터러시의 4가지 차원[18]

리터러시	정보적 리터러시	시각적·미적 리터러시	수사적 리터러시	프로모션 리터러시
초점	정보원과 지식	미학, 디자인, 즐거움	설득의 수단과 전술	미디어의 상업적 기능과 재정적 파트너십
무엇이 분석되는가?	다양한 정보 소스를 사용하고 정보의 정확성을 평가하는 능력	청각 및 시각적 표현 형식 및 스타일, 스토리 및 레퍼런스에 대한 이해	마케팅 전략, 타겟 및 타겟 집단에 대한 이해	제품 배치, 브랜드 미디어 콘텐츠, 후원 및 홍보의 논리에 대한 이해

앞서 살펴본 광고에 대한 교육, 광고로부터의 교육과 같이 광고를 교육 대상으로 삼는 교육은 광고 리터러시라는 용어를 사용하지는 않았으나, 학습자들에게 광고를 인식하고 이해하고 평가하는 능력, 즉 광고 리터러시에 대한 교육을 다루고

17 구명진(2017). 소비자 모바일광고 리터러시의 개념화와 측정, 서울대학교 박사학위논문.

18 Malmelin(2010). 위의 논문.

있다는 점에서 광고 리터러시 교육이라고 할 수 있다. 예를 들어, 광고에 대한 교육은 광고의 개념과 의미를 이해하고 광고를 직접 만들어보는 것으로, Malmelin이 정의한 광고 리터러시의 정의 중 광고를 인식하고 이해하는 것과 관련이 있다. 광고로부터의 교육은 광고가 가진 미디어적 특성을 이해하고 이를 비판적인 관점에서 바라보는 것으로, Malmelin이 정의한 광고 리터러시의 정의 중 광고를 이해하고 평가하는 것과 관련이 있다.

그러나 이러한 광고 리터러시 교육은 실제 국어 교육을 실현하는 현장 수준에서 한계를 보이고 있다. 우선, 교육 내용의 범위의 한계를 들 수 있다. 대부분 전통적 광고 범위에 국한되어 있다. 특히 현 교육과정과 교과서에 구현된 광고의 모습은 전통적 광고라고 할 수 있는 TV광고와 인쇄 매체 광고 두 가지 형태뿐이다. 전통적인 광고만을 교육의 대상과 수단으로 다루고 있는 현재 국어 교육은 디지털 미디어의 특성에 기반한 새로운 광고에 대한 비판적인 관점을 가지는 데 한계가 있다.

새로운 메커니즘으로 작동되는 광고들도 내용적인 면이나 형식적인 면에서는 기존의 전통적인 광고와 크게 차이가 없는 경우도 많다. 소비자가 검색한 검색어 기반으로 제공되는 광고의 경우 인터넷이나 모바일 환경으로 노출되기는 하지만 대부분 문자 언어나 이미지로 구성되어 있고, 간단한 시각적 효과가 가미된 광고 카피 중심의 광고인데, 이는 전통적 광고와 내용면이나 형식 면에서 크게 구분되지 않는다. 하지만 그러한 광고가 소비자인 학습자에게 노출되기까지의 매커니즘은 전통적 광고와 큰 차이를 보인다. 전통적 광고가 광고에 노출되는 소비자를 특정할 수 없었다면, 이 새로운 메커니즘을 가진 광고들은 학습자가 인터넷이나 모바일 환경을 통해 노출했던 개인정보들을 바탕으로 개별 학습자들에 따라 다르게 노출될 수 있다. 이러한 메커니즘을 인식하고 이해할 때, 학습자는 생활 속에서 접하는 이러한 광고들에 대한 보다 비판적 관점을 견지할 수 있을 것이다.

또한, 교육 내용의 위계의 한계를 들 수 있다. 2015 개정 교육과정에는 광고 리터러시 교육 관련 요소가 직접 나타나있지 않으므로 매체 관련 성취기준을 살펴보자. 초등학교 5-6학년군에 제시된 매체 관련 성취기준과 이어지는 중학교 성취기준은 [9국02-07] '매체에 드러난 다양한 표현 방법과 의도를 평가하며 읽는다.'이고 이어지는 고등학교 성취기준은 [10국02-02] '매체에 드러난 필자의 관점이나 표현 방법의 적절성을 평가하며 읽는다.'이다. 이는 선택과목인 독서에서 [12독서03-06] '매체의 유형과 특성을 고려하여 글의 수용과 생산 과정을 이해하고 다양한 매체 자료를 주체적이고 비판적으로 읽는다.'와 이어지며 어느정도 위계성을 갖추고 있다고 볼 수 있다. 또한 광고는 매체 텍스트임을 고려할 때, 2015 개정 교육과정에서 새롭게 신설된 "언어와 매체" 과목에서 광고 리터러시 교육이 가능해졌다. 언어와 매체에서는 [12언매03-01] '매체의 특성에 따라 정보가 구성되고 유통되는 방식을 알고 이를 의사소통에 활용한다.'와 [12언매03-02] '다양한 관점과 가치를 고려하여 매체 자료를 수용한다.' 성취기준이 제시되고 있다.

그러나 교과서에 등장하는 광고에 대한 교육과 광고로부터의 교육의 순서를 따져보면, 초등학교의 경우 '알리고 싶은 내용을 영상 광고로 만들기'-'광고를 보고 세계에 관심 가지기'-'광고에 나타난 표현의 적절성 살펴보기' 순으로 되어 있다. 6학년 1학기에 등장하는 영상 광고 만들기는 추론적 이해를 위한 수단으로 활용되고 있기는 하지만 광고를 만드는 방법을 익힌다는 점에서 광고에 대한 교육으로 볼 수도 있다. 순서상으로 광고에 대한 교육은 광고를 만들어보는 활동보다 광고를 시청하고 그 안에 담긴 내용과 형식을 확인하고 분석하는 활동이 먼저 오는 것이 자연스럽다. 이렇게 광고가 교육 대상으로서도 다루어지지만 동시에 교육 수단으로서 활용되고 학습자의 학습 상황에 노출되면서, 광고 리터러시 교육이 지녀야 할 위계성이 다소 약화되는 모습을 보여 아쉽다.

이러한 한계를 극복하기 위해 광고 리터러시 교육에서 다루는 광고의 범위를 현재 학습자들이 접하고 있는 새로운 형태와 종류의 광고로 확장하고 이를 중심으로 한 광고 리터러시 교육 내용을 위계화할 필요가 있다. 이를 위해서 광고를 장르 이론의 관점에서 하나의 장르로 바라보고자 한다.

2) 장르 인식을 활용한 광고 리터러시 교육 방안

장르는 흔히 글의 유형이나 문학의 갈래를 설명하기 위해 주로 사용하는 용어이다. 이는 장르에 대한 전통적 시선과 이론을 기반으로 한다. 그러나 장르라는 개념은 문학, 언어학, 수사학, 사회학 등 다양한 연구 분야에 있어, 보다 확장된

차원에서 정의되고 사용되어 왔다.[19]

북미수사학파로 대표되는 수사학 분야의 장르 연구에서는 장르를 "유사하게 반복되는 상황에 대한 수사학적 반응"으로 본다.[20] 이들의 논의에 의하면 장르는 고정되어 있거나 불변하는 것이 아니라 역동적으로 변화할 수 있는 것이다.[21] 장르에 관한 이러한 확장된 시선은 학습자들이 배우는 전형적인 설명문, 논설문과 같은 고전적인 장르뿐 아니라 일상생활에서 마주치는 다양하고도 반복적인 수사체들 역시 하나의 장르로 인식할 수 있게 한다. 즉, 학생들이 일상생활에서 마주치는 다양한 광고들 역시 하나의 '장르'로 구분될 수 있는 것이다. 박태호는 장르 이론의 관점에서 국어 교육에서 다루어야 할 다양한 미시 장르 중 하나로 광고를 포함하기도 하였다.[22]

장르 이론에서는 광고라는 가변적이고 역동적인 장르를, 광고를 광고이게 하는 특징들을 학습자가 인식하게 함으로써 가르칠 수 있다고 본다. 이때 장르는 특정 활동 체계 내에서 의미를 지니므로, 학습자에게 명시적으로 장르를 가르치기보다는 구체적인 상황 맥락 속에서 해당 장르가 가지는 특성을 파악해야 한다. 이를 장르 인식 교육[23]이라고 한다.

장르 인식을 위해서는 다양한 장르 분석 활동을 수행할 수 있는데, 이윤빈은

---

19 정희모 외 역(2015). 장르: 역사·이론·연구·교육, 경진출판; Bawarshi A.·Reiff M. J.(2010), *Genre: An Introduction to History, Theory, Reserch, and Pedagogy*, Parlor Press LLC.

20 Miller, C. R.(1984). Genre as social action. Quarterly journal of speech, 70(2), 151-167.

21 박태호(2000). 장르 중심 작문 교육의 내용 체계와 교수 학습 원리 연구, 한국교원대학교 대학원 박사학위 논문.

22 박태호(2000). 위의 논문

23 장르 인식 교육은 장르 이론의 학파 중 하나인 북미수사학파에서 주장한 인지적 도제 기반의 장르 교수법 중 하나이다. 북미수사학파의 장르 인식 교육은 실제 담화공동체의 장르 활용에 참여하고 그 문화와 관습을 관찰, 탐구하게 하여 학습자 스스로 장르르 이해할 수 있도록 하는 데 주안점을 두고 있다.
박혜영(2015). 장르 탐구형 쓰기 교육 방법 연구-쓰기 장르에 대한 북미수사학적 접근. 제279회 한국어교육학회 학술대회 자료집, 23-41.

선행 논의를 바탕으로 장르 분석을 수행하는 방식을 세 가지로 정리하였다.[24] 우선 특정 장르의 특성을 인식하기 위해 전략적 질문을 활용하는 것이다.[25] 이러한 방식은 학습자가 분석적 질문에 답하는 과정에서 특정 활동체계 및 장르에 대한 메타 인지를 증진시키는 데 도움을 줄 수 있다. 두 번째는 단일 장르 분석 활동에 집중한 첫 번째 방식에서 더 나아간 방법으로, 일련의 연속된 장르 인식 과제 활동을 하게 하여 장르 간 쓰기 능력 전이를 능동적으로 활성화하는 것이다. 세 번째 방식은 첫 번째와 두 번째 방식에서 나아가 장르에 내재한 이데올로기를 분석하여 장르에 대해 비판적으로 사고할 수 있는 능력을 함양하게 하는 방식이다.

그러나 세 가지 모두 주로 장르적 특징이 명확한 학술적 글쓰기 교육을 위해 제안되었다.[26] 따라서 광고를 이해, 분석, 평가하는 능력을 함양하는 데 그대로 적용하기는 힘들다. 하지만 장르 인식 과정에서 이루어지는 장르 분석 활동은 광고라는 장르를 인식하는 데 도움을 줄 여지가 있다. 장르 분석 활동을 통해 학습자들이 광고 장르가 제공되는 맥락과 목적, 내용과 형식 등을 인식할 수 있게 되면, 장차 새로운 맥락에서 낯선 광고 장르를 만나더라도 선행 장르를 통해 학습한 장르의 분석 전략을 활용할 수 있을 것이다.[27] 광고라는 장르를 자신이 생활과 밀접한 관련을 지닌 하나의 장르로 인식하게 하기 위해서는 이와 관련된 전략적 질문을 활용하는 방식의 도입을 생각해 볼 수 있다.

---

24 이윤빈(2015a). 대학 글쓰기 교육에 대한 비판적 논의 및 대안적 교육 방안 검토. 작문연구, 24, 177-219.

25 Devitt, A., Reiff, M. J., Bawarshi A. S.(2004), *Scenes of Writing: Strategies for Composing with Genres,* New York, NY: Pearson/Longman.; Johns, A. M.(2008), Genre awareness for the novice academic student: An ongoing quest. Language teaching, 41(2), 237-252.

26 김태경(2019). 장르 인식을 활용한 공적 장르 쓰기 교육의 방법-청와대 청원 게시판 청원과 답변을 중심으로, 작문연구, 41, 99-129.

27 이윤빈(2015b). 장르 인식 기반 대학 글쓰기 교육 프로그램의 개발 및 적용. 작문연구, 26, 107-142.

가) 광고 장르 인식을 위한 장르 분석 질문

장르 인식 교육에서는 특정 장르의 특성을 인식하기 위해 장르를 분석하는 활동을 한다. 이때 전략적 질문을 활용하여 학습자가 다양한 측면에서 장르를 분석하는 활동을 도울 수 있다. 즉, 장르에 대한 메타적 이해를 함양시키기 위해 사용되는 전략적 질문은 곧 학습자가 주체적으로 장르를 인식할 수 있도록 도와주는 장치라고 할 수 있다.[28]

따라서 광고라는 장르의 특성을 메타적으로 인식하고자 할 때에도 장르 분석에 사용되는 전략적 질문의 활용을 고려해 볼 수 있다. Johns는 교실 속 전형적인 글쓰기 과정의 문제점을 고려하여, 사회 인지적 프롬프트 분석 활동에 사용될 질문 목록을 〈표 2〉와 같이 제시하였다.[29]

〈표 2〉 장르 인식을 위한 프롬프트 분석

점검 사항	점검 내용
1. 장르 이름	이 글의 이름(장르 이름)은 무엇입니까? 이러한 종류의 글에 대해 이미 알고 있는 사항, 또는 알고 있다고 생각하는 사항은 무엇이 있습니까? 예를 들어 이 글은 어떻게 조직되어야 합니까? 어떤 종류의 언어를 사용해야 합니까?
2. 목적	작가로서 이 과제를 완성하기 위해 무엇을 해야 합니까? 논쟁해야 합니까? 정보를 주어야 합니까? 묘사를 하거나 목록을 만들어야 합니까?
3. 맥락	만약 당신이 이 과제를 교실에서 혹은 학급을 위해 쓴다면, 그 맥락에 대해 무엇을 알고 있습니까? 텍스트에서 요구되는 규칙은 무엇입니까? 어떤 조건에서 글을 쓰겠습니까? 예를 들어, 수업 시간에 맞게 글을 씁니까?
4. 필자 역할	이 프롬프트에서 당신은 어떠한 사람이 되어야합니까? 박식한 학생입니까? 또 다른 사람입니까?
5. 독자	독자가 명시되어 있습니까? 독자가 당신의 교·강사라면, 그의 기대와 흥미는 무엇입니까? 교·강사가 학생들에게 가지고 있는 목표는 무엇입니까?
6. 내용	당신은 무엇을 씁니까? 당신은 그 내용을 어디에서 찾습니까? 교재에 있는 내용입니까? 강의에 사용된 자료입니까? 당신은 듣거나 읽었던 내용을 어떤 방식으로 연결합니까?
7. 자료	당신이 글을 쓰기 위해 찾아야 하는 자료는 무엇이고, 얼마나 많습니까? 그 자

28 박수자(2016). 장르 인식을 위한 비문학 제재 읽기 학습 방안 연구, 한국초등국어교육 61, 한국초등국어교육학회, 123-152.

29 Johns, A. M.(2008). 위의 논문

점검 사항	점검 내용
	료는 교실에 있습니까? 당신은 다른 곳을 찾아보아야 합니까? 그 자료는 1차 자료입니까? 2차 자료입니까?
8. 기타 규정	이 글에 대한 또 다른 요구사항은 무엇입니까? 요구하는 분량, 인용 방식(MLA, APA), 글꼴은 무엇입니까?
9. 평가	당신의 글은 어떤 평가를 받으리라 생각합니까? 평가자가 생각하는 '좋은' 글의 핵심은 무엇입니까? 어떻게 그 사항을 알고 있습니까? 만약 잘 모른다면, 어떻게 그 사항을 알아낼 수 있습니까?
10. 자신만의 텍스트 만들기	당신이 쓴 글은 교·강사와 협의할 수 있습니까? 그 주제, 사용된 자료의 유형, 텍스트 구조에 대해 협의할 수 있습니까? 만약 당신이 과제에 대해 협의할 수 있다면, 그것은 당신에게 훨씬 더 흥미로운 과제가 될 수 있습니다.

Devitt과 동료들은 장르를 분석할 때, 수집한 샘플을 분석하는 지침[30]을 제시하였다. 〈표 3〉은 이때 사용된 전략적 질문을 정리한 것이다.[31]

〈표 3〉 장르 분석을 위한 지침

안내 2. 장르가 사용되는 장면을 식별하고 상황을 설명하시오		
환경		어디에서 장르가 나타나는가? 어떻게 그리고 언제 전송되고 사용되는가? 이 장르는 다른 어떤 장르와 상호작용하는가?
주제		장르가 다루는 토픽, 이슈, 아이디어, 질문, 그 외의 것은 무엇인가? 언제 사람들은 이 장르를 사용하고, 그들은 무엇에 관해 상호작용하는가?
참가자		누가 이 장르를 사용하는가?
	작가	누가 이 장르의 텍스트를 쓰는가? 여러 작가가 등장할 수 있는가? 그들이 수행하는 역할은 무엇인가? 이 장르의 작가들은 어떤 특성이 있어야 하는가? 작가들은 어떤 상황(예를 들어, 팀에서, 컴퓨터로, 급작스럽게)에서 그 장르를 쓰는가?
	독자	누가 이 장르의 텍스트를 읽는가? 이 장르에서 한 가지 이상의 독자 유형이 존재하는가? 그들이 수행하는 역할은 무엇인가? 이 장르의 독자들은 어떤 특성이 있어야 하는가? 독자들은 어떤 상황(예를 들어 그들의 여가를 위해, 돌아다니는 중에, 대기실에서)에서 그 장르를 읽는가?

30 Devitt과 동료들이 장르 분석을 위해 제시한 지침은 4단계로 이루어져 있다. 먼저 해당 장르의 샘플을 수집한 뒤, 장르가 사용되는 장면을 식별하고 그 상황을 설명한다. 다음으로 장르의 패턴을 식별하고 분석하고, 이러한 패턴이 상황과 장면에 관해 드러내는 것을 분석하게 된다. 전략적 질문은 샘플을 수집하는 첫 단계를 제외한 2, 3, 4단계에서 제시되었으며, 각 단계에서 사용한 질문을 〈표 3〉으로 정리하였다.

31 Devitt et al.(2004). 위의 논문.

목적	왜 작가들은 이 장르를 쓰고 독자들은 읽는가? 장르가 그것을 사용하는 사람들에게 어떤 목적을 충족시키는가?

안내 3. 장르의 패턴을 식별하고 분석하시오

- 일반적으로 포함되는 내용은 무엇이고, 무엇이 제외되는가? 내용은 어떻게 처리되는가? 어떤 종류의 예시가 사용되는가? 무엇을 증거(개인 증언, 사실 등)로 간주하는가?
- 어떤 수사적 호소들이 사용되는가? 로고스, 파토스, 에토스에 호소하는 것은 무엇인가?
- 장르에서 텍스트는 어떻게 구성되어 있는가? 그들의 부분은 무엇이며, 어떻게 조직되어 있는가?
- 이 장르의 텍스트는 어떤 형식으로 보여집니까? 어떤 레이아웃이나 외관이 일반적인가? 그 장르에서 전형적인 텍스트는 얼마나 긴가?
- 장르에서 텍스트는 어떤 종류의 문장을 사용하는가? 그것들은 얼마나 긴가? 단순한가, 복잡한가? 수동적인가, 능동적인가? 문장이 다양한가? 그들은 어떤 스타일을 공유하는가?
- 가장 흔한 용어 선택(단어의 유형)은 무엇인가? 전문 용어의 한 종류가 사용되는가? 속어가 사용되는가? 작가들의 목소리를 어떻게 묘사하시겠는가?

안내 4. 이러한 패턴이 상황과 장면에 관해 드러내는 것을 분석하오

- 참가자들이 장르를 인식하거나 이해하기 위해 알거나 믿어야 하는 것은 무엇인가?
- 누가 이 장르로 초대되었고, 제외되었는가?
- 작가와 독자들을 위한 어떤 역할이 장려되거나 좌절되는가?
- 어떤 가치, 신념, 목표, 그리고 가정들이 그 장르의 패턴을 통해 드러나는가?
- 장르의 주제는 어떻게 다뤄지는가? 어떤 내용이 가장 중요하게 고려되는가? 어떤 내용(토픽 혹은 디테일이) 무시되는가?
- 장르가 어떤 행동을 가능하게 만드는가? 장르가 어렵게 만드는 행동은 무엇인가?
- 독자에 대한 어떤 태도가 그 장르에 내포되어 있는가? 세계에 대한 어떤 태도가 그 안에 내포되어 있는가?

이들의 질문 목록은 장르 생산을 요구받는 필자의 관점에서 장르를 분석하는 데에 초점을 맞추고 있다. 광고 리터러시 교육의 목적은 광고 장르 생산자를 기르는 데 있지 않기 때문에 이상의 질문 목록을 활용하는 것은 무리가 있는 것처럼 보인다. 그러나 학습자들이 익히 알고 있는 전통적 의미의 광고와는 다른 장르적 특징을 가지고 있는 새로운 종류와 형태의 광고 역시 광고의 한 장르로 인식하기 위해서는 학습자가 광고의 생산자 혹은 제공자의 관점에서 광고를 분석할 필요가 있다.

광고 생산에 목적이 있지 않더라도 광고를 생산하는 생산자의 위치에서, 사용자의 맥락에 맞게 제공하는 위치에서 광고를 분석하는 활동은 전통적 광고와는 다른 새로운 광고가 제공되는 맥락과 목적을 이해하는 데 도움을 준다. 새로운 메커니즘으로 제공되는 광고는 전통적 광고처럼 무차별적이며 일방향적으로 이루어지는 것이 아니라 소비자의 미디어 사용 패턴이나 내용에 맞게 제공된다. 따라서 이러한 활동은 학습자가 자신의 미디어 사용 맥락을 객관적인 위치에서 확인하고 비판적으로 광고를 바라볼 수 있게끔 해 줄 수 있다.

또한, 질문 목록에 텍스트가 지닌 내용과 형식에 대한 특징을 파악할 수 있는 질문을 추가하면 광고의 메커니즘을 이해하는 것뿐만 아니라 기존의 광고 리터러시 교육에서 다루었던 광고의 수사적 전략을 파악하는 데에도 도움이 될 수 있다.

나) 스마트 광고 리터러시 교육을 위한 전략적 질문

교육과정이나 교과서에서 다루고 있는 광고 리터러시 교육의 범위는 전통적 광고에 국한되었다고 볼 수 있다. 물론 교육부에서는 미디어 리터러시 교육에 대한 필요성과 중요성에 대한 인식을 바탕으로 "2019년 교과용도서 수정·보완 사업"(교육부 교과서 정책과-213, 2019. 5. 15.)의 일환으로 이루어진 "교과용도서 전자저작물 보완을 위한 미디어 리터러시 콘텐츠 개발 사업"을 통해 교과서에서 미처 다루지 못한 온라인 광고에 대한 학습 콘텐츠를 개발하기도 하였다. 그러나 이 콘텐츠 역시 교과서에서 다루고 있는 "광고에 나타난 표현의 적절성"을 온라인 광고 버전으로 바꾼 수준에 그치고 있다. 그러나 이제는 학습자들의 삶에 침투하는 스마트 광고의 새로운 메커니즘 그 자체를 학습자들이 비판적으로 인식해야 할 하나의 새로운 광고 언어로서 이해하고, 이를 받아들일 수 있는 새로운 광고 리터러시 교육이 필요한 시점이다. 새로운 광고 메커니즘에 대한 이해가 광고를 접하는 학습자들의 비판적인 시각을 키워줄 수 있기 때문이다. 국어 교육에서 광고가 학습자들의 일상 생활에 닿기까지의 과정과 방식을 함께 다루어야 하는 이유이다.

미래창조과학부는 전통적 광고와는 다른 새로운 메커니즘을 지닌 광고를 스마트 광고로 명명하며, "스마트TV, 스마트폰 태블릿PC, 인터넷, IPTV(VOD), 디지털 사이니지(digital signage) 등 IP를 기반으로 하는 스마트 미디어를 통해 제공되는 양방향·맞춤형 특성을 가진 새로운 패러다임의 광고"로 정의하였다.[32] 스

32 미래창조과학부(2013). 스마트 광고산업 육성전략.

마트 광고는 소비자가 특정 웹 사이트나 서비스를 이용하기 위해 제공하는 개인 정보를 활용하여 소비자에게 맞춰 광고를 제공한다는 점과 제품의 정보를 일방적으로 전달하지 않고 소비자와 상호작용하는 형태로 제시한다는 점, 광고 시간과 공간의 제약이 거의 없고, 드라마인지, 기사문인지 모를 모호한 형식을 취한다는 점에서 전통적 광고와는 다른 특성을 보인다.

스마트 광고의 특성을 이해하기 위해선 스마트 광고가 노출되는 핵심 플랫폼인 스마트폰 기반의 모바일 광고의 특성을 이해할 필요가 있다. 스마트폰 기반의 모바일 광고가 일반적으로 가지는 특성은 다음과 같다. 첫째, '수용자 선택성(targeting),'이다. 수용자 선택성은 스마트폰을 소유한 개인의 개인 정보를 수집, 데이터베이스를 구축하고, 고객의 프로파일을 분석함으로써 개인 맞춤형 차별화 광고의 노출이 가능하다는 특성을 의미한다. 둘째, '실시간성(timing)'이다. 실시간성이란 시간과 공간의 제약 없이 스마트폰 이용자들에게 광고 노출이 가능하고, 이를 통해 고객들의 반응을 실시간으로 파악해낼 수 있다는 특성을 의미한다. 셋째, '위치기반성(location)'으로, 이는 스마트폰의 위치 기반 서비스를 활용해 스마트폰 이용자의 현재 위치를 파악하고, 이를 통해 고객이 원하는 시간에 고객이 실제로 필요한 정보를 제공할 수 있다는 특성을 의미한다. 넷째, '상호작용성(interactivity)'이다. 상호작용성은 고객에게 전달된 광고 메시지를 통해 일방향적 광고의 노출 이외에 스마트 미디어 이용자들에게 이벤트 참여나 상품 구매를 유도하는 등 다양한 형태의 상호작용이 가능하다는 특성을 의미한다.[33]

스마트 광고는 전통 미디어로 구현할 수 없었던 TTL(Targeting, Timing, Location)이 가능해진 광고이다.[34] 스마트 미디어를 통해 언제(anytime), 어디서든(anywhere), 어떠한 소비자(anyone)와도 커뮤니케이션할 수 있게 하는 능동적인 광고라는 특성은 스마트 광고가 다양한 '사회 문화적 맥락' 혹은 자신의 미디어 사용 환경 내에서 특정 제품을 살펴보기 원하는 특정 소비자층에게 유의미한 영향력을 발휘할 수 있게 만들어준다. 따라서, 장르 이론의 관점에서 스마트

33 이정기(2016), 스마트 광고, 커뮤니케이션북스.

34 이정기(2016). 위의 책.

광고는 광고를 접하는 학습자의 맥락 안에서 학습자의 구매를 유도하고 설득하는 목적을 지닌 하나의 장르로 존재하게 된다. 이러한 관점에서 스마트 광고 리터러시는 스마트 광고가 가진 개념과 특성을 이해할 수 있는 능력이며, 스마트 광고를 맥락에 맞게 이해하고 활용할 수 있는 능력이다.

또한, 장르 이론의 관점에서 본다면 스마트 광고는 하나의 장르로 인식해야 할 대상이 되며, 이때 스마트 광고 리터러시란 스마트 광고라는 장르와 그 장르적 특성을 인식할 수 있는 능력이라 할 수 있다. 그렇다면 스마트 광고 리터러시 교육은 학습자가 스마트 광고라는 장르와 그 장르적 특성을 인식할 수 있도록 하는 교육이며, 다시 말해 스마트 광고 리터러시 교육이란 스마트 광고 장르 인식 교육이라 말할 수 있다.

앞 장에서 서술하였듯, 장르 인식 교육은 학습자에게 특정 활동체계 내에서 장르를 메타적으로 이해하는 능력을 함양시키기 위해, 장르의 다양한 측면에 대한 분석 활동을 수행하게 한다. 따라서 스마트 광고 리터러시 교육을 위해서는 학습자에게 특정 활동 체계 내에서 스마트 광고라는 장르를 메타적으로 이해하는 능력을 함양시키기 위해, 스마트 광고의 다양한 측면에 대한 분석 활동을 수행하게 할 필요가 있다.

다만 장르 인식 교육과 장르 인식을 활용한 스마트 광고 리터러시 교육은 그 목표면에서 차이를 보인다. 장르 인식 교육의 목적은 학습자가 특정 장르를 인식하고 이를 활용함으로써 해당 장르에 대한 생산 능력, 즉 쓰기 능력 신장을 목표로 한다. 그러나 장르 인식을 활용한 스마트 광고 리터러시 교육은 학습자가 스마트 광고의 장르적 특성과 메커니즘을 이해하여 그것을 생산하는 데 최종 목적을 두지는 않는다. 스마트 광고 리터러시 교육은 장르 인식을 위해 스마트 광고가 가지는 새로운 메커니즘에 대한 이해와 이에 대한 비판적 관점을 가지는 데 초점을 맞추어야 한다.

스마트 광고 리터러시 교육을 스마트 광고라는 장르를 인식하게 하는 장르 인식 교육으로 볼 때, 학습자의 장르 인식은 스마트 광고라는 장르에 대한 전형성을 인식하는 행위로 설명할 수 있다. 스마트 광고의 전형성은 제공 방식이 소비자 맥락에 맞춤형이라는 점, 소비자와의 상호작용을 유도한다는 점에서 찾을 수 있다. 이러한 전형성을 지닌 스마트 광고 장르의 인식을 위해 devitt과 동료들이 제시한 질문을 중심으로 이를 수정·보완하여 스마트 광고 장르 인식을 위한 전략적 질문을 구성하였다.

〈표 4〉 스마트 광고 장르 인식을 위한 전략적 질문

스마트 광고 구성 요소		전략적 질문
맥락	환경	-언제, 어디에서 이 광고를 접했습니까? -어떻게 이 광고가 여러분에게 전달되었습니까? -광고를 제공하는 스마트 미디어의 종류는 무엇입니까? -광고를 제공하는 스마트 미디어가 가진 특징은 무엇입니까?
	참가자	-이 광고를 만든 사람은 누구입니까? -이 광고를 제공한 사람과 만든 사람은 같습니까?
		-이 광고를 본 사람은 누구입니까? -이 광고를 본 사람들이 요구받는 것은 무엇입니까? -이 광고를 볼 수 있는 사람은 누구입니까? -광고를 봤거나 볼 수 있는 사람들의 공통점은 무엇입니까?
목적		-이 광고의 목적은 무엇입니까? -이 광고가 다루고 있는 문화, 가치, 신념은 무엇입니까?

여기에 스마트 광고 텍스트의 내용과 형식을 분석할 수 있는 질문을 추가하는 것도 생각해볼 수 있다. 스마트 광고 리터러시에는 스마트 광고가 제공되는 맥락과 목적뿐만 아니라 내용과 형식에 대해 파악할 수 있는 능력이 포함되기 때문이다. 장르 분석을 위해서는 장르가 나타나는 상황과 장면에 대한 분석 외에도 장르 텍스트를 분석하여 그 패턴을 파악하는 활동이 필요하다. 스마트 광고 텍스트는 형식과 내용이 다양하기 때문에 이를 포괄적으로 분석할 수 있는 질문이 필요하다. 이와 관련하여 학습자에게 추가적으로 제시할 수 있는 질문은 다음과 같다.

〈표 5〉 스마트 광고 장르 인식을 위한 전략적 질문

스마트 광고 구성 요소		전략적 질문
형식		-광고의 유형은 무엇입니까? -이 광고와 유사한 유형을 예전에 본 경험이 있습니까? -광고의 길이는 어느 정도입니까?
내용	주제와 내용	-이 광고의 주제는 무엇입니까? -이 광고의 주제를 구성하는 아이디어나 질문은 무엇입니까? -이 광고의 내용은 무엇을 담고 있습니까?
	수사적 표현 요소	-광고의 목적을 이루기 위해 사용한 표현은 무엇입니까? -광고가 감추는 표현, 과장하는 표현이 있습니까? -광고에서 거짓된 표현, 차별하는 표현이 있습니까?
	시·청각적 표현 요소	-광고가 담고 있는 이미지/음악이 의미하는 바는 무엇입니까? -광고에서 생략된/강조된 시·청각적 표현이 있습니까? -재미와 즐거움을 주는 시·청각적 표현이 있습니까?

이러한 전략적 질문은 스마트 광고 리터러시 교육에서 다음과 같은 의의를 지닌다. 첫째, 전통적 광고와 구별되는 스마트 광고의 메커니즘을 이해하는 데 도움을 준다. 학습자는 스마트 광고 장르의 맥락 요소를 탐색하면서 광고에 담긴 사회적 맥락이 자신의 사회적 맥락과 닿아 있음을 인식함으로써 스마트 광고가 지닌 양방향, 맞춤형 특성의 메커니즘을 이해할 수 있다. 또한, 스마트 광고가 제공되는 미디어의 종류와 특성에 대한 이해 역시 학습자가 새로운 광고의 메커니즘을 이해하는 데 도움을 준다.

둘째, 스마트 광고에 대한 내용적, 형식적 요소를 메타적으로 이해하는 데 도움을 준다. 학습자는 스마트 광고가 지닌 정보 요소와 형식 요소에 따른 전략적 질문에 대한 대답을 준비하면서 광고의 주제, 목적과 같은 내용뿐만 아니라 광고의 유형, 길이 등과 같은 형식적 요소에 대해 인식할 수 있다.

셋째, 스마트 광고를 바라보는 비판적 시각의 기반을 마련할 수 있다. 스마트 광고 장르의 인식을 위해 마련된 전략적 질문을 수행하는 과정은 스마트 광고가 제공되는 학습자 본인의 미디어 사용 환경을 살펴보는 과정이다. 자신의 미디어 사용 환경을 객관적인 위치에서 바라봄으로써 학습자는 스마트 광고에 대한 비판적 사고력의 함양을 돕는다. 특히 학습자는 광고에 담긴 다양한 수사적 표현에 대해 비판적인 사고를 유도하는 질문을 받고 대답을 준비하면서 광고에 대한 비판적 시각을 가질 수 있다.

다) 스마트 광고 리터러시 교육 방법

장르 인식을 활용한 스마트 광고 리터러시 교육은 스마트 광고라는 장르를 인식하는 장르 인식 교육으로 정의될 수 있다고 하였다. 따라서 장르 인식 교육에서 활용하는 질문 목록을 활용하여 스마트 광고 장르를 인식하는 스마트 광고 리터러시 교육 방안을 생각해볼 수 있다.

〈표 6〉 장르 인식을 활용한 스마트 광고 리터러시 교육 방법

<table>
<tr><th colspan="2">단계</th><th>단계별 교육 내용</th></tr>
<tr><td rowspan="3">스마트 광고 장르 분석하기</td><td>선택</td><td>-자신이 접했던 광고들을 떠올리기
-전달 방식에 따라 광고 분류하기
-분석할 광고 선택하기</td></tr>
<tr><td rowspan="2">분석</td><td>-광고의 맥락과 목적 분석하기
-장르 이름(스마트 광고) 알기</td></tr>
<tr><td>-광고 텍스트의 형식 분석하기
-광고 텍스트의 내용(주제, 내용, 표현 등) 분석하기</td></tr>
<tr><td>스마트 광고에 관해 이야기하기</td><td>공유</td><td>-스마트 광고 장르를 대하는 참여자의 태도
(생산자, 제공자, 소비자의 관점에서 생각해보기)
-자신의 미디어 사용 환경 되돌아보기(개인정보 제공 등)</td></tr>
</table>

스마트 광고 리터러시 교육 방법은 크게는 1) 스마트 광고 장르 분석하기, 2) 스마트 광고에 관해 이야기하기, 더 자세하게는 선택-분석-공유의 순서로 이루어질 수 있다. 먼저 스마트 광고 장르 분석하기 단계에서는 분석할 스마트 광고를 선택하고 분석하는 활동이 이루어진다. 선택 단계에서 학습자는 지금껏 자신이 접했던 많은 광고들을 떠올려보고 이것들을 전달 매체에 따라 분류해본다. 이후 스마트 미디어를 통해 접했던 광고 중에서 분석할 광고를 선택하는 과정을 가진다. 분석 단계에서는 선택한 광고를 앞서 제시한 전략적 질문에 따라 분석하는 활동

을 한다. 이 과정에서 광고의 생산자 혹은 제공자의 위치에서 광고를 분석하게 된다. 이를 통해 학습자들은 분석 대상이 되는 광고의 메커니즘을 이해하고, 광고가 자신의 생활 환경과 밀접한 관련이 있음을 파악하게 된다. 또한 장르가 지니는 특성을 바탕으로 자신이 분석한 장르의 이름을 연관 지을 수 있다.

전략적 질문에 대한 답을 하며 스마트 광고 장르를 인식한 학습자는 이제 자신이 인식한 장르에 대해 동료 학습자, 교사와 함께 이야기를 나누며 스마트 광고를 대하는 태도를 설정하고 자신의 미디어 사용 환경을 되돌아보는 시간을 가진다. 스마트 광고는 학습자의 미디어 사용 환경 내에서 자연스럽게 제시되므로 스마트 광고 리터러시가 부족한 학습자는 자신이 접한 컨텐츠가 광고라는 사실을 알아차리기 어려운 경우가 많다. 또, 스마트 광고는 소비자에게 적합한 광고를 알아서 제공해준다는 점에서 편리성을 가지기도 하지만 그러한 편리함 때문에 광고가 가진 수사적 전략에 더 쉽게 설득될 수 있다. 학습자는 이 단계에서 스마트 광고 장르를 대하는 참여자의 태도에 관하여 이야기하면서 전통적 광고를 접할 때 보다 비판적이고 객관적인 시각으로 바라볼 필요가 있음을 이해하게 될 것이다. 또한 자신의 미디어 사용 환경에 따라 제시되는 스마트 광고가 달라지는 것을 알고 되돌아볼 기회를 가질 수 있게 된다.

나가며

디지털 미디어를 활용하는 시간이 폭발적으로 증가하면서, 기존의 전통적 광고뿐만 아니라 디지털 미디어를 통해 이루어지는 새로운 형태와 종류의 광고 역시 우리 삶에서 떼려야 뗄 수 없게 되었다. 국어 교과는 학습자의 언어생활을 교육의 장으로 가져와 학습자의 언어 능력 신장을 목표로 이루어지는 과목이다. 따라서 학습자의 언어생활 깊숙이 침투해있는 광고라는 매체 텍스트를 학습자가 명확히 인식하고, 이해하고, 평가할 수 있도록 해주는 광고 리터러시 교육을 국어 교육에서는 비중 있게 다룰 필요가 있다.

국어 교육에서 다루는 광고 리터러시 교육은 광고를 교육의 수단이 아니라 대상으로 본다는 특징이 있다. 따라서 광고를 국어 교육에서 다루어야 할 하나의 장르로 바라보는 것은 광고를 교육 대상의 위치로 끌고 오는 데 유용한 관점이라 할 수 있다. 광고 리터러시 교육은 장르 이론의 관점에서 광고라는 장르가 어떻게 학습자의 사회 문화적 맥락 속에 등장하게 되었는지를 명확히 이해하고, 광고가 담고 있는 내용과 형식을 비판적으로 분석하고 평가할 수 있도록 이루어져야 한다. 광고를 하나의 장르로 바라보는 관점은 학습자의 생활 속에서 역동적인 모습으로 변화하는 광고의 변용태를 학습자가 보다 적극적인 자세로 접할 수 있도록 도와준다.

국어 교육에서의 광고 리터러시 교육은 또한 소비자 교육의 한 측면으로서가 아니라 학습자의 올바른 언어생활을 목적으로 이루어진다는 점에서 특징적이다. 그렇기에 국어 교육에서 이루어지는 광고 리터러시 교육의 목적은 학습자가 소비자로서 합리적인 경제적 선택을 할 수 있도록 도와주는 것에 있다기 보다는 광고를 하나의 설득 텍스트, 매체 텍스트로 인식하고 텍스트에 담긴 의미에 비판적으로 접근할 수 있는 능력을 길러주는 것에 있다. 교사는 국어 교육에서 광고 리터러시 교육이 가지는 의미를 이해하여 광고가 가지고 있는 언어적, 매체적 특성이 궁극적으로는 학습자의 언어활동을 신장시킬 수 있도록 적절히 활용하는 균형 잡힌 자세를 가지기 위해 노력해야 할 것이다.

저/자/소/개

김 은 지(Eun-Ji Kim) : 대구교육대학교와 동대학 교육대학원을 졸업하였다. 한국교원대학교에서 초등국어교육을 전공으로 박사학위를 받고 현재 대구종로초등학교 교사로 재직 중이다. 초등학생을 대상으로 한 쓰기 행위 주체성과 디지털 미디어 리터러시 교육에 관심을 가지고 연구 활동을 하고 있다.

제 10 장

호주 디지털 광고 환경 및 소비자 인식 변화

호주 디지털 광고 환경 및 소비자 인식 변화

이지영

호주 캔버라 대학교 미디어커뮤니케이션학과

요약

제10장에서는 호주의 광고 산업 현형과 변화를 살펴보고, 변화하는 산업 환경에 따라 호주의 광고 규제는 어떠한 변화를 겪고 있는지 살펴보았다. 코로나 팬데믹 확산으로 인해 강력한 봉쇄조치를 시행해온 지난 2년 호주의 디지털 미디어 시장은 사상 유례없는 성장을 기록하고 있다. 특히 디지털 광고 시장은 사상 최대치를 기록하며, 호황기를 누리고 있다. 구글과 같은 거대 플랫폼사들이 지배적인 호주의 디지털 광고 환경에 대한 분석과 이들 기업들의 시장 독점을 규제하고자 하는 움직임을 살펴보고 있다. 마지막으로 호주 소비자들의 광고에 대한 인식 변화와 디지털 미디어 환경의 다변화에 따른 미디어 리터러시 교육의 필요성에 대해 설명하고 있다.

호주 디지털 광고 현황

지난 2년간 호주정부는 코로나 팬데믹 확산을 방지하기 위해 매우 강력한 봉쇄 정책을 시행했다. 호주 멜버른의 경우, 전 세계 최장 기간 도시 봉쇄 조치를 시행하였으며, 주(state) 간의 이동을 차단하기도 하였다. 오랜 봉쇄정책으로 인해 경제적 타격을 입은 업체들이 사업을 축소하거나 폐업하는 등 많은 어려움을 겪었지만, 호주의 미디어엔터테인먼트 산업은 기록적인 성장률을 보이며, 그 어느 때보다 호황기를 누리고 있다. PwC Entertainment and Media Outlook 2022 보고서에 따르면, 2021년 전체 호주인들이 미디어엔터테인먼트 콘텐츠 및 서비스 이용에 지출한 비용은 450억 호주달러(약 37조)로 전년대비 6.23% 증가하였다. 이중 310억 호주달러(약 3조)는 인터넷 서비스 이용, 40억 호주달러는 유료TV 서비스 이용, 36억 호주달러(약 3조7천억원)는 유료게임이용, 20억 호주달러(약 1조8천억원)는 도서구입에 사용하였다. 호주인들의 디지털 콘텐츠 이용이 급속도로 증가하면서, 디지털 광고시장은 그 어느때보다 호황기를 누리고 있다. PwC 보고서에 따르면, 2021년 호주 광고시장 규모는 전년 대비 20.3% 증가한 190억 호주달러(약 17조원)로 사상 최대치를 기록하였다. 호주 인터렉티브 광고국(Interactive Advertising Bureau Australia)의 2021년 보고에 따르면, 전체 호주 디지털 광고 시장 규모는 130억 호주달러(약 12조원)로 2020년 대비 35.8% 증가하였다.[1] 2020년 2.4%, 2019년 5.6%의 성장률과 비교하면, 엄청난 규모의 성장률을 기록한 것이다. 디지털 광고 중, 검색 광고 시장 규모는 57억 호주달러(약 5조원)로 호주 디지털 광고시장에서 가장 높은 점유율을 차지하고 있다. 디스플레이 광고 시장 규모는 51억 호주달러(약 4조6천억원)이다. 한편, 분류광고(Classifieds)의 시장규모는 22억 호주달러(약 2조원)로 검색 광고와 디스플레이 광고 대비 작은 규모이나 202년 대비 무려 40%이상의 성장률을 보이며 가파르게 성장하고 있다.

1 IAB Australia Online Advertising Expenditure Report (OAER)

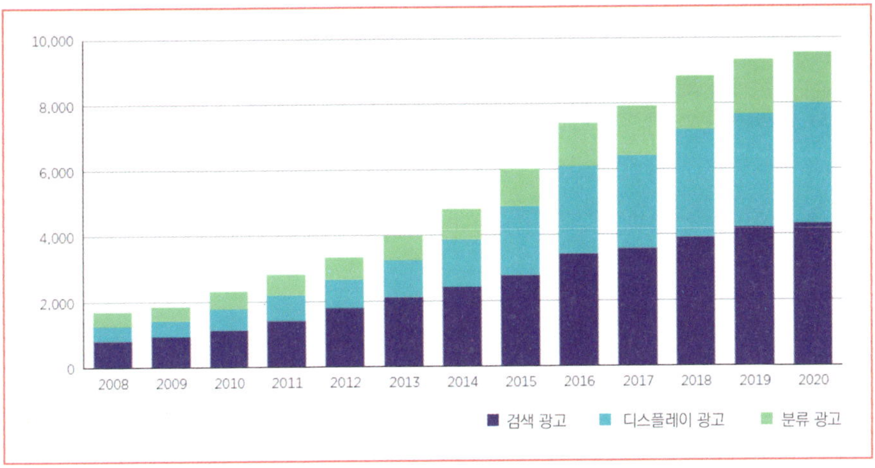

〈그림 1〉 호주 디지털 광고시장 규모 2008-2021

출처: ACCC Digital advertising inquiry

지난 2년 코로나 팬데믹으로 호주인들의 생활환경은 오프라인에서 온라인으로 이동하였으며, 호주인들의 온라인 광고 노출은 이제 자연스러운 일상이 되어버렸다. 자신의 소셜미디어 피드에 등장하는 광고는 이제 하나의 정보 채널이 되었고, 디지털 뉴스를 스크롤(Scroll)하면서 중간중간 등장하는 비디오 광고에 익숙해지고 있다. 2020년 GWI의 호주 디지털2021(Digital 2021) 데이터[2]에 따르면, 응답자의 39%가 구글과 같은 서치 엔진에서 새로운 브랜드를 발견했다고 응답했다. 텔레비전 광고(40%)와 거의 동일한 응답률을 기록하고 있다는 점에서 주목할 만한 변화이다. 호주 디지털 광고시장에서 구글(Google)은 절대적으로 우세한 위치에 있다. 2019년 호주 정부가 디지털 미디어 시장 환경에 대한 광범위한 연구 조사 결과로 발표한 디지털 플랫폼 보고서(Digital Platform Inquiry)에 따르면, 약 2천만명에 가까운 호주인구가 구글을 이용하고 있다. 현재 호주인구는 2천5백만으로 대부분의 호주인들이 구글을 생활화하고 있는 셈이다. 구글 다음으로 호주인들이 많이 이용하는 검색엔진 Bing의 이용자 규모는 6백만에 불과하다.

전 세계적으로 광고시장의 무게추가 모바일을 중심으로 쏠리는 가운데, 호주

2 Statista: Australia GWI Q3 2022

모바일 광고시장은 가파르게 성장하고 있다. 2013년 불과 20%가 되지 않던 모바일 디스플레이 광고 시장은 2020년 66%이상의 시장 점유율을 차지했다(〈그림 2〉). 2021년 호주의 비디오 광고시장은 29억 호주달러(약 2조5천억원)로 2020년 대비 무려 47.8%의 성장률을 기록하였다.[3] 유튜브, 지상파 방송사 주문형 비디오(BVOD) 등의 스트리밍 서비스에 게시되는 비디오 광고 시장은 현재 전체 디스플레이 광고시장의 절반이상을 차지하고 있다.

모바일과 비디오 광고시장의 급격한 성장은 호주인들의 디지털 생활화의 변화와 매우 밀접한 관련이 있다. 호주인들의 온라인 콘텐츠 이용은 팬데믹으로 인해 급속도로 증가하였는데, 호주의 통신미디어청(Australia communications and Media Authority)이 실시한 2021년 호주인들의 미디어 이용현황 조사[4]에 따르면, 55세 이상 성인 중 거의 대부분(98%)이 인터넷을 이용하고 있는 것으로 나타났다. 팬데믹 이전 2019년 76% 대비 10% 이상 증가한셈이다. 특히 55세 이상 성인층의 모바일을 이용한 인터넷 이용률이 눈에 띄게 증가하였는데, 2019년 71%대비 16% 포인트 증가하여, 87%를 기록하였다.

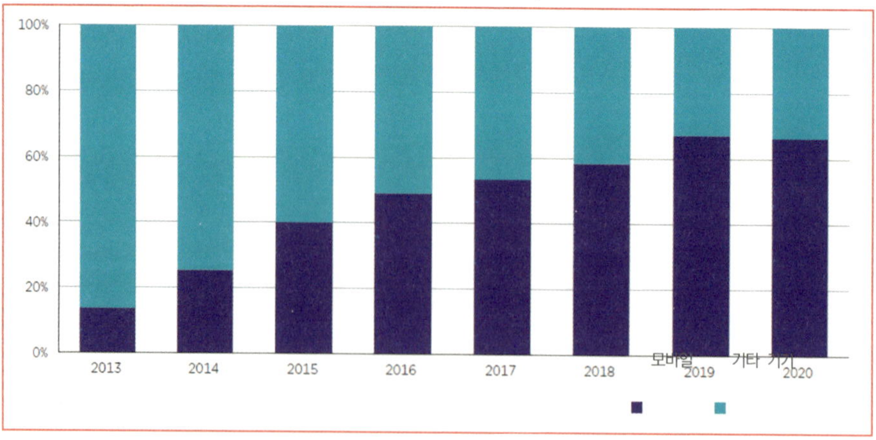

〈그림 2〉 온라인 디스플레이 광고시장: 모바일 vs 기타 기기 (2013-2020년)

출처: ACCC Digital advertising inquiry

3 The interactive Advertising Bureau Australia (IAB)

4 Communications and media in Australia: How we watch and listen to content

디지털 비디오 광고 시장

지난 몇 년간 디지털 미디어 플랫폼을 중심으로 한 비디오 시장이 폭발적으로 성장하고 있다. 미디어표준지수(Standard Media Index)에 따르면, 2021년 호주의 디지털 비디오 시장[5] 규모는 8억8천7백만 호주달러(약 7천5백억)로 2014년 이후 504%의 성장을 기록하였다. 구글(Google), 유튜브(YouTube), 베보(Vevo) 등의 디지털 플랫폼이 전체 시장의 31%를 차지하고 있다. 2014년 이후 791%의 성장세를 기록한 유튜브는 호주인들이 가장 많이 이용하는 비디오 플랫폼이다. 특히 팬데믹 확산 방지를 위한 오랜 봉쇄 조치로 집에 머무는 시간이 길어지면서 호주인들의 주문형 비디오 플랫폼을 이용해 여가시간을 보내는 가정이 급증하였는데, 과반수이상의 18세 이상 성인 응답자가 지난 일주일 간 주문형 비디오 서비스(VOD)를 시청한 것으로 나타났다. 지난 몇 년간 호주인들이 가장 즐겨보는 방송서비스는 지상파 TV였으나, 2021년 처음으로 VOD 서비스가 지상파와 맞먹는 비율을 보여주었다는 점에서 주목할 만한 변화이다. 지상파 방송서비스 이용률은 2017년과 비교해 무려 19%나 감소한 반면, VOD 서비스의 경우 23%나 증가하

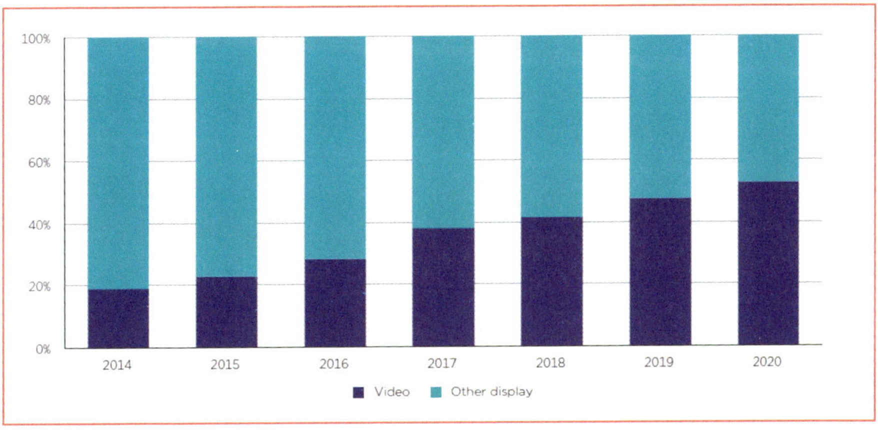

〈그림 3〉 디스플레이 광고비 비율 변화 (2014-2020년)

출처: ACCC Digital advertising services inquiry

5 방송 주문형 비디오 서비스(BVOD)와 광고형 주문형 비디오 서비스(AVOD) 시장

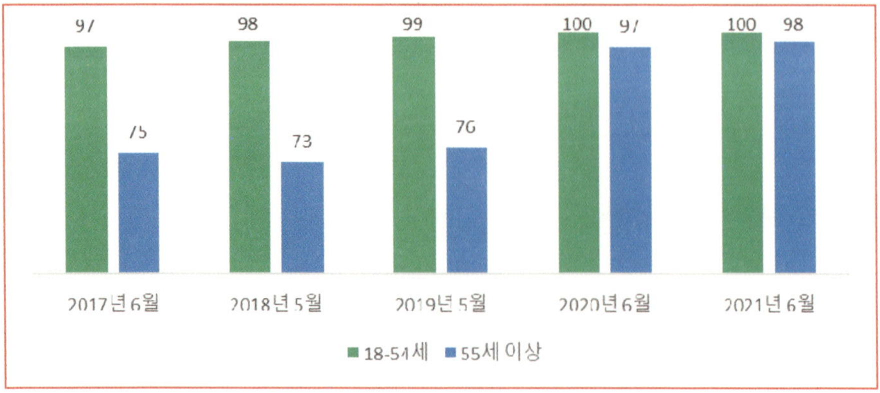

〈그림 4〉 호주 인터넷 이용 비율 (2017-2021년)

출처: ACMA Communications and media in Australia: How we use the internet

였다. BVOD 서비스인 캐취업 TV 또한 2017년 대비 15%나 증가하였다. 비디오 디스플레이 광고 시장의 주목할만한 성장의 중심에는 호주인들의 미디어 이용 행태 변화에 있다고 볼 수 있다.

게임 광고 시장

호주는 전체 가구의 90% 이상이 콘솔 기기를 보유하고 있으며, 절반 이상의 인구(천3백만명)가 유료 게임을 이용하고 있다. 전 세계에게 평균 게임 이용자의 구매력이 가장 높은 국가로, 매년 이용자 일인당 323 호주달러(약 30만원)를 유료게임에 지출하고 있으며, 주 평균 9.7시간을 게임에 할애하고 있다.[6] 2021년 전체 게임 시장 규모는 약 23억 호주 달러(약 2조 8,962억원)로 지난 몇 년 지속적인 성장세를 유지하고 있다(표 1 참조). 모바일 게임 시장은 호주 전체 게임 시장의 절반 이상을 차지하고 있다. 특히 코로나 팬데믹 확산이 시작된 2020년 이래 지난 2년간 주목할 만한 성장을 기록하고 있는데, PWC Entertainment and

6 Game advertising summit deck-compressed-compressed

〈표 1〉 호주 게임시장 규모 및 전망 2016-2025

※ 단위 : 백만 달러

구분	2016	2017	2018	2019	2020	2021	2022	2023	2024	2025
모바일 게임	697	815	867	938	1,131	1,266	1,546	1,616	1,661	1,702
PC 게임	358	381	443	378	402	428	456	486	517	549
콘솔 게임	566	627	657	585	597	612	629	644	664	684
e 스포츠	3	5	7	9	9	11	14	15	17	19
전체	1,624	1,828	1,974	1,910	2,139	2,317	2,645	2,761	2,859	2,954

출처: PWC Entertainment and Media Outlook 2021-2025

Media Outlook보고서는 향후 4년 내(2026년) 호주인들이 미디어엔터테인먼트 콘텐츠 및 서비스 이용에 지출한 비용의 30%를 게임이 차지할 것이라 전망하고 있다. PWC 보고서는 특히 모바일을 활용한 소셜 게임은 향후 호주의 미디어엔터테인먼트 시장 성장에 중요한 영향을 미칠 것이라 전망하고 있다. 새롭게 등장하는 다양한 형태의 모바일 게임으로 인해 게임 시장을 새로운 광고 채널로 활용하기 위한 광고주들의 관심이 매우 높아지고 있다. 2022 IAB Australia Game Advertising State of the Nation 따르면 절반 가량의 광고 미디어 전문 그룹 응답자들이 게임 이용자들의 다양성을 게임 광고의 핵심 원동력이라 보고있었다(IAB, 2022).

호주 디지털 광고 규제 변화

디지털 플랫폼의 급격한 성장과 더불어 호주의 미디어 환경은 지난 몇 년간 매우 큰 변 화를 겪어오고 있다. 디지털 플랫폼사들을 필두로 한 미디어 산업은 광고산업 지형에 새로운 변화를 일으켰으며, 이로 인해 텔레비전이나 신문과 같은 전통 미디어의 광고 비중은 지난 몇 년 지속적으로 감소하였다. 호주의 디지털 광고 시장은 구글과 페이스북과 같은 거대 글로벌 기업이 매우 우세한 시장 환경을 형성하고 있다. 이는 고스란히 호주의 상업방송이나 신문사들의 광고 시장 비중 감소로 이어졌는데, 지속적인 재정난을 겪고 있는 상업방송이나 언론사들은 정부차원의 개입을 지속적으로 요구해왔다. 거대 디지털 플랫폼사의 디지털 시장 장악에 대한 사회 전반의 우려에 대한 대응 차원에서 2019년 호주 정부는 디지털 미디어 시장 환경에 대한 광범위한 조사에 착수하고, 그 결과물인 디지털 플랫폼 보고서(Digital Platform Inquiry)를 발표하였다. 이 보고서는 호주 디지털 미디어 시장 환경에 대한 광범위한 데이터를 근거로, 구글, 페이스북과 같은 거대 글로벌 기업의 호주 내 광고 시장 장악과 그 영향력을 설명하고 있다. 이들 거대 플랫폼사들이 어떻게 호주 내 광고시장을 장악하고 있으며, 이로 인해 호주의 미디어 산업에 어떤 영향을 미치고 있는지, 이를 위한 대응방안은 무엇인지 제시하고 있는데, 이 보고서는, 디지털 플랫폼사들을 대상으로한 새로운 규제 마련의 중요한 발판이 되고 있다. 그 대표적인 예가 2021년2월 통과된 뉴스미디어협상법(News Media and Digital Platforms Mandatory Bargaining Code)이다. 이 법은 세계 최초로 언론사들이 구글과 페이스북과 같은 거대 플랫폼사들을 상대로 자사의 뉴스 콘텐츠게시에 따른 공정한 대가를 요구할 수 있도록 법으로 정한 것이다. 호주의 뉴스미디어협상법 도입은 특히 세계 많은 국가들의 주목을 받았는데, 캐나다와 같은 몇몇 국가들의 유사한 규제 도입에 상당한 영향을 미쳤다. 이 법안 시행은 공정한 뉴스 콘텐츠 시장을 형성함으로써 양질의 저널리즘을 확산시키고자 하는 취지를 갖고 있는데, 호주내 구글, 페이스북의 엄청난 시장 지배력을 우려한 정부의 조치로 볼 수 있다.

2021년 호주 경쟁소비자위원회(Australian Competition and Consumer Commission)는 디지털 광고 시장 환경에 대한 전면 조사를 실시하여, 디지털 광고 서비스 보고서(Digital advertising services inquiry)를 발표하였다. 이 보고서는 구글이 어떻게 디지털 광고 시장에서 독점적 위치를 확보하고 있는지에 대한 광범위한 데이터를 제시하고 있다. 현재 호주 디지털 광고 시장은 구글이 압도적으로 장악하고 있다. 자료에 따르면, 호주 애드테크(ad tech) 공급망 상에서 출고된 광고 클릭수의 90% 이상이 구글의 서비스를 적어도 하나는 경유하고 있는 것으로 나타났다. 구글은 전체 애드 테크 공급망 전반에 걸쳐 서비스를 운영하고 있으며, 호주에서 가장 큰 서비스 제공자(provider)로 자리를 굳혔다〈표 2〉.

〈표 3〉 구글 광고 수익 및 노출 점유율 (2020)

	광고 수익 점유율	광고 노출 점유율
Publisher ad severs	–	90-100%
SSPs	40-50%	70-80%
SSPs / networks	50-60%	70-80%
DSPs	60-70%	80-90%
Advertiser ad servers	–	80-90%

출처: ACCC Digital advertising services inquiry

또한 구글은 다른 서비스 업체들과는 다르게, 자사 서비스인 지메일(Gmail), 구글 검색(Google Search)등과 같은 서비스를 보유하고 있으면서, 광고주들에게

〈표 2〉 호주 애드 테크 서비스 공급자 서비스 현황 (2020)

	Advertiser ad servers	Demand-side platforms	Supply-side platforms	Ad networks	Publisher ad servers
Google	√	√	√	√	√
AppNexus/Xandr	√	√	√		√
Verizon Media		√	√		
Amazon	√	√			
Adform	√	√	√		√
Facebook Audience Network				√	
Flashtalking	√				
Innovid	√				√
The Trade Desk		√			
MediaMath	√	√			
Amobee		√			
Adobe		√			
Criteo		√			
Magnite			√		
PubMatic			√		
Index Exchange			√		
OpenX			√		
Taboola				√	
MoPub(Twitter)			√		

출처: ACCC Digital advertising services inquiry

미디어 공급자(publisher)이기도 하다. 광고 서비스 제공자이면서 미디어 공급자이기도 한 구글의 위치는 디지털 광고 시장에서 매우 유리할 수 밖에 없다. 현재 구글의 광고 노출 점유율은 70%을 차지하고 있으며, 광고 수익 또한 40 - 70%를 차지하고 있다〈표 3〉. 통합적인 서비스를 제공하는 구글은 광고 집행 및 평가를 수행함에 있어 광고주들의 의존도를 높임으로써 매우 유리한 조건을 가질 수 있게 되는 것이다. 경쟁소비자위원회는 이를 구글의 호주 디지털 광고시장 독점의 주요 요인으로 꼽고 있다. 이에 따라 위원회는 균형 있고 투명한 디지털 광고 시장 환경을 위한 대책 마련이 시급하다고 평가하며 기존 광고 규제의 한계와 새로운 규제 마련을 권고하고 있다.

호주 광고 규제

호주의 광고 규제는 자율규제를 기반으로 하며, 광고 규제 기관인 '광고 심의국'(Ad Standards, 이전 Ad Standards Bureau(ASB))이 관리 감독한다. 광고 심의국은 1998년 광고 관련 불만 해결을 위해 설립되었으며, 현재는 시민광고심의회(Ad Standards Community Panel)와 광고심의위원단(Ad Standards Industry Jury)을 위한 사무국 역할을 담당한다. 기존에는 호주 전국 광고주 협회 윤리강령(Australian Association of National Advertisers Code of Ethics)에 근거한 심의만 관리 감독했으나 현재는 다양한 광고 강령들(Advertising Codes and Initiatives)[7]이 적용되는 모든 형태의 광고 전반에 걸친 심의 업무를 처리하고 있다. 광고 불만이 접수되면, 심의국에서 가장 먼저 해당 사안이 시민광

7 전국 광고주 협회 윤리강령: Code of Ethics, Code for Advertising and Marketing Communications to Children, Food & Beverages Advertising and Marketing Communications Code, Environmental Claims in Advertising & Marketing Code, Wagering Advertising & Marketing Communications Code, 호주 식품 및 식료품 협회 윤리강령: Responsible Children's Marketing Initiative
AFGC Quick Service Restaurant Initiative For Responsible Advertising And Marketing To Children

고심의회 대상 사안인지를 판단한다. 심의회는 한달에 두 번 회의를 열며, 해당 불만이 제기된 광고가 윤리강령을 위배했는지 판단하고 제재 조치 여부를 결정한다. 해당 광고가 윤리강령 위반으로 결정이 될 경우, 결정이 내려지면, 해당 광고는 삭제 및 시정 조치를 권고 받는다.

광고 심의를 담당하는 시민광고심의회는 총20명의 호주 시민들로 구성되어 있다. 호주는 일반시민들이 적극적으로 광고 심의에 참여하고 있다. 다양한 연령대와 사회적 배경을 가진 호주를 대표하는 시민들로 구성이 되어 있다. 심의 구성원은 공개적으로 모집되는데, 인터뷰 절차를 거쳐 최종 선발되고, 일정 기간 동안 심의 구성원으로 활동하게 된다. 한편, 경쟁사 간의 광고분쟁조정은 광고심의위원단(Ad Standards Industry Jury)이 담당하고 있다. 광고심의위원단은 총 3명의 변호인단으로 구성되어 있으며, 광고주들이 제기하는 광고 불만 사안을 처리한다. 인터넷, 인쇄물, 라디오, 이동통신, 텔레비전 등 모든 형태의 광고물에 대한 불만을 관리한다.

지난 몇 년, 호주 심의 기관은 새로운 디지털 광고 기술의 도입과 시장환경 변화에 따라 규제 강령과 제도 개선을 위해 노력해오고 있다. 호주는 2010년에 제정된 공정거래 및 소비자법(Competition and Consumer Act 2010)을 통해 공정거래 관련 법률을 적용하고 집행함으로서 상거래 행위에서 발생할 수 있는 다양한 불공정거래 행위들을 규제하고 있다. 어떠한 형태든지 제품 및 서비스의 질, 장점, 특성, 원산지, 가격, 소비자 추천, 품질 보증에 있어 거짓 혹은 오도의 소지가 있는 정보를 포함하는 광고는 이 소비자법에 의거하여 제재를 가할 수 있다. 그러한 현 소비자법은 '온라인(online)', '인터넷(internet)', '전자상거래(e-commerce)', '광고(advertising)', '광고물(advertisement)'에 대한 뚜렷한 정의가 명시되어 있지 않기 때문에, 현재의 소비자법은 법률 적용에 있어 다소 모호한 면이 있어 한계가 있다 (Kariyawasam & Wigley, 2017). 광고 심의국은 2006년 이래 소셜미디어와 웹사이트에 게시되는 온라인 광고에 대한 불만 사안을 다루기 시작했다. 특정 웹사이트뿐만 아니라 특정 목적이나 캠페인을 위해 설계된 마이크로사이트(microsite), SMS 마케팅, 인스토어(in-store) 마케팅, 애플

리케이션, 소셜미디어 페이지를 포함하고 있다. 또한 2017년 3월 전국 광고주 협회는 식별 가능한 광고(distinguishable advertising)에 대한 광고 윤리 강령을 수정하였다. 이는 소비자들이 소셜미디어에 게시되는 광고에 대한 명확한 이해를 보장하기 위해 새로 개정되었는데, 웹페이지 디스플레이광고, 블로그(blogs)/브이로그(vlogs), 소셜미디어에 게시되는 음성/영상 콘텐츠, 브랜드 명칭/로고를 모두 포함한 내용물들이 광고인지 분명히 식별되어함을 규정하고 있다. 특히 이번 개정안에는 전통적인 형태의 광고 마케터뿐만 아니라 소셜 인플루언서(social media influencer)도 그 대상에 포함하고 있다는 점에서 주목할 만한다. 시민광고심의회는 이 강령을 바탕으로 소셜 인플루언서 광고도 심의 대상으로 포함하고 있다.

광고 규제와 관련하여 또 다른 움직임은 어린이 대상 광고 윤리 강령(Children's Advertising Code)에 대한 재검토이다. 광고주 협회는 급변화는 디지털 광고 환경에서 기존의 윤리 강령이 어린이(14세 미만)를 대상으로 하는 광고를 위한 규제에 대한 전면 검토를 게시하였다. 어린이 대상 광고 윤리 강령은 1998년 시행된 이래 일곱차례의 개정 과정을 거쳤다. 특히 이번 개정 작업에서는 어린이 개인 정보 보호 수집에 대한 전면적인 검토를 목표로 하고 있다. 호주에서는 어린이 대상 광고에 대한 자율 규제가 매우 엄격히 시행되고 있다. 광고주들의 어린이 대상 광고에 대한 자율 규제 움직임 또한 주목할 만한다. 세계적 다국적 기업은 유니레버(Unilever)는 최근 어린이 대상 자사 광고에 대한 원칙을 수정하였는데 16세 이하 어린이를 대상으로 모든 형태의 식료품 광고를 중단할 것을 발표하였다. 여기에는 전통 미디어 뿐만 아니라 소셜 미디어를 모두 포함하고 있다. 유니레버는 16세 이하 어린이의 개인 정보를 수집하지 않으며, 16세 이하 인플루언서, 유명인, 소셜 미디어 스타들을 광고에 기용하지 않겠다고 밝혔다. 어린이 비만율이 세계적으로 증가하는 가운데, 유니레버와 같은 식품 업체들의 이러한 움직임은 주목할 만한 변화일 것이다.

EU 이사회와 유럽의회는 2022년 7월 디지털 컨텐츠 규제를 위한 '디지털서비스법(Digital Service Act)' 시행에 합의하고, 2023년부터 법 시행 발효를 발표했다. 디지털서비스법은 유해 온라인 콘텐츠 확산을 방지하고, 소비자 개인 정보를 활용한 맞춤형 광고의 투명성을 강제하기 위해 마련되었다. 구글, 메타, 아마존, 트위터 같은 기업이 제공하는 소셜미디어, 오픈 마켓, 검색 엔진에 게시되는 불법 콘텐츠와 광고에 대한 책임을 플랫폼을 보유하고 있는 기업에게 물고, 벌금을 부여하는 것을 법으로 정하고 잇다. 온라인 플랫폼사들은 온라인 광고에 대하여 소비자가 해당 내용이 광고라는 사실, 광고 게시자와 소비자가 해당 광고에 노출되는 주요 조건들이 무엇인지에 대해 확인할 수 있도록 조치를 취해야 함을 의무화하고 있다. 디지털서비스법 적용 대상은 연 매출 65억 유로(약 8조7천억원) 이상, 이용자 4천500만명 이상이면서 EU 역내 3개국 이상에서 서비스 되고 있는 거대 플랫폼사들로, 구글, 메타와 같은 기업들이 주요 적용 대상이다. 호주도 디지털 시장에서 중요한 지위를 점하고 있는 디지털 플랫폼 시장을 중심으로 정부 차원의 새로운 제도 도입에 대한 정치적 노력이 진행 중이다. 호주 노동당(Labour Party)는 소비자 보호를 위해 은행, 이동통신사, 소셜 미디어, 정부 기관들의 사회적 책임을 주장하며, 좀 더 강력한 산업 강령을 도입할 것을 주장하고 있다. 특히 온라인 사기, 오해의 소지가 있는 광고 내용과 기만적 영업행위에 대한 현 제재 조치에 대한 재검토를 촉구하고 있다. 자유당(Liberal Party)은 호주의 온라인 콘텐츠에 대한 관리 감독 역할을 하는 온라인안전국(eSafety Commissioner)에 대한 추가적인 예산 지원을 발표하였는데, 이는 온라인 유해 콘텐츠에 대한 신고를 용이하게 하기 위한 관련 규제 당국과의 협력을 강화하는데 필요한 예산으로 쓰일 예정이다. 특히 자유당은 어린이 보호를 위해 스마트폰이나 태블릿 PC에 좀 더 강화된 통제 장치 설치를 의무화하고, 향후 1년내 이러한 방안이 시행되지 않을 경우, 정부가 규제에 나설 것을 발표했다.

소비자 인식 변화

호주 광고심의국의 보고에 따르면, 2021년 총 4,675개의 불만 사안이 접수되었으며, 시민광고심의회가 심사한 사안은 총 315개였다. 2018년 이래 감소 추세를 이어오다 코로나 팬데믹이 확산되기 시작한 2020년부터 무려 33%나 증가하였다(〈그림 5〉 참조). 가장 많은 불만이 접수된 내용은 광고의 선정성(21.3%)에 있었으며, 뒤이어 보건/안전(16.5%) 관련 불만이 높게 나타났다. 텔레비전 광고(66%)는 여전히 불만 사안 가장 높은 광고 미디어이나 그 비율는 지속적으로 감소하고 있으며, 지난 4년간 절반 넘게 감소하였다. 한편, 소셜미디어 광고 불만 사안은 23.6%으로 4년만에 사상 최대치를 기록했다(〈그림 6〉 참조). 전년대비 8% 가까이 증가하였다. 가입형 텔레비전 서비스 또한 12.6%로 증가추세를 보여주었다. 한편, 2017년 식별 가능한 광고(distinguishable advertising)에 대한 광고 윤리 강령 수정 이후, 식별 가능한 광고에 대한 불만 사안(2.7%)이 증가한 점이 눈길을 끈다.

호주 광고심의국이 실시하는 소비자 광고 인식조사(Community Perceptions Research)에 따라면, 2021년 응답자의 32%가 부적절한 광고를 최근 본적이 있다고 응답하였는데 〈그림 7〉, 이는 2015년 16%에 비교해 무려 2배 가까이 증가한 수치이다. 주목할 점은 '잘 모르겠다'는 응답률 또한 지난 2015/2017년대 상

〈그림 5〉 광고 불만 접수 (2017 - 2021)

출처: Ad Standards Review of Operations 2021

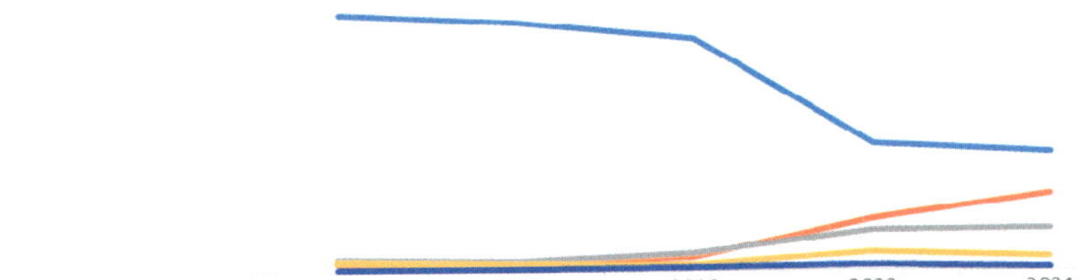

	2017	2018	2019	2020	2021
TV - 지상파	79.1	76.4	71.3	38.9	36.2
소셜미디어	2.5	2.6	4	16	23.6
TV - 주문형/유료	3.8	3	5.2	12.3	12.6
인터넷	2.9	2.2	1.7	5.5	4.2
인쇄물(신문 등)	0.5	0.5	0.8	1.6	0.8

〈그림 6〉 주요 매체별 광고 불만 접수(2017 – 2021)

출처: Ad Standards Review of Operations 2021

당히 증가하였다는 점이다. 특히 과반수의 응답자들이 선정적 광고의 증가와 어린이를 타깃으로 하는 광고에 대한 우려를 나타냈다. 대부분의 응답자(81%)가 광고 규제의 중요성을 인식하고 있었다. 한편, 과반수에 가까운 응답자(44%)가 호주 광고심의국에 대해 인지하고 있었지만 절반은 광고심의국이 하는 역할에 대해서는 인지하지 못한 것으로 나타났다. 응답자들의 광고심의에 대한 인지율은 과거 대비 더 낮아지고 있는 것으로 나타났다. 부적절한 광고에 대한 불만 제기를 어느 곳에서 해야 하는지 묻는 질문에 과거 2007년 응답자의 절반(52%)이 모른다고 응답한 반면, 2017년에는 과반수를 훨씬 넘는 응답자들(62%)이 잘 모르겠다고 응답하였다. 특히 주목할 점은 응답자의 43%가 불만 제소 과정의 간소화를 중요한 장려 요인으로 꼽았는데, 2006년 이를 꼽은 응답자는 4%에 불과해 매우 큰 변화를 보여주었다. 소비자들의 부적절한 광고 노출은 주목할 만하게 늘어난 반면, 오직 5%만이 정식 불만을 제기한 것으로 나타나 대조를 보였다.

광고심의국의 조사 결과는 광고에 대한 소비자들의 의식에 상당한 변화가 있음을 시사한다. 선정적이고 부적절한 광고에 대한 소비자 노출은 지속적으로 증가하는 한편, 적극적으로 대응하는 소비자는 매우 적었다. 부적절한 광고에 노출된 경험이 있는지 묻는 질문에 5명당 1명꼴로 모르겠다고 응답하였는데, 이 수치 또한

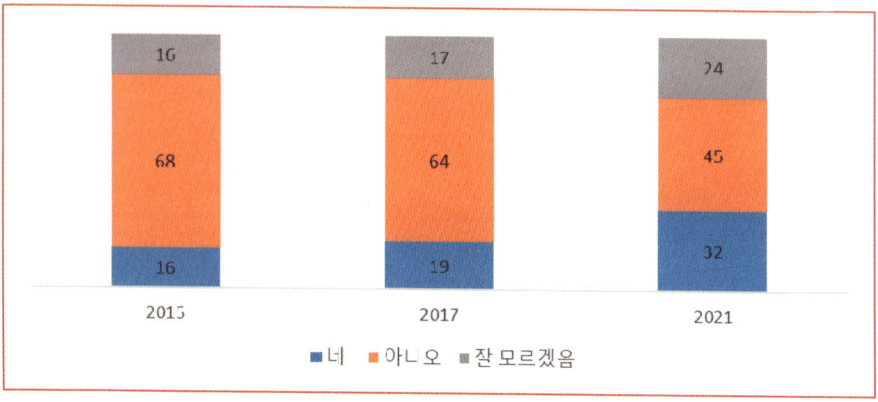

〈그림 7〉 부적절한 광고 노출 (2015 - 2021)

출처: Ad Standards 'Community Perceptions Research'

과거 대비 증가하였다. 지난 2년 코로나 팬데믹으로 호주인들의 생활환경은 점점 더 오프라인과 온라인의 경계가 모호해지면서, 언제 어디서든 쉽게 광고에 노출되는 환경에서의 생활이 불가피하게 되었다. 이러한 환경에서 무분별하게 노출되는 정보 혹은 광고에 대한 소비자의 민감성이 다소 둔해지고 있음을 시사한다.

호주 미디어 리터러시 교육 프로그램 및 정책

호주는 특히 코로나 팬데믹이 발생한 이후, 대부분의 일상활동들이 온라인을 통해 이뤄지는 가운데, 개개인 소비자들에게 잠정적으로 발생할 수 있는 위험 요소에 대한 우려의 목소리가 높아지고 있다. 호주 경쟁소비자위원회의 디지털 광고 서비스 보고서에서 특히 소비자들의 새로운 형태의 디지털 광고에 대한 이해가 매우 중요함을 강조하고 있다. 디지털 플랫폼 보고서 또한 급변하는 디지털 미디어 환경에 대응하기 위해 디지털 미디어 리터러시 교육 강화를 중요한 권고 사항으로 꼽았다. 특히 경쟁소비자위원회는 호주 국민들의 디지털 미디어 리터러시 향상을 위한 프로그램 개발을 위한 정부의 재정적 지원을 권고하고 있다. 호주 정부의 대표적인 디지털 미디어 리터러시 강화 정책으로 온라인 안전국이 관할하는

'Online Safety Grants Program'과 'Be Connected program'이 있다. 총 9백만 호주달러(약 80억원)의 예산이 책정된 Online Safety Grants Program[8]은 미디어 리터러시 프로그램을 운영하는 비영리단체들을 지원한다. 후자의 경우, 특히 중장년층을 대상으로 한 미디어 리터러시 교육 프로그램을 지원하는 정책으로 총 2천만 호주달러(약 180억원)의 예산이 책정되어 있다. Be Connected 웹사이트[9]에서 각종 디지털 미디어 리터러시 프로그램을 제공하는 한편, 도움을 구할 수 있는 지역 채널을 찾아주는 서비스를 제공하고 있다. 또한, 미디어 리터러시 교육 자원 봉사 프로그램을 연결하여 중장년층 시민들의 적극적인 참여를 유도하고 있다.

호주도 다른 나라와 마찬가지로 미디어 리터러시 교육이 정규 학교 교육과정의 내용에 포함되어 모든 학생들에게 교육될 수 있는 제도적 기반을 마련해야 한다는 공감대라 높은 실정이다. 특히 2019년 디지털 플랫폼 보고서는 미디어 과목의 정규 과정 도입을 권고 하고 있다. 호주는 전 세계적으로 모든 교과 교육과정에서 미디어 과목을 다루는 미디어 예술 교육과정(Media Arts in the Australian Curriculum) 정책[10]을 시행하고 있는 몇 안되는 국가들 중 하나이다. 미디어 과목이 정규 교육 과정에 별도로 포함되어 있지 않지만 취학 전 학년 부터 10학년까지 모든 교과 교육과정에서 전반적으로 미디어예술 과목을 다루고 있다. 교육과정에 포함되는 미디어 예술은 순수 예술 영역만이 아니 텔레비전, 영화, 비디오, 드라마, 신문, 라디오, 게임, 인터넷, 모바일 미디어 등 광범위하게 포함하고 있으며, 특히 미디어 리터러시 능력 중 미디어 콘텐츠의 비판적 분석 및 평가에 초점을 맞추고 있다. 특히 6학년에서 10학년 영문학 과목에서는 뉴스 기사에 대한 비판적인 해석 및 평가를 다루고 있는데, 이는 사회적 현안들에 대한 비판적 담론 분석을 포함하고 있다.

호주의 미디어 리터러시 교육은 1940년대를 시작으로 오래된 역사를 가지고 있다. 1970년대 미디어 교육자 협회인 Australian Teachers of Media(ATOM)

8 https://www.esafety.gov.au/about-us/what-we-do/our-programs/online-safety-grants-program

9 https://beconnected.esafety.gov.au/

10 Media Arts in the Australian Curriculum

가 설립되면서 본격적으로 미디어 교육을 위한 교사 지원 프로그램이 활성화되었다. 이때부터 호주의 정교 교육 과정에 미디어 예술 교육이 포함되기 시작했다. 하지만 미디어 교육 과정이 따로 정규과정에 포함되어 있지 않음에 따라 학계에서는 미디어 교육의 한계를 지적하고 있는데, 특히 최근 급변하는 디지털 미디어 환경에 대응하기 위해 디지털 플랫폼 생태, 디지털 참여 문화, 알고리즘 리터리시 등을 포함한 교육 과정의 전면적인 개편이 필요하다는 지적이다(ACCC, 2019; Corser, Dezuanni & Notley, 2021; Dezuanni, 2021). 최근들어, 뉴스 리터러시, 광고 리터러시 등 미디어 및 정보에 대한 비판적 해석과 더불어, 미디어 산업 전반에 대한 이해의 중요성이 강조되고 있는데, 최근 몇몇 보고서가 보여주는 호주인들의 미디어 리터러시 수준은 상당히 우려되는 수준이다. 예를 들어, 호주의 대표적 미디어 리터러시 연구 기관인 호주 미디어 리터러시 연합(Australian Media Literacy Alliance)의 성인 미디어 리터러시 조사 결과에 따르면, 응답자의 30%가 낮은 미디어 리터러시 수준을 보였으며, 특히 75세 이상 노년층의 75%가 낮은 미디어 리터러시 수준 보였다(Notley, et al., 2021). 호주 디지털 뉴스 리포트(2018) 보고서 또한 호주인들의 뉴스 리터러시 수준이 다소 저좀함을 지적하고 있는데, 응답자의 68%가 낮은 수준의 뉴스 리터러시 수준을 보여주었다(Park, et al., 2018). 이는 총 19개 국가의 평균보다 못 미치는 수준이었다.

오늘날 호주사회도 전례없는 디지털 기술의 발달로 사회적 변화를 겪고 있다. 코로나 팬데믹은 이러한 변화를 가속화시키면서, 디지털의 일상화를 고착화시키고 있다. 강력한 봉쇄정책으로 이동의 제한을 받은 호주인들의 미디어 엔터테인먼트 콘텐츠/서비스 이용은 사상 유례없는 증가치를 보여주고 있다. 이에 따라 디지털 광고 시장 또한 사상 최대치의 시장 규모를 기록하였다. 호주 소비자들의 일상은 끊임없이 노출되는 뉴스, 정보, 광고로 넘쳐나고 있다. 디지털 광고 기법의 다양화와 맞춤형 광고가 증가하면서 소비자들의 디지털 광고에 대한 만족도는 꾸준히 증가하고 있으나 동시에 우려의 인식도 높아지고 있다. 특히 디지털 미디어 환경의 다변화는 더욱 높은 수준의 정보통신과 미디어에 대한 활용과 이해를 요구함에 따라 소비자의 미디어 리터러시 능력이 더욱 중요한 시대가 도래했다. 다른 국가들과 마찬가지로 호주 또한 디지털 미디어 리터러시의 보편적 교육 확대를 강조하고 있으며, 새로운 디지털 기술 새로운 디지털 기술 환경의 변화를 포함하여, 기존의 미디어 교육의 전면적인 개편이 시급한 실정이다. 뿐만 아니라, 성인들의 미디어 리터러시 교육 또한 중요하게 강조되고 있는데, 호주 시민들의 디지털 미디어 리터러시 능력 강화를 위한 향후 호주 정부의 적극적인 행보가 요구되는 시점이다.

저/자/소/개

이 지 영(Jee Young Lee: PhD in Media and Communication. University of Canberra)
호주 캔버라 대학교 미디어 뉴스 연구 센터 박사후 과정을 거쳐, 현재 Faculty of Arts and Design에서 Lecturer로 재직중이다. 뉴스 산업 및 수용자, 미디어 리터러시, 디지털 미디어 이용과 영향에 관한 다양한 연구 프로젝트를 수행하고 있으며, 대학원에서 연구방법론을 가르치고 있다.

제 11 장 다양성과 광고 리터러시

다양성과 광고 리터러시

김지은 연구교수
숙명여자대학교 아시아여성연구원

요약

제11장에서는 현재 전 세계적으로 강조되고 있는 다양성, 평등, 포용의 가치와 광고의 관계에 대해 다룬다. 다양성과 다양성 광고에 대해 정의하고, 시대적인 요구로서의 다양성 광고의 의미를 탐색한다. 광고 리터러시 관점에서 인종, 장애, 젠더, 성적지향과 관련된 다양성 광고의 대표 사례들을 살펴본다. 또한, 광고 리터러시가 현재까지 기능중심의 현명한 소비자 되기 차원에서 논의되어 온 것의 한계를 지적하며, 기능적 관점을 넘어 참여와 생산, 미디어에 대한 비판적 이해 등을 포괄하는 개념으로 넓혀가야 한다는 것을 설명한다. 이어서 다양성 광고를 읽는 방법으로 비판적 리터러시를 제시하고, 비판적 리터러시 관점에서 광고 속 소수자 재현의 정치학에 대해 논의한다. 흑인인권운동캠페인(BLM)의 워크워싱(Work Washing) 문제, 외국인 인플루언서 광고의 과다대표성 문제, 포스트 페미니즘과 교차성 페미니즘 관점에서 펨버타이징(Femvertising) 읽기, 성소수자 친화 광고의 과소대표성 및 핑크워싱(Pink Washing), 광고 속 장애의 재현 등에 대해 비판적 리터러시 관점에서 생각할 거리를 던진다.

광고와 다양성, 다양성과 광고

2020/2021 칸국제광고제(Cannes Lions International Festival Of Creativity)[1]의 가장 큰 화두는 다양성(Diversity), 평등(Equality), 포용(Inclusion)과 지속가능성(Sustainable Development) 이었다. 성별, 인종, 국적, 사회적 지위, 성적 지향, 장애 등 그 어떠한 기준으로도 차별하지 않고 그 누구도 소외시키지 않는 '모두를 위한 크리에이티브'가 높이 평가된 것이다. 레바논의 유방암 재단(The Lebanese Breast Cancer Foundation)은 중동의 대형 슈퍼마켓 체인인 스피니즈(Spinneys)와 협업하여 유방암 초기 발견의 중요성과 자가진단 방법을 알리는 영상캠페인 '빵 만들기 테스트(The Bread Exam)'을 통해 PR부분의 그랑프리(Grand Prize)를 수상하였다(〈그림 1〉). 이 캠페인은 여성의 신체에 대해 언급하는 것이 금기인 중동지역의 사회적 제약을 재치있게 피하며 여성들에게 실질적으로 도움을 주었다는 점에서 큰 호응을 얻었다. 마스터 카드는 성소수자들이 법적 이름 사용에서 겪는 불편함에 착안해 원하는 이름으로 카드를 발급해주는 캠페인 '진짜 이름(True Name)'으로 Brand Experience & Activation 분야의 그랑프리를 받았다(〈그림 2〉). 유니레버는 신체적 불편함을 가진 사람을 포함해 누구나 손쉽게 사용할 수 있는 유니버셜 디자인(Universal Design)의 데오드란트(Deodorant)를 어필하여 이노베이션(Innovation) 부분의 그랑프리를 수상하였다(〈그림 3〉).[2]

우리의 삶과 산업 전반에 불어닥친 디지털 전환(Digital Convergence)으로 광고영역에서도 데이터 분석 기술을 기반으로 한 타겟팅(Targeting) 전략 및 신기술이 도입된 플랫폼 경험, 효율성이 강조되는 퍼포먼스 마케팅(Performance Marketing)이 각광 받고 있는 현시점에 위와 같이 정치적 올바름(Political Correctness)을 지키는 다양성 광고들이 주목받았다는 것은 현재 우리 사회가 지

1 세계 최대 광고 페스티벌인 칸국제광고제는 Covid-19여파로 2020년 행사가 취소되며 2021년 6월 두 해에 걸쳐 출품된 작품에 대한 시상이 동시에 진행되었다.

2 Nasmedia. (2021). 2020-21 CANNES LIONS INTERNATIONAL ADVERTISING AWARDSF. nasreport321.

〈그림 1〉 The Bread Exam 캠페인
출처 : McCann Pairs 유튜브

〈그림 2〉 True Name 캠페인
출처: Mastercard 유튜브

〈그림 3〉 Degree Inclusive 캠페인
출처: Our Unilever 유튜브

켜야 할 가치가 무엇인지에 대한 명확한 해답이라 할 수 있다.

현재 우리가 흔히 사용하는 다양성이라는 개념은 사회적 다양성(Social Diversity) 및 문화적 다양성(Cultural Diversity) 개념에 가까이 있다. 사회적 다양성은 인종 다양성에서 확장되어 종교, 성별, 연령, 신체적, 정신적 조건 등을 포함한 다양한 사회적 차이를 포함하는 것이다. 현대 민주주의 사회에서는 사회적 다양성이 인권, 평등, 참여와 같은 가치실현을 위한 중요한 전제조건이 된다. 인종, 성별, 계급, 성적 지향 등을 이유로 타인의 가치를 폄하하거나 특정 집단을 차별하는 것은 그 자체로 불평등하며, 보편적 인권이라는 인류의 기본적 가치실현을 불가능하게 만든다. 어떤 사회가 사회적 다양성을 실현하고 있다는 것은 인종, 출신 지역, 나이, 성별, 외모, 직업, 혈연 등의 차이를 가지고 사회적 참여의 기회를 박탈하거나 불평등하게 대하지 않는다는 것을 의미한다.[3]

문화적 다양성은 다양한 집단의 고유한 문화적 정체성을 인정하고 상호존중하는 개념으로, 다문화주의와도 관련이 있다. 다문화주의(Multiculturalism)는 한 사회 내 다양한 인종이나 민족집단의 문화를 하나로 동화시키지 않고 서로 인정하고 존중하며 공존하는 것이 핵심이다. 2001년 유네스코(Unesco)는 '문화 다양성 선언(Universal Declaration on Cultural Diversity)'을 통해 문화적 다양성이 인류의 공동유산임을 명백히 하고, 문화적 다양성의 추구가 관용, 대화, 협력을 통해 국제평화와 안전을 확실하게 보장하는 것임을 이야기한 바 있으며,[4]

3 이상우 & 배선영. (2011). 미디어 다양성. 서울: 커뮤니케이션북스.
4 유네스코한국위원회. (2008). 유네스코와 문화다양성, 유네스코한국위원회.

2005년 4월 유엔인권위원회(UN Commission On Human Rights)의 결의안에도 문화적 다양성 보호가 만인에 의한 모든 인권의 이행과 향유를 촉진한다고 적시되어 있다. 유엔총회가 2015년 채택한 2030 지속가능발전목표(SDGS)에서도 문화다양성의 존중이 사회적 약자 및 소수자 계층을 소외시키지 않는 포용사회 구축에 꼭 필요한 요소로 포함되어 있다.[5] 사회적 다양성을 실현하며, 문화적 다양성을 유지하는 것은 포용사회 구축에 꼭 필요한 요소로 점점 그 필요성과 가치가 높아지고 있다.

이러한 관점에서 다양성 광고는(Diversity Advertising) 성별, 인종, 국적, 사회적 지위, 성적 지향, 장애 등의 사회적 다양성과, 다양한 집단의 문화를 존중하는 문화적 다양성을 전제로 한 광고라 할 수 있다. 다양성 광고에 대한 논의는 1980년 이후 다문화 마케팅(Multicultural Marketing)에서 시작되어, 마케터와 광고주들이 소수자 그룹을 소비자로서의 잠재적 영향력을 가진 그룹으로 인식하면서 활성화 되었다.[6] 다문화 마케팅 일환으로서의 광고는 다양한 인종을 모델로 등장시키는 소구방식, 문화다양성 기호를 사용하는 방식, 광고 전반에서 여러 문화를 포괄하는 다문화주의 방식 등으로 구분된다.[7]

광고는 우리 사회를 투영하고, 사회구성원의 심리적 가치를 반영하며, 대중문화와 트렌드(Trend)를 형성 하는데에도 중요한 역할을 한다. 또한 광고 속 모델의 이미지, 표현방식, 역할 등의 표현 요소는 사회 구성원들의 인식, 태도를 형성하는데 큰 영향을 미친다.[8] 광고기호와 그 기호에 함축된 의미는 문명화된 사회의 의사소통 수단이자 인간 의식에 내재된 욕구에 대한 문화적 성찰의 이미지이며, 광고는 그러한 의미를 지닌 거대한 텍스트(Text)이다.[9] 따라서 광고는 사회구성

---

5 이성훈. (2017). 지속가능발전목표 (SDGs) 와 인권기반 개발협력. Journal of International Development Cooperation, 12(4), 3-38.

6 김찬석. (2013). 미국 TV 상업광고의 다양성 연구: 다문화 맥락을 중심으로. 광고연구, (97), 189-216.

7 O'Boyle, N. (2006). Addressing multiculturalism? Conservatism and conformity; Access and authenticity in Irish advertising. Translocations, 1(1), 95-120.

8 이희복 외. (2020). 광고와 사회 그리고 광고비평, 광고지성총서 3 서울: 학지사.

9 Ali, I. M., & Ismail, M. F. (2021). The Significance of the Actions of the

원의 소비문화를 전달하고 창출하는 과정에서 시대적인 요구가 반영될 수밖에 없다. 또 최근 소비자들이 브랜드를 선택하는 것을 통해 자신을 표현하는 가치소비가 늘어나고 있고, 기업들은 지속가능한 경영방식을 채택하여 사회에 긍정적인 영향을 환원하고자 노력함에 따라 정치적으로 올바른 다양성 광고가 더욱 환영받고 있다. 국내외의 대표적인 다양성 광고의 사례를 살펴보면 다음과 같다.

인종과 관련된 다양성 광고의 대표적인 사례는 인종차별 반대 운동 메시지인 '블랙 라이브스 매터(Black Lives Matter, BLM)' 캠페인(이하 BLM)을 꼽을 수 있다. BLM은 대표적인 흑인인권운동 캠페인으로 2012년 아프리카계 미국인에 대한 백인경찰의 과잉진압으로 인한 사망사고에 대항하기 위해 2013년 소셜미디어 해시태그 운동(Social Media Hashtag Activism)으로 시작되었다.[10] 비교적 최근인 2020년 5월 조지 플로이드(George Floyd)가 백인 경찰에 의해 사망하는 사건이 일어나며 재점화 되었다. 운동이 시작된 이래 #Blacklivesmatter 해시태그는 영화, 음악, 방송, 문학, 예술 등 다양한 미디어를 통해 전파되었고, 마케팅 영역도 예외는 아니었다. 인종차별과 관련한 꾸준한 활동을 하던 나이키(Nike)는 자사의 대표적인 슬로건인 '저스트 두 잇(Just Do It)'을 변형한 '저스트 돈 두잇(Just Don'T Do It)' 캠페인을 벌였다(〈그림 4〉). 애플(Apple)의 CEO인 팀 쿡은 '인종 평등과 정의 계획(Racial Equity And Justice Initiative)'을 발표하며 유색인종이 겪는 구조적 장벽을 타파하겠다고 밝혔다. 뉴욕타임스(NYT), 넷플릭스(Netflix), 구글(Google), 디즈니(Disney), 아마존(Amazon) 등 많은 글로벌 브랜드(Global Brand)들 역시 적극적으로 BLM에 대한 지지를 보냈다.[11] 수익에 민감한 기업들이 정치적으로 첨예한 이슈에 목소리를 내는 것은 주목할만한 변화라 할 수 있다.

Hypocrites Towards The Messenger In The Holy Quran Present Tense As A Model. Islamic Sciences Journal, 11(5), 77-106.

10 위키피디아, https://ko.wikipedia.org/wiki/Black_Lives_Matter.

11 강지남. (2021). 인종차별 철폐를 똑같이 외쳤는데도 넷플릭스는 박수받고, 보그엔 역풍 분 이유. 동아비지니스리뷰.

〈그림 4〉 저스트 돈 두잇(Just Don't do it) 캠페인

출처 : Nike 공식 유튜브

한국사회에서 인종다양성은 '다문화'라는 개념으로 주로 표현된다. 1980년대까지만 해도 '한민족'이라는 용어가 쓰이곤 했지만 현재 다문화라는 개념은 더 이상 낯선 것이 아니다.[12] 다문화 사회로서 다양성을 인정하고 우리 사회의 구성원으로 포용하자는 취지의 광고들은 대부분 공익광고 형태로 집행된다. 한국건강가정진흥원은 2020년 '우리가 함께 하는 발걸음'이라는 캠페인을 통해 다문화와 함께하고 다양성을 인정해야 다음 세대에게 더 나은 세상이 다가온다는 메시지를 전했다. 공익광고협의회에서도 2021년 다양성 존중 및 사회통합의 관점에서 다문화 요소를 포함한 '존중과 배려가 우리를 하나로 이어줍니다'라는 캠페인을 진행해 포용사회의 중요성을 강조하였다(〈그림 5〉).

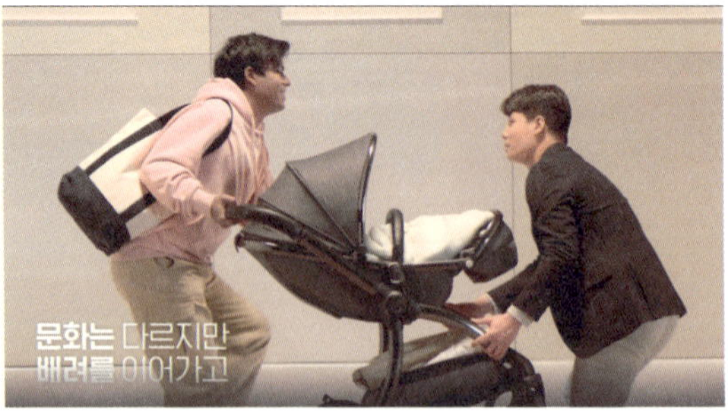

〈그림 5〉 '존중과 배려가 우리를 하나로 이어줍니다' 캠페인

출처: 한국방송광고진흥공사(KOBACO)

12 김초희, & 김도연. (2019). 한국 텔레비전 다문화 프로그램 속 다문화 구성원 및 외국인의 이미지: 인종, 출신지, 다문화 구성 유형별 차이를 중심으로. 한국방송학보, 33(4), 66-109.

장애를 다루는 광고는 주로 장애에 대한 인식을 개선하거나, 장애로 인한 불편함을 해소하는데 도움을 주려는 목적으로 집행된다. 장애인에 대한 인식을 개선하는 것을 목표로 하는 광고의 대표적인 사례는 다음과 같다. 80%의 장애인직원을 두고 있는 영국의 사회적 기업 베코(BECO)는 '우리 직원들을 데려가세요'(#Stealourstaff)라는 캠페인을 통해 자사 장애인 직원들의 우수함을 알리며 장애인 고용에 대한 현실을 알리고 그 인식을 개선하고자 하였다(〈그림 6〉). 이 캠페인을 통해 매출이 96% 상승하였고, 웹트래픽(Web Traffic)이 1500% 증가하는 등 큰 호응을 얻어 2021/2022 칸 광고제 Heath&Wellness 분야의 그랑프리를 수상하였다.[13] 국내에서 집행된 장애 인식 개선 캠페인은 주로 공익광고의 형태로 집행되거나, 기업PR광고의 성격으로 집행된다. 공익광고협의회에서는 2019년 발달장애에 대한 인식을 개선하기 위한 '주인공은 싫습니다' 캠페인을 진행한 바 있다. 한국장애인고용공단에서도 직장 내 장애인 인식을 개선하고 장애인 고용을 촉진하기 위한 광고들을 꾸준히 집행하고 있다. 롯데그룹은 2022년 다양한 분야에서 활동하는 장애인과 비장애인이 함께 출연하여 '편견을 넘어 모두의 내일이 이로워지도록'이라는 메시지를 전하는 광고를 집행한 바 있다.

장애로 인한 불편함을 해소하는데 도움을 주기 위해 실행되는 캠페인은 주로 기업의 사회공헌활동의 일환으로 이루어진다. 최근 워너브라더스(Warner Bros)는 영국 어린이 12명 중 1명이 언어장애를 가지고 있고, 이들이 단순반복적인 연습을 통해 발음을 교정한다는 것에 착안하여 음악과 최신기술을 접목해 새롭고 즐거운 언어치료 경험을 제공하는 캠페인을 진행 하였다. 노래가사에서 언어치료에 사용할 수 있는 발음을 채택해 '세이리스트(Say List)'를 만들어 배포하였고, 언어장애를 앓고 있는 아이들이 노래를 부르며 발음을 교정할 수 있게 하였다. 이 캠페인 역시 2020/2021 칸 광고제에서 Creative Data 부분의 그랑프리를 수상하였다(〈그림 7〉).[14] 국내에서도 기술을 통해 장애로 인한 불편함을 해소한

13 Nasmedia(2021). 202021 CANNES LIONS INTERNATIONAL ADVERTISING AWARDSF. nasreport321.

14 Nasmedia(2021). 202021 CANNES LIONS INTERNATIONAL ADVERTISING AWARDSF. nasreport321.

〈그림 6〉 '우리 직원들을 데려가세요 (#STEALOURSTAFF)' 캠페인

출처 : BECO 인스타그램 (@Beco.uk)

〈그림 7〉 'SAY LISTS' 캠페인

출처: Warner Bros. 공식 유튜브

캠페인 사례들을 다수 찾아볼 수 있다. 그 첫 번째는 2019년 현대자동차 그룹의 '조용한 택시(The Quite Taxi)' 캠페인이다. 청각장애인을 위한 차량 주행 지원 시스템을 기반으로 차량 내 외부의 모든 소리 정보를 시각과 촉각으로 변화해 전달하는 감각변환 기술을 적용했다. 이는 기술이 가진 의미를 제고하는 캠페인으로 그 의미를 인정받아 2019년 칸 국제 광고제 커뮤니케이션 분야에서 상을 받은 바 있다.[15] 이후 정보통신회사들을 중심으로 인공지능기술을 활용하여 청각장애인의 목소리를 복원해 주는 캠페인, 인공지능 스피커가 시각장애인의 생활을 돕는 내용의 캠페인 등이 다수 진행된 바 있다.

펨버타이징(Femvertising) 역시 페미니즘을 마케팅에 접목한 다양성 광고의 대표적 사례라 할 수 있다. 펨버타이징은 페미니즘(Feminism)과 광고(Advertising)의 합성어로 주로 여성을 억압하는 고정관념을 타파하고 권익 신장을 추구하는 메시지를 담고 있다. 도브(Dove)는 펨버타이징이라는 용어가 쓰이기 전인 2000년대 중반부터 미에 대한 사회적 규범이나 통념에 도전하는 리얼뷰티(Real Beauty) 캠페인을 전개해 왔다.[16] 나이키(Nike) 역시 펨버타이징에 앞장서온 대표적인 기업으로 운동하는 여성들의 고정관념을 깨는 '디스 이즈 어스(This Is Us)' 캠페인, 여성들의 주체적인 삶을 응원하는 '우먼 저스트 두 잇(Women Just

15 이선희. (2019). 현대자동차의 '조용한 택시', 조용하지만 누구보다 따뜻하다. 소비자평가.

16 김지은, & 한규훈. (2020). 펨버타이징에 대한 탐색적 고찰: 소비자 인식요인 및 광고효과 분석을 토대로. 아시아여성연구, 59(1), 7-41.

Do It)' 캠페인 등을 펼쳐 왔다. 우먼 저스트 두 잇(Women Just Do It)' 캠페인은 국내에서 '너라는 위대함을 믿어'라는 슬로건으로 전개되며 다양한 분야에서 자신만의 길을 걷는 여성들을 모델로 등장시켜 큰 호응을 얻었다(〈그림 8〉). 이후 나이키 코리아는 '모두의 운동장' 캠페인 또한 진행하였는데, 여러 운동을 능숙히 해내며 인기를 얻은 개그우먼 김민경을 모델로 내세워 전통적으로 남성들의 전유물로 여겨진 운동영역에 여성을 효과적으로 포섭하였다. 이는 그동안 상업광고에서 운동하는 여성의 신체를 섹슈얼(Sexual)하게 표현하며 대상해 왔던 것을 생각하면 매우 고무적인 일이다. 실제로 국내 운동복 브랜드 안다르(Andar)는 자사의 광고에 플러스 사이즈 모델(Plus-Sized Model), 시니어 모델(Senior Model)을 포함한 역동적인 운동을 하는 여성들을 등장시켜 그동안 대상화 되어왔던 여성의 레깅스를 단지 운동복으로의 의미로 재전유 하였다.

또한 금기되어 왔던 통념에 도전하는 방식의 펨버타이징 사례들도 존재한다. 그동안 여성의 생리경험을 드러내는 것은 사회적으로 부끄러운 것으로 여겨져 왔다. 실제로 국내 생리대 광고에서 생리혈은 2019년까지 파란색으로 표현되었다. 국내 생리대 브랜드 화이트가 론칭 25년 만에 광고속 생리혈을 붉은색으로 표현하자 그것 자체가 기사화 되기도 하였다.[17] 글로벌 건강용품회사인 에시티(Essity)의 브랜드 바디폼(Bodyform)은 2016년부터 붉은색 피와 함께 역동적인 운동을 하는 여성을 등장시키며 생리를 공론화 하는데 앞장서 왔다. 바디폼은 이번에도 자궁내막증 인식의 달을 맞아 여성의 자궁과, 생리경험, 성별통증격차를 조명하는 영상 캠페인 '#Wombpainstories를 기획하여 2021/2022 칸 영화제 티타늄 그랑프리를 수상하였다(〈그림 9〉). 기업들은 펨버타이징을 통해 실제 제품이나 서비스가 아닌 임파워링(Empowering)을 팔고 있는 것으로 보이며, 이러한 메시지는 임파워링(Empowering)에 목말라 있던 여성 소비자들에게 손쉽고 효과적으로 다가간다.

다양성 광고를 논의함에 있어 성소수자 지지 캠페인을 빼놓을 수 없다. 성소수자 인권의 달인 6월이 되면 글로벌 기업들이 LGBTQ를 성소수자를 위한 다양한 캠페인을 내놓는다. 2022년 6월을 맞아 애플, 아디다스(Adidas), 디즈니 등은 자

17 장인선, & 김보람(2020). "생리는 원래 빨갛다" 오랜 공식 깬 생리대 광고. 경향신문.

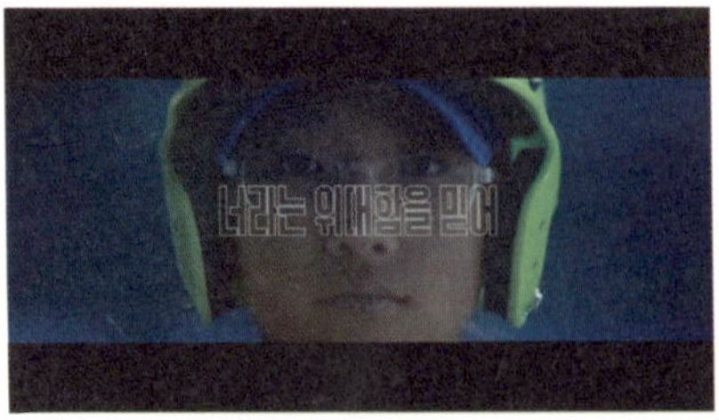

〈그림 8〉 '너라는 위대함을 믿어' 캠페인
출처 : NIKE Korea 유튜브

〈그림 9〉 #WOMBPAINSTORIES 캠페인
출처: Bodyform UK 유튜브

사의 제품에 무지개를 모티프로 한 디자인을 더한 프라이드 에디션(Pride Edition)을 공개했다. 특히 레고(Lego)는 '모든 사람은 위대하다(Everyone Is Awesome)' 세트를 선보이며 성소수자 아이들이 가정에서 대화할 기회를 마련하였다(〈그림 10〉). 넷플릭스나 스포티파이(Spotify)와 같은 큐레이션 서비스(Curation Service)들도 성소수자들을 주제로 한 콘텐츠 및 성소수자 아티스트의 작품을 모아 제공하였다. 애플의 경우 CEO인 팀쿡(Tim Cook) 스스로 성소수자임을 밝혔고, 임직원들은 매년 샌프란시스코에서 열리는 프라이드 퍼레이드에 참여한다. 단순히 퀴어 프렌들리(Queer Friendly)한 제품을 출시하거나 성소수자를 위한 의견을 표현하는 것에 그치지 않고, 제도개선을 통해 차별을 줄이는데 앞장서는 기업들도 존재한다. 영국의 게티이미지(Getty Image)는 성소수자들의 편향된 이미지를 바꾸기 위한 노력으로 '성 소수자 이미지 가이드북'을 제작하여 배포하였다.

〈그림 10〉 레고(LEGO) '모든 사람은 위대하다(Everyone is Awesome)' 세트
출처 : LEGO 홈페이지

〈그림 11〉 카스(CASS) 퀴어 축제 지지 포스팅
출처: CASS 인스타그램 (@official.cass)

영국의 코스메틱 브랜드(Cosmetic Brand) 러쉬(Lush)는 성소수자 단체 지원기금을 마련하기 위해 'Gay is OK'라고 적힌 비누를 판매해 약 4억 6천만원 모금에 성공하였으며, 성소수자 직원 채용에도 적극적으로 앞장선다.[18] 이러한 캠페인들은 성소수자들도 사회의 일원임을 각인시키고 우리가 가진 편견을 지우려는 노력이라 할 수 있다.

그러나 아쉽게도 우리나라에서는 성소수자에 대한 공식적인 지지를 보내는 기업을 찾기가 어렵다.[19] 2019년 맥주 브랜드 카스(Cass)가 퀴어축제를 지지하는 소셜미디어 포스팅을 내보낸 것이 거의 전부였다(〈그림 11〉). 민감한 정치적 이슈를 건드려 다수의 소비자를 잃을 위험을 감수하지 않으려는 태도이다. 소수자를 위한 캠페인보다 다수의 대중이 좋아하는 것에 집중하는 방식을 채택하는 것이다. 하지만 우리나라도 조금씩 달라지고 있다. 2022년 컨버스 코리아(Converse Korea)는 프라이드먼스를 맞이하여 레인보우 컬렉션 컨버스 바이유(Converse By You)를 출시하며 '내가 찾은 가족(Found Family)' 캠페인을 인스타그램을 통해 진행하였다.[20] 성소수자 커뮤니티의 일원인 일러스트레이터(Illustrator)이자 타투아티스트(Tattoo Artist) 힐다윤과 그를 지지하는 사람들의 행복한 시간을 영상에 담아 행복, 자유, 다양성의 가치 그리고 가족의 의미를 재조명 하였다(〈그림 12〉). 좀 더 적극적으로 성소수자의 권리를 이야기하는 캠페인도 있다. 국

18 이재덕. (2022). '프라이드 먼스' 기념하는 애플, 아디다스... 한국은 어떨까. 경향신문.
19 김영은. (2017). 성소수자 '1006조원 핑크머니' 잡아라. 매거진한경.
20 이유민. (2022). 컨버스, 프라이드 먼스 기념 커스터마이징 서비스 론칭. 패션비즈.

〈그림 12〉 레인보우 컬렉션 컨버스 바이유(Converse By You) 캠페인
출처: CONVERSE KOREA 인스타그램(@converse_kr)

〈그림 13〉 '미워해도 소용없어' 캠페인
출처:Amnesty Korea 유튜브

제엠네스티 한국본부는 2022 국제 성소수자 혐오 반대의 날을 맞아 청소년 성소수자를 응원하는 '미워해도 소용없어' 캠페인을 진행하였다. 캠페인은 댄스팀 라치카, 가수 핫펠트, 영화감독 신승은 등을 포함 성소수자와 연대하는 11팀의 당사자 및 앨라이(Ally)와 함께 성소수자 혐오에 대항하는 목소리를 전달했다(〈그림 13〉).[21] 다양성 존중과 포용사회 구축은 전 세계적 화두이며 사회의 지속가능한 발전을 위해 꼭 필요한 목표이다. 향후 우리나라에서도 더 많은 다양성 광고가 집행되길 기대한다.

광고 리터러시와 비판적 리터러시

광고 리터러시(Advertising Literacy)는 주로 미디어 리터러시(Media Literacy)의 틀 안에서 다양한 형태의 광고 메시지를 분석하고, 평가하며, 활용할 수 있는 능력으로 정의된다.[22] 이는 주로 상업성을 전제로 한 메시지에 대해 정확

21 Amnesty Korea. (2022). 미워해도 소용없어. https://www.youtube.com/watch?v=CJXT-RRM0aQ

22 Young, B. (2003). Does food advertising make children obese? International Journal of Advertising and Marketing to Children, 4(3), 19~26.

하지 않은 정보의 무분별한 습득을 방지하고 현명한 소비자가 되기 위해 필수적인 조건의 층위에서 논의되어 왔다.[23] 현명한 소비자가 되기 위한 필수적 조건은 광고의 인식과 판매 의도의 이해라는 구성요소에 집중된 개념적 지식 차원을 뜻한다. 라이트(Wright)와 그의 동료들은 광고 리터러시를 구성하는 요소를 광고 출처 파악, 의도된 수용자 인식(타겟 및 세분화 개념 이해), 판매 의도 이해, 설득 의도 이해, 설득전략 이해, 광고와 실제 제품 간의 불일치 여부 파악 등으로 구성한 바 있다. 이는 광고 리터러시를 광고의 설득력에 대한 방어수단으로 개념화하는 것이다.[24]

로젠달(Rozendaal)과 그의 동료들 또한 아동의 광고 리터러시를 3개의 차원과 8개의 하부요소로 정의한 바 있는데, 3개의 차원은 각각 개념적 광고 리터러시(Conceptual Advertising Literacy), 실행적 광고 리터러시(Advertising Literacy Performance), 태도적 광고 리터러시(Attitudinal Advertising Literacy)이다. 개념적 광고 리터러시는 광고에 대한 개념적 지식을 얼마나 보유하고 있는지의 여부를 뜻하며, 광고인지, 판매의도 이해, 설득의도 이해, 설득전략 이해 등으로 측정한다. 실행적 광고 리터러시는 광고 메시지를 처리하는 과정에서 개념적 리터러시를 활용하고 적용하는 능력을 말한다. 하부요소는 광고 리터러시 회상, 광고 리터러시 적용으로 구성되는데, 광고 리터러시 회상은 광고메시지를 처리하는 동안 기억에서 관련된 광고 관련 지식을 찾아오는 능력, 광고 리터러시의 적용은 광고관련 지식을 광고메시지에 실제로 응용하는 능력을 뜻한다. 태도적 광고 리터러시는 광고에 대한 태도를 말하며 광고에 대한 회의적 태도 및 광고 기피와 관련된 개념이다.[25] 로젠달의 광고 리터러시 모형에서도 광고 리터러시는

---

23 안순태. (2012). 어린이의 광고 리터러시 (Advertising Literacy): 광고에 대한 이해와 태도. 한국언론학보, 56(2), 72-91.; 김지은, 한규훈. (2016). 어린이 대상 광고 리터러시 교육의 탐색적 접근: 광고를 활용한 비판적 사고력 교육의 효과 분석을 토대로. 광고 PR 실학연구, 9(4), 97-113.

24 Marsh, J., Brooks, G., Hughes, J., Ritchie, L., Roberts, S., & Wright, K. (2005). # Digital beginnings: Young children's use of popular culture, media and new technologies.

25 Rozendaal, E., Lapierre, M. A., Van Reijmersdal, E. A., & Buijzen, M. (2011).

〈표 1〉 광고 리터러시의 3차원 개념

차원	구성요소	정의
개념적 광고 리터러시	광고인식	광고를 다른 미디어 콘텐츠(TV프로그램, 웹콘텐츠 등)과 구별하는 능력
	판매 의도 이해	광고가 제품을 판매하려는 목적을 가지고 있다는 것을 이해하는 능력
	광고주 인식	광고에 대한 비용을 누가 지불하는지 이해하는 능력
	의도된 청중(타겟) 인식	잠재고객 타겟팅 및 세분화의 개념을 이해하는 능력
	설득의도 이해	광고가 제품에 대한 태도와 인식을 변화시켜 소비자의 행동에 영향을 미치려 한다는 것을 이해하는 능력
	설득 전술 이해	광고주가 특정 전술을 사용하여 소비자의 태도, 인지, 행동을 변화시킨다는 것을 이해하는 능력
실행적 광고 리터러시	광고의 편파성 이해	광고된 제품과 실제 제품의 불일치에 대한 인식
	광고 리터러시 회상	광고 메지시를 처리하는 동안 기억에서 광고 관련 지식을 검색하는 능력
	광고 리터러시 적용	검색된 광고지식을 광고 메시지 해석에 적용하는 능력
태도적 광고 리터러시	광고 회의론	광고에 대한 불신 경향
	광고 기피	광고에 대한 일반적인 부정적 태도

출처 : Rozendaal, et, al., (2011). Reconsidering advertising literacy as a defense against advertising effects. Media psychology, 14(4), 333-354. 에서 재구성

광고의 설득적 영향에 대한 방어적 기능 측면에서 다루어지고 있다.

미디어 리터러시로 포괄되는 미디어에 대한 해독 능력은 접근(Access), 분석(Analyze), 평가(Evaluation), 창작(Creation) 등 미디어를 사용하는데 필요한 기술과 능력으로 정의된다.[26] 미디어 리터러시는 미디어 환경 변화와 밀접한 관련이 있기에 미디어 리터러시 역시 초기의 기능적 관점을 넘어 참여와 생산, 미디어에 대한 비판적 이해 등을 포괄하는 개념으로 넓혀져 왔다. 현재는 그 확장된 개

Reconsidering advertising literacy as a defense against advertising effects. Media psychology, 14(4), 333-354.

26 안정임, 서윤경, & 김성미. (2012). 소셜 미디어 환경에서의 미디어 리터러시 구성요인 검증: 세대 간의 미디어 리터러시 인식차이를 중심으로. 한국방송학보, 26(6), 129-176.

념에 커뮤니케이션 능력 즉, 사회적 관계, 시민적 참여 등이 강조되는 '디지털 시민성'의 덕목으로 확장되었다.[27] 반면 광고 리터러시에 대한 논의는 여전히 보호주의 관점의 '현명한 소비자 되기'라는 기능 중심에 머물러 있다는 것은 매우 안타까운 일이다.

미디어는 우리가 살아가는 현실을 그대로 반영하는 것 같지만 콘텐츠를 만들어 내는 사람에 의해 편집 가공된 것으로, 현실의 단편적인 모습만을 보여주거나 왜곡하여 나타내기도 한다. 따라서 미디어가 재현하고 있는 현실을 비판적으로 바라볼 수 있는 시각을 갖추는 것은 매우 중요하다. 비판적 미디어 리터러시(Critical Media Literacy)는 이데올로기 비평(Ideology Criticism), 다양성 관점 재현의 정치학, 대안적 미디어의 생산, 사회적 맥락, 텍스트 분석의 확장 등을 포함하는 개념으로, 텍스트 표면에 드러난 의미의 이해와 활용뿐 아니라 미디어의 생산과 유통에 관여하는 사회구조에 대한 분석을 더하는 것이라 할 수 있다.[28] 여기서 '비판적'이라는 용어는 증거와 주장을 검토하는 논리적 분석의 의미만을 갖는 것이 아니라 사회적 이해관계의 작동방식을 밝혀내는 것이다. 정리하자면 '비판적 리터러시'는 미디어와 콘텐츠의 유통 및 소비 환경에 대한 이해를 바탕으로 정보를 분석, 평가하며, 내용에 영향을 주는 구조적 요소들을 파악할 수 있는 능력으로 반성과 성찰을 통해 주체적인 생산과 공유를 가능하게 하는 것이다. 서로 다른 문화적 배경을 가진 사람들의 관점이나 지워진 목소리를 식별해 내고 다른 관점에 귀를 기울인다는 것은 문제에 대한 자신의 입장을 바꾸거나 부정하는 것을 의미하는 것이 아니라 진실이 실제로 부분적이고 제한된 관점이라는 것을 아는 것을 뜻한다.[29]

비판적 리터러시는 뉴리터러시(New Literacy)에서 발전되어 체계화된 개념이

---

27 홍남희. (2021). 미디어 리터러시 담론과 아동, 청소년: 미디어 이용 취약층에서 일탈의 프로슈머까지. 한국언론정보학보, 107, 149-180.

28 Kellner, D., & Share, J. (2007). Critical Media Literacy, Democracy, and. Media literacy: A reader, 1.

29 Fajardo, M. F. (2015). A review of critical literacy beliefs and practices of English language learners and teachers. University of Sydney Papers in TESOL, 10.

다. 뉴리터러시는 리터러시를 사회적 맥락에서 의미를 생성하는 관행으로 간주하고, 이데올로기와 권력구조에 주목한다.[30] 리터러시는 본질적으로 이데올로기적이기 때문에 그 안에 전제된 권력 관계를 파악하는 것이 중요하다.[31] 비판적 리터러시는 지배(Dominance), 다양성(Diversity), 접근성(Access), 디자인(Design)의 네 차원을 통합한 모형으로 체계화 할 수 있다. 여기서 지배는 권력관계를 의미한다. 권력관계는 다양한 텍스트를 통해 드러나고, 비판적 읽기를 통해 이를 포착하는 능력이 필요하다. 다양성은 지배집단이 소수자의 다양성, 그들의 언어나 관점을 인정 해 주어야 함을 의미한다. 접근성은 영어와 같은 지배적인 언어를 구사하지 못하거나, 그에 대한 문해력이 없으면 사회적으로 선망되는 위치에 대한 접근성이 차단됨을 뜻한다. 마지막으로 디자인은 잘못된 권력관계 등을 지적하는 비판적 텍스트를 구성함은 물론 올바른 사회적 관계를 디자인 하는 사회적 행동을 할 수 있어야 함을 의미한다.[32]

사실 미디어 텍스트로서의 광고의 의미를 규명하는 작업은 오래전부터 다수 이루어져 왔다. 광고를 기호(Sign), 부호(Code), 상징(Symbol) 등의 체계로 해석하고, 보다 더 큰 의미로 확산되는 과정에 주목하여 의미를 파악하는 작업등이다. 특히 페어클라우(Fairclough)의 비판적 담론 분석(Critical Discourse Analysis; CDA)은 다양한 학문분야에서 다양한 관심사를 가진 연구자들에 의해 다수 활용되어 왔는데, 이는 광고기호에 드러난 사회적 문제 및 권력관계, 이데올로기 등을 분석하는데도 유용한 도구이다.[33] 비판적 담론 분석은 사회적 문제에 주목하며, 텍스트는 가치중립적인 것이 아니라 사회에 존재하는 담론의 체계라 본다. 권력관계는 담론적으로 형성되고, 담론은 사회 문화의 이데올로기적 역할을 수행하기 때

30 Larson, J. (1996). Challenging autonomous models of literacy: Street's call to action. Linguistics and Education, 8(4), 439-445. 장은영. (2020). 비판적 리터러시와 다문화 리터러시의 접점에 대한 고찰-H. Janks 의 리터러시 모형을 중심으로. 문화교류와 다문화교육 (구 문화교류연구), 9(1), 1-26. 재인용.

31 Street, B. (1997). The implications of the 'new literacy studies' for literacy education. English in education, 31(3), 45-59.

32 Janks, H. (2009). Literacy and power. routledge.

33 백선기. (2010). 광고 기호학. CommunicationBooks.

문에 특정 텍스트가 무엇을 배제하고 무엇을 드러내려고 하는지를 밝혀낼 수 있다. 비판적 담론 분석은 텍스트, 담론적 실천, 사회적 실천의 층위로 구성되어 있다. 텍스트 층위는 기호학적으로 모든 내용과 형식에 대한 분석을 포함한다. 담론적 실천 층위는 텍스트의 생산 및 해석의 본질이 무엇인지를 분석하는 것이다. 사회구성원들이 내면화하는 사회구조 및 규범 등이 주요 관심의 대상이다. 사회적 실천 차원은 앞선 텍스트, 담론 차원의 분석 단계에서 이루어진 해석들이 현재 사회의 헤게모니(Hegemony)를 어떻게 재구조화하는지를 살펴보는 과정이라 할 수 있다. 비판적 담론분석은 비판적 리터러시의 지배적 요소 즉, 권력관계를 읽어내는데 주요한 도구가 된다. 하지만 비판적 리터러시는 단순히 텍스트 차원에서 사회의 지배담론을 읽어내는 비판적 담론 분석에서 더 나아가 다양성, 접근성, 실천적인 차원을 포함하는 더 진일보한 개념이다.[34]

비판적 리터러시는 상징/기호와 권력의 관계에 중점을 두고 리터러시와 권력이 서로 관여함을 이해하는 것이 기본이 된다. 비판적 리터러시가 다양한 형태의 텍스트로 재현된 실재를 해체하고 재구성하는 과정의 가운데에는 차별과 불평등, 소수자 재현의 정치학, 기존 권력관계의 재생산에 대한 인식이 자리 잡고 있다. 즉 비판적 리터러시를 통해 다양성을 구성하는 요소들인 인종, 민족, 언어, 성별, 계급, 성적취향, 연령, 장애등을 포함하는 기호를 읽고 써내며, 이러한 요소들이 사회에서 차이와 배제로 이어지지 않도록 하는 직접적인 실천이 중요하다.[35]

이와같이 비판적 리터러시와 다양성 요소는 매우 밀접한 관계이기 때문에 비판적 다양성 리터러시(Critical Diversity Literacy)라는 개념이 정립되기도 하였다. 비판적 다양성 리터러시는 사회에 만연한 억압구조를 인식하고 반응하는 읽기 습관으로 정의된다. 사회적, 정치적, 경제적 모순을 인식하고, 현실의 억압적인 요소에 대해 조치를 취하는 법을 배우는 것이다. 주어진 사회적 맥락에서 다양성 리터러시를 위해 다음과 같은 8개의 분석기준이 사용된다. 첫째, 백인, 남성, 이성

---

34 이기형. (2006). 담론분석과 담론의 정치학: 푸코의 작업과 비판적 담론분석을 중심으로. 언론과 사회, 14(3), 106-145.

35 장은영. (2020). 비판적 리터러시와 다문화 리터러시의 접점에 대한 고찰-H. Janks의 리터러시 모형을 중심으로. 문화교류와 다문화교육(구 문화교류연구), 9(1), 1-26. 재인용.

애, 중산층 등 기득권 정체성의 상징적, 물질적 가치에 대한 인식. 둘째, 특권시스템이 어떻게 상호구성되고, 교차하는지. 셋째, 인종차별과 같은 억압적인 제도를 역사적인 것이 아니라 현재의 사회문제로 정의하는 것. 넷째, 어떻게 사회적 정체성이 학습되고 그 결과가 무엇인지. 다섯째, 다양한 형태의 억압을 구성하는 문법과 어휘. 여섯째, 내재된 헤게모니를 해석하는 능력. 일곱째, 다양성 위계와 제도적 억압이 계급 불평등에 의해 매개되고 사회적 맥락에서 영향을 받는 방식에 대한 분석. 여덟째, 사회 조직의 모든 수준에서 민주주의/사회정의를 심화하기 위한 시스템의 변화 참여가 그것이다.[36]

짧은 시간 안에 함축된 뜻을 수용자에게 전달해 설득효과를 가져야 하는 광고는 그 어떤 미디어 콘텐츠보다 기호의 선택과 조합으로 이루어져 있으며, 그 기호의 분석을 통해 현재 사회의 지배적 가치와 문화적 규범을 읽어내는 것이 가능한 콘텐츠이다.[37] 광고가 우리의 삶에 공기처럼 존재한다는 이야기는 광고와 사회에 대한 논의에서 빠지지 않고 등장한다. 디지털 대전환의 이 시기에 광고 매체의 발달과 미디어 이용 행태의 변화는 대중들이 광고와 접촉하는 빈도를 더 없이 늘어나게 했다. 개인의 미디어 이용행태 데이터를 기반으로 한 정교한 타겟팅 광고를 정보로 인식하거나, 콘텐츠와 광고의 경계가 허물어져 광고를 엔터테인먼트 콘텐츠(Entertainment Contents)로 즐기는 사례도 증가하고 있다. 또한 현재의 소비자들은 광고를 무조건 수용하는 것이 아니라 광고에 대해 자신의 생각을 표현하고, 광고나 마케팅 활동에 활발히 참여한다. 이는 광고의 사회적 역할이 그 어느 때 보다 중요하다는 것을 뜻하며, 광고를 읽고 쓴다는 것이 단순히 현명한 소비자 되기에서 나아가 광고에 담긴 사회의 권력관계를 읽어낼 수 있는 능력으로 확장되어야 한다는 것을 의미한다.

다양성 광고를 읽어내기 위해 비판적 리터러시는 매우 중요한 도구이다. 미디어가 젠더, 인종, 계급, 성 정체성 등의 다양성 관점을 어떻게 재현하고 있는지

36 Steyn, M. (2010). Critical diversity literacy: Diversity awareness in twelve South African organisations. Innovative Issues and Approaches in Social Sciences, 3(3), 50-82.

37 백선기. (2010). 광고 기호학. 서울: CommunicationBooks.

텍스트 표면에 드러나지 않은 그 이면의 권력구조와 이데올로기를 찾아내는 것은 물론이고, 더 나아가 보다 나은 세상을 만들기 위한 실천으로 그 지평을 넓혀가는 것. 그것이 바로 다양성 광고를 바르게 읽고 쓰는 것이 아닐까 한다.

비판적 리터러시로 다양성 광고 읽기

앞서 다양성 광고를 바르게 읽고 쓰기 위한 도구로서의 비판적 리터러시의 적합성에 대해 소개하였다. 그것을 바탕으로 다양성 광고를 어떻게 읽을 수 있을까? 다양성 관점에는 여러 가지가 있지만 본 장에서는 주로 광고 속 인종(다문화), 젠더, 성정체성, 장애 등의 소수자를 둘러싼 재현의 정치학에 대해 논의해보려고 한다. 소수자는 단순히 수가 적은 집단이 아니라 '사회에서 우세한 지배가치와 다른 신체적, 문화적 특성으로 구분 지어지고 불평등한 대우를 받는 집단'으로 정의된다.[38] 미디어 연구에서는 소수자의 재현이 중요한 주제이다. 미디어에서 소수자를 그리는 방식 즉, 왜곡된 시선, 고정관념과 편견은 그 사회에 내재된 권력관계를 드러내기 때문이다. 다음 사례들을 통해 다양성 광고를 읽는 다양한 시선을 공유하고자 한다.

Blacklivesmatter 캠페인은 모두에게 환영받았을까?

로레알(L'oreal)은 자사의 공식 소셜미디어 채널에 '말하는 것은 가치 있다(Peaking Out Is Worth It)'는 메시지를 띄우며 BLM운동을 지지하였다. 그러나 과거 로레알의 모델이었던 먼로 버그도프(Munroe Bergdof)가 이를 비판하는 글을 올리며 논란이 붉어졌다. 그녀는 과거 자신이 인종차별과 백인우월주의의 문제에 대한 의견을 올렸다는 이유로 해고당한 사실을 알리며 로레알이 시류에 편승해 인종차별 문제를 광고 수단으로 이용하려는 브랜드라고 강력히 비판했다.[39] 아

38 주유선, 김기태, & 김보미. (2019). 사회적 소수자에 대한 한국인의 인식 연구. 한국 보건사회연구원.

39 김수경. (2020). 로레알이 인종차별 반대 메시지 올리자 분노한 흑인 모델… "돈벌이 수단으로

마존(Amazon) 역시 BLM운동에 대한 목소리를 내자 아마존 물류센터 직원의 대부분이 유색인종임에도 불구하고 그들의 근로조건은 개선하지 않은 채 인종평등을 주장하는 것에 진심이 느껴지지 않는다며 빈축을 샀다, 심지어 내부 직원으로부터 인종차별과 성차별적 관행을 폭로하는 소송이 진행되기도 하였다.[40] 명확한 방향성이나 진정성 없이 사회문제에 목소리를 내는 것은 오히려 역효과를 낸다.

이렇게 기업이 사회문제나 가치에 대해 깨어있는 척 하면서 실제로는 그 가치에 부합하는 행동을 하지 않는 것을 워크워싱(Work Washing)이라고 한다. 현대의 소비자들, 특히 MZ세대로 분류되는 소비자들은 기업이 사회문제를 다루는 방식에 매우 민감하다. 여론조사기관 모닝컨설턴트의 2021년 MZ세대 보고서에 따르면 응답자의 68%가 BLM운동이 자신의 관점에 큰 영향을 미쳤으며, 76%는 기업이 중요한 사회적 역할을 하며 정치적 문제에 영향을 미칠 수 있다고 생각했다. 하지만 중요한 것은 82%의 응답자가 기업이 BLM운동을 공개 지지하는 것은 좋은 일이지만 말보다는 행동이 더 중요하다고 대답했다는 것이다.[41] 인종차별에 반대한다거나 조직 내 다양성을 높이겠다고 말을 하는 것은 쉽다. 하지만 소비자로서 우리는 기업에게 차별을 철폐하고 다양성을 높일 수 있는 방법에 대한 구체적인 계획을 묻고 그것을 실제로 실천하는지를 지켜보아야 한다. 그리고 목소리를 내는 것을 두려워하지 않아야 한다. 그것이 바로 비판적 리터러시의 디자인(Design) 역량이다. 행동하는 소비자가 행동하는 기업을 만든다.

외국인 인플루언서가 등장하는 광고를 다양성광고로 볼 수 있을까?

인종다양성은 한국사회에서도 외면할 수 없는 이슈가 되었다. 법무부의 출입국통계에 따르면 2021년 기준 총 1,956,781명의 외국인이 체류하고 있고 이는 전체인구의 3.79%를 차지한다. 체류 외국인을 국적별로 살펴보면 한국계 중국인을

이용 마!" 브랜드브리프.

40 서승희. (2021). 아마존직원, 아마존에 소송제기…사내의 인종차별, 성차별 관행 팽배. 녹색경제신문.

41 강지남. (2021). 인종차별 철폐를 똑같이 외쳤는데도 넷플릭스는 박수받고, 보그엔 역풍 분 이유. 동아비즈니스리뷰.

포함한 중국국적이 42.9%(840,193명)으로 가장 많은 비율을 차지하고, 베트남 10.7%(208,740명), 태국 8.8%(171,800명), 미국 7.2%(140,672명), 우즈베키스탄 3.4%(66,677명) 순이다.[42] 미디어는 다양한 인종과 문화에 대한 이미지를 생산하고, 대중은 그것을 통해 외국인에 대한 태도와 인식을 형성한다.[43] 현재 외국인을 주요 출연진으로 내세우는 프로그램들이 많은 인기를 끌면서 미디어에 재현된 모습을 통해 다문화 구성원을 접하고 이해하는 일이 늘어나고 있는 상황이다.

한국사회의 다문화 인식은 '삼분법적 인종주의' 로 표현할 수 있다. 이는 백인과 유색인종을 구분하는 서구 국가들의 이분법적 인종주의에 한국인을 추가한 것이다. 한국인 이외의 유색인종은 '약자'로 백인은 동경하는 대상으로 위치시키는 특수한 인종주의 양상을 말한다.[44] 한국 사회에서 살아가는 백인도 유색인도 모두 외국인임에도 불구하고 우리는 유독 유색인들에게 야박하다. 미디어에서도 백인과 백인의 문화는 찬양하지만 유색인은 상대적으로 강자로 위치한 한국인이 보살펴주고 문명화해야 할 약자로 그리거나 우범자로 그리는 등 전형적인 문법을 가지고 있다.

광고도 마찬가지이다. 대부분 상업광고의 주인공은 TV나 유튜브 등에서 영향력을 갖는 백인이 차지한다. 최근 인기를 끌고있는 조나단(Jonathan)의 사례가 예외인 것처럼 보일 수 있겠지만, 우리는 샘 오취리(Okyere Samuel)가 인기를 얻었다가 한순간에 배척된 사건을 잊을 수 없다. 오취리는 국내 여러 방송 프로그램에 출연하며 일약 스타덤에 올랐지만, 의정부고등학교 학생들이 졸업사진을 촬영하며 저지른 인종차별적 행위인 블랙페이스(Black Face)를 지적한 사건으로 엄청난 공분을 사며 한국사회에서 퇴출되었다. 대중이 허용한 방식과 어긋나는 방식의 인종 정치적 발화는 수용되지 못한다. 이것은 결국 다문화에 대한 깊은 이해 없이 타자를 인정해 주는 매우 불안한 방식의 포용이다.[45]

---

42 법무부 출입국통계, https://www.moj.go.kr/moj/2412/subview.do

43 김초희, & 김도연. (2019). 한국 텔레비전 다문화 프로그램 속 다문화 구성원 및 외국인의 이미지: 인종, 출신지, 다문화 구성 유형별 차이를 중심으로. 한국방송학보, 33(4), 66-109.

44 김초희, & 김도연. (2018). 한국 다문화 TV 프로그램에서의 이주민· 외국인 재현: 장르별 차이와 시기별 변화. 한국언론학보, 62(3), 309-341.

일반인 유색인종은 주로 포용사회 구축을 목적으로 집행되는 공익광고에 등장한다. 이주민을 사회 구성원으로 동화 시키려는 시도는 온정주의적 사고방식에서 비롯된다. 2022년 공익광고협의회에서 집행한 다문화 의식 고양 캠페인에서 유색인종 외국인 남성은 유모차를 끌고 계단을 오르는 것에 어려움을 겪고 있고, 그것을 한국인 남성이 돕는 모습이 그려졌다. 이 연출은 여성을 양육자로 한정한다는 젠더이슈를 피하기 위한 전략으로는 성공일지 모르지만 여전히 전통적 가족주의 담론을 답습하고 있다는 비판은 피할 수 없다.

유색인종 남성이 공익광고에서 유모차를 밀고 등장해 우리 사회 구성원으로 존중과 배려의 대상이 되는 동안 유색인종 여성은 주로 한국식 가족주의에 순응하는 대상으로 간주 되어 왔다. 더한 경우에는 국제결혼중개업체의 매매혼 광고에 상품으로 등장하기도 하였다. 하지만 다행스럽게도, 2021년 8월부터는 '결혼중개업의 관리에 관한 법률 시행규칙'에 따라 국제결혼중개업 광고에 여성의 얼굴, 키, 몸무게 등을 표시할 수 없게 되었다.[46] 결혼중개업자의 성 상품화 광고는 결혼이주여성에 대한 심각한 인권침해 행위로 다문화가족에 대한 편견과 차별의 원인이 되기 때문이다. 성상품화 문제를 차지하고서도 미디어가 결혼이주여성에게 부과한 착한 며느리, 순종적인 아내 등의 이상적 소수자(The Model Minority)의 모습으로 그려지는 것은 많은 문제를 내포한다.[47]

다문화 다인종 시대의 광고는 달라져야 한다. 소수자의 문화적 다양성을 보장하고 이 사회에 의미있는 참여자로 초대하여야 한다. 여러 유형의 다문화 구성원들의 삶을 존중하며 다차원적으로 보여줘야 한다. 단순히 계몽적인 메시지를 전달하는 방식에서도 벗어나야 한다. 한 개인이 가진 능력에 따라서가 아니라 그저 이 사회에서 뿌리내리고 있다는 사실만으로 존중받을 수 있도록 해야한다. 이 과

---

45 박소정, 김지윤, 장시연, & 채태준. (2021). 샘 오취리의 스타 이미지 분석을 통해 본 한국 다문화주의의 발전과 한계. 미디어, 젠더 & 문화, 36(1), 137-179.

46 여성가족부. (2020). 다문화모니터링단 설치…국제결혼 광고에 얼굴·키·몸무게 금지. 대한민국 정책브리핑.

47 한선. (2015). 공익광고가 재현하는 한국식 '다문화주의'에 대한 비판적 독해. 디아스포라연구, 9(2), 173-195.

정에서 미디어가 가진 영향력을 선하게 발휘할 수 있어야 한다.

여성주의 광고는 여성의 권익을 신장시키는가?[48]

펨버타이징은 그동안 광고에서 대상화되었던 여성의 주체적인 모습을 강조하고 여성의 권리를 지지하는 메시지를 내보내며 긍정적인 반응을 얻고 있지만, 몇 가지 측면에서 비판할 지점이 존재한다. 그 첫 번째는 상품페미니즘(Commodity Feminism) 차원의 비판이다. 펨버타이징이 결국 여성 소비자들의 소비를 부추기기 위한 수단으로 기능하고, 사회적 책임을 위한 대의보다는 매출을 높이는 데 중점을 두고 있다는 것이다.[49] 실제로 해마다 감동적인 펨버타이징을 선보이는 나이키는 성차별적인 후원정책과 고용차별의 문제에서 자유롭지 못하다. 임신한 선수들의 후원금을 삭감하고, 동일임금법을 위반하였으며, 직장 내 성희롱 문제는 제대로 해결하지 않았다. 또한, 여성의 입지가 취약한 나라에 작업장을 세우고 열악한 환경에서 저임금을 주며 제품을 외주하며 노동력을 착취하고 있다. 이는 여성의 지위 향상과 평등을 추구하는 광고 속 메시지와는 사뭇 다른 모습이다.[50] 다양한 신체의 여성들을 자사의 광고에 등장시켜 레깅스에 대한 편견을 없애려한 광고로 좋은 평가를 받았던안다르(Andar) 역시 사내에서 발생한 성추행 사건에 대해 제대로 된 대처가 이루어지지 않아 소비자들의 공분을 샀다. 펨버타이징은 여성 소비자들로 하여금 자신이 특정 제품을 선택함으로 이상적인 여성이 될 수 있다는 것을 강조해 제품 구입을 통해 시스템에 저항하는 것처럼 느끼게 한다. 하지만 그 선택은 시스템에 저항하는 수단이 아니라 그저 선택이라는 소비행위 그 자체가 목표이다. 여성 소비자들은 주체적 소비라는 함정에 빠져 더 많은 소비를 하게 되고 광고업계는 광고에 페미니즘적 시각을 담아 구매를 유도하지만, 이

---

48 이 내용은 저자의 논문 김지은. (2021). 펨버타이징 (Femvertising)을 구성하는 수용자 인식 요인이 커뮤니케이션 효과에 미치는 영향 성별, 연령 변수의 조절효과를 중심으로. 미디어융합연구, 31, 36-73. 일부를 수정, 보완한 것임.

49 Windels, K., Champlin, S., Shelton, S., Sterbenk, Y., & Poteet, M. (2020). "Selling Feminism: How Female Empowerment Campaigns Employ Postfeminist Discourses". *Journal of Advertising, 49*(1), 18-33.

50 손희정. (2019). 나이키 페미니즘을 타고 넘기, 경향신문.

는 가부장제와 자본주의의 시스템을 절대 위협하지 않는다.[51]

또 다른 관점은 포스트페미니즘(Postfeminism) 차원의 비판이다. 포스트 페미니즘에서는 펨버타이징이 갖는 몇몇 특징들이 오히려 여성에 대한 억압을 낳는다는 비판도 제기한다. 펨버타이징에서 드러나는 개인화(Individualization), 즉 개인의 선택을 중요시하는 것은 문제 상황이 발생했을 때 사회문화적 맥락을 상정하기보다 개인의 잘못된 결정으로 귀인해 희생자를 탓하는 것으로 이어져 매우 위험하다. 또 여성스러움에 대한 새로운 시각(A New Lens on The Embrace of Femininity)은 여성들이 자신을 꾸밀 권리를 가지고 있다는 것을 강조하는 '주체적 꾸밈'으로 여성성을 되찾을 것을 제안한다. 하지만 주체적 꾸밈 또한 사회적으로 구성된 미의 잣대에서 저울질 된다. 또한, 자신의 몸 긍정하기(Love Your Body)와 같은 내용은 이전 세대에게 다이어트, 운동, 화장 등을 통해 몸을 단련하라고 했던 것처럼 내면의 아름다움을 가꾸라는 심리적 규제를 또다시 강요하게 된다.[52]

뿐만 아니라, 교차성 페미니즘(Intersectional Feminism) 관점에서 펨버타이징을 경계해야 한다는 비판도 매우 중요한 지점이다. 페미니즘은 다양한 관점과 경험을 포함하는 것이다. 하지만 페미니즘에 대한 대중적 담론은 시스젠더(Cisgender) 여성을 관점을 기반으로 한다. 펨버타이징은 페미니즘을 차용하지만 역시 신자유주의적이고 대표적 수준에서 여성의 평등과 권한 부여를 논한다. 계급주의, 성차별주의, 이주, 장애, 섹슈얼리티와 기타 권력관계를 모두 포함하지 못한다. 대표적으로 유명한 흑인여성의 이미지를 사용하는 기업은 흑인여성이 직면한 구조적 불평등을 다루기 위해서는 어떤 노력도 하지 않는 경우가 많다. 또한 그 유명한 여성을 흑인 여성의 대표처럼 여기게 만들어 흑인 여성들 간의 차이를 지운다. 기업은 도덕적인 것이 경제가치가 있는 것에 의해 결정된다는 믿음 위에서 자신들의 이익을 추구하면서 인종차별, 성차별, 상호의존적인 억압에 관심을 갖고

51 앤디 자이슬러. (2018). 페미니즘을 팝니다. 안진이 역. 서울: 세종서적

52 Windels, K., Champlin, S., Shelton, S., Sterbenk, Y., & Poteet, M. (2020). Selling feminism: How female empowerment campaigns employ postfeminist discourses. Journal of Advertising, 49(1), 18-33.

있는 것처럼 보이기 위해 노력한다. 그들은 사회구조에 저항하고 변화시키려는 노력을 기울이기보다 신자유주의 사상을 지지하며 개인의 야망과 소비를 통해 사회를 변화시킬 수 있다고 주장하며 해방주의 정치를 재구성한다.[53] 이러한 한계점에도 불구하고 여성소비자들은 말한다. 현재 우리나라의 펨버타이징이 완벽하지 못해도 그 시도 자체가 의미 있는 것이라고, 상업적으로 페미니즘을 이용하고 있어도 그 가치를 전파하는 영향력을 무시할 수 없기 때문에 더 많은 펨버타이징이 필요하다고. 펨버타이징이 진정성을 획득해야 할 이유는 이것으로 충분하다.

핑크머니(Pink Money), 핑크워싱(Pink Washing)

핑크머니(Pink Money), 성소수자들의 구매력을 우리는 핑크머니라 부른다. 2020년 미국의 핑크머니 시장은 약 9170달러 원화로 환산하면 110조가 넘는 규모로 알려져 있다. 미국 소비업계에서는 연중 소비가 제일 큰 시즌으로 크리스마스, 발렌타인데이, 그리고 6월 프라이드 먼스(Pride Month)를 꼽는다.[54] 다수의 글로벌 기업들이 이 핑크머니 시장에 뛰어들어 각종 마케팅을 벌인다. 성소수자들은 핑크머니를 통해 자신의 구매력과 경제적 능력을 통해 사회 구성원으로 드러날 수 있으며, 이를 사회적 차별을 없애는데 일정부분 활용할 수 있다. 성소수자 친화적 마케팅 캠페인을 벌이는 기업들은 핑크머니를 통해 이윤 뿐 아니라 긍정적인 기업 이미지 획득이라는 장기적 이득도 얻는다. 결국 이러한 태도는 인권존중에 대한 당위적 문제의식에서 출발 하기 보다는 이윤추구의 목적을 충실히 달성하고 있는 태도로 보이기도 한다.

이는 핑크워싱(Pink Washing)의 비난에서 자유로울 수 없다. 핑크워싱은 기업이 이윤추구나 정치적인 목적을 가지고 성소수자 친화적인 태도를 통해 자신들의 활동을 정당화하는 것을 의미한다. 이스라엘 정부가 성소수자 우호 정책을 펼치고 관련된 미디어 콘텐츠들을 배급함으로 대외적으로 중동아시아 지역에서 유일하게

53 Sobande, F. (2019). Woke-washing:"Intersectional" femvertising and branding "woke" bravery. European journal of marketing.

54 박병률. (2020). [영화속 경제]〈콜 미 바이 유어 네임〉 |성소수자들이 소비하는 시장 '핑크머니' 주간경향.

성소수자의 인권을 존중하는 나라라는 이미지를 만들었으나, 실제로는 팔레스타인을 점령하고 수 많은 팔레스타인인들을 억압하고 있다. 또 실제로 교육, 보건 등 성소수자 인권 증진에 필요한 실질적 제도지원 없이 보여주기식 행사에 막대한 세금을 들이는 일도 서슴치 않는다. 이스라엘 정부의 성소수자 친화적 태도와 정책은 결국 반인권적 범죄 행위를 성소수자 이슈로 덮어 씌운 것에 지나지 않는다.[55]

핑크머니를 겨냥해 성소수자 친화적 마케팅을 벌이는 기업들도 노동자를 착취하거나 인권을 유린하는 등 내부적인 문제를 은폐하고, 인권 친화적인 기업 이미지를 획득해 이윤을 얻는다. 대표적으로 나이키와 아디다스는 공개적으로 성소수자의 권리를 지지하는 광고등을 지속적으로 집행하지만, 제3세계 노동자들을 착취하는 기업경영방식을 개선하려는 목소리에 대해서는 침묵하고 있다.[56] 모두가 선망하는 기업인 구글 역시 막대한 개인 정보를 취득해 지적 재산으로 만들고, 부패를 통해 거대 수익을 유지한다. 그리고 자신의 독점적 지위를 유지하기 위해 미국 의회에 전방위적 로비를 한다.[57] 구글이 각종 미디어 캠페인을 통해 멋지고, 편안하고, 위계적이지 않으면서, 다양성을 존중하고, 평등하고, 창의적인 이미지를 만들어 낸 것은 정말 대단한 것이다. 이러한 핑크워싱은 인권에 대한 근본적인 문제의식을 갖지 않은 채 이윤추구의 욕구를 앞세우기 때문에 일어나는 일이다. 국내에서 거의 최초로 진행된 성소수자 친화 캠페인인 컨버스의 레인보우 컬렉션 '컨버스 바이유(Converse By You)' 캠페인의 인스타그램 포스팅에도 '컨버스가 정말 성소수자 단체나 행사에 후원을 하는지 단순히 기업의 자본주의 원칙에 따라 이윤을 남기려 무지개를 앞세우는 건지 궁금하다'는 댓글을 찾을 수 있다. 성소수자에 친화적인 마케팅 캠페인을 벌이는 기업은 핑크머니로 인한 이윤이 창출되지 않아도 그 마케팅을 지속할까? 소비자로서의 우리가 단순히 보여 지는 광고 및 마케팅으로 기업의 윤리성을 판단하지 않아야 할 이유가 충분하다. 그리고 기업은 단순히 성소수자 친화 이미지를 내세우는 것에서 나아가 실질적인 영향력을

55 한국일보. (2017). '성소수자 인권' 이용해 점령 현실 가리는 이스라엘 '핑크워싱' 한국일보.

56 김현우. (2017). 핑크머니, 핑크워싱 그리고 성소수자운동. 노동자연대.

57 김어진. (2017). 구글의 '혁신' 이미지 뒤에 가려진 진실 개인정보로 돈 벌기, 부패, 착취, 노동자연대.

발휘해야 책임이 있다.

한국에서는 왜 성소수자를 위한 광고를 찾기 어려울까?

미국 여론조사 기관 갤럽(Gallup)이 2022년 2월 미국성인 1만 2000명을 대상으로 실시한 여론조사에 따르면 미국 전체 성인의 7.1%가 자신을 성소수자(LGBTQ)라고 답했으며, Z세대 응답자는 거의 20.8%가 스스로를 성소수자라 정체화 하고 있다.[58] 과연 우리나라에는 성소수자가 인구가 얼마나 될까? 아쉽게도 우리는 그 답을 알수가 없다. 왜냐하면 정부에서 실시하는 국가통계, 즉 인구주택총조사, 가족실태조사 등에서는 성정체성에 대한 통계를 별도로 수집하지 않기 때문이다.

이러한 현실을 반영하기라도 하듯 해외 기업들이 성소수자를 직접적인 대상으로 삼거나, 그들을 지지하는 메시지를 활발하게 내는 것에 비해, 국내에서는 성소수자를 광고에 등장시키거나, 차별을 반대하는 메시지를 앞장서서 내는 기업을 찾기가 어렵다. 앞서 소개한 것처럼, 2019년 맥주 브랜드 카스가 퀴어축제를 지지하는 소셜미디어 포스팅을 내보낸 이후, 2022년 컨버스의 내가 찾은 가족(Found Family) 캠페인, 국제 엠네스티의 2022 국제 성소수자 혐오 반대의 날 캠페인이 거의 전부에 가깝다. 아디다스 코리아는 프라이드 에디션인 '러브 유나티이트' 시리즈를 국내에 출시했으나, 영국이나 미국 공식 홈페이지의 소개글에 있던 '성소수자'나 '스톤월항쟁' 등의 단어는 제외된 채였다. 심지어 삼성전자는 미국법인에 성소수자와 그들을 지지하는 이성애자인 앨라이 직원들로 구성된 '삼성평등연합(Samsung Equality Alliance)'이라는 조직을 운영하며 해마다 프라이드 먼스 행사를 대대적으로 진행하지만[59] 국내에서는 이렇다 할 목소리를 내지 않고 있는 것이 현실이다.

이렇게 글로벌 기업들이 성소수자에게 친화적인 광고를 다수 집행함에도 불구하고 유독 한국사회에서 퀴어 광고가 거의 집행되지 않는 이유는 무엇일까? 영화나 드라마와 같은 다른 콘텐츠에서는 퀴어가 다루어지는 반면 광고업계에서는 유

---

58 이혜영. (2022). [단독] 美 성소수자(LGBTQ) 역대 최다···전체인구 대비 7.1% 글로벌이코노믹.
59 이재덕. (2022). '프라이드 먼스' 기념하는 애플·아디다스···한국은 어떨까. 경향신문.

독 엄격하게 금기시 되는 이유는 무엇일까? 한국 성소수자 광고의 특성과 관련한 연구에서 위와 같은 물음에 한국이 아직 성소수자의 권리에 관한 법적제도(차별금지법 제정, 동성혼 법제화)가 미비하고, 성소수자에 대한 인식(퀴어 퍼레이드, 축제 허용에 대한 찬반논쟁 존재, 보수단체의 혐오표현)이 성숙하지 못하기 때문이라 답한다.[60] 실제로 2021년 한국리서치가 전국의 18세 이상 남녀 1000명을 대상으로 실시한 성소수자 인식조사에 따르면 '우리 사회가 동성애, 양성애, 성전환을 받아들여야 하는가?'에 대한 물음에 40%의 사람만이 받아들여야 한다고 응답했다.[61] 20-30대 여성만이 60%를 넘어 가장 포용적인 태도를 보였다. 성소수자 포용 문제에 있어 개신교 신자 혹은 자신의 삶에서 종교가 중요다고 응답한 집단에서 받아들여서는 안된다는 의견이(57%) 우세했다. 특히 60대 이상 남자는 성소수자에 대한 개인적 감정이 적대적이라는 응답이 과반에 이르렀다. 이러한 결과는 우리사회가 아직 성소수자 구성원들을 받아들일 준비가 되어 있지 못하다는 것을 보여준다. 비가시화는 혐오의 대표적인 전략이다.

최근 대부업체인 '러시앤캐시'가 드랙 아티스트(Drag Artist) 나나영롱킴(본명 김영롱)을 모델로 발탁해 많은 이들을 집중시켰다(〈그림 14〉). 드랙(Drag)이란 사회에서 규정된 성역할에서 벗어나 자신을 꾸밈으로 보편적인 통념을 거부하는

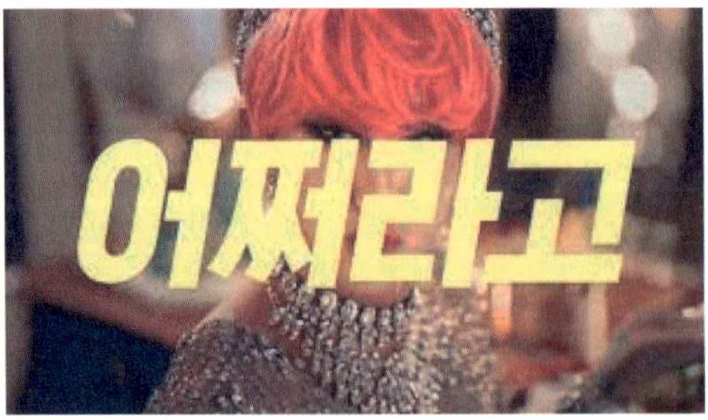

〈그림 14〉 러시앤캐시 '어쩌라고' 1편

60 이정기. (2019). 한국 성소수자출처: 러시앤캐시 무과장 유튜브에 관한 탐색-성소수자 광고 불허 및 허용 사례를 중심으로. 사회과학연구, 35(3), 77-106.

61 한국리서치(2021). [성소수자인식지표 - 2021년] 성소수자를 바라보는 우리의 시선 - 성소수자에 대한 인식. https://hrcopinion.co.kr/archives/18801

연극 문화라 할 수 있다.[62] 폐쇄적인 한국문화에서 드랙은 성소수자들만 즐기는 문화라는 인식이 자리잡고 있음에도 불구하고 상업광고의 소재로 등장한 이 사건은 가시화의 측면에서 박수받아야 할 일일까. 일각에서는 공중파 광고에 드랙 아티스트가 등장한 것 자체가 시대가 변했다는 것을 느끼게 했다는 반응도 있었지만 이는 명백한 핑크워싱이다. 경제적으로 열악한 성소수자들에게 주체적 삶을 강조하며 대출을 유도해 수익을 내려는 것이다. 실제 성소수자들은 경제적으로 매우 열악한 위치에 놓여 있다. 실태조사에 따르면 트랜스젠더의 57%가 성별정체성과 관련하여 구직을 포기한 경험이 있으며, 정규직 일자리를 가지고 있는 비율이 26.9%에 그치고, 월평균 임금 또한 해당기간 근로자의 평균을 한참 밑돌았다.[63] 이런 취약한 상황에 놓인 사회적 약자를 사채로 끌어들이는 것은 매우 위험한 일이다. 그것도 자신의 선택이라는 명목으로 말이다. 러시앤캐시가 진정으로 성소수자들의 주체적 삶을 응원한다면 그들을 위한 안전망을 고민해 보는 것이 어땠을까? 고용차별을 개선하기 위한 제도를 먼저 마련하는 것이 어떨까? 아니면 차별금지법 제정에 대한 공식적 지지 선언이라도 한 줄 냈다면 달랐을까?

상업광고에서 성소수자에 대한 자유로운 표현이 이루어지지 못하는 것은 그들을 우리 사회의 일원으로 받아들이지 못하고 있다는 것을 뜻한다. 다르다는 것은 차별의 근거가 되지 못한다. 광고주들이 자신들의 이윤창출을 위해 자연스럽게 퀴어 광고를 생산하고 유통하는 것은 그들의 인권을 보호하고, 한국사회의 다양성을 증진하는 것에도 도움이 될 수 있을 것이다.

#장애는 극복의 대상인가

그동안 미디어 속에서 장애인은 특정한 스테레오타입(Stereotype)으로 축소 재현되거나 비장애와 극복할 수 없는 차이를 가진 존재로 타자화되어 왔다. 특히 의료·보험광고에서는 더욱 별개의 존재, 문제적 존재로 노출되는 경향이 있었다. 공익 차원에서 장애에 대한 인식을 개선하기 위한 목적으로 집행되는 광고에서도 장애는 비장애와 구분지어져 도움을 받아야 하는 존재로 위치 지어 졌다.[64] 실제

62 석태진. (2021). '러시앤캐시' 광고서 파격적 비주얼로 등장했던 모델, 사실은… 머니그라운드.
63 이준성. (2021). "경제 취약한 성소수자 대출받으라고?"…러시앤캐시 '핑크워싱' 논란. 뉴스트리.

로 지난 30년간의 신문기사에 드러난 장애인 이미지를 분석한 연구를 살펴보면 장애인은 주로 '아프고 무능력한 존재', '동정과 연민의 대상', '위협적 분리대상', '선한 아이', '학대와 조롱의 대상' 등의 부정적 모습으로 재현되어 왔다는 것을 알 수 있다.[65] 현재 우리 사회가 장애인식 개선에 대한 필요성을 인식하고 공익광고 혹은 교육을 통해 개선에 대한 노력을 기울이고 있으나, 편견과 왜곡된 시각으로 재생산되는 이미지는 쉽게 극복되지 않는다.

롯데그룹이 2022년 집행한 '오늘을 새롭게, 내일을 이롭게' 캠페인은 장애인과 비장애인이 동등하게 이로운 영향력을 펼치는 내용을 영상에 담아 4일만에 누적 조회수 120만회를 돌파하는 등 큰 호응을 얻었다 광고에는 댄서 김홍인(청각장애), 육상선수 유병훈(지체장애), 무용가 김용우(지체장애), 발레리나 고아라(청각장애) 등 광고 속 모든 모델을 다양한 직업군의 장애인이 등장하였다.[66] 광고는 기업광고 영역에서 장애인과 비장애인간 문화적 격차를 해소하였으며, 다양성 존중을 강조하여 고객의 공감을 이끌어 냈다는 평가를 받았다. 하지만 여기에는 슈퍼장애인의 대표성 문제가 공존한다. 장애를 가지고 있음에도 불구하고, 엄청난 고난을 극복하고 특별한 능력을 가진 사람들만이 사회 구성원으로 환영받을 수 있다는 시각을 갖게 할 수 있다.

또 앞서 다양성 광고의 사례에서 소개한 KT, SK텔레콤, LG유플러스와 같은 정보통신기업들이 사회공헌활동의 일환으로 장애인의 불편을 자신들의 기술로 해결해주는 캠페인을 살펴보자. 자사의 기술이 장애인의 삶을 더 나은 방향으로 변하게 한다는, 즉 '사람을 위한 기술'을 강조하는 이 광고를 본 사람들은 그 기술이 무엇보다 가치 있다고 평가하기도 한다. 하지만 장애 당사자들의 반응은 달랐다. 청각장애인에게 목소리를 복원해 주는 것은 음성언어를 수어보다 우월한 존재로 간주하는 것이며 이는 광고가 여전히 장애를 동정과 불행의 대상으로 보고 있다는 반응이 그것이다.[67] 누구도 배제하지 않겠다고 만든 기술이 여전히 장애인의

64 이소현. (2021). 장애인과 디지털 기술. 생명연구, 62, 49-70.

65 박승희, 염지혜, & 이현주. (2021). 장애인의 날이 포함된 4 월 신문기사에 나타난 장애인 이미지의 30 년 (1990-2020) 간 변화 추이. 장애와 고용, 31(3), 165-202.

66 정신영. (2022). 롯데그룹 장애인 캐스팅 광고 유튜브 조회수 120만회 돌파. 국민일보.

권리와 정체성을 지켜주지 못하고 있는 것이다.

그렇다면 장애인 당사자가 제작한 미디어 콘텐츠는 기존의 것과 어떻게 다를까? 최근 유튜브등을 중심으로 '굴러라구르님', '위라클', '원샷한솔' 등 장애인 크리에이터들이 늘어나고 있다. 유튜브 콘텐츠를 통해 자신의 장애와 장애인으로서의 삶을 그려내는 것은 자신의 목소리를 표출하고 사회와 소통하는 장으로 기능한다. 장애 당사자가 콘텐츠의 주체가 되기에 이전까지 답습해 왔던 전형적인 재현을 벗어나 먹방, 리뷰, 여행, 일생상활 등 그들의 삶을 있는 그대로 보여준다.[68] 채널을 운영하는 과정에서 이들은 다른 유튜버들과 마찬가지로 광고주로부터 제품을 협찬받아 리뷰형태의 광고를 진행하기도 한다. 그 광고 콘텐츠를 살펴보면 제공 받은 물품을 그들의 일상에 자연스럽게 녹여내고, 일상에서 물품을 사용하며 느끼는 장단점을 진솔하게 리뷰 한다. 대부분의 유튜버들이 그런 것처럼. 여기서 장애는 극복의 대상이 되거나 연민의 대상이 아니다. 광고 콘텐츠에 대한 댓글 반응도 대부분 제품의 기능상 장점을 언급하거나, 콘텐츠 영상에 대한 감상이 주를 이루고 있을 뿐 기술의 시혜를 받는 대상으로 보거나, 장애 극복 서사를 통해 비장애인이 자신의 일상의 소중함을 깨달았다 하는 방식은 존재하지 않는다. 이렇듯 수평적 상호작용이 가능한 매체의 발달은 소수자 미디어 재현의 새로운 가능성을 제시한다. 장애인이 어떤 뛰어난 능력을 가지지 않아도 그저 사회의 한 구성원으로서 주체적이고 주도적인 삶을 살아가는 한 인간으로서 존중받아야 하는 동등한 인격체라는 것을 모두 잊지 말아야 할 것이다.

---

67 박지원. (2020). "누군가에게 감동... 나에게는 차별"... KT 목소리 찾기 광고의 양면성. 소셜포커스.

68 최현경, 강진숙. (2022). 장애인 유튜브 크리에이터들의 영상 제작 활동과 정동 체험에 대한 사례 연구: 들뢰즈와 과타리의 '정동'과 '양식-역설'의 사유를 중심으로. 한국언론학보, 66(1), 43-88.

저/자/소/개

김 지 은(Ji-Eun Kim: PH.D. in PR & Advertising) : 석사과정에서 교육심리학을 박사과정에서 광고학을 공부하였다. 현재 숙명여대 아시아여성연구원에 연구교수로 재직중이며, 숙명여대 홍보광고학과와 서울여대 언론영상학부에서 강의한다. 광고활용교육(AIE), 광고 리터러시, 펨버타이징, 미디어와 다양성, 성인지 미디어리터러시 교육 등의 주제에 관심을 가지고 연구하고 있다.

제 12 장 광고사기와 브랜드 안전 그리고 광고 리터러시

광고사기와 브랜드 안전 그리고 광고 리터러시

유승철 교수

이화여자대학교 커뮤니케이션-미디어학부

요약

제12장에서는 디지털 광고가 광고산업에서 가장 큰 비중을 차지하고 빠르게 성장하면서 디지털 광고를 악용한 범죄 사례도 역시 늘어가고 있다는 것을 밝히고 있다. 범죄의 심각성과 그 규모에도 불구하고 국내에서는 광고사기와 브랜드 안전을 단순히 대기업이 집행하는 광고비에 누수가 생기는 정도로 이해하면서 미온적으로 대응하고 있는 현실이다. 광고사기와 브랜드 안전 위해가 초래한 문제는 종국에는 최종 소비자가 부담해야 할 제품과 서비스의 가격 상승과 직결된다. 더불어 불법적이고 음성적인 광고가 시청자의 콘텐츠 감상을 방해하면서 발생하는 소비자 불편도 상당하다. 노출량과 클릭 수로 대표되는 광고의 양적지표 제고에만 치중하면서 광고지표의 의도적 조작 또는 지표 상승을 목적으로 어린이나 노인과 같은 인지적 취약계층에게 관련이 없는 광고가 무분별하게 살포되는 문제도 역시 심각하다. 광고사기에 대한 대응은 정책적 차원에서의 노력과 동시에 광고산업의 주요 참여자들이 연계된 협력적 대응이 필수적이다. 하지만, 광고주 그리고 소비자가 갖춰야 할 광고 리터러시 교육은 이런 노력에 앞서 이뤄져야할 토대다. 문화 콘텐츠로서 광고의 영향력이 그 어느 때보다 강해진 요즘 소비자가 직접 소리를 내지 않는다면 디지털 플랫폼과 정부 모두 움직이지 않을 것이기 때문이다. 본 장에서는 광고사기와 브랜드 안전의 개념과 심각성에 대해 살펴보고 국내외의 관련 대응을 알아보려고 한다. 다음으로 관련된 정책적 함의점 및 디지털 광고 리터러시의 중요성에 대해 논의하려고 한다.

광고시장의 디지털 신지형도 그리고 문제점

이미 광고산업에서 디지털 광고는 규모의 경제로 성장했다. 실제로 제일기획 광고연감에 따르면 2021년 기준 국내 총 광고비의 55.8%가 디지털 매체에 할애되고 있다.[1] 물론 이 수치는 지속 상향될 것이다. 단 수 년 전만해도 미약하던 디지털 광고의 비중을 생각할 때 충격적 성장속도라고 해도 과언이 아니다. 특히, 유튜브(YouTube)는 2020년 기준으로 국내 디지털 동영상 광고비의 무려 73%(페이스북을 포함할 때는 79%)를 점유하면서 국내 대표 광고 매체로 자리잡았다.[2] 물론 디지털 광고의 비중이 글로벌 평균 점유 수준인 약 60%수준에는 미치지 못하지만 코로나19 감염병이 가져온 비대면 라이프스타일이 22년 이후에도 지속되면서 광고산업의 디지털 전환은 한층 더 빠르게 이뤄질 것이다. 문제는 광고산업의 디지털 전환이 양적 기준으로는 충족되었다고 평가할 수 있겠지만 질적 수준은 매우 취약하다는 점이다. 또, 디지털 광고 비중이 분명 높아졌다고 하더라도 해외 플랫폼에 치중해 운영되고 있어 국내 광고산업 발전에 긍정적 영향은 미미하다는 점이다. 그러다 보니 광고 콘텐츠의 크리에이티브 수준이나 광고의 편성에 있어서 다양한 유형의 광고주 불만족과 소비자 민원이 빈번하다. 한편으로, 디지털 광고산업의 성장이라는 과실을 훔치기 위한 불법적 사기행각도 크게 늘어가고 있다. 구체적으로, 광고산업의 대표적 문제점으로 거론되는 것이 '광고사기'와 이에 관련된 '브랜드 안전'이다.

---

1 정민하(2022.2.10.) 제일기획 "2021년 국내 광고 시장, '역대 최대' 20.4% 성장 https://biz.chosun.com/industry/company/2022/02/10/7GXQNEE5PJCXDEFJMGFQ4GLZCU/

2 2020 방송통신광고비조사보고서, 과학기술정보통신부-한국방송광고진흥공사 https://adstat.kobaco.co.kr/sub/expenditure_report.do

광고가 브랜드에게 '독(毒)'이 될 때? '광고주와 소비자의 신뢰'를 잃은 디지털 광고'

광고는 '상거래의 언어'로 작용하며 '미디어의 화폐(media currency)'로 기능하기 때문에 무엇보다 거래에 참여한 플레이어들 간의 상호신뢰(mutual trust)가 바탕이 되어야 한다. 광고주가 성과 보고서에 적힌 숫자를 믿지 않을 때 광고산업의 성장을 기대하는 것은 불가능하다. 2021년 초 국내 ABC협회의 신문 부수 조작 사건으로 지면광고의 신뢰가 폭락한 사건이 있었다. 권위 기관이 인정한 매체력이 실상 조작된 것이라는 사실을 직면한 광고주 그리고 애독자의 실망감은 상당했을 것이다. 광고신뢰의 이슈는 디지털 광고에도 동일하다. 실제로 집행되는 20~50%의 광고가 실제 약속대로 집행되지 않거나 광고사기(ad-fraud)로 집행된다고 한다. 2019년 기준 세계 광고사기 규모는 5.8억 미국 달러에 육박할 정도다. 광고사기의 수법은 교묘하게 진보하고 있고 이제 검증(audit)하는 전문 회사까지 속속 등장할 정도로 광고주들의 불신감은 팽배하다. 최근 논란이 된 페이스북(현재 META)의 콘텐츠 조회수 증가를 위한 알고리즘 조작 관련 이슈는 결국 광고비 수주를 위한 조작과 직접적으로 연결된 사건이다. 실제로 광고주의 광고가 광고되는 브랜드와 관련이 적은 엉뚱한 곳에 게재되면서 상당한 노출 및 클릭을 만들어내지만 결국 잘못된 목표 시청자에게 노출되는 경우가 빈번하다. 이런 광고는 브랜드에 대한 소비자의 부정적 태도와 시청 콘텐츠에 대한 불만을 유발할 수 있다.

미국은 이미 1960년대 초 미국 국회의 TV 및 라디오 시청률 평가를 위해 구성한 해리스 방송시청등급위원회(Harris Committee Hearings on Broadcast Ratings)를 기원으로 설립된 MRC(Media Rating Council)라는 단체를 통해 최소한의 광고 미디어 표준제정 및 유지, 등급 서비스의 활성화 및 기타 등급 서비스의 감사를 진행하고 있다. 영국과 프랑스 독일도 이 부분에 대해 적극적으로 대응하고 있다. 일본에서도 미국과 유럽의 인검증 기관에 대한 벤치마크를 마치고 2020년 12월 JICDAQ를 출범해 미디어 데이터를 검증하고 있다. 이제 광고비를 연소비용(burning money)이라고 간주하면서 어물쩍 넘어가던 시대는 막을 내렸다. 실제로 수년 전부터는 광고주들은 ROI(투자대비 효과/효율)뿐 아니라 광고사기(AdFraud), 브랜드 안전에 대한 우려를 보여주고 있다. 광고주의 브랜드의 안전(brand safety)을 해치지 않을 사기 없는 투명하고 정직한 광고 집행만을 허락하는 시대로 다가가고 있다. 이미 2017년 한 조사[3]에 따르면 디지털 미디어를 구매하는 광고주가 가장 우려하는 점이 ROI에 이어 광고사기 그리고 뷰어빌리티(viewability: 광고가 실제로 노출되는가 여부)에 이어서 6위로 브랜드 안전이라고 집계될 정도로 광고시장에 대한 불신이 팽배하다.

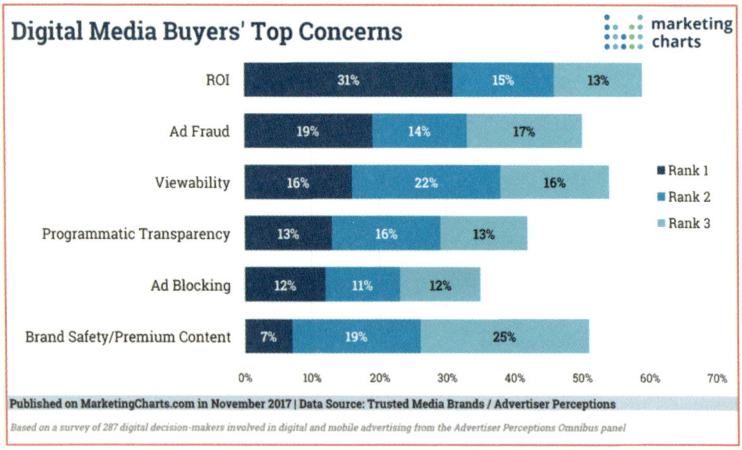

〈그림 1〉 디지털 미디어 바이어의 가장 큰 우려 순위

글로벌 디지털 광고 시장에서 브랜드 안전의 현재

광고사기와 관련해서 글로벌 광고시장에서 '브랜드 안전(brand safety)'이 주목받고 있다. 디지털 미디어-광고 환경에서 브랜드가 직면한 위험이 보다 복잡해지고 있으며 이에 대한 대응이 어려워지고 있다. 위험(危險)을 국립국어원 표준국

3 Digital Media Buyers Concerned With Fraud & Brand Safety, But ROI Comes First https://www.marketingcharts.com/advertising-trends-81043

어대사전에서 찾아보면 "해로움이나 손실이 생길 우려가 있음. 또는 그런 상태"를 의미한다. 웹스터 영어사전에서도 "Freedom from harm or danger"라고 정의하고 있어서 국어 정의와 크게 다르지 않다. 같은 맥락에서 브랜드 안전은 "브랜드의 명성이나 이미지가 악성/부정적 콘텐츠에 의해 손상되지 않도록 브랜드를 보호하는 것"이라고 이해할 수 있다.

브랜드 안전에 부정적 영향을 주는 콘텐츠에 광고를 집행하는 이유가 바로 광고사기를 통한 수익창출이라는 점에서 브랜드 안전은 광고사이과 분리해서 생각할 수 없다. 이미 글로벌 광고주 가운데 P&G와 같이 다수 브랜드를 보유한 대형 광고주는 자체적으로 또는 전문 회사를 고용해서 브랜드 안전을 직접 챙기고 있다. 실제로 2017년 브랜드 안전에 대한 우려 때문에 P&G는 디지털 광고 지출을 무려 1억 4천만 달러나 삭감하기도 했다(AdAge 2017.2월 보도자료 참고). 흥미롭게도 이런 삭감에도 불구하고 제품 판매는 되려 2% 증가했었다. 2021년 포브스의 한 컬럼(Dr. Augustine Fou)에 따르면 체이스 은행(Chase Bank)이 광고를 게재하는 400,000개 사이트에서 5,000개 사이트(99% 감소)로 프로그래밍 방식의 도달범위를 줄였을 때 비즈니스 결과에는 변화가 없었으며 우버(Uber)가 앱 설치를 유도하기 위해 사용하는 1억 2천만 달러의 디지털 광고 지출을 중단했을 때 앱 설치 비율에 변화가 없었다고 한다.[4] 이런 현상으로 디지털 광고가 효과가 없다고 결론 짓기 보다는 광고 집행 프로세스 가운데서 심각한 문제가 있기 때문이라고 추론할 수 있다. 삼성이나 LG와 같은 국내의 글로벌 기업도 최근 브랜드 안전에 대한 대책을 강구하고 있다. 이와 같이 선두 기업들이 브랜드 안전을 나서서 챙기는 것은 그만큼 브랜드 안전이 심각하게 위협받고 있기 때문이다

4 Fou(2021). When Big Brands Stopped Spending On Digital Ads, Nothing Happened. Why?.
https://www.forbes.com/sites/augustinefou/2021/01/02/when-big-brands-stopped-spending-on-digital-ads-nothing-happened-why/?sh=c068e6b1166d

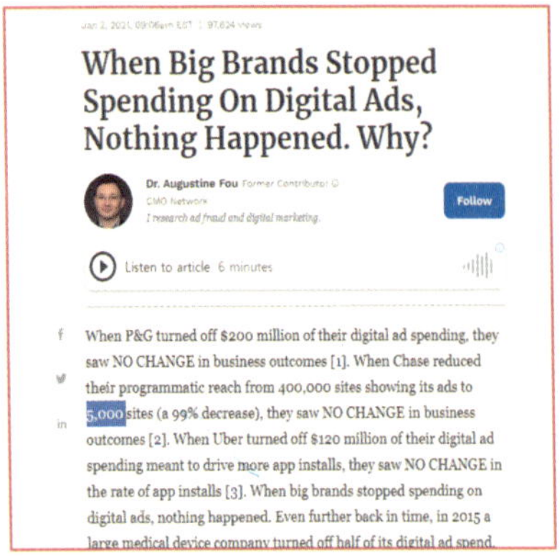

When Big Brands Stopped Spending On Digital Ads, Nothing Happened. Why?

Dr. Augustine Fou

I research ad fraud and digital marketing.

Follow

Listen to article 6 minutes

When P&G turned off $200 million of their digital ad spending, they saw NO CHANGE in business outcomes [1]. When Chase reduced their programmatic reach from 400,000 sites showing its ads to 5,000 sites (a 99% decrease), they saw NO CHANGE in business outcomes [2]. When Uber turned off $120 million of their digital ad spending meant to drive more app installs, they saw NO CHANGE in the rate of app installs [3]. When big brands stopped spending on digital ads, nothing happened. Even further back in time, in 2015 a large medical device company turned off half of its digital ad spend.

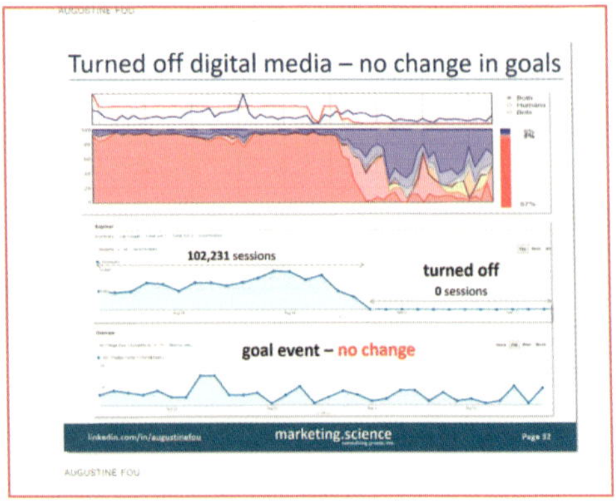

〈그림 2〉 디지털 광고비 손실을 꼬집은 전문가 컬럼

마케팅 위크(Marketing Week)지가 2020년 1월 유럽 IAB를 인용한 보고서에 따르면 유럽 브랜드의 3/4 이상(77%)이 광고에서 '브랜드 안전이 핵심 우선 순위'라고 말했으며 브랜드 안전 문제로부터 보호하기 위해 80% 이상이 일련의 솔루션을 사용하여 광고가 브랜드 안전 환경에 표시되도록 한다고 한다. 방법론적으로는 브랜드의 약 93.8%는 블랙리스트(blacklist), 91%는 키워드 타겟팅, 87.8%는 화이트리스트(whitelist), 83.9%는 검증된 파트너를 사용하고 있다.[5] 다양한 방법으로 위해 콘텐츠에서 브랜드를 보호하려고 하지만 급속도로 번져가고 있는 저 품질 음성 콘텐츠로부터 브랜드를 보호하기란 매우 난해하다.

광고사기와 브랜드 안전의 심리학적 메커니즘

'브랜드를 망치는 광고'를 광고주의 비용으로 집행한다면? 실로 심각한 광고사기가 아닐 수 없다. 실제 광고를 집행이 브랜드의 성장과 지속성 그리고 가깝게는

5 Michail(2020).Brands that won't advertise against hard news harm themselves, as well as journalism
https://www.marketingweek.com/brands-wont-advertise-hard-news-harm-themselves/

매출에도 전혀 도움이 되지 않는 경우가 빈번하게 일어나고 있다. '광고를 집행하는 것 자체가 하지 않은 것 보다도 더 못한' 극단적 상황이 연출되고 있는 것이다. 광고비를 상당히 지불한 디지털 광고가 '부정적인 콘텐츠'와 시간 및 공간적으로 인접해 배치되면서 소비자들은 브랜드에 대해 긍정적 인상을 형성하지 못하고 되려 부정적인 인상을 지니게 된다. 나아가서는 불매 움직임까지 만들 수 있다는 점에서 그 심각성이 크다. 이런 부분은 심리학에서 부정적 점화효과(negative priming effect)으로 설명할 수 있다. 점화이론은 1980년대 존 바지(John Bargh)라는 예일대 심리학과 교수에 의해 사회인지심리학의 한 이론으로 구체화되었다. 1996년 실험에 의하면 피험자들이 잠시동안 노인(elderly person)과 관련된 단어를 가지고 단어놀이(word scramble test)를 한 후 실험자와 인사를 하고 복도를 걸어갈 때 피험자들은 인식하지 못하지만 통제집단에 비해 통계적으로 유의미하게 느리게 걸어갔다고 한다. 한편, '무례한(rudeness)'과 관련된 단어들을 가지고 단어놀이를 한 후에는 더 무례한 행동을 많이 했다고 한다.[6] 이처럼 사람은 단순히 특정 의미 자극을 단순하게 접하는 것 만으로도 이후 행동에 큰 변화를 나타낸다.

같은 맥락에서 부정적 콘텐츠 노출이 후속 광고에 주는 영향도 상당할 수 있다. 이런 부분은 기존 학술연구들을 통해 수 차례 증명된 바 있다. 2020년 IAB(Interactive Advertising Bureau: 쌍방향광고협회)의 조사에 따르면 "광고에서 소비자가 경험한 적대감"은 매출 손실(44.1%), 브랜드 자산 감소(42.4%), 부정적인 홍보(20.3%)에 영향을 주었다고 한다. 같은 보고서에 따르면 미국 소비자의 대다수(81%)는 유해 콘텐츠 옆에 특정 브랜드가 표시되는 것을 성가시게 여기고 그들 가운데 62%가 광고가 저질 콘텐츠에 인접하여 표시되는 경우에 브랜드 사용을 중단할 것까지 고려한다고 보고할 정도로 광고사기가 초래하는 문제는 심각하다.[7] 부정적/악성 콘텐츠를 광고 실무자가 주관적으로 판단하기도 힘들지

---

6 Bargh, J. A., Chen, M., & Burrows, L. (1996). Automaticity of social behavior: Direct effects of trait construct and stereotype activation on action. *Journal of Personality and Social Psychology*, 71(2), 230.

7 IAB(2020). Understanding Brand Safety & Brand Suitability in a Contemporary

만, 한편으로 인공지능(AI)를 통해 자동 감별할 기술적 방법론도 매우 까다롭다. 과거에 브랜드 안전 보장은 웹사이트 전체나 URL 레벨에서 브랜드가 지정한 특정 타겟팅이나 회피 기준에 맞추어 피해갈 웹사이트를 블로킹(blocking)하는 차원에서 간편하게 이뤄졌다. 문제는 여전히 많은 브랜드 안전 도구의 기본 방법론이 단순히 키워드 차단에 의존하고 있다는 점이다. 예를 들어 키워드에 '코로나19'나 '테러리즘'을 포함한 콘텐츠에 광고를 편성하지 않는 방식이다. 하지만 소셜 동영상 미디어상에서는 파편화되고 키워드로 분류되지 않는 콘텐츠 전체의 긍정/부정을 정량화 하기 어렵고 또 이것을 컴퓨터가 이해하고 판결하기에는 상당한 복잡성을 요구한다. 그렇다고 광고 편성 하나하나를 영역 전문가(domain expert)가 수작업으로 판결을 할 수 있을 시간적 여유가 없다. 최근 메타(구 facebook)와 틱톡(Tiktok) 등 글로벌 플랫폼이 위해성 콘텐츠 감지 인력 고용을 늘리고 있다는 점에서 인공지능을 통한 콘텐츠 분석의 한계를 보여준다.

〈그림 3〉 틱톡이 운영하는 브랜드 안전 센터
(https://www.tiktok.com/business/en/brand-safety)

물론 위에서 언급한 어려움도 인공지능의 기술적 고도화와 광고 분야의 연구개발에 따라 점차 보완될 것이라고 생각할 수 있다. 하지만 우리가 지난 10여년간

Media Landscape.
https://www.iab.com/wp-content/uploads/2020/12/IAB_Brand_Safety_and_Suitability_Guide_2020-12.pdf

활용해 온 맥락형 광고(contextual advertising: 시청자가 보는 삶의 맥락과 유사한 또는 관련성이 높은 브랜드를 편성하는 광고)가 우리 생각보다 불완전하게 발전해 왔다는 실례를 일상에서 쉽게 발견할 수 있다. '멍청한 인공지능 광고(stupid AI AD)'라고 비난받을 정도로 맥락광고의 수준은 여전히 처참하다. 예컨대 대표적인 사례로 락 그룹 슬레이어(Slayer)의 '레이닝 블러드(Raining Blood)'라는 노래가 나오는 유튜브 하단에 '피(blood)'라는 의미에 맞춰 생리대 광고가 편성되었던 사례는 유명하다. 국내 상황은 더욱 심각하다. 성인만화 광고를 비판하는 컬럼 바로 옆에 성인만화 광고가 붙는 웃기 힘든 해프닝이나, 육류를 줄이라고 주장하는 건강 컬럼 하단에 한우 광고가 붙는 기괴한 광고편성 등 모니터 요원이 단 하루에도 수십 수백건의 유사 사례를 찾을 수 있는 정도다. 광고주에게는 광고비가 소실되는 악영향을 줄 뿐 아니라 광고에 노출된 소비자는 광고된 브랜드에 대한 혐오감까지 유발할 수 있다는 점에 주목해야 한다. 이런 문제적 광고가 유소년 대상 콘텐츠에도 무차별적으로 게재되고 있어 소비자가 부담해야 할 피해는 상당하다.

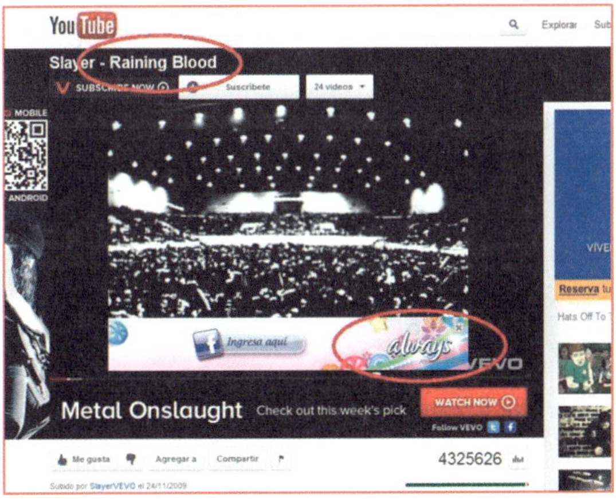

〈그림 4〉 브랜드 안전을 위협하는 맥락형 광고 예제 – Raining Blood'

〈그림 5〉 브랜드 안전을 위협하는 맥락형 광고 예제들 - 음란 웹툰 광고와 육류 제품 광고

광고 캠페인이 정량지표에 맞춘 - 성과 중심적(performance driven)인 현행 마케팅 성과지표를 고도화할 필요가 크다. 향후 광고사기를 근절하고 브랜드 안전을 보장하는 지표를 더해 광고 캠페인이 제대로 평가될 수 있도록 성과지표의 전반적 재정비가 필요하다. 광고를 단순히 판촉 도구로 보기보다는 광고를 '문화적 표현이자 정보 콘텐츠' 수준으로 평가해야 하며 광고주 브랜드를 장기적으로 성공시키는데 기여할 마케팅 도구로 승격해야 한다는 의미다. 이런 노력이 종국에는 광고산업을 살찌우고 나아가서는 광고의 공적 기능을 높일 수 있음을 명심해야 한다.

브랜드 안전을 지키기 위한 대응의 어려움

브랜드 안전은 그 복잡성이 상당한데 그 주요 이유 중 하나가 '악성/부정적 콘텐츠 판별이 점차 모호'해지고 있기 때문이다. 광고 시장은 전통적으로 비즈니스 모델에서 양면시장(two-sided market) 모델을 활용해왔다. 매체는 비교적 저렴한 가격(또는 무료)으로 수용자에게 콘텐츠를 제공하고 매체의 시간/공간을 빌어 광고를 게재함으로써 상당한 수익을 창출하는 방법을 주로 활용한다. 결국 콘텐츠 소비자와 광고주라는 양측에서 이익을 취하는 것이다. 이런 이유로 '시청자를 끄는 콘텐츠(magnetic content)'를 수급하는 것이 매체의 생명줄이라고 해도 과언이 아니다. 매체 입장에서는 시청자의 주목을 가장 극대화할 수 있는 콘텐츠가 시청률/조회수가 높고 또 콘텐츠 시청 인게이지먼트(engagement)가 높기 때문에 그러한 콘텐츠를 의도적으로 방치하는 경우가 비일비재하다. 광고 조회수를 높이기 위해 알면서도 위법한 콘텐츠의 노출을 방조했다고 비난을 받았던 페이스북(현 META)의 최근(2021. 10) 사건은 이미 소셜 미디어 기업의 추한 실체를 드러낸 사례로 유명하다. 구체적으로 내부 고발자에 하면 페이스북은 청소년에게 미치는 유해성을 감추고 허위정보 유포를 통제하지 않았다고 한다.

〈그림 6〉 페이스북 내부 고발자의 폭로(美 CBS 시사 프로그램 중)

다른 유명 사례로 엘사게이트(Elsagate)사건이 있다. 미성년자에게 부적절한 주제를 담은 영상이 다수의 어린이 유튜브 채널을 통해 널리 배포된 사건과 이를 둘러싼 논란이었다(2016~2017년 동안 발생). 아동이 좋아할 콘텐츠를 음란하게 변형한 이런 콘텐츠에는 유명 캐릭터의 뿐 아니라 '교육'(education), '색깔 알아보기'(learn colors), '어린이 동요'(nursery rhymes) 따위의 키워드를 넣어서 콘텐츠 조회수를 강제로 높였다. 어린이 대상 영상이 조회수가 높고 시청시간도 길다는 것을 노린 전략이다. 위에서 언급한 사례들이 모두 광고 노출을 극대화하기 위한 콘텐츠 어뷰징(abusing: 남용, 오용, 학대 등을 뜻하는 abuse에서 파생된 단어)의 일환이며 광고 생태계 오염으로 인해 시청자가 직접적으로 매일 경험하고 있다. 과거에는 방송과 지면을 중심으로 미디어의 공공성에 대해 이야기했다면 이제 4대 매체를 능가하고 있는 소셜미디어도 매체로서 공공성 가치 기준을 고심해야 할 것이다. 광고주들은 이미 소수의 플랫폼이 지배적인 광고 미디어로 주도하는 소셜미디어 영역에서 인피드(in-feed) 광고가 소셜미디어 상의 부적절한 콘텐츠, 증오연설 및 오정보 (misinformation)와 함께 노출되는 것에 대해 심각하게 우려하고 있다.

〈그림 7〉 유튜브에서 문제가 된 엘사게이트(Elas Gate) 사건

다음으로, 광고 게재에 대한 광고 배치 모니터링의 어려움이다. 디지털 광고의 경우 레거시 매체보다 광고 배치에 대한 추적(tracking)이 더 정밀해지는 것 같은 환상을 주지만(예: 광고주용 디지털 대시보드 제공 등) 실제로 추적 자체가 무의미하거나 불가능에 가까울 정도로 복잡해지고 있다. 예컨대 광고가 인공지능(AI)에 의해 자동 편성되면서 광고가 어떤 콘텐츠에 어떻게 집행될지를 매체 실무자가 직접 결정하는 것이 아니라 AI 자동 편성 시스템에 의해서 배치가 되고 또 AI에 따라 자동 광고효과 리포트가 생성된다. 이러한 자료들이 정말 사실을 이야기하는지는 좀처럼 알기 힘들다. 데이터 생산자가 직접 제공하는 데이터(first party data)는 오용이나 왜곡의 위험성에 항시 노출되어 있다. 데이터의 의도적 변용이 있었다고 하더라도 구매자인 광고주가 알 방법이 없기 때문이다. 이런 이유에서

디지털 광고에도 '미디어-광고 데이터 인-검증'이 필요하다는 공감대와 적극적 대응이 세계적으로 확산되고 있다. 아시아 태평양 국가들이 특히 광고사기에 취약한 점을 고려할 때 국내도 이런 부분에 대해 묵과할 수는 없다.

마지막으로, 소셜미디어 플랫폼을 일종의 개인의 수익화(monetization) 수단으로 활용하는 소셜 크리에이터(social creator 또는 influencer)가 만들고 유통하는 사용자 생성 콘텐츠(UGC: User Generated Content)는 매체의 통제가 실제 불가능하다는 점이다. 지금 이 순간에도 생산되고 있을 브랜드 연관 콘텐츠들의 일부는 '브랜드에 대한 비난과 조롱' 등 의도적으로 브랜드의 안전을 해치는 것들이다. 이런 콘텐츠는 조회수를 높이기 위해 건강한 비판이 아니라 구체적인 근거가 없는 비난을 통해 시청자들의 반응을 끌어내고 종국에는 브랜드에 대해 잘못된 인상을 심어줄 수 있다. 많은 '가짜뉴스(fake news)'생산자들이 광고에 의존하고 있으며 소비자는 그들의 불법적 비즈니스의 희생양이 되어 콘텐츠를 소비하고 있는 셈이다.

디지털 미디어 업계는 위에서 언급한 브랜드 안전 관련 문제점을 해결하기 위해 WFA(World Federation of Advertisers: 세계광고주연맹)이 주축이 되어 책임 있는 미디어를 위한 글로벌 연합 (GARM: Global Alliance for Responsible Media) 이니셔티브를 출범했다. GARM은 온라인에서 유해한 콘텐츠의 가용성과 수익 창출을 줄임으로써 디지털 미디어의 잠재력을 보호하기 위해 마케팅 담당자, 미디어 대행사, 미디어 플랫폼 및 업계 협회를 통합하는 글로벌 업계 최초의 노력이다. 디지털 미디어의 긍정적 잠재력을 보호하기 위한 첫 번째 단계로 GRAM은 플랫폼, 대행사 및 마케팅 담당자에게 온라인에서 안전하고 유해한 콘텐츠를 정의할 수 있는 프레임워크를 정교화하고 있다. 2021년 10월 Pixability와 GARM이 공동으로 발간한 보고서에서는 소셜 비디오에서 브랜드 안전에 대한 5가지 이슈(잘못된 위험 수준, 논란의 여지가 있는 영향 요인, 잘못된 어조 또는 하위 주제, 브랜드 언급 및 아동용 콘텐츠)를 구체화한 바 있다. GRAM외에도 매체사 기업단위에서의 노력도 진행되고 있다. 2021년, Twitter와 Facebook은 브랜드 안전에 대한 감사를 광고주들에게 제공하기 위한 자체감사를 시작했다. 앞서 언급한 미국 MRC 역시 소셜미디어 플랫폼 및 광고주와 협력을 통해 브랜드 안전 광고 인증 가이드(Brand Safety Ad Verification Guidelines)에 대한 고도화를 추진하고 있다. 이렇게 브랜드 안전이 국제적인 의제로 발전하면서 이와 관련한 전문 회사들이 늘고 있는 중이다.

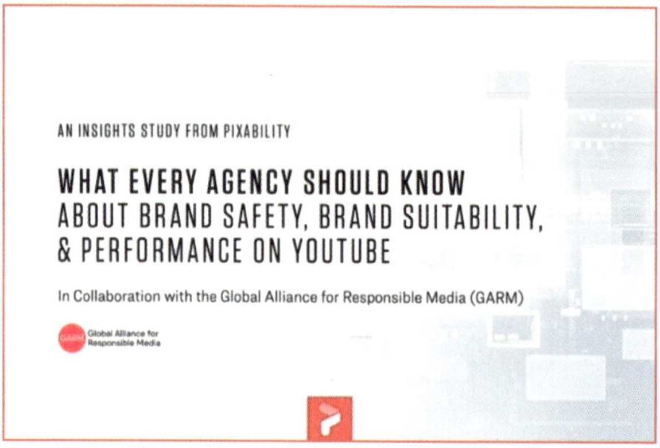

〈그림 8〉 GRAM의 유튜브 내 브랜드 안전에 대한 발표자료 중 일부

광고사기와 브랜드 안전 관련 해외동향

최근 디지털 광고사기에 대한 논란이 일어나기 오래 전부터 선진국들은 일찍이 '미디어 데이터' 관련 전담기관을 설립하고 변화하는 미디어 환경에서 공정한 시장환경을 조성하기 위해 노력하고 있다. 이러한 전담 기관들이 미디어 기술 발전과 함께 진화하면서 최근에는 디지털 광고사기와 브랜드 안전과 연관된 업데이트된 기준들을 제시하고 있다. 이와 관련해 가장 선두 국가는 단연 미국이다. 미국에서 방송통신 및 비디오 미디어(video media) 이용자 조사를 감사(audit)하고 인증(accreditation)을 수행하는 기관으로는 MRC가 있다. MRC는 원래 방송 이용자 조사 서비스를 감사하고 인/검증을 수행하는 조직으로 시작되었으나, 디지털 미디어 이용자 데이터의 검증까지 영역을 확장해 왔다. MRC의 최소기준(Minimum Standards for Media Ratings Research) 외에도 미디어 특성에

맞는 표준과 가이드라인을 개발/적용하며 미디어 -광고 데이터 감사 업무를 시행하고 있다. 이를 통해 미디어 시장에서 광고 거래의 공정성을 보장하려고 한다. 최근 광고사기 근절을 위해 IAB등 디지털 조직과 활발히 협업하고 있다.

〈그림 9〉 2020년 12월 IAB가 MRC등 관련 조직과 협업해 발간한 브랜드 안전 보고서

일본에서는 미디어·광고 데이터 인증 기관인 JICDAQ(Japan Joint Industry Committee for Digital Advertising Quality & Qualify)는 2021년에 설립되어 제3자 자체 감사를 진행하고 있다. JICDAQ는 디지털 광고시장의 품질저하 문제를 해결하여 건전한 디지털 광고를 개발하고 기업과 사회 모두에 이로운 광고를 만드는 것을 목표로 '광고사기 등 무효 광고 배제', '광고 대상 품질에 따른 브랜드 안전성 확보'와 관련된 업무 프로세스에 대한 감사 기준을 마련했다. 영국 등 유럽 국가에서도 미디어·광고 데이터 신뢰성 확보를 위한 자체 기구를 설립해 운영 중이다. 영국의 JICWEBS(Joint Industry Committee for Web Standards)는 온라인 광고 거래에 대한 표준 개발을 담당하는 산업 전반에 걸친 독립적인 기구다. 이 기관의 주요 목적은 브랜드 안전성을 보장하고 광고사기 및

광고 기반 불법 복제를 근절하는 것이다. 2020년 9월 초, JICWEBS는 미국에 기반을 둔 TAG와의 합병을 통해 업계 표준을 강화하기 위한 다양한 시도를 하고 있다. 선두 국가의 미디어·광고 데이터 전담기관을 정리하면 아래 표와 같다.

〈표 1〉 국가별 미디어·광고 데이터 전담기관

국가	미디어 조사	데이터 검증	기관 설립배경과 특징
미국	A.C. Nielsen 민간조사회사 (1950년 개시)	MRC	MRC는 '50년대 시청률 의문 제기에 대응한 미국 의회의 요청으로 탄생, 조사는 민간회사가 담당 검증결과 수용은 자율이지만 매체가 품질인증을 위해 자발적 참여
영국	BARB 비영리협의체 (1981년 설립)	BARB의 TAG (기술자문 위원회)	BBC, ITV, 광고회사가 공동출자, 기초조사, 패널관리, 시청률조사를 각각 민간조사 업체에 외주 용역
독일	AGF 비영리협의체 (1998년 설립)	AGF의 TC(기술위원회)와 Working Group	AGMA에서 매체조사 기준 수립, 조사방법론 개발, 패널 관리와 측정, 소프트웨어 개발을 민간회사에 외주 용역
프랑스	Mediametrie 비영리조사회사 (1985년 설립)	CESP의 연구조사 위원회	방송사, 광고회사, 자료이용자 공동출자, 매체별 6개 위원회 설치, 기초조사, 패널관리, 시청률조사를 직접수행
일본	일본 및 해외 민간조사회사 진행 (디지털 미디어 조사)	업계공동협의체(Joint Industry Committee) 성격, JICDAQ 비영리안·검증단체 (2021년 4월 설립)	디지털 광고시장의 사기 및 품질저하 문제 인식에서 촉발됨, 디지털 광고 데이터에 한해서 안·검증 작업 진행 해외를 비롯한 제 3자 안·검증에 대한 재인증 작업 진행
중국	중국 및 해외 민간조사회사 진행 (디지털 미디어 조사)	CMAC China Media Assessment Council) 和中国媒体评估委员会	디지털 광고시장의 사기 및 품질저하 문제 인식 미국 MRC와 공동으로 디지털 매체에 대한 안·검증 관련 작업을 진행함

〈그림 10〉 미국의 광고 데이터 인-검증 협력 기관들

〈그림 11〉 영국의 광고 데이터 인-검증 협력 기관들

이처럼 광고사기에 대한 대응의 필요가 높음에도 불구하고, 국내에서는 미디어-광고 데이터 인·검증에 대한 기초조사조차 매우 취약하다. 실제로 한국방송광고진흥공사(KOBACO)가 주관한 시청률 검증이 2007년 3월 종료한 이후 2022년 1월 현재까지 국내에서 수행된 데이터 인·검증은 없었다. 2017년 한 보고서(오세성 외, 2017)에서 '미디어 시청 측정위원회' 설립에 대한 필요성을 주장한 바 있으나, 보고서 발간 후 약 5년이 지난 2022년 현재, 당시 대비 더 막대한 광고사기가 만연해 있음에 주목해야 한다. 디지털 플랫폼 중심으로 재편되는 미디어 광고 산업의 건전성을 회복하고 유지하기 위해서는 전담 조직이 필수적이며 설립이 시급하다.

광고사기와 브랜드 안전 관련 당면과제

앞서 강조한 것처럼 브랜드 안전은 광고사기(ad fraud)와 매우 밀접하게 연관되어 있다. 광고사기는 광고집행에 관련한 제반 사이버 범죄행위(cybercrime)라고 광의적으로 정의할 수가 있는데, 브랜드 안전을 해치는 이유도 결국 고의성을 지닌 광고사기에서 출발하기 때문이다. 그렇다면 어떻게 브랜드 안전을 보장할 수 있을까? 우선 브랜드 안전 위해 행위를 광고사기이자 사이버 범죄로 분류하고 광고사기에 대한 강력한 법적 규제를 마련해야 한다. 광고주의 광고비를 갈취하는 것은 결국 소비자의 주머니를 털어가는 것과 다르지 않음을 인지하고 그 연장선에서 대응해야 한다. 광고사기는 직접적인 소비자 대상의 사기(예컨대 보이스피싱) 와는 다르게 정책 입안자들이 그 심각성을 경시하는 경향이 있다. 그 이유는 피상적으로 보면 광고사기에 의한 피해가 소비자가 아닌 광고주에 귀결되기 때문이다. 하지만 광고 사기의 피해자는 결과적으로 제품이나 서비스를 구매하는 최종 소비자가 되기 때문에 광고사기는 엄연한 범죄다. 소상공인들이 국내외 플랫폼을 통한 디지털 광고에 절대적으로 의존하고 있는 국내 현실을 고려하면 직접적으로 사기를 당하는 인구도 상당하다고 간주할 수 있다.

다음으로 대형 광고주가 중심이 되어 집단적 영향력을 발휘하는 것이다. 광고주가 시간과 인력적 제한때문에 선두 디지털 플랫폼에 광고를 신속하게 집행하고 그 성과를 믿고 구매하는 것은 실제 매우 위험함을 인지해야 한다. 광고주가 보고 있는 대시보드(dashboard)의 숫자가 브랜드 성장을 의미한다고 간주하기 힘들다. 우리가 신뢰하는 디지털 매체 환경이 실제로는 상당히 오염된 혼탁한 상황이다. 이를 직시하고 미디어 환경을 정화할 수 있도록 광고주 단체의 공동의 움직임이 요구된다. 한편으로 소비자 단체를 주축으로 한 디지털 미디어 환경에 대한 정화 요청도 필요하다. 어린이와 노약자에게 무차별적으로 노출되는 음란, 사기 그리고 사행성 광고들이 줄 부정적 영향은 연구되지 않았지만 상당할 것이며 그 피해는 우리 사회에 부정적 영향으로 남을 것이다.

마지막으로 브랜드 안전에 관련한 산-학-연을 중심으로 한 연구개발이 필요하다. 앞서 이야기한 것처럼 콘텐츠의 내용을 자동 판별하는 것은 고도화된 인공지능의 개입을 요구한다. 각 문화권의 광고 콘텐츠에 적합한 인공지능을 활용하려면 단순히 해외 유명 회사의 솔루션을 구매하거나 임대하는 차원에서 끝낼 수는 없다. 각 국가의 언어적 문화적 특성이 크게 다르고 이에 적합한 인공지능의 개발 및 수정보완이 지속해서 요구되기 때문이다. 또, 앞서 이야기한 규제를 가능하게 하려면 관련한 광고 정책/법 연구가 병행되어야 한다. 특히 콘텐츠로서 광고가 '표현의 자유(freedom of speech)'를 보장받음으로써 규제가 자유에 대한 침해로 오인될 수 있다는 점에서 광고 규제는 복잡성이 크다.

다음으로 규제와 프라이버시 간에 마찰도 큰 이슈다. 실례로 광고사기에 대한 대응을 위해 2017년 P&G는 ANA(Association of Natinal Advertisers: 미국광고주협회)의 지원으로 디지털 매체사에게 표준의 확립과 제3자에 의한 감사를 요구한 바 있다. 그러나, 거대 디지털 미디어 회사들은 이용자의 프라이버시 보호를 이유로 들어 이 요청에 따르지 않았다. 담장이 쳐진 '정원'의 의미로 '월드 가든(walled garden)'이라고 불리는 글로벌 플랫폼 사업자는 폐쇄성을 무기로 각종 이용자 정보에 대한 외부자의 접근을 차단하고 있다. 또, 광고편성에 따른 문제 발생 시 책임 귀인에서도 그 책임을 AI에 돌릴 수 있을지에 대한 문제는 최근 '자율주행차의 AI가 유발하는 사고 문제'와 유사한 맥락에서 논란거리로 불거질 수 있다. 따라서 브랜드 안전의 복잡성들과 관련된 법제/정책 연구에 대한 필요가 크다.

광고사기를 위한 범죄 테크놀로지는 시시각각 고도화되고 있다. 디지털 미디어 업계를 중심으로 자체정화를 위한 윤리강령을 강화하는 등의 소극적 대응만으로는 실효성을 거둘 수 없다. 광고사기가 위협하는 브랜드 안전은 광고주의 문제를 넘어서 '우리 사회의 안전'까지 위협하고 있다. 뉴노멀 시대를 대표하는 현상이 바로 '비대면 전자 상거래'이며 이를 움직이는 것이 바로 디지털 광고다. 메타버스와 소셜 미디어가 동인이 되면서 2022년 현재 국내 총광고비 약 50% 수준이 수년 내에는 60%를 상회할 정도까지 성장해갈 것이 분명하다. 국내 디지털 광고 시장을 바로잡고 또 소비자를 보호하기 위해서 정부와 산업계 그리고 학계는 더 능동적으로 기민하게 움직여야 할 것이다.

브랜드와 소비자가 모두 행복한 세상을 만들어가자

브랜드 안전에 대한 위협은 현대 디지털 자본주의 사회에서 일종의 '썩은 피' 역할을 한다. 골수에서 만들어진 피가 세균에 오염되면서 썩은 피가 몸 전체를 계속 돌고 돌아 장기와 기관들을 상하게 하는 '패혈증(敗血症, 영어: sepsis)'처럼 브랜드 안전을 위협하는 콘텐츠들은 광고산업을 넘어 사회를 오염시킨다. 브랜드 안전에 대한 문제는 광고면을 판매하는 매체사와 광고면을 구매하는 광고주 사이에 신뢰를 위협하며 광고주 입장에서는 브랜드 안전 보장을 위해 추가적인 비용을 지출해야 한다. 중국에는 미디어/콘텐츠 산업의 발전에 영향이 없는 '예산낭비'가 발생하며 광고주 뿐 아니라 미디어 산업 전반에 장기적으로 부정적인 영향을 주게 된다. 마치 악의 연쇄고리처럼 위해성 콘텐츠의 범람은 브랜드 안전을 위협하는 것을 넘어 콘텐츠 시장의 경쟁구조 속에서 강화되면서 더 많은 부정적 콘텐츠를 만들어내게 된다.

브랜드 안전이라는 문제가 국경과 시간의 벽이 없는 디지털 환경에서 이뤄지기 때문에 국내의 규제로는 부족하다. 전세계 광고비의 50% 차지하고 있는 미국 그리고 다음으로 세계 광고 시장을 선도하고 있는 중국과 일본과 같은 마케팅 선두 국가와의 정책적 협력이 필수적이다. 글로벌 선두 국가와의 협업을 통해 막대한 힘을 지닌 초국적 디지털 플랫폼에 대응하고 글로벌 광고주들의 연합전선을 통해 광고산업을 전체를 안전하게 만들 수 있도록 산업단위의 국제 협력도 필수적이다. 브랜드에 안전한 미디어 환경을 만드는 것이 짧은 시간 동안에 이뤄질 것으로 생각하진 않는다. 하지만 여기서 중요한 문제는 우리가 본 사안이 복잡성과 어려움 때문에 노력을 게을리했을 경우, 브랜드 안전을 위협하는 다양한 광고사기들은 암세포처럼 빠르게 복제 성장하고 정교화되면서 우리가 대응할 수 없는 수준으로 진화에 진화를 거듭할 것이라는 점이다. 이를 명심하고 진지하게 또 신속하게 브랜드 안전을 위협하는 범죄에 대응해야 할 것이다.

'브랜드가 안전한 세상'이 바로 상업 문화가 건강한 자본주의사회다. 건강한 상업 문화는 자본주에서 사회를 선한 방향으로 이끄는 양질의 콘텐츠를 만들어 낼

동력이 된다. 광고사기가 팽배한 국내 상황에 대해 소비자 그리고 광고주까지도 인지조차 하지 못하는 안타까운 현실이다. 소비자로서는 광고를 집행한 광고주를 비난할 수 있지만, 실제 그 문제는 광고사기와 연류된 범죄집단에 있음을 소비자가 이해할 수 있어야 한다. 이를 위해서는 광고비를 지불하는 광고주에 대해 또 광고를 시청하는 소비자를 대상으로 하는 디지털 매체 환경에서 광고 리터러시에 대한 지속적 교육이 반드시 필요하다.

저/자/소/개

유 승 철(Seungchul Yoo: PH.D.)

현재 이화여자대학교 '커뮤니케이션·미디어학부' 교수로 '융합 미디어 트랙'과 '미디어 공학 & 창업 트랙' 주임교수다. 미국 텍사스대학교(The Univ. of Texas at Austin)에서 광고학(advertising) 전공으로 석사 및 박사학위를 취득했다. 유학 전에는 (주)제일기획에서 다년간 미디어/광고 실무를 담당했으며 학위 취득 후 로욜라 대학교(Loyola University Chicago)에서 디지털/인터랙티브 미디어(Digital/Interactive Media) 주임 교수로 재직했다. 한국광고홍보학회, 한국광고학회, 한국PR학회, 한국광고PR실학회, 한국헬스커뮤니케이션학회에서 총무이사 및 일반이사로 봉사하고 있다. 소비자 행동 및 심리학, 브랜딩과 콘텐츠 마케팅, 디지털 사이니지 등 뉴미디어 기술을 활용한 브랜드 커뮤니케이션이 주요 연구 및 교육 분야다.

디지털 시대의
광고 리터러시

2022년 10월 7일 | 1판 1쇄 인쇄
2022년 10월 14일 | 1판 1쇄 발행

지 은 이 | 엄남현, 유승철, 권예지, 김지은, 조재희, 이희복, 김은지, 이지영
발 행 인 | 김은중
발 행 처 | 서울경제경영출판사
북 디 자 인 | (주)우일미디어디지텍

주 소 | 03767 서울특별시 서대문구 신촌로 205, 506호
전 화 | 02)313-2682
팩 스 | 02)313-8860

등 록 | 1998년 1월 22일 제5-63호

ISBN : 979-11-6282-111-4 (93320) 정가 22,000원